एक आई सर्जन की डायरी

भारत, अमेरिका एवं ऑस्ट्रेलिया में मेरे अनुभव

डॉ. सुरेश पाण्डेय

(एक लाख से अधिक सफल नेत्र ऑपरेशन)

An Imprint of

MAPLE PRESS PRIVATE LIMITED
office: A 63, Sector 58, Noida 201 301, U.P., India
phone: +91 120 455 3581, 455 3583
email: info@maplepress.co.in
website: www.maplepress.co.in

एक आई सर्जन की डायरी *by* डॉ. सुरेश पाण्डेय

ISBN: 978-81-19099-13-9

Printed at Yash Printographics, Noida, India

10 9 8 7 6 5 4 3 2 1

समर्पण

मेरे पूज्य पिताजी स्वर्गीय श्री कामेश्वर प्रसाद पाण्डेय (नेत्रदानी) एवं पूजनीया स्वर्गीय माताजी श्रीमती माया देवी पाण्डेय (नेत्रदानी) जिन्होंने नेत्र चिकित्सक बनने के मेरे सपने को साकार करने के लिए मुझे अनवरत प्रेरित किया।

मेरे पूज्य ससुरजी स्वर्गीय श्री के.एम. शर्मा (सेवानिवृत्त ग्रुप केप्टन, भारतीय वायु सेना) एवं पूजनीया सासूजी श्रीमती सुधा शर्मा, धर्मपत्नी डॉ. विदुषी शर्मा, जिन्होंने मुझे मातृभूमि भारत लौटने की प्रेरणा दी एवं कोटा में सुवि नेत्र चिकित्सालय की स्थापना करने की महत्वपूर्ण यात्रा के प्रत्येक कदम पर मेरी सहायता की।

मेरे पास नेत्र उपचार हेतु आए प्रत्येक रोगी को। आँखों की रोशनी लौटाने में हर रोगी की मदद करना ही मेरा जुनून है।

'शिक्षा की काशी' कोटा में देश के कोने-कोने से अपने सपनों को साकार करने आये प्रत्येक कोचिंग विद्यार्थी को, जिन्होंने अथक प्रयासों से अपनी मंजिल पाई और दूसरों को सफलता प्राप्त करने का मार्ग प्रशस्त किया।

-: विषय सूची :-

पुस्तक के बारे में

'एक आई सर्जन की डायरी: भारत, अमेरिका एवं ऑस्ट्रेलिया में मेरे अनुभव' नामक पुस्तक डॉ. सुरेश पाण्डेय की उल्लेखनीय जीवन यात्रा का इतिहास है, जो एक प्रसिद्ध नेत्र सर्जन होने के साथ-साथ एक लेखक, मोटिवेशनल स्पीकर और साइक्लिस्ट है। डॉ. पाण्डेय एक उच्च कुशलता वाले नेत्र सर्जन हैं, जिन्होंने दृष्टि बहाल करने वाली आँख की सर्जरी के माध्यम से लाखों रोगियों के जीवन में उजियारा भरा है।

आत्मकथा की शुरूआत राजस्थान के चित्तौड़गढ़ जिले, रावतभाटा तहसील में स्थित छोटे से गाँव 'मोहना' से होती है, जहाँ अगस्त 1968 में डॉ. सुरेश पाण्डेय का जन्म हुआ। मोहना में लालटेन की मंद रोशनी में अध्ययन करते हुए, मार्ग में आने वाली हर कठिनतम परिस्थिति का मुकाबला करते हुए उन्होंने अपने दिवंगत दादाजी, स्वतंत्रता सेनानी, डॉ. कामता प्रसाद पाण्डेय की तरह एक नेत्र सर्जन बनने का सपना देखा। दादाजी ने 1937 में किशनलाल जालान आई हॉस्पिटल भिवानी (हरियाणा) में रहकर मोतियाबिन्द ऑपरेशन एवं अन्य नेत्र ऑपरेशन की विशेष ट्रेनिंग डॉ. पी.डी. गिरिधर से लेकर आँखों के डॉक्टर के रूप में कार्य करना आरंभ किया। 'बागी बलिया आंदोलन' के बाद दादाजी का बलिया में नेत्र विशेषज्ञ के रूप में काम करना असंभव हो चुका था। दादाजी ने अंधता के विरूद्ध जंग जारी रखने के लिए वर्ष 1944 में बलिया छोड़ने का निश्चय किया और ग्यारह सौ किमी. दूर राजस्थान के मोहना नामक गाँव में नेत्र सर्जन के रूप कार्य करते हुए अँधेरी दुनिया को रोशन करने के महत्वपूर्ण कार्य की शुरूआत की।

डॉ. सुरेश पाण्डेय ने दादाजी के पद्चिन्हों पर चलते हुए आँखों का डॉक्टर बनकर लाखों दृष्टि-बाधित रोगियों की अँधेरी दुनिया फिर से रोशन करने का सपना देखा। बेचलर ऑफ साइंस (बी.एससी.) प्रथम वर्ष में उन्होंने विक्रम विश्वविद्यालय, उज्जैन में प्रथम स्थान प्राप्त किया। इसके बाद बिना किसी कोचिंग के वे अपने पहले प्रयास में प्री-मेडिकल टेस्ट (पी.एम.टी.) में चयनित

हुए और जबलपुर के सरकारी मेडिकल कॉलेज में प्रवेश लिया। वहाँ होने वाली रैगिंग एवं अन्य कठिनाइयों से संघर्ष करते हुए डॉ. पाण्डेय ने स्वयं को शर्मीले व्यक्ति से एक आत्मविश्वासी व्यक्ति में बदला, जिससे वे दुनिया की कठिन परिस्थितियों का सामना कर सकें। मेडिकल ग्रेजुएशन करने के बाद उन्होंने देश के सुप्रसिद्ध मेडिकल संस्थान, पोस्ट ग्रेजुएट इंस्टीट्यूट, चण्डीगढ़ से नेत्र चिकित्सा विज्ञान की पढ़ाई पूर्ण की। डॉ. पाण्डेय ने सात वर्षों तक अमेरिका एवं ऑस्ट्रेलिया में रहकर नेत्र शल्य चिकित्सा एवं शोधकार्य में निपुणता हासिल की।

'एक आई सर्जन की डायरी' नामक पुस्तक में डॉ. पाण्डेय अपनी मेडिकल स्टूडेंट के रूप में यात्रा, ऑकुलर माइक्रो-सर्जरी की कला सीखने में मार्ग में आई चुनौतियों एवं कठिनाइयों को पाठकों से साझा करते हैं। ऑस्ट्रेलिया से भारत लौटकर मेडिकल आंतरप्रेन्योरशिप की दिशा में कार्य करते हुए कोटा में सुवि नेत्र चिकित्सालय एवं लेसिक लेजर सेंटर नामक चिकित्सकीय उद्यम शुरू करने के लिए उनके जुनून और जज़्बे की कहानी साझा करते हैं, जिसके माध्यम से उन्होंने अपनी नेत्र चिकित्सक जीवन संगिनी डॉ. विदुषी शर्मा एवं समस्त टीम के साथ मिलकर एक लाख से अधिक सफल नेत्र ऑपरेशन सम्पन्न किए एवं लगभग 15 लाख नेत्र रोगियों का सफल उपचार किया। इस पुस्तक में डॉ. सुरेश पाण्डेय ने भारत, संयुक्त राज्य अमेरिका और ऑस्ट्रेलिया महाद्वीपों में विश्व के सुप्रसिद्ध नेत्र विशेषज्ञों के साथ कार्य करने के अपने अनुभव एवं संस्मरण लिखे हैं। 'शिक्षा की काशी' कोटा में नेत्र सर्जन के रूप में कार्य करते हुए डॉ. पाण्डेय को हजारों कोचिंग विद्यार्थियों से संवाद करने का सुअवसर मिला हैं और उन्होंनें विद्यार्थियों को अपने लक्ष्य को प्राप्त करने के लिए प्रेरित किया है।

डॉ. पाण्डेय द्वारा लिखित यह पुस्तक हमें फोकस, दृढ़ता और आध्यात्मिकता के पाठों से समृद्ध उनकी जीवन यात्रा के उतार-चढ़ाव का विस्तृत विवरण प्रदान करती है। 'मोहना से मंजिल तक' पँहुचने की मार्मिक कहानी के अनुसार मोहना गाँव में जन्मे एक बालक ने अपने जीवन में नेत्र चिकित्सक बनने का संकल्प लेकर मार्ग में आने वाली प्रत्येक कठिनाई से संघर्ष किया, लालटेन की मंद रोशनी में अध्ययन कर 'तमसो मा ज्योतिर्गमय' नामक सूत्र के अनुसार भारत के लाखों रोगियों के जीवन से अंधकार मिटाने का संकल्प लिया। जीवन की अनेक कष्टदायी चुनौतियों के बावजूद सफल होने की चाहत रखने वाले किसी भी व्यक्ति के लिए यह एक प्रेरणादायक पुस्तक है, जो इस कहावत को साबित करती है: *जहाँ चाह होती है, वहाँ राह होती है।*

पूर्व-प्रशस्ति

श्री ओम कृष्ण बिरला
स्पीकर, लोकसभा, भारत सरकार (नई दिल्ली)

डॉ. सुरेश पाण्डेय द्वारा लिखी पुस्तक 'एक आई सर्जन की डायरी: भारत, अमेरिका एवं ऑस्ट्रेलिया में मेरे अनुभव' सभी पाठकों के लिए प्रेरणास्प्रद है। नेत्र सर्जन के रूप में कोटा में कार्य करते हुए डॉ. पाण्डेय को इस पुस्तक को लिखने की प्रेरणा कोचिंग विद्यार्थियों से संवाद करते हुए मिली। शिक्षा की काशी 'कोटा' में प्रत्येक वर्ष दो लाख विद्यार्थी मेडिकल या इंजीनियर बनने का सपना लेकर आते है। इस पुस्तक में डॉ. पाण्डेय ने जीवन के प्रतिकूलताओं से संघर्ष करते हुए अनवरत् आगे बढ़ते रहने का संदेश दिया है। यह पुस्तक पाठकों विशेषकर विद्यार्थियों को लक्ष्य प्राप्ति हेतु प्रेरित करने एवं तनाव दूर करने हेतु सहायक सिद्ध होगी। इस पुस्तक में डॉ. पाण्डेय द्वारा पाठकों को विपरीत परिस्थितियों में हार नहीं मानते हुए अनवरत् संघर्ष कर आगे बढ़ते जाने का महत्वपूर्ण संदेश एवं संस्मरण साझा किये गये है।

मैं इस उत्कृष्ट पुस्तक के लेखन हेतु डॉ. सुरेश पाण्डेय को बधाई देता हूँ और उनको उज्जवल भविष्य की शुभकामनाएँ देता हूँ।

पद्मश्री प्रोफेसर आमोद गुप्ता
निवर्तमान चीफ एडवांस्ड आई सेंटर पोस्ट ग्रेजुएट इंस्टीट्यूट ऑफ
मेडिकल एजुकेशन एण्ड रिसर्च (पी.जी.आई.एम.ई.आर.), चण्डीगढ़

डॉ. सुरेश पाण्डेय ने नेत्र रोग विभाग, पोस्ट ग्रेजुएट इंस्टीट्यूट ऑफ मेडिकल एजुकेशन एण्ड रिसर्च, चण्डीगढ़ में वर्ष 1995 से 1997 तक मेरे मार्गदर्शन में रेज़िडेन्ट नेत्र चिकित्सक के रूप में प्रशिक्षण लिया एवं शोधपत्रों का प्रकाशन किया। इस दौरान उन्होंने चिकित्सकीय कार्य के प्रति स्वयं को पूर्ण समर्पित कर नेत्र चिकित्सा विज्ञान के जटिल रोगियों के उपचार, सर्जिकल पद्धति को सीखने में प्रत्येक क्षण का सदुपयोग किया।

डॉ. सुरेश पाण्डेय द्वारा लिखित '*एक आई सर्जन की डायरी: भारत, अमेरिका एवं ऑस्ट्रेलिया में मेरे अनुभव*' पुस्तक में उन्होंने ग़रीबी और गाँव से निकलकर भारत में डॉक्टरी की पढ़ाई करने के बाद विदेशों में प्रशिक्षण लेने एवं मार्ग में आने वाली चुनौतियों का सामना करते हुए सफलता के स्वर्णिम सूत्र पाठकों से साझा किये हैं। भारत लौटकर वर्ष 2006 में उन्होंने डॉ. विदुषी शर्मा के साथ अपने सपनों को साकार करते हुए कोटा में सुवि नेत्र चिकित्सालय की नींव रखी। यह पुस्तक पाठकों को प्रेरित और प्रोत्साहित करते हुए स्पष्ट संदेश देती है: अगर वे यह कर सकते हैं, आप भी कर सकते हैं।

इस प्रेरणादायी पुस्तक के प्रकाशन हेतु मैं डॉ. पाण्डेय को हार्दिक बधाई एवं उज्जवल भविष्य की शुभकामनाएँ देता हूँ।

पद्मश्री प्रोफेसर जगत राम
पूर्व निदेशक, पोस्ट ग्रेजुएट इंस्टिट्यूट ऑफ मेडिकल एजुकेशन
एण्ड रिसर्च, चण्डीगढ़

मेरे पूर्व छात्र डॉ. सुरेश पाण्डेय द्वारा लिखित '*एक आई सर्जन की डायरी: भारत, अमेरिका एवं ऑस्ट्रेलिया में मेरे अनुभव*' नामक पुस्तक यह दर्शाती है कि कैसे दृढ़ संकल्प, विनम्रता और गहन विश्वास से जीवन में शून्य से सफलता के शिखर तक पहुँचा जा सकता है।

डॉ. सुरेश पाण्डेय गरीब पृष्ठभूमि से शुरू होने वाली अपनी सशक्त यात्रा साझा करते हैं जो मोहना गाँव से शुरू होकर भारत और विदेशों से चिकित्सा प्रशिक्षण के दौरान लगभग दो दशकों तक जारी रहती है। इस पुस्तक में डॉ. पाण्डेय ने नेताजी सुभाष चंद्र बोस मेडिकल कॉलेज, जबलपुर में अध्ययन करते समय मेडिकल स्टूडेन्ट की उनकी कहानी एवं दुर्लभ यादें पाठकों के साथ साझा की हैं। उन्होंने पी.जी.आई. चण्डीगढ़ में नेत्र रोग विज्ञान का अध्ययन करते हुए मार्ग में आई चुनौतियों को पाठकों के समक्ष रखा है।

इस पुस्तक का उद्देश्य पाठकों से मार्ग में आने वाली चुनौतियों का सामना करते हुए सफलता के स्वर्णिम सूत्र साझा करना है। मुझे पूर्ण विश्वास है कि यह पुस्तक प्रत्येक पाठक, कोचिंग विद्यार्थियों, मेडिकल स्टूडेन्ट्स और चिकित्सकों के लिए उपयोगी सिद्ध होगी। इस पुस्तक में सुझाए गए मोटिवेशनल मंत्रों से पाठकों में नई ऊर्जा का संचार होगा। इस पुस्तक के लेखन के लिए मैं डॉ. पाण्डेय को हार्दिक बधाई प्रेषित करता हूँ।

पद्मश्री डॉ. योगेश चावला
पूर्व निदेशक, पोस्ट ग्रेजुएट इंस्टिट्यूट ऑफ मेडिकल एजुकेशन
एण्ड रिसर्च, चण्डीगढ़

डॉ. सुरेश पाण्डेय द्वारा लिखित '*एक आई सर्जन की डायरी: भारत, अमेरिका एवं ऑस्ट्रेलिया में मेरे अनुभव*' एक उत्कृष्ट और सामयिक पुस्तक है। यह पुस्तक सभी वर्ग के पाठकों, मेडिकल छात्रों, नए डॉक्टरों और पेशेवर स्वास्थ्य देखभाल कर्मचारियों के लिए समान रूप से उपयोगी होगी। इस पुस्तक में डॉ. पाण्डेय ने मोहना नामक एक छोटे से गाँव में रहकर नेत्र चिकित्सक बनने का सपना देखा और उस सपने को साकार करने, मंजिल तक पहुँचने के लिए मार्ग में आने वाली कठिनतम परिस्थितियों से मुकाबला करते हुए अपना संघर्ष जारी रखा।

डॉ. सुरेश पाण्डेय ने इस पुस्तक में अपनी जीवन यात्रा में आने वाली चुनौतियों से प्रेरणा लेते हुए कभी हार न मानने का संदेश दिया है। उन्होंने डॉक्टर-मरीज के भरोसे को कायम रखते हुए डॉक्टरों की सार्वजनिक छवि को सुधारने के लिए कई पहलुओं को गहराई से प्रस्तुत किया है। यह महत्वपूर्ण पुस्तक युवा डॉक्टरों और चिकित्सा पेशेवरों के लिए ही नहीं वरन् प्रत्येक पाठक के लिए प्रेरणा स्रोत है।

मैं डॉ. सुरेश पाण्डेय को इस पुस्तक के लेखन के लिए हार्दिक बधाई देते हुए उनके उज्ज्वल भविष्य के लिए अपनी शुभकामनाएँ प्रेषित करता हूँ।

डॉ. गीता गुइन
डीन, नेताजी सुभाषचंद्र बोस
मेडिकल कॉलेज जबलपुर, मध्यप्रदेश

डॉ. सुरेश पाण्डेय द्वारा लिखित पुस्तक '*एक आई सर्जन की डायरी: भारत, अमेरिका एवं ऑस्ट्रेलिया में मेरे अनुभव*' सभी पाठकों विशेषकर विद्यार्थियों के लिए प्रेरणास्प्रद है। डॉ. पाण्डेय नेताजी सुभाषचंद्र बोस मेडिकल कॉलेज, जबलपुर के वर्ष 1986 बैच के एल्यूमनाई रहे हैं। उन्होंनें मेडिकल स्टूडेन्ट के रूप में अपनी प्रेरणादायी यात्रा एवं शून्य से शिखर तक पहुंचने की मार्मिक कहानी इस पुस्तक के माध्यम से पाठकों से साझा की है। इस पुस्तक में उन्होंनें नेत्र चिकित्सक होने के साथ-साथ, मोटिवेशनल स्पीकर, साइक्लिस्ट के रूप में अपने बहुआयामी व्यक्तित्व के रहस्य पाठकों से साझा किये है। उन्होंनें एक लाख से अधिक नेत्र सर्जरी सम्पन्न कर दृष्टि बाधित रोगियों की आंखों में उजाले का रंग भरने के बहुमूल्य अनुभवों को सरल हिन्दी भाषा में पाठकों के समक्ष रखा है।

नेताजी सुभाषचंद्र बोस मेडिकल कॉलेज, जबलपुर के शिक्षकों एवं चिकित्सकों की ओर से मैं इस पुस्तक के प्रकाशन के अवसर पर डॉ. सुरेश पाण्डेय को अपनी शुभकामनाएँ प्रेषित करती हूँ।

श्री राजेश माहेश्वरी
निदेशक, एलन करियर इंस्टीट्यूट, कोटा

डॉ. सुरेश पाण्डेय द्वारा लिखित पुस्तक 'एक आई सर्जन की डायरी: भारत, अमेरिका एवं ऑस्ट्रेलिया में मेरे अनुभव' प्रत्येक पाठक को प्रेरणा देने वाली है। 'शिक्षा की काशी' कहे जाने वाले कोटा शहर में प्रत्येक वर्ष लाखों विद्यार्थी अपने सपनों को साकार करने के लिए पहुँचते है।

डॉ. पाण्डेय द्वारा लिखित यह पुस्तक प्रत्येक पाठक को कठिन से कठिन परिस्थितियों से संघर्ष करते हुए मंजिल तक पँहुचने की दिशा में प्रयास करने को प्रेरित करती है। पुस्तक के 22 अध्यायों में जिद, जुनून और जज्बे से सफलता की मंजिल तक पँहुचने के स्वर्णिम सूत्र डॉ. सुरेश पाण्डेय द्वारा लिखे गए हैं। उन्होंने मेडिकल कॉलेज में मेडिकल स्टूडेंट, नेत्र चिकित्सा विज्ञान में रेज़ीडेंट चिकित्सक के रूप में कार्य करने एवं भारत, अमेरिका एवं ऑस्ट्रेलिया में प्राप्त किये गये बहुमूल्य चिकित्सकीय अनुभवों को पाठकों से साझा किया है। यह पुस्तक मेडिकल विद्यार्थियों, युवा डॉक्टरों और चिकित्सा पेशेवरों से संबंधित बहुत महत्वपूर्ण मुद्दों पर प्रकाश डालती है एवं उन्हें सफल चिकित्सक बनने के लिए सशक्त प्रेरणा देती है।

मैं एलन करियर इंस्टीट्यूट परिवार की ओर से डॉ. सुरेश पाण्डेय को उनकी पुस्तक के प्रकाशन के लिए हार्दिक बधाई प्रेषित करता हूँ।

श्री नितिन विजय
मोशन एज्यूकेशन, कोटा

डॉ. सुरेश पाण्डेय द्वारा लिखित पुस्तक *'एक आई सर्जन की डायरी: भारत, अमेरिका एवं ऑस्ट्रेलिया में मेरे अनुभव'* सभी के पाठकों के लिए अति उपयोगी है। शिक्षा नगरी कोटा में अपने करियर को संजोने का सपना लेकर आया प्रत्येक कोचिंग विद्यार्थी इस पुस्तक को पढ़कर प्रेरणा ले सकता है। डॉ. सुरेश पाण्डेय द्वारा लिखित यह पुस्तक प्रत्येक पाठक को लक्ष्य प्राप्ति तक संघर्ष करते रहने की अनवरत प्रेरणा देती है।

डॉ. सुरेश पाण्डेय ने मेडिकल कॉलेज जबलपुर, पोस्ट ग्रेज्यूएट इंस्टीट्यूट, चण्डीगढ़ नामक देश के प्रतिष्ठित मेडिकल संस्थान, अमेरिका एवं ऑस्ट्रेलिया में कार्य करते हुए अपने बहुमूल्य अनुभवों को पुस्तक में लिखा है। उन्होंनें दृष्टिहीन रोगियों की आंख में रोशनी भरने, पीड़ित मानवता की सेवा करने एवं चिकित्सक-रोगियों के सम्बन्धों को प्रगाढ़ करने हेतु स्वर्णिम सूत्र साझा किये हैं, जिन्हें प्रत्येक पाठक, मेडिकल विद्यार्थी तथा युवा चिकित्सक उनकी इस पुस्तक से सीख सकते हैं।

मैं मोशन एज्यूकेशन, कोटा की टीम की ओर से पुस्तक की सफ़लता के लिए डॉ. सुरेश पाण्डेय को शुभकामनाएँ प्रेषित करता हूँ।

श्री आर.के. वर्मा
रेजोनेन्स एज्यूवेंचर लिमिटेड, कोटा

मुझे यह जानकर प्रसन्नता हुई कि डॉ. सुरेश पाण्डेय द्वारा 'एक आई सर्जन की डायरी: भारत, अमेरिका एवं ऑस्ट्रेलिया में मेरे अनुभव' नामक पुस्तक लिखी गयी है। इस पुस्तक के 22 अध्यायों में डॉ. पाण्डेय ने मोहना नामक छोटे से गांव से निकलकर मंजिल तक पहुंचने की मार्मिक कहानी पाठकों से साझा की है।

इस पुस्तक में डॉ. पाण्डेय ने मेडिकल कॉलेज जबलपुर, पोस्ट ग्रेज्यूएट इंस्टीट्यूट, चण्डीगढ़ के रोचक संस्मरण पाठकों से साझा किये है। अमेरिका एवं ऑस्ट्रेलिया में कार्य करते हुए नेत्र चिकित्सक के रूप में अपने अमूल्य अनुभवों को उन्होंने इस पुस्तक में लिखा है। डॉ. पाण्डेय ने लक्ष्य प्राप्ति तक अनवरत् प्रयास करने एवं प्रतिकूलताओं से हार नहीं मानने का महत्वपूर्ण संदेश दिया है। यह पुस्तक सभी पाठकों, विशेषकर विद्यार्थियों को प्रेरणा देने वाली होगी।

मैं रेजोनेन्स एज्यूवेंचर लिमिटेड की समूचे टीम की ओर से डॉ. सुरेश पाण्डेय को उनके द्वारा इस पुस्तक की सफ़लता के लिए अपनी शुभकामनाएँ प्रेषित करता हूँ।

श्री अखिलेश दीक्षित
आकाश इंस्टीट्यूट, कोटा

डॉ. सुरेश पाण्डेय द्वारा लिखित पुस्तक *'एक आई सर्जन की डायरी: भारत, अमेरिका एवं ऑस्ट्रेलिया में मेरे अनुभव'* कोटा के कोचिंग विद्यार्थियों के लिए प्रेरणादायी पुस्तक है। पुस्तक में डॉ. पाण्डेय ने बचपन में लालटेन की मंद रोशनी के बीच अध्ययन कर नेत्र चिकित्सक बनने का सपना देखा।

डॉ. पाण्डेय ने बचपन में लालटेन की मंद रोशनी के बीच अध्ययन कर नेत्र चिकित्सक बनने का सपना देखा। उन्होंने पी.एम.टी. की परीक्षा में चयनित होकर अठारह वर्ष की आयु मेडिकल जबलपुर में प्रवेश लिया और हिन्दी भाषा की चुनौती, रैगिंग आदि का सामना करते हुए प्रेरणादायी पुस्तकों के माध्यम से अपने आपको आत्मविश्वास से भरपूर इंसान के रूप में बदल लिया। डॉ. पाण्डेय ने आँखों के डॉक्टर बनने के अपने सपने को पूरा करने के लिए चुनौतियों एवं बाधाओं का मुकाबला करते हुए लक्ष्य प्राप्ति तक अपना संघर्ष जारी रखा। उन्होंने दृष्टिहीनों की आँखों की रोशनी लौटाने के लिए अपना संकल्प पूरा करते हुए एक लाख से अधिक सफल नेत्र ऑपरेशन किये।

आकाश इंस्टीट्यूट कोटा की ओर से मैं इस पुस्तक के प्रकाशन के अवसर पर डॉ. सुरेश पाण्डेय को अपनी शुभकामनाएँ प्रेषित करता हूँ।

आभार

'एक आई सर्जन की डायरी: भारत, अमेरिका एवं ऑस्ट्रेलिया में मेरे अनुभव' नामक यह पुस्तक को लिखना कई लोगों की सहायता के बिना संभव नहीं था। सबसे पहले तो मैं इस पुस्तक के हर क़दम में मूल्यवान सहयोग के लिए सुप्रसिद्ध लेखक श्री सुधीर दीक्षित का आभारी हूँ एवं उनके प्रति गहरी कृतज्ञता व्यक्त करता हूँ। अपेक्षिता वार्ष्णेय के सहयोग के लिए हृदय से आभारी हूँ। मैं अपनी पत्नी डॉ. विदुषी शर्मा के योगदान और मूल्यवान सहयोग के लिए आभारी हूँ। मैं अपनी प्यारी बिटिया इशिता के प्रति भी कृतज्ञ हूँ, जो पापा के लेखन के जुनून को समझती है और कई सप्ताह की दूरी का दर्द बिना शिकन के झेल लेती है। मैं अपने पूज्य माता-पिता एवं अपने सभी आत्मीय परिजनों (स्वर्गीय श्री कामेश्वर प्रसाद पाण्डेय, स्वर्गीय श्रीमती मायादेवी पाण्डेय, श्रीमती ऊषा पाण्डेय, डॉ. राजेश कुमार पाण्डेय, डॉ. दिनेश कुमार पाण्डेय, स्वर्गीय श्री कृष्णमुरारी शर्मा, श्रीमती सुधा शर्मा, श्री मनोहरलाल शर्मा, श्रीमती साधना शर्मा) का हृदय से आभारी हूँ जिनके सहयोग के बिना 'मोहना से मंजिल तक' पहुँच पाना असंभव था। मैं सुवि नेत्र चिकित्सालय एवं लेसिक लेज़र सेंटर, कोटा के सभी डॉक्टरों और स्टॉफ के सदस्यों को धन्यवाद देना चाहूँगा - डॉ. एस. के. गुप्ता, डॉ. दीपेश छबलानी और डॉ. निपुण बागरेचा, जिनका सहयोग बहुत मूल्यवान है।

मैं मोहना, एकलिंगपुरा, रावतभाटा एवं रामपुरा के अपने सभी शिक्षकों, गुरुजनों का हृदय से आभारी हूँ। जिन्होंने अपना अमूल्य समय देकर मुझे एवं सभी विद्यार्थियों को अध्ययन के लिए अनवरत प्रेरित किया। इनमें से प्रमुख हैं श्री राम गोपाल गुप्ता, श्री गिरिराज गुप्ता, श्री बलवीर सिंह, श्री लक्ष्मी चन्द्र व्यास, श्री रूपलाल दशोरा, श्री लक्ष्मी चन्द शर्मा, श्री माँगीलाल दशोरा, श्री लक्ष्मीनारायण गुप्ता, श्री हस्तीमल जैन, श्री मांगीलाल सुथार, श्री राधेश्याम गुप्ता, श्री एम.ए. खान, श्रीमती पूनम भटनागर, श्री पद्म कुमार गंगवाल, श्री राधेश्याम नामदेव, श्री समर्थमल जैन, श्रीमती विमला लश्करी, श्री राज कुमार

शर्मा, श्री नेमीचन्द नलवाया, श्री अरविन्द कुमार लक्कड, डॉ. रामप्रताप गुप्ता, डॉ. डी.एस. नामजोशी आदि। मैं अपने सहपाठियों एवं मित्रों डॉ. दिनेश बिरला, इंजीनियर धीरेन्द्र कुमार जैन, श्री देवेन्द्र व्यास, श्री रामेश्वर प्रसाद गुप्ता, श्री योगेन्द्र गुप्ता, श्री योगेन्द्र कोठारी, डॉ. सोमेश गुप्ता, डॉ. मानसिंह चंदेल, डॉ. कमलेश चंदेल, श्री जयप्रकाश सिंह एवं श्री अरूण कुमार पानडीवाल आदि का भी आभारी हूँ जिनके साथ रहकर मुझे बहुत कुछ सीखने का अवसर मिला।

मैं नेताजी सुभाषचन्द्र बोस मेडिकल कॉलेज, जबलपुर एवं पोस्ट ग्रेजुएट इंस्टिट्यूट, चण्डीगढ़ के सभी सम्मानीय शिक्षकों का हृदय से आभारी हूँ जिन्होंने अपने अथक प्रयासों से मुझे सफल नेत्र चिकित्सक बनने के गुर सिखाये एवं अनवरत बहुमूल्य मार्गदर्शन दिया। एन.एस.सी.बी. मेडिकल कॉलेज, जबलपुर, म.प्र. की डीन डॉ. गीता गुइन, मेरे सभी सम्मानित शिक्षकों को विशेष धन्यवाद। मेरे शिक्षकों के नाम हैं; एनाटॉमी विभाग- डॉ. टी.एम. गर्ग, डॉ. मालवीय, डॉ. एस.के. वर्मा सीनियर, डॉ. एस.के. वर्मा जूनियर, डॉ. एस.के. श्रीवास्तव, डॉ. एस.के. जोशी, डॉ. आशा दीक्षित, डॉ. लखनपाल, डॉ. पी.सी. जैन, फिजियोलॉजी विभाग- डॉ. बी.बी.एल. माथुर (डीन), डॉ. एस.एस. मिश्रा सीनियर, डॉ. वी.एस.सी. राव, डॉ. एस.एस. मिश्रा जूनियर, डॉ. आर.एस. पाण्डेय, डॉ. किरण पटेल, डॉ. आर.सी. अग्रवाल, बायोकैमिस्ट्री विभाग- डॉ. किरण हसीजा, डॉ. आर.के. बिडवई, डॉ. आर.आर. बोडके, पैथोलॉजी विभाग- डॉ. एम.ए. हफीज, डॉ. एस.एस. चौहान, डॉ. जे.सी. गुप्ता, डॉ. सरोज मुंजाल, डॉ. मुरली कृष्णन, डॉ. लक्ष्मण पटेल, डॉ. शरद जैन, डॉ. रजनी विश्नोई, डॉ. ए. संत, डॉ. सविता वर्मा, डॉ. आर.के. जैन, डॉ. संजय टोटडे, डॉ. वी. एन. गंडागुले, डॉ. यू. पण्डा, डॉ. वी. श्रीवास्तव, डॉ. एल.के. पटेल, फोरेंसिक मेडिसिन विभाग- डॉ. डी.के. साकल्ले, डॉ. त्रिलोक मोहन, फॉर्मेकोलॉजी विभाग- डॉ. आर.के. गुप्ता, डॉ. एस. सिंह, डॉ. बी.के. जैन, डॉ. ए. कश्यप, डॉ. आर.के. जैन, डॉ. एस. चन्द्राकर, डॉ. के.के. दरियानी, डॉ. एस.के. पाण्डेय, ई.एन.टी. विभाग- डॉ. के.आर. मुंजाल, डॉ. एम. टंकवाल, डॉ. राकेश शुक्ला, डॉ. अनिल अग्रवाल, पी.एस.एम. विभाग- डॉ. (श्रीमती) इंद्रा दत्त, डॉ. डेविड पार्क, डॉ. प्रदीप कसार, सर्जरी विभाग- डॉ. जे.पी. कपूर, डॉ. जे.के. टंडन, डॉ. वी.के. भटनागर, डॉ. एम.पी. गुप्ता, डॉ. धनजय शर्मा, डॉ. के.डी. बघेल, डॉ. वी.के. रैना, डॉ. अनिल मिश्रा, डॉ. एल.पी. वर्मा, डॉ. आशुतोष सोनी, डॉ. वाई.आर. यादव (न्यूरोसर्जरी), मेडिसिन- डॉ. बी.एन. श्रीवास्तव, डॉ. सुरिंदर

सिंह, डॉ. बी.एम. तेजवानी, डॉ. विवेक जौहरी, डॉ. वी.के. मेहता, डॉ. जी. पी. व्यास, डॉ. शशांक गुप्ता, डॉ. वी.डी. सिंह, डॉ. जे.के. पाराशर, डॉ. जी. एस. मेहता, डॉ. आर. त्रिवेदी, डॉ. आर.एस. शर्मा, डॉ. एम.एस. जौहरी, डॉ. वी.वी. वैद्या, स्त्री रोग विभाग- डॉ. एन. भटनागर, डॉ. रमा श्रीवास्तव, डॉ. वी. देशपांडे, डॉ. एच. सूबेदार, डॉ. रजनीश चौहान, डॉ. ए. लेले, डॉ. एस. खरे, बाल रोग विभाग- डॉ. के.के. कौल, डॉ. माया चंसोरिया, डॉ. बेनू मुखर्जी, डॉ. डी.के. श्रीवास्तव, डॉ. नीना पटेल, डॉ. वी. भारद्वाज, आर्थोपेडिक्स विभाग- डॉ. एच.के.टी. रजा, स्किन विभाग- डॉ. डी.के. गुप्ता, डॉ. एन.के. तिवारी, डॉ. उषा गुप्ता, एनेस्थीसिया विभाग- डॉ. के.पी. चंसोरिया, डॉ. बी.पी. सिंह, डॉ. इरा चंद्रा, डॉ. एस.के. कृपलानी, डॉ. अतुल दीक्षित, नेत्र रोग विभाग- डॉ. अशोक के. मुखर्जी, डॉ. (श्रीमती) एम. श्रीवास्तव, डॉ. विजय भाईसारे, रेडियोलॉजी विभाग- डॉ. बी.एम. अरोड़ा, डॉ. अमरजीत कौर, डॉ. एस. वाले, डॉ. अरुण शर्मा, डॉ. ए.एस. राठौर, डॉ. विजया मेहता, डॉ. पुष्पा किरार, डॉ. कृपलानी आदि। जिन शिक्षकों के नाम इस लिस्ट में भूलवश छूट गएँ हैं, उनका भी हार्दिक आभार।

मैं एडवांस्ड आई सेन्टर, पी.जी.आई. चण्डीगढ़ के फैकल्टी सदस्यों डॉ. आमोद गुप्ता, स्वर्गीय डॉ. जे.एस. सैनी, डॉ. जगत राम, डॉ. एम.आर. डोगरा, डॉ. कँवर मोहन, डॉ. एस.एस. पाण्डव, डॉ. अरुण कुमार जैन, डॉ. अशोक शर्मा, डॉ. ऊषा सिंह आदि का हृदय से आभारी हूँ। मैं अपने सीनियर्स एवं सहपाठीगण- डॉ. नीरज सूद, डॉ. मृणाल आनंद, डॉ. ऋतु लाल, डॉ. वैशाली गुप्ता, डॉ. सुरेश कुमार, डॉ. राजीव गुप्ता, डॉ. परमजीत सिंह जोरा, डॉ. गगनदीप सिंह बरार, डॉ. संगीत मित्तल, डॉ. शुबिना नारंग, डॉ. वंदना धनकर, डॉ. अमित गुप्ता, डॉ. राज आनंद, डॉ. प्रशान्त सहारे, डॉ. के. बी. विश्वनाथ, डॉ. सृष्टि राज का भी आभार व्यक्त करता हूँ।

मैं संयुक्त राज्य अमेरिका और ऑस्ट्रेलिया के अपने सभी मेन्टर्स एवं सहयोगियों का साधुवाद देता हूँ, ये हैं- दिवंगत डॉ. डेविड जे. ऐप्पल, डॉ. रेण्डल जे. ऑल्सन, डॉ. एम. एडवर्ड विल्सन, डॉ. एम. मिलिसेंट डब्ल्यू. पीटरसिम, डॉ. जेफ्री एफ. टेबिन, डॉ. निक मेमेलिस, डॉ. लिलियाना वर्नर, डॉ. लियोनार्ड पी. वर्नर, डॉ. कंसाकु मियाके, डॉ. ओकिहिरो निशि, डॉ. रीजो जे. लिनोला, डॉ. एंड्रिया एम. इजाक, डॉ. एहुद आई. आसिया, डॉ. गर्ड यू. ऑफार्थ, डॉ. मैनफ्रेड आर. टेट्ज, डॉ. कुन पेंग, डॉ. माइक पी. होल्जर, डॉ. लुइस जी.

वर्गास, डॉ. जोसेफ एम. शिमटबाउर, डॉ. रॉबर्ट जे. शोडरबेक जूनियर, डॉ. गाय क्लेनमैन, स्वर्गीय डॉ. एलन एस. क्रैंडल, डॉ. रूपल एच. त्रिवेदी, डॉ. ब्रैडली एस. डेनेस, डॉ. टेमर ए. मैके, डॉ. स्टेला एन. आर्थर, डॉ. हेल्गा पी. संडोवाल, डॉ. तनजा रब्बिलबर, डॉ. सुरेंद्र बस्ती, डॉ. मार्सेला एस्कोबार-गोमेज, डॉ. केरी डी. सोलोमन, डॉ. डेविड टी. रोमन, डॉ. नीति विसेसुक, डॉ. इरमिंगार्ड एम. न्यूहान, डॉ. एनरिक रोग-मेलो, डॉ. ई. जॉन मिलवर्टन, डॉ. एंथोनी जे. मलूफ, डॉ. गगन खन्ना, डॉ. इयान डनलप, डॉ. जॉन डब्ल्यू. मैकएवॉय और डॉ. पॉल मिशेल आदि।

श्री अरूण तिवारी, श्री कमलेश याग्निक, श्री फूलचंद शर्मा, श्री विजय भण्डारी, श्री हरीश पाराशर, श्री सिद्धार्थ भट्ट, श्री गोविंद चतुर्वेदी, श्री राजेश त्रिपाठी, श्री अरविन्द गुप्ता, श्री अतुल कनक, श्री शैलेश पाण्डेय, श्रीमती रश्मि गुप्ता, श्रीमती मंजुला सक्सेना, श्री प्रवीण भल्ला, सुश्री हिन्दिका गिरी, श्री नितिन कुमार, श्री भूपेन्द्र शर्मा, श्री राकेश गांधी, श्री एन. रघुरामन को पुस्तक की सामग्री पर राय देने के लिए विशेष धन्यवाद। मैं अपने प्रकाशक, सभी रोगियों, मेडिकल कोचिंग के विद्यार्थियों, मेडिकल विद्यार्थियों, मित्रों और शुभचिंतकों का आभारी हूँ, जो मुझे भविष्य में बेहतर कार्य करने के लिए प्रोत्साहित करते रहते हैं।

-डॉ. सुरेश पाण्डेय

नेत्र सर्जन, लेखक, मोटिवेशनल स्पीकर, साइक्लिस्ट

पूर्व मानद सचिव, इण्डियन मेडिकल एसोसिएशन, कोटा

पूर्व अध्यक्ष, कोटा डिविजन नेत्र सोसायटी, कोटा

कॉर्डिनेटर, आई बैंक सोसायटी राजस्थान कोटा चेप्टर

निदेशक, सुवि नेत्र चिकित्सालय एण्ड लेसिक लेज़र सेंटर, कोटा

लेखक: सीक्रेट्स ऑफ सक्सेसफुल डॉक्टर्स

ए हिप्पोक्रेटिक ओडिसी : लेसन्स फ्रॉम ए डॉक्टर कपल ऑन लाइफ इन मेडिसिन चेलेंजेज एण्ड डॉक्टरप्रेन्योरशिप

आंतरप्रेन्योरशिप फॉर डॉक्टर्स: हाउ टू बिल्ड यूअर ऑवन सक्सेसफुल मेडिकल प्रेक्टिस।

फोन: 9351412449, ईमेल: suresh.pandey@gmail.com

प्रस्तावना

'मैं विजय के बारे में सोचता हूँ - मुझे विजय मिलेगी।
इस फॉर्मूले को याद रखें'

−नॉर्मन विन्सेन्ट पील

वर्ष 1985 में मैं प्री मेडिकल टेस्ट (पी.एम.टी.) परीक्षा की तैयारी कर रहा था। परिवार में आर्थिक तंगी और बहुत सी मुश्किलें थीं, जिस वजह से मुझे डर लग रहा था कि मेरा आँख के डॉक्टर बनने का सपना सचमुच साकार हो पाएगा या नहीं। निराशा की उस चरम अवस्था में मैंने एक कहानी पढ़ी, जिसने मुझे सफल होने के लिए प्रेरित किया, हो सकता है यह आपको भी प्रेरित कर दे।

प्लेटो सुकरात को सबसे ज्ञानी व्यक्ति मानते थे और उन्होंने सुकरात के पास जाकर उनका ज्ञान ग्रहण करने की इच्छा प्रकट की।

सुकरात प्लेटो को समुद्र के पास और फिर पानी के अंदर ले गए। पानी जब गले तक हो गया, तो सुकरात ने प्लेटो का सिर पकड़कर पानी के नीचे डुबा दिया। प्लेटो कुछ समय बाद हवा के लिए छटपटाने लगे, हाथ-पैर मारने लगे और वे बेहोश होने ही वाले थे कि तभी सुकरात ने उन्हें ऊपर खींच लिया। सुकरात ने प्लेटो से कहा, 'जब तुम मेरा ज्ञान उसी तरह चाहोगे, जिस तरह तुम डूबते समय हवा की साँस चाह रहे थे, तो तुम्हें यह मिल जाएगा।'

इस कहानी से मेरे मन में कई सवाल उठ खड़े हुए। क्या मैं सचमुच आँखों का डॉक्टर बनना चाहता था? क्या दृष्टि बाधित रोगियों का अंधेरा मिटाकर, उजाला लौटाने की मेरी इच्छा प्रबल थी? क्या मेरे अंदर इसका जुनून था? इस कहानी का संदेश यह था कि जब आपके अंदर किसी कार्य करने की प्रबल इच्छा होती है, तो चुनौतियाँ, विपरीत परिस्थितियाँ और मुश्किलें मायने नहीं रखतीं।

उस रात मैंने अपनी डायरी में लिखा कि विपरीत परिस्थितियों में भी मैं अपने संकल्प को विचलित नहीं होने दूँगा। मैं अपना ध्यान मुश्किलों पर नहीं, बल्कि प्रबल इच्छा पर केंद्रित रखूँगा और अपने सपने को साकार करने के लिए सौ प्रतिशत प्रयास करूँगा। मैं विपरीत परिस्थितियों में अपने संकल्प को और ज़्यादा मज़बूत करूँगा, क्योंकि चुनौतियाँ मुझे ज़्यादा मज़बूत बनाने के लिए आती हैं। मैंने अपने पैरेग्राफ के अंत में जैन वाइनब्रेनर का वाक्यांश लिखा, 'उसकी आत्मा में फौलाद था।'

यही संदेश मेरे अंदर तब भी था, जब मैं अमेरिका और ऑस्ट्रेलिया में नेत्र-चिकित्सा का उत्कृष्ट प्रशिक्षण ले रहा था और यही संदेश मेरे अंदर तब भी था, जब मैं भारत लौटकर विश्व स्तरीय नेत्र सर्जन बनकर दृष्टि बाधित रोगियों के जीवन से अँधेरा मिटाकर, खुशियों का उजाला भरकर अपनी मातृभूमि की सेवा करना चाहता था।

-डॉ. सुरेश पाण्डेय

नेत्र सर्जन, लेखक, मोटिवेशनल स्पीकर, साइक्लिस्ट

पूर्व मानद सचिव, इण्डियन मेडिकल एसोसिएशन, कोटा

पूर्व अध्यक्ष, कोटा डिविजन नेत्र सोसायटी, कोटा

कॉर्डिनेटर, आई बैंक सोसायटी राजस्थान कोटा चेप्टर

निदेशक, सुवि नेत्र चिकित्सालय एण्ड लेसिक लेज़र सेंटर, कोटा

लेखक: सीक्रेट्स ऑफ सक्सेसफुल डॉक्टर्स,

ए हिप्पोक्रेटिक ओडिसी : लेसन्स फ्रॉम ए डॉक्टर कपल ऑन लाइफ इन मेडिसिन चेलेंजेज एण्ड डॉक्टरप्रेन्योरशिप

आंतरप्रेन्योरशिप फॉर डाक्टर्स: हाउ टू बिल्ड यूअर ऑवन सक्सेसफुल मेडिकल प्रेक्टिस

अध्याय 1
स्वप्न, जो साकार हुआ

'यदि कोई अपने सपनों की दिशा में विश्वास से बढ़ता है और वैसा जीवन जीने की कोशिश करता है, जैसी उसने कल्पना की है, तो उसे ऐसी सफलता मिलेगी, जो सामान्य जीवन में अनपेक्षित होगी।'

- हेनरी डेविड थोरो

'हर महान सपना एक सपने देखने के साथ शुरू होता है। हमेशा याद रखें, आपके पास ताकत और धैर्य हैं। दुनिया को बदलने के लिए सितारों तक पहुँचने का जुनून है।'

- हेरिएट टबमैन

'जो सपने देखने की हिम्मत रखते हैं वो पूरी दुनिया जीत सकते हैं।'

- अज्ञात

तुम्हारा सपना क्या है?

होली के त्यौहार से पहले मार्च 1980 के दौरान हमारी क्लास में सभी बच्चे स्कूल के मध्यावकाश के दौरान बातचीत और हँसी-मज़ाक़ में तल्लीन थे, तभी बी.डी.ओ. (ब्लॉक डवलपमेंट ऑफिसर) और प्रधानजी औचक दौरे पर आ गए।

बी.डी.ओ. ने सभी विद्यार्थियों से पूछा, 'क्या तुममें से कोई भाषण दे सकता है?'

विद्यार्थी घबराकर दाएँ-बाएँ झाँकने लगे। किसी में भी भाषण देने की हिम्मत नहीं थी। आख़िर मैंने डरते-डरते हाथ उठा दिया। बी.डी.ओ. ने सिर हिलाकर मुझसे कहा कि मैं अपने मनचाहे विषय पर भाषण दे सकता हूँ। मैंने गुरुवंदना की पंक्तियों के साथ उपस्थित सभी गुरुओं को प्रणाम किया। तत्पश्चात् विश्वविख्यात अंतरिक्ष वैज्ञानिक भारत रत्न डॉ. ए.पी.जे. अब्दुल कलाम की

कहानी सुनाई, जो मैंने जूनियर साइंस डाइजेस्ट में पढ़ी थी। फिर मैंने उनके मशहूर शब्द भी दोहराए, '*सपना वह नहीं है, जो आप सोते समय देखते हैं। सपना तो वह है, जो आपको सोने नहीं देता।*' मेरा धाराप्रवाह भाषण सुनकर बी.डी.ओ, प्रधानजी और मेरे सभी शिक्षकगण दंग रह गए।

भाषण के बाद प्रधानजी ने मुझसे पूछा, 'तुम्हारा सपना क्या है? तुम भविष्य में क्या बनना चाहते हो?'

मैंने पल भर भी हिचके बिना जवाब दिया, 'आँखों का डॉक्टर'।

यह सचमुच मेरा सपना था, जो आज साकार हो चुका है। मैं सौभाग्यशाली हूँ कि आज मैं एक नेत्र सर्जन के रूप में अपने सपनों का जीवन जी रहा हूँ और मुझे हजारों दृष्टिहीन एवं दृष्टिबाधित रोगियों की दुनिया रोशन करने के साथ उनमें सकारात्मकता का संचार करने का अद्भुत सुयोग मिल रहा है।

बचपन का चमत्कार

वर्ष 1968 में मेरा जन्म चित्तौड़गढ़ जिले के मोहना गाँव में हुआ था। मैं कमज़ोर पैदा हुआ था, बीमार रहता था और जन्म के बाद मेरा स्वास्थ्य लगातार खराब रहने लगा। कुछ वर्षों बाद में पता चला कि मेरे हृदय में छेद (वेंट्रिकुलर सेप्टल डिफेक्ट) भी था। जन्म के बाद उल्टी, दस्त, खाँसी, बुखार आदि के कारण माता-पिता ने मुझे कोटा, राजस्थान में जे.के. लॉन अस्पताल में भर्ती करवाया, जहाँ मेरी हालत पहले से अधिक ख़राब हो गई। डॉक्टरों ने हाथ खड़े कर दिए और बोलने लगे कि मेरे बचने की संभावना बहुत कम है।

लेकिन मेरे माता-पिता स्वर्गीय श्री कामेश्वर प्रसाद पाण्डेय एवं श्रीमती माया देवी पाण्डेय ने उम्मीद नहीं छोड़ी। उस वक़्त हमारे परिवार की आर्थिक स्थिति बहुत ख़राब थी, इसलिए मेरे इलाज के लिए माँ को गहने बेचने पड़े। पैसों का इंतज़ाम तो माँ ने कर दिया, लेकिन मेरे जीवन की डोर डॉ. एम.आर. सक्सेना के हाथ में थी, जो कोटा के मशहूर बाल रोग विशेषज्ञ थे और उन्हें 'बीमार बच्चों का भगवान' कहा जाता था। डॉ. सक्सेना ने लगभग एक महीने तक मेहनत करके मुझे बचा लिया। उनके साथ-साथ उस समय के प्रख्यात चिकित्सक वैद्य स्वर्गीय श्री कृष्ण गोपाल पारीक द्वारा दी गई आयुर्वेदिक दवाओं के माध्यम से मेरे स्वास्थ्य में संतोषजनक सुधार हुआ। सबकी नज़रों में यह एक चमत्कार था और लोग कहने लगे कि ज़रूर यह लड़का आगे चलकर कोई ख़ास काम करेगा, तभी भगवान ने उसे जीवनदान दिया है। उसी दिन मेरे माता-पिता ने यह

सपना देखा कि वे मुझे भी डॉ. सक्सेना की तरह चमत्कार करने वाला डॉक्टर बनाएँगे। उस वक़्त माता-पिता को अहसास हुआ- और मुझे आज भी होता है- कि स्वास्थ्य से मूल्यवान कुछ नहीं है और बीमार व्यक्ति को स्वस्थ करने से बढ़कर दूसरी कोई सेवा नहीं है।

मेरी जन्मस्थलीः आठ सौ वर्ष पुराना ऐतिहासिक गाँव मोहना

मेरा जन्म राजस्थान के चित्तौड़गढ़ जिले की रावतभाटा तहसील में स्थित मोहना गाँव में हुआ था जो लगभग 800 वर्ष पुराना है। यह रियासतों के समय का राजस्व वसूली केन्द्र था। उदयपुर रियासत का यह गांव भैंसरोड्गढ़ ठिकाने के अन्तर्गत आता था। इस गाँव में जीनिंग फैक्ट्री, ऑयल मिल, कपास मिल भी भैंसरोड्गढ़ ठिकानेदार द्वारा लगाई गई थी। आजादी के पहले यह गाँव भैंसरोड्गढ़ तहसील के रावत हिम्मतसिंह चुण्डावत (जिनकी आज नवीं पीढ़ी रावत शिवचरण सिंह चुण्डावत हैं) के ठिकाने का गांव था। इस गांव में पानी की तीन बड़ी ऐतिहासिक बावड़िया, पौराणिक मन्दिर व दो हवेलियां थीं। मोहना में घोड़ों के लिए अस्तबल एवं अनाज संग्रह के लिए अनेकों बड़ी-बड़ी खाईयाँ भी मैंने देखीं थीं। आजादी के पूर्व मोहना गांव में पुलिस थाना था जो कि आजादी के बाद गाँधीसागर स्थापित हुआ जब गांधीसागर राजस्थान का हिस्सा था। गांधीसागर बांध बनने के बाद यह मध्यप्रदेश में चला गया और पुलिस थाना गांधीसागर से रावतभाटा स्थापित हुआ।

मोहना एवं आसपास के अन्य गाँवों को पहाड़ों से घिरा होने एवं पहाड़ों के ऊपर से देखने पर कुण्ड के समान दिखाई देने के कारण 'कुण्डाल' क्षेत्र भी कहा जाता है। बरसात में झरने की कलकल, घने जंगल, हरियाली से आच्छादित पहाड़ों का प्राकृतिक सौंदर्य बरबस सभी को आकर्षित करते हैं। बचपन में मैंने रीछ, सियार एवं अन्य जंगली जानवरों को जंगल में स्वच्छंद विचरण करते हुये देखा था। कभी-कभी शेर द्वारा जानवरों के शिकार किये जाने की बातें भी मैंने सुनी थी। मैंने बचपन में भैंसरोड्गढ़ ठिकानेदार द्वारा रीछ एवं अन्य जंगली जानवरों का शिकार करते हुए भी देखा था। उस समय मोहना गाँव बिजली, सड़क आदि सुविधाओं से वंचित था। गाँव के लोग रावतभाटा अथवा चेचट पैदल, साइकिल अथवा बैलगाड़ी से जाते थे। कालांतर में मोहना की प्रसिद्धि धूमिल होती गई एवं कुशल राजनैतिक नेतृत्व के अभाव में अस्पताल, उच्च माध्यमिक स्कूल एवं पक्की सड़क परियोजना से मोहना गाँव वंचित रह गया।

फोटो 1: वर्षा ऋतु में पहाड़ से गिरता झरना एवं मोहना गाँव का प्राकृतिक सौन्दर्य। झरने के पास पहाड़ों में 'देवरिया महादेव' नामक धार्मिक आस्था के केन्द्र पर अनेकों श्रद्धालु दर्शन करने आया करते थे।

मेरे पिताजी श्री कामेश्वर प्रसाद पाण्डेय मोहना एवं आसपास के गाँवों के स्कूलों में सम्मानित स्कूल शिक्षक थे। उस समय की ज़्यादातर महिलाओं की तरह मेरी माँ (श्रीमती माया देवी पाण्डेय) भी एक कुशल गृहिणी थीं परन्तु मुझे जीवनमूल्य सिखाकर मेरे चरित्र निर्माण में उनकी सबसे अहम भूमिका रही। मेरे माता-पिता का मानना था कि शिक्षा ही ग़रीबी और अज्ञान के ख़िलाफ सर्वश्रेष्ठ हथियार है। मैं अपने माता-पिता से प्रभावित तो था, लेकिन जिस व्यक्ति का मुझ पर सबसे ज़्यादा प्रभाव पड़ा और जिन्हें देखकर मैं हर दिन प्रेरित हुआ, वे मेरे दादाजी थे – स्वर्गीय डॉ. कामता प्रसाद पाण्डेय।

'बागी बलिया' एवं अँधेरे से जंग हेतु दादाजी का राजस्थान प्रस्थान

मेरे दादाजी स्वर्गीय डॉ. कामता प्रसाद पाण्डेय का जन्म 24 फरवरी 1916 को पूरा ग्राम, तहसील बाँसडीह, जिला बलिया (उत्तर प्रदेश) में हुआ था। वे स्वतंत्रता संग्राम सेनानी थे। उन्होंने शेर-ए-बलिया के नाम से प्रसिद्ध स्व. श्री चितू पाण्डेय के साथ स्वतंत्रता संग्राम की लड़ाई लड़ी एवं अनेकों बार जेल गए। स्वतंत्रता आंदोलन में 20 अगस्त, 1942 में ही भारत का तिरंगा फहराने वाला बलिया देश का पहला जिला बना था। इसीलिए बलिया को 'बागी बलिया' भी कहा जाता है एवं यह आंदोलन इतिहास में स्वर्ण अक्षरों में लिखा गया है। वर्ष 1942-43 के

दौरान अंग्रेजों द्वारा बलिया के स्वतंत्रता सेनानियों पर अनेकों अत्याचार किये गए एवं उन्हें जेल में डाल दिया गया। दादाजी भी कई दिनों श्री चित्तू पाण्डेय के साथ बलिया जेल में रहे। जेल से रिहा होने के बाद ऐसी कठिन परिस्थिति में दादाजी के लिए बलिया में आँखों का इलाज एवं ऑपरेशन कर पाना संभव नहीं था। इसलिए अँधेरे से लड़कर दृष्टिहीन नेत्र रोगियों को रोशनी लौटाने की प्रबल इच्छा के चलते उन्होंने बलिया छोड़ने का निश्चय किया। दादाजी वर्ष 1944 में बाग़ी बलिया आंदोलन के बाद उत्तर प्रदेश के बलिया से राजस्थान रहने आ गए थे।

राष्ट्रभक्ति एवं राष्ट्रप्रेम का प्रतीक 'नगवा' गाँव

मेरी दादीजी स्वर्गीय श्रीमती राम श्रृंगारी पाण्डेय का जन्म 9 मार्च 1917 को नगवा, जिला बलिया में हुआ था। बलिया से पाँच किलोमीटर दूर उत्तर प्रदेश का नगवा गाँव पूरे विश्वभर में विख्यात है क्योंकि यह अमर शहीद मंगल पाण्डेय की जन्म भूमि है।

फोटो 2. बलिया जिले के नगवा गाँव में स्थापित अमर शहीद मंगल पाण्डेय की प्रतिमा। मेरी बलिया यात्रा के दौरान अपनी दादीजी स्वर्गीय रामश्रृंगारी पाण्डेय के जन्मस्थान नगवा जाने का सुअवसर मिला एवं अमर शहीद मंगल पाण्डेय की जन्मभूमि पर जाकर अपने आप को धन्य अनुभव किया।

बचपन में दादीजी मुझे अमर शहीद मंगल पाण्डेय एवं अन्य शहीदों की कहानियाँ सुनाया करती थीं। अमर शहीद मंगल पाण्डेय ने 1857 की क्रांति का नेतृत्व किया था। उन्हें 8 अप्रैल 1857 को बैरकपुर में फाँसी की सजा दे दी गई। मैंने बलिया यात्रा के दौरान नगवा गाँव की यात्रा की एवं अमर शहीद मंगल पाण्डेय की जन्मभूमि की माटी को प्रणाम किया। मुझे वर्ष 2005 में सिडनी, ऑस्ट्रेलिया में कार्य करते समय मंगल पाण्डेय के जीवन पर बनी फिल्म '*मंगल पाण्डेय: द राइजिंग*' देखने का अवसर मिला एवं दादीजी के द्वारा सुनाए गए नगवा गाँव के घटनाक्रमों की यादें ताजा हो गई।

फोटो 3. सन् 1857 के सैनिक विद्रोह की एक झलक यह विद्रोह भारतीय सैनिकों ने अमर शहीद मंगल पाण्डेय के नेतृत्व में ब्रिटिश हुकूमत के खिलाफ़ किया था।

'मोतियाबिंद के जादूगर'

दादाजी ने भिवानी, हरियाणा में किशन लाल जालान आई हॉस्पिटल में 1937-38 में नेत्र रोगों एवं मोतियाबिंद के ऑपरेशन की कला विख्यात नेत्र सर्जन डॉ. पी.डी. गिरिधर से सीखी थी। उस ज़माने में बहुत कम डॉक्टर इंट्राकैप्सुलर कैटरेक्ट सर्जरी की तकनीक में माहिर थे और मेरे दादाजी उनमें से एक थे।

मोतियाबिंद अंधेपन का प्रमुख कारण है, परन्तु वर्ष 1980 के दशक तक मोतियाबिंद के ऑपरेशन में ज़्यादा तरक्की नहीं हो पाई थी। उस दौरान

मोतियाबिन्द ऑपरेशन करने हेतु आँख की पारदर्शी पुतली के ऊपरी हिस्से (लिम्बस) में 12 मिलिमीटर का बड़ा चीरा लगाकर अपारदर्शी लेंस को आँख से बाहर निकाल दिया जाता था। ऑपरेशन के बाद रोगी को अनेकों सावधानियां रखनी होती थीं। लगभग दो महीने बाद मरीज़ों को प्लस दस नम्बर का मोटा चश्मा (एफेकिक ग्लास) लगाने को कहा जाता था। वर्ष 1970-80 के दौरान भारत में इंट्राओक्युलर लेंस (आई.ओ.एल. अथवा कृत्रिम लेंस) लगना शुरू नहीं हुआ था, इसलिए मोतियाबिंद के पूरी तरह पकने के बाद ही ऑपरेशन किया जाता था, हालाँकि अब कृत्रिम लेंस के प्रत्यारोपित किए जाने के बाद यह ऑपरेशन पकने से पहले आसानी से किया जा सकता है।

रोगी दादाजी के पास तब आते थे, जब उनकी दोनों आँखों का मोतियाबिंद पूरी तरह पकने के कारण उन्हें दिखाई देना लगभग बंद हो जाता था। कुछ रोगियों में अधिक पकने से काला पानी ('फेकोमॉरफिक ग्लूकोमा') बन जाता था एवं उनकी नेत्र ज्योति सदा के लिए समाप्त हो जाती थी। मोतियाबिन्द पककर काला पानी बनने के कारण कई बुजुर्ग रोगी पूरी तरह अंधे हो जाते थे एवं उनका शेष जीवन अंधकारमय हो जाता था। गाँव में उस समय छोटे बच्चे अपने बुजुर्ग दादा-दादी को दैनिक नित्य कर्म से निवृत्त करवाने लकड़ी के सहारे घर से बाहर ले जाते थे।

वर्ष 1976 के दौरान जब मैं पाँचवीं कक्षा में था, उस समय मेरे स्कूल के सहपाठी की माताजी को मोतियाबिंद की समस्या हुई। बहुत कम दिखने की वजह से वे घर में गिर गईं, लेकिन उन्हें मोतियाबिंद ऑपरेशन से डर लगता था, इसलिए डॉक्टर के पास जाने को वे तैयार नहीं थीं। यह पता चलने पर मैं उनके घर गया और उन्हें आश्वस्त किया कि मेरे दादाजी 'मोतियाबिंद के जादूगर' हैं, इसलिए ऑपरेशन में उन्हें कोई दर्द नहीं होगा और मैं इसका विश्वास दिलाता हूँ। आज मुझे आश्चर्य होता है कि वे आठ वर्ष के बच्चे का आश्वासन सुनकर ऑपरेशन कराने को तैयार हो गईं। कुछ दिनों बाद दादाजी ने उनका मोतियाबिंद ऑपरेशन किया, जिससे कुछ ही दिनों में उनकी आँखों की रोशनी लौट आई। मेरा विश्वास सही निकला और बाद में उन्होंने भी कहा कि सचमुच तुम्हारे दादाजी मोतियाबिंद के जादूगर हैं। उसी दिन से मेरे सहपाठीगण और शिक्षक मुझे 'आँख के डॉक्टर साहब का पोता' कहने लगे। अब जाकर उन्हें समझ आया कि मैं आँख का डॉक्टर बनने का सपना क्यों देख रहा था। मेरे दादाजी की जितनी ज़्यादा तारीफ होती थी, मैं आँख का डॉक्टर बनने के लिए उतना ही

ज़्यादा प्रेरित होता था। और चूँकि मेरे दादाजी की तारीफ हर दिन कोई न कोई करता था, इसलिए मैं हर दिन प्रेरित होता रहता था। जब भी मेरे मन में कोई संदेह आता था, तो दादाजी के साथ बातचीत करने पर वह दूर हो जाता था।

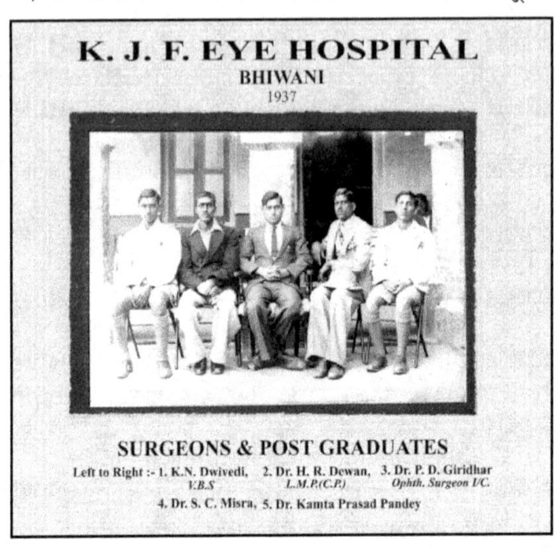

फोटो 4. भिवानी हरियाणा में किशन लाल जालान फ्री आई हॉस्पिटल में वर्ष 1937 में लिया गया फोटो। उस समय के सुप्रसिद्ध नेत्र सर्जन डॉ. पी. डी. गिरिधर के साथ मेरे दादा जी स्वर्गीय डॉ. कामता प्रसाद पाण्डेय।

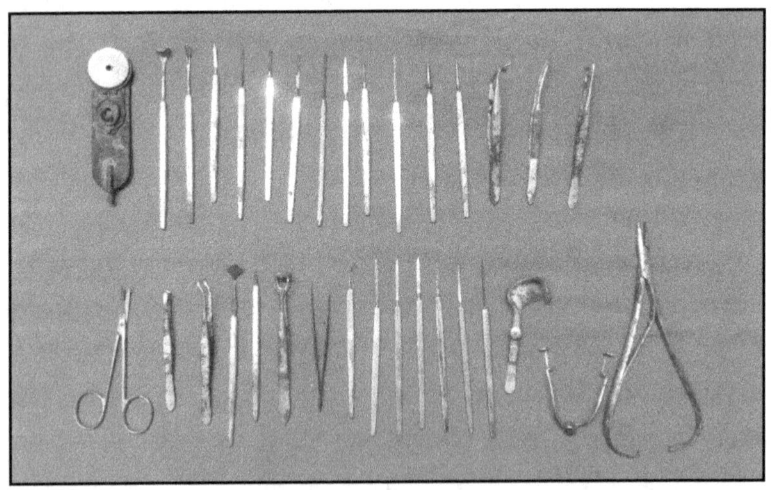

फोटो 5. पूज्य दादाजी द्वारा नेत्र शल्य चिकित्सा हेतु उपयोग में लाये गये कुछ इंस्टूमेंट्स के फोटोग्राफ।

मैं हर दिन तीर्थयात्रा पर जाता हूँ

वर्ष 1976 की बात है, एक दिन मेरी दादीजी ने मुझसे कहा कि मैं दादाजी को उनके साथ चार धाम यात्रा पर जाने के लिए राज़ी करूँ। जब दादाजी आई कैंप से लौटे, तो मैंने उनसे बात छेड़ी। मुझे आज भी याद है, उस वक़्त वे सफेद शर्ट और सफेद पैंट पहने हुए थे।

मैंने कहा, 'दादाजी, आप छुट्टी लेकर दादी माँ के साथ तीर्थयात्रा पर क्यों नहीं जाते?'

दादाजी हँस दिए और बोले, 'लेकिन मैं तो हर दिन तीर्थयात्रा पर जाता हूँ।'

मैंने हैरान होकर पूछ लिया, 'वह कैसे' दादाजी?

दादाजी ने जवाब दिया, 'मैं अंधे लोगों को आँख की रोशनी लौटाकर ईश्वर द्वारा निर्मित इस सुन्दर सृष्टि को देखने में उनकी मदद करता हूँ। *तमसो मा ज्योतिर्गमय!* ईश्वर ने मुझे दृष्टिहीन रोगियों के जीवन में उजियारा करके उन्हें अंधकार से प्रकाश की ओर ले जाने का दायित्व सौंपा है, यही मेरी तीर्थयात्रा है।'

हालाँकि यह 47 साल से पहले की बात है, लेकिन जैसा मैं पहले ही बता चुका हूँ, यह घटना मुझे आज तक याद है। दादाजी हर दिन तीर्थयात्रा की तरह अपने मिशन पर जाते थे। वे महीने के पहले तीन सप्ताह में राजस्थान, मध्यप्रदेश और उत्तर प्रदेश की यात्रा करके फ्री आई कैम्प (नि:शुल्क नेत्र शिविरों) में मोतियाबिंद के ऑपरेशन करते थे। महीने के आख़िरी सप्ताह में ही वे हमारे साथ मोहना में रहते थे। जब वे घर आते थे, तो उनके मरीज़ भी उनकी तलाश में वहीं आ जाते थे, इस कारण से हमारे घर के बाहर आँखों की समस्याओं वाले रोगियों (पुरूषों एवं घूँघट डाले महिलाओं) की लंबी क़तारें लगी रहती थीं। दादाजी के लिए मरीज़ों की सेवा चौबीस घंटे का काम था और वे उनके साथ बहुत दयालु रहते थे। जब अंधे हो चुके मरीज़ों की आँखों की रोशनी लौट आती थी, तो उनकी कृतज्ञता की कोई सीमा नहीं रहती थी। वे हाथ जोड़कर दादाजी को धन्यवाद देते थे और उनके पैरों पर गिर जाते थे। सबसे अच्छी बात यह थी कि तीर्थाजी ऑपरेशन की कोई फीस नहीं लेते थे, इसलिए ऑपरेशन करवा चुके कई रोगी दादाजी के लिए अनाज, सब्जी, फल, घी आदि लेकर आते थे, यही उनकी फीस थी। मैंने दादाजी को काम करते हुए जितना ज़्यादा देखा, नेत्र चिकित्सक बनने की मेरी इच्छा उतनी ही प्रबल होती गई। उनकी

तरह मैं भी नेत्र सर्जन बनकर दृष्टिहीन या दृष्टिबाधित रोगियों को आँख की रोशनी लौटाना चाहता था। मेरा सपना बहुत प्रबल और बहुत बड़ा था, लेकिन हर सपने की तरह इसके साकार होने की राह में भी कई बाधाएँ थीं।

हर सपने की राह में बाधाएँ और समस्याएँ आती हैं

पहली बाधा तो घरेलू जीवन की समस्याएँ थीं। दादी माँ का व्यक्तित्व अंतर्मुखी था और वही अंतर्मुखी व्यक्तित्व मेरे पिताजी को विरासत में मिला था। पिताजी सादा जीवन, उच्च विचार वाली जीवन-शैली में विश्वास करते थे। वे ज़्यादातर समय अपने कमरे में पुस्तकें पढ़ते रहते थे और सामाजिक मेलजोल या पारिवारिक समारोहों में कम जाना पसंद करते थे। लेकिन पिताजी के साथ मेरा स्नेहपूर्ण रिश्ता था। वे मुझे सबसे अधिक आज्ञाकारी बच्चा मानते थे और प्रतिदिन मुझे महापुरुषों के संस्मरण सुनाया करते थे। पिताजी के पास सौ से अधिक पुस्तकों का विशाल संग्रह था एवं उनकी श्री रामचरण महेन्द्र, श्रीराम शर्मा आचार्य, आचार्य रजनीश, स्वेट मार्डन, आदि प्रख्यात लेखकों एवं दार्शनिकों की पुस्तकें पढ़ने में बेहद रुचि थी। उन्होंने गायत्री तपोभूमि, मथुरा एवं शांतिकुंज, हरिद्वार में गायत्री साधना शिविर में भाग लिया एवं पूज्य गुरुदेव आचार्य श्रीराम शर्मा एवं वंदनीय माताजी श्रीमती भगवती देवी शर्मा का आशीर्वाद लेकर उनके द्वारा बताए गए जीवन निर्माण के सूत्रों का आजीवन पालन किया। पिताजी की स्मरण शक्ति बहुत तेज थी। उन्हें रामायण कंठस्थ थी एवं शिक्षकों, परिजनों एवं उनके द्वारा पढ़ाए गये विद्यार्थियों की जन्मतिथि उनको मौखिक याद थी। अंग्रेजी की डिक्शनरी से उन्हें बेहद लगाव था और वे अपना खाली समय अंग्रेजी के नए-नए शब्द सीखने में लगाते थे। उस समय मोहना गाँव में पुलिस चौकी एवं डाकघर भी था। जब भी अंग्रेजी में कोई सूचना या पत्र आता था तो उस समय पुलिसकर्मी या पोस्टमास्टर पत्र पढ़ने के लिए उनकी सहायता लेते थे।

दादीजी के स्वर्गवास के बाद 1977 से 1982 के दौरान हमारे संयुक्त परिवार में पारिवारिक विवाद एवं कलह बढ़ने लगी। घर का वातावरण दिनों-दिन तनावपूर्ण रहने लगा। वर्ष 1977 में (जब मैं 9 वर्ष का था) प्रधानमंत्री इंदिरा गांधी द्वारा घोषित आपातकाल समाप्ति की ओर था। हमारे देश ने दो वर्षों के आपातकाल के दौरान कठिन समय का सामना किया और मेरे माता-पिता ने भी उनके जीवन के सबसे मुश्किल समय का सामना किया। मेरे पिताजी ने पंचायत समिति भैंसरोड़गढ़ द्वारा की गई नीलामी के दौरान गाँव में एक भूखण्ड खरीदा

था। उस भूखण्ड पर नया मकान के निर्माण हेतु आर्थिक सहयोग भी किया था। पारिवारिक विवाद के चलते हमें पिताजी द्वारा करवाये नवनिर्मित मकान को खाली कर दो कमरों वाले एक पुराने घर में रहने के लिए मजबूर होना पड़ा, जो हमारे छह लोगों के परिवार के लिए बहुत छोटा था। रात में ज्यादातर मुझे या मेरी बहन को नीचे जमीन पर सोना पड़ता था। अमावस्या के चंद्र ग्रहण की तरह यह मेरे एवं मेरे माता-पिता के जीवन का सबसे कठिन, निराशाजनक और सबसे अंधकारमय समय था। वर्ष 1985 के अंत में हमारे गाँव को बिजली से जोड़ा गया था पर हमारे पुराने घर में बिजली का कनेक्शन नहीं हो सका इसलिए मुझे (एवं अन्य भाई बहनों को) पढ़ाई के लिए लालटेन का इस्तेमाल करना पड़ा। यह हम सभी बच्चों के जीवन का सबसे चुनौतीपूर्ण समय था।

फोटो 6. वर्ष 1968 में गायत्री तपोभूमि मथुरा में गायत्री साधना शिविर के दौरान पूज्य गुरुदेव आचार्य श्रीराम शर्मा एवं वंदनीय माताजी श्रीमती भगवती देवी शर्मा का आशीर्वाद लेते पूज्य पिता स्वर्गीय श्री कामेश्वर प्रसाद पाण्डेय।

ये सभी घटनाएँ अध्ययन कार्यक्रम को बाधित करने, आत्मविश्वास को तोड़ने और किसी को भी तीव्र अवसाद में डालने के लिए पर्याप्त थीं। इस दौरान वित्तीय और पारिवारिक संकट से जूझते हुए मुझे प्री मेडिकल टेस्ट परीक्षा में चयनित होने हेतु अध्ययन पर ध्यान केन्द्रित करना बहुत कठिन लगता था। इस समय मैं बहुत ज्यादा उदास रहता था। कभी-कभी, मुझे चिंता होती थी कि गाँव के बाकी सभी लोगों की तरह, मुझे भी अपने गाँव में अति सामान्य जीवन जीने के लिए मजबूर होना पड़ेगा। उस समय एक बार तो मैंने सोचा था कि बाधाओं से लड़ना व्यर्थ है एवं पूरी जिंदगी उस छोटे से गाँव में गुजारना ही मेरा भविष्य है। मैं अपने चारों ओर व्याप्त नकारात्मकता और दुःख से छुटकारा पाने के लिए व्याकुल था। इस दौरान मैंने प्रेरित करने वाली पुस्तकों को पढ़कर नकारात्मकता को सकारात्मकता में बदलने का संकल्प लेते हुए अपने आप को तैयार किया। सकारात्मक पुस्तकों में दिये गये सशक्त संदेशों के माध्यम से मेरे मानस क्षेत्र में सकारात्मकता का संचार हुआ और धीरे-धीरे मेरा कभी न हार मानने वाला व्यक्तित्व बनने लगा।

सौभाग्य से नकारात्मक विचार मेरे मस्तिष्क में लम्बे समय तक नहीं टिक सके और सकारात्मक विचारों की अंततः जीत होने से मैं जीवन की परेशानियों का सामना करते हुए लक्ष्य प्राप्ति की ओर दुगुने उत्साह एवं उमंग के साथ बढ़ता रहा। पारिवारिक कलह के इस कठिनतम समय में मुझे महापुरुषों की जीवनियाँ, पूज्य गुरुदेव श्रीराम शर्मा आचार्य द्वारा सम्पादित अखण्ड ज्योति एवं युग निर्माण योजना जैसी मासिक पत्रिकाएं मुझे पिताजी के माध्यम से पढ़ने को मिलीं। मैंने पारिवारिक चुनौतियों का सामना करते हुए अपने अचेतन मस्तिष्क को जीवन की प्रतिकूलताओं से मुकाबला करते हुए महत्वपूर्ण कार्य करने के लिए प्रशिक्षित किया। मैं बहुत आशावादी प्रवृत्ति का हो रहा था और नकारात्मकता और दुखों को दूर करने के लिए संकल्पित था। लेकिन कई मौकों पर मैं वित्तीय और पारिवारिक संकटों से निराश भी हो जाता था और सोचता था कि शायद मेरी किस्मत में भी गरीबी का सामान्य जीवन लिखा होगा और परिस्थितियों के खिलाफ जूझने में क्या तुक है?

ऐसे अवसरों पर मेरी माताजी हमेशा मुझे उम्मीद बंधाती थीं। एक दिन पिताजी ने मुझे डाँटा कि उनकी इजाजत के बिना उनकी किताब मैंने क्यों निकाली। माँ तुरंत बोलीं, *'किताब पढ़ने के लिए बच्चे को डाँटना नहीं चाहिए। बच्चा पढ़ेगा नहीं, तो आगे कैसे बढ़ेगा?'*

माँ के सिखाए जीवनमूल्यों की बदौलत मैंने बचपन में ही सीख लिया था कि आशावाद के सहारे विपत्तियों और समस्याओं का सामना कैसे किया जाए। लेकिन इसके बावजूद मेरे पास हमारी वित्तीय समस्याओं का कोई जवाब नहीं था, जिसे लेकर हमारी खिल्ली उड़ाई जाती थी।

जब हमारे परिवार में कोई बीमार पड़ता था, तो माँ हमें लेकर कोटा जाती थीं, क्योंकि हमारे गाँव में इलाज की सुविधा नहीं थी। मोहना गाँव से बस पकड़ने के लिए लगभग दो किलोमीटर पैदल चलकर नजदीकी गाँव एकलिंगपुरा जाना होता था जहां से रावतभाटा के लिए बस मिलती थी। रावतभाटा से दूसरी बस पकड़कर कोटा पहुँचना होता था। कोटा निवासी हमारे रिश्तेदार हमारी पूरे मन से सहायता करते थे एवं डॉक्टर को दिखाने हेतु हमारे साथ भी जाते थे। कभी-कभी वे हमारी ग्रामीण पृष्ठभूमि एवं मेरी माँ के सादे कपड़ों का मज़ाक़ उड़ाते हुए कहते थे, *'फॉरेन वाली मौसीजी आ गईं।'* शुरू में तो मुझे बहुत बुरा लगता था, लेकिन बाद में मैंने संकल्प कर लिया कि मैं अपने जीवन में एक सफल चिकित्सक बनकर रोगियों का विश्वास जीतूंगा, कोई बड़ा काम करूँगा, ताकि लोग हमारा मज़ाक़ न उड़ा सकें। इससे मैं अपने सपने को साकार करने के लिए और ज़्यादा प्रेरित हो गया।

फोटो 7. चित्तौड़गढ़ जिले में रावतभाटा से 30 कि.मी. दूर कुण्डाल क्षेत्र में मेरी जन्मभूमि मातृभूमि मोहना गाँव में स्थित घर जहाँ 1968 से 1982 तक मेरा निवास रहा। बचपन में मैंने बिजली के अभाव के चलते लालटेन की मंद रोशनी में पढ़ाई की और दृष्टिहीन रोगियों की आँखों में रोशनी भरने के लिए नेत्र चिकित्सक बनने का सपना देखा। मोहना गाँव में पाँचवी तक स्कूल था और सैकण्डरी शिक्षा के लिए मैं पास के गाँव एकलिंगपुरा पैदल चलकर जाता था। पहाड़ों से घिरा, प्रकृति की गोद में बसा यह गाँव रियासतकाल में राजस्व वसूली का महत्वपूर्ण केन्द्र था। कालान्तर में राजनीतिक कारणों एवं प्रबल इच्छाशक्ति के अभाव में 800 वर्ष पुराना मोहना गाँव से पक्की सड़क, सैकण्डरी स्कूल, अस्पताल आदि से वंचित रह गया।

फोटो 8. वर्ष 2010 में मोहना यात्रा के दौरान अपनी मातृभूमि की पवित्र माटी को विजिट करने का सौभाग्य मिला। इस दौरान पूज्य पिताजी से चर्चा करने उनका मार्गदर्शन एवं आशीर्वाद प्राप्त करने का सुयोग मिला।

सेवा परमो धर्मः रक्षाबंधन पर मुस्लिम परिवार की मोहना यात्रा

बचपन में छ: से दस वर्ष की आयु के बीच अपने गाँव मोहना में राखी का त्यौहार अगस्त माह में मनाये जाने के दौरान मुझे बरसते पानी में रावतभाटा से चलकर राखी बाँधने हेतु एक मुस्लिम परिवार की बात आश्चर्य करती थीं। उस समय वर्षा ऋतु में सड़कों के अभाव में रावतभाटा से मोहना की 30 किलोमीटर की यात्रा अति दुष्कर कार्य होता था। श्री एज़ाज़ हुसैन की पत्नी हमीदा बानो अपने पुत्र इम्तियाज़ हुसैन के साथ दादाजी एवं हमारे परिवार के सदस्यों को राखी बाँधने आया करती थीं। मेरे पूछने पर जानकारी मिली कि दादाजी ने हमीदाजी के पिता श्री अब्दुल करीम के अंधता से पीड़ित अब्बू का सफल मोतियाबिन्द ऑपरेशन 1945 के दौरान सम्पन्न कर रोशनी लौटाई थी। सफल नेत्र ऑपरेशन के बाद उन्होंनें दादाजी का तह-ए-दिल से शुक्रिया अदा किया और हमीदाजी रक्षा बंधन का त्यौहार मनाने हेतु मोहना आने लगी। उस समय उनके

पिता राजस्थान पुलिस विभाग में कांस्टेबल थे। कुछ वर्षों बाद श्री अब्दुल करीम हमारे गाँव मोहना थाने में थानेदार के रूप में पदस्थ हुए। दादाजी के बलिया, उत्तर प्रदेश से 1100 किलोमीटर दूर राजस्थान के एक छोटे से गाँव में आकर उनके सेवाभाव एवं रोगियों के साथ करूणामय व्यवहार (कम्पेशन) की कला से मैं बहुत प्रभावित हुआ और मैंने इस गुण को अपनाकर नेत्र चिकित्सक के रूप में कार्य करते समय हजारों रोगियों का असीम प्रेम पाया।

फोटो 9. स्वतंत्रता संग्राम सेनानी एवं नेत्र सर्जन डॉ. कामता प्रसाद पाण्डेय जिन्होंने मुझे अपने पदचिन्हों पर चलने की प्रेरणा दी। उनकी प्रेरणा से मेरा नेत्र चिकित्सक बनकर दृष्टिबाधित रोगियों की अँधेरी दुनिया में उजाले भरने का मेरा सपना साकार हुआ।

दादाजी, मैं भी आपकी तरह बनना चाहता हूँ

अगस्त 1981 में दादाजी को दिल का दौरा पड़ा और वे कोटा के महाराव भीमसिंह अस्पताल में भर्ती रहे जहां उनका उपचार कोटा के सुप्रसिद्ध फिजिशियन डॉ. ए.क्यू. खान, डॉ. के.के. पारीक आदि चिकित्सकों द्वारा किया गया। वहाँ मुझे उनसे मिलने और बातचीत करने का मौक़ा मिला। दिनांक 16 सितम्बर 1981 को वे अनन्त यात्रा पर निकल गये। उनके महाप्रयाण से कुछ दिन पहले मैंने उनके पैर छुए और उन्होंने मेरे माथे पर हाथ रखकर आशीर्वाद दिया। मैंने बुदबुदाकर कहा, *'आदरणीय दादाजी, आपकी तरह मैं भी आँखों का डॉक्टर बनना चाहता हूँ और रोगियों को रोशनी का उपहार देना चाहता हूँ।'*

उस पल वे मुस्कुराए और उन्होंने हाँ में सिर हिला दिया।

दादाजी के महाप्रयाण के बाद मेरे मस्तिष्क में उनकी खूबियों एवं विशेषताओं के बारे में विचार आने लगे। उनका रोगियों के प्रति समर्पण, कभी हार नहीं मानने का रवैया एवं दूसरों को अपना बनाने की कला ने मुझे विशेष प्रभावित किया।

मेरी प्रार्थना स्वीकार कर ली गई

जब मैं चौदह साल का था, तो मुझे अपने सपने को साकार करने का सुनहरा अवसर मिल गया। वर्ष 1982 के दौरान दसवीं कक्षा में मुझे 88 प्रतिशत अंक मिले थे और मैं पूरे चित्तौड़गढ़ जिले में अव्वल आया। इस घटना ने मेरी ज़िंदगी बदल दी, क्योंकि इसका मतलब था कि आगे की पढ़ाई के लिए मुझे नेशनल टैलेंट सर्च एक्जामिनेशन (एन.टी.एस.ई.) स्कॉलरशिप मिलेगी, जो उस समय अध्ययन के आर्थिक सहयोग हेतु बहुत अहम थी। लेकिन इससे भी ज़्यादा अहम यह अहसास था कि अब मैं अपने सपने को साकार करने के काफी क़रीब पहुँच गया हूँ। सारी शंकाएँ दूर होने लगीं। सारी मुश्किलें रास्ते से हट गईं और मुझे लगा कि स्कॉलरशिप दिलवाकर ईश्वर ने मुझे हरी झंडी दे दी है कि मुझे अपने सपने को साकार करना चाहिए। उस वक़्त मेरे मन में यह विचार आया, 'जब ईश्वर आपके साथ हो, तो आपको कौन हरा सकता है?'

सबक़

- आपका सपना स्पष्ट होना चाहिए। ग़ौर करें, लेखक का सपना डॉक्टर बनने का ही नहीं था, बल्कि आँखों का डॉक्टर बनने का था और वह भी देश के जाने माने नेत्र सर्जन बनने का। जब आपका सपना इतना ज़्यादा स्पष्ट हो जाता है, तो उसके साकार होने की संभावना भी बढ़ जाती है।

- हर सपने को पूरा करने की राह में बाधाएँ और समस्याएँ आती हैं, पर आप प्रेरणा और संकल्प के साथ संघर्ष करते रहें तथा सपने को लगातार देखते रहें, तो बाधाओं और समस्याओं पर अंतत: विजय पाई जा सकती है। ऐसा लगता है कि समस्याएँ हमारे सपने का इम्तहान लेती हैं कि हममें उसे साकार करने का कितना जुनून और संकल्प है।

- जब आप प्रबलता से कोई सपना देखते हैं, जब आप मानव सेवा का उद्देश्य रखते हैं, जब आप महान व प्रेरक व्यक्तियों को पढ़कर उनसे सीखते रहते हैं, तो आपको देर-सबेर सफलता अवश्य मिलेगी, जैसा लेखक के साथ हुआ।

अध्याय 2
लक्ष्य पर केंद्रित रहें

'प्रेरणा मस्तिष्क के लिए भोजन जैसी होती है। एक बार की खुराक पर्याप्त नहीं होती। आपको बार-बार और नियमित खुराक की ज़रूरत होती है।'

-पीटर डेवीज

'सभी अच्छे प्रदर्शन स्पष्ट लक्ष्यों के साथ शुरू होते हैं।'

-केन ब्लैंचर्ड

'उठो, जागो और तब तक नहीं रुको जब तक लक्ष्य ना प्राप्त हो जाये।'

-स्वामी विवेकानंद

कोशिश करने वालों की हार नहीं होती

आठवीं कक्षा में पढ़ते समय एक दिन मैंने विज्ञान प्रगति में प्राणीशास्त्र के प्रोफेसर डॉ. सूर्य प्रकाश पाण्डेय का चींटी पर लेख पढ़ा। लेख के अनुसार चींटियाँ ध्वनियाँ और स्पर्श का प्रयोग करके एक दूसरे से संवाद करती हैं। रासायनिक संकेतों के रूप में फेरोमोन का उपयोग चींटियों में अधिक विकसित होता है। चींटियों को जब किसी संकट का आभास होता है तो वे फेरोमोन नामक रासायनिक द्रव्य का उत्सर्जन करती हैं। जब चींटियाँ खाद्य स्रोत के मार्ग पर बढ़ती हैं और अचानक मार्ग पर बाधा आती है तब सबसे आगे वाली चींटी रास्ता बदलते हुए नए और आसान रास्तों पर चलने के लिए शेष चींटियों को फेरोमोन के माध्यम से प्रेरित करती हैं। इससे चींटियों को बाधाओं को पार करते हुए अपनी मंजिल तक पहुँचने में सहायता मिलती है। मैंने प्रोफेसर डॉ. सूर्य प्रकाश पाण्डेय को एक पत्र लिखा और रोचक जानकारी देने के लिये उनको साधुवाद दिया। बारह साल की उम्र में उनका पत्र से जवाब मिलने पर मुझे बेहद प्रसन्नता हुई एवं लिखने की प्रेरणा भी मिली।

विज्ञान प्रगति में प्रकाशित वैज्ञानिक लेख को पढ़ने के पश्चात् राष्ट्रकवि स्व. श्री सोहनलाल द्विवेदी द्वारा लिखित पंक्तियाँ मेरे मस्तिष्क में घूमने लगीं। इन पंक्तियों के माध्यम से राष्ट्रकवि श्री द्विवेदी ने चींटी से प्रेरणा लेते हुए कभी हार नहीं मानने की बात कविता के माध्यम से लिखी है। ये पंक्तियाँ हैं:

नन्हीं चींटी जब दाना लेकर चलती है,

चढ़ती दीवारों पर, सौ बार फिसलती है।

मन का विश्वास रगों में साहस भरता है,

चढ़कर गिरना, गिरकर चढ़ना न अखरता है।

आख़िर उसकी मेहनत बेकार नहीं होती,

कोशिश करने वालों की हार नहीं होती।

चींटी पर लिखी हुई यह कविता अनवरत कोशिश करते रहने की प्रेरणा देने वाली थी। बारह से बीस वर्ष की आयु के मध्य मैंने विज्ञान प्रगति, जूनियर साइंस डाइजेस्ट (जे.एस.डी.), कादम्बिनी, साप्ताहिक हिंदुस्तान, धर्मयुग, नंदन, चम्पक आदि प्रसिद्ध हिंदी पत्रिकाओं के लिए लिखना शुरू किया। शुरूआत में मुझे संपादकीय ऑफिस द्वारा मेरी रचनाओं के अस्वीकृत किये जाने की सूचना डाक द्वारा दी गई। मैंने चींटी से प्रेरणा लेते हुए अस्वीकृत रचनाओं से सीखते हुए अपनी नई रचनाएँ लिखकर भेजना जारी रखा। अंतत: मुझे सफलता मिलने लगी। मेरे कुछ लेख इन प्रसिद्ध हिन्दी पत्रिकाओं में समय समय पर प्रकाशित हुए। लेखों के सफल प्रकाशन से मेरे अंतर्मन में नई ऊर्जा का संचार हुआ। वर्ष 1980 के उस दशक में इंटरनेट, कम्प्यूटर, टाईपिंग, आदि संसाधन उपलब्ध नहीं थें। लेखन का एकमात्र माध्यम कलम और पेपर हुआ करते थे। पेन से पेपर पर अपनी रचना लिखकर टिकट एवं पता लिखे लिफाफे के माध्यम से पोस्ट की जाती थी और लगभग एक से दो माह बाद स्वीकृति या अस्वीकृति की सूचना मिल जाती थी। धीरे-धीरे मेरी लेखन कला में उत्तरोत्तर सुधार होता गया एवं लेखनी प्रखर होती चली गई। आज 42 वर्ष बाद में देख रहा हूं कि पत्र लिखने की आदत अंतिम साँसें गिन रही है। नई पीढ़ी के पास स्मार्टफोन, कम्प्यूटर, 5-जी इंटरनेट उपलब्ध है, लेकिन देश की प्रतिभा सम्पन्न युवा पीढ़ी में पेन से पेपर पर लिखने की आदत बहुत कम होती जा रही है।

जो भी करें, उत्कृष्टता से करें

वर्ष 1982 का समय था। एक दिन जागने पर मुझे घर के बाहर कुछ लोगों की भीड़ दिखाई दी। जब मैंने माँ से भीड़ के बारे में पूछा, तो वे बोलीं, 'ये लोग

तुम्हें बधाई देने के लिए यहाँ आए हैं।' मुझे उनकी बात पर यक़ीन नहीं हुआ।

मेरी राष्ट्रीय ग्रामीण प्रतिभा खोज परीक्षा स्कॉलरशिप की ख़बर जंगल की आग की तरह तेज़ी से फैली थी। जीवन में पहली बार भीड़ दादाजी के लिए नहीं, बल्कि मेरे लिए बाहर खड़ी थी। इसके कुछ ही समय बाद मैंने अपने परिवार से आँसुओं के साथ विदा ली और मोहना से 30 किलोमीटर दूर रावतभाटा स्थित अपने नए स्कूल की तरफ प्रस्थान किया। यह कस्बा इसके एर्टॉमिक पॉवर प्लांट के लिए देशभर में मशहूर है।

रावतभाटा में दो वर्षों तक मुझे जीवन में पहली बार घर और माता-पिता से दूर अकेले रहने का अवसर मिला। इस दौरान मुझे अपनी दीदीजी ऊषा पाण्डेय का सानिध्य और मार्गदर्शन भी मिला। सीनियर सेकण्ड्री स्कूल रावतभाटा में अध्ययन के दौरान मुझे शिक्षकों का मार्गदर्शन एवं प्रतिभाशाली छात्रों के साथ अध्ययन करने एवं सीखने का अवसर मिला। अब मेरी ज़िंदगी पूरी तरह बदल गई। हर दिन मैं पढ़ने के लिए जल्दी उठता था, स्कूल से लौटकर कोयले की सिगड़ी पर खुद अपना भोजन बनाता और फिर तब तक पढ़ता था, जब तक कि नींद नहीं आ जाती थी। मैं सिर्फ चौदह साल का था, लेकिन घर संभालने और खाना बनाने में धीरे-धीरे कुशल हो गया, क्योंकि मेरा सूत्रवाक्य था, जो भी करो, उत्कृष्टता से करो।

फोटो 1. वर्ष 1983 में रावतभाटा स्कूल में अध्ययनरत अपने कुछ प्रतिभाशाली सहपाठियों के साथ लिया चित्र। बाएँ चित्र में (बाएँ से दाएँ) डॉ. दिनेश बिरला (प्रोफेसर, राजस्थान टेक्निकल यूनिवर्सिटी, कोटा), डॉ. सुरेश पाण्डेय एवं इंजीनियर धीरेन्द्र कुमार जैन (पॉलिटेक्निक कॉलेज, कोटा)। दाहिने चित्र में श्री रामेश्वर प्रसाद गुप्ता (स्टेट बैंक ऑफ इण्डिया) एवं डॉ. सुरेश पाण्डेय।

अपने सपने की तस्वीर सामने रखें

प्री-मेडिकल टेस्ट (पी.एम.टी., वर्तमान नीट: नेशनल एलिजिबिलिटी कम एन्ट्रेंस टेस्ट) तीन साल बाद होना था, लेकिन मैं खुली आँखों से सपना देखने लगा कि मैं पी.एम.टी. में काफी बेहतरीन सफलता हासिल कर चुका हूँ और डॉक्टर के रूप में अपना करियर शुरू कर एवं नेत्र रोगियों की सेवा सुश्रूषा कर रहा हूँ, उनकी अँधेरी दुनिया में रंगों का प्रकाश भर रहा हूँ। यह बात मैंने अपने गोल कार्ड (डायरी) में स्पष्ट रूप से लिखी थी एवं प्रत्येक रात को सोने से पहले मैं अपने अचेतन मस्तिष्क को नेत्र चिकित्सक बनने का सपना साकार करने का निर्देश देकर सोता था। गर्मियों की छुट्टियों में मेरी दीदीजी (ऊषा पाण्डेय) की परीक्षाएँ जे.डी.बी. कॉलेज कोटा में होती थीं। इस दौरान हम सुन्दर धर्मशाला, कोटा में कमरा नम्बर छ: में ठहरते थे जो कान्यकुब्ज समाज के परिजनों हेतु निःशुल्क उपलब्ध करवाया जाता था। गर्मी की छुट्टियों के दौरान दीदीजी अपनी परीक्षा देतीं थीं एवं मैं भी उनके साथ अपनी पढ़ाई करके अगली कक्षा के अधिकांश पाठ्यक्रम का अध्ययन कर लेता था।

एक बार मैं छुट्टियों में अपने मामाजी स्वर्गीय श्री आनंद वल्लभ तिवारी के पास कानपुर गया। वे एक सुप्रसिद्ध वकील थे। उनके घर जाकर मैंने अपने ममेरे भाई-बहनों से कहा कि वे मुझे कानपुर के स्वर्गीय गणेश शंकर विद्यार्थी मेडिकल कॉलेज दिखाएँ। यह किसी टीन-एजर (किशोर) के हिसाब से काफी विचित्र चुनाव था, क्योंकि कानपुर में घूमने के लिए बहुत सारी लोकप्रिय जगहें थीं और मेरे ममेरे भाई-बहनों ने इसे लेकर मेरी टाँग भी खींची। मैं टस से मस नहीं हुआ, क्योंकि मैं अपने सपने को यथासंभव यथार्थवादी बनाना चाहता था। मैं मेडिकल कॉलेज में जाकर वहाँ देखना चाहता था कि एनाटॉमी डिसेक्शन हॉल कैसा होता है, फिजियोलॉजी लैब कैसी होती है और पैथोलॉजी लैब कैसी होती है। शहरों में रहने वाले मेरी उम्र के बच्चे अपने कमरे में उनके प्रिय खेल और फिल्मी सितारों के पोस्टर लगाते थे, लेकिन मैंने बचत करके एक मानव शरीर और कंकाल का एक पोस्टर खरीद लिया।

आँखों का डॉक्टर बनना मेरे लिए सब कुछ था। डॉ. जोसेफ मर्फी ने कहा है कि 'जिन लोगों का आत्मविश्वास कम होता है, उन्हें खुद को प्रेरित रखने के लिए जीवन में किसी दिशा या मार्गदर्शक प्रकाश की ज़रूरत होती है।' डॉक्टर बनने का मेरा सपना मेरी यात्रा भी थी और मंज़िल भी, इसलिए मैं खुद को प्रेरित रखने के ज्यादा से ज्यादा तरीके़ खोजता था।

तपस्या करने से फल मिलता है

वर्ष 1983 में रावतभाटा से ग्यारहवीं की परीक्षा प्रथम श्रेणी में उत्तीर्ण करने के बाद मैं शासकीय महाविद्यालय, रामपुरा (मध्यप्रदेश) गया, जहाँ मेरे दादाजी एवं पिताजी के परिचित डॉ. रामप्रताप गुप्ता प्रोफेसर थे। यहाँ मैंने बी.एससी. पार्ट वन की परीक्षा उत्तीर्ण की और इतनी मेहनत से पढ़ाई की कि विक्रम विश्वविद्यालय, उज्जैन (म.प्र.) में मैं पहले स्थान पर रहा। कहना न होगा कि इससे मेरा आत्मविश्वास सातवें आसमान पर था, क्योंकि तब मैं साथ में पी. एम.टी. की परीक्षा की तैयारी भी कर रहा था।

यह संयोग से नहीं हुआ, बल्कि इसके पीछे दिन-रात की कठोर मेहनत थी। मेरे दोस्त कमलेश चंदेल, मानसिंह चंदेल, अरूण पानडीवाल और जयप्रकाश सिंह क़रीब ही रहते थे और मैं प्राय: शनिवार रात को 9 बजे 'नानी चोटी' स्थित चन्द्रावत पैलेस पर उनके घर चला जाता था जहाँ वे किराये से रहते थे। हम सभी रविवार को सुबह 3-4 बजे तक पढ़ते थे एवं रतजगा करके पी.एम.टी. की परीक्षा की तैयारी कर रहे थे। सभी सहपाठीगण आपस में एक दूसरे से प्रश्नोत्तर एवं ग्रुप डिस्कशन के माध्यम से जटिल प्रश्नों को हल करते हुए पी.एम.टी. में चयनित होने के लिए स्वयं को तैयार कर रहे थे क्योंकि उस समय कोई कोचिंग उपलब्ध नहीं थी। मुझे इसका फल मिला, क्योंकि मैंने पहली ही कोशिश में पी.एम.टी. पास कर ली और मेरा चयन गवर्नमेंट मेडिकल कॉलेज, जबलपुर (जो बाद में नेताजी सुभाष चंद्र बोस मेडिकल कॉलेज के नाम से जाना गया) में हो गया। लेकिन मेडिकल कॉलेज में जाने से पहले मुझे एक और ज़रूरी काम करना था।

शत प्रतिशत विश्वसनीय बनें

घर पर मैंने कई बार सुना था कि कोटा के विख्यात बाल रोग विशेषज्ञ डॉ. एम. आर. सक्सेना ने बचपन में मेरी जान बचाई थी और अब जब मैं डॉक्टर बनने जा रहा था, तो मैंने उनसे मिलकर आशीर्वाद लेने का फैसला किया। मैं अपने पिताजी के साथ उनसे मिलने उनके क्लीनिक गया। डॉ. सक्सेना हर दिन लगभग 100 बीमार बच्चों का इलाज करते थे। डॉ. सक्सेना ने हमें देखते ही अंदर बुला लिया। मेरे पिताजी ने मेरे कान में फुसफुसाकर उनके पैर छूने को कहा। मैंने तुरंत ऐसा ही किया। डॉ. सक्सेना ने कहा, 'सुरेश, बधाई हो। लेकिन याद रखना कि मरीज़ों की अपेक्षाओं को पूरा करने और अच्छा डॉक्टर बनने की यात्रा आसान नहीं होती।' उन्होंने मुझे सावधान करते हुए कहा, 'शिशु रोग

विशेषज्ञ के रूप में उन बीमार बच्चों की परवाह करना मेरी ज़िम्मेदारी है, जो मेरे पास दर्द में आते हैं। इलाज के बाद बच्चों को एवं उनके परिजनों को मुस्कुराते हुए देखना मेरा सबसे बड़ा पुरस्कार होता है। उनके माता-पिता और दादा-दादी या नाना-नानी को राहत की साँस लेते देखना बहुत आनंददायक होता है, जब बच्चे ठीक होते हैं। मरीज मेरे पास 100 प्रतिशत विश्वास के साथ आता है और मैं उसकी समस्या हल करने की सर्वश्रेष्ठ कोशिश करता हूँ। तुम्हारा लक्ष्य भी शत-प्रतिशत विश्वसनीय बनना होना चाहिए।'

मैंने पूछा, 'डॉक्टर साहब, सबसे मुश्किल चीज क्या है?' डॉ. सक्सेना ने कहा, 'संतुलन'। तुम्हें अपने व्यक्तिगत और पेशेवर जीवन में संतुलन रखने की कला में माहिर बनना होगा। लोग डॉक्टरों से बहुत ज़्यादा उम्मीदें करते हैं और उन्हें यह अहसास ही नहीं होता कि हम भगवान नहीं हैं। हम सिर्फ इंसान हैं, जो अपना सर्वश्रेष्ठ प्रदर्शन करने के लिए अपने ज्ञान का इस्तेमाल कर रहे हैं।' डॉ. सक्सेना के शब्द महत्वाकांक्षी मेडिकल विद्यार्थी के लिए तब भी ज्ञानवर्धक थे और आज भी हैं।

दीवाली पर हुआ सपना साकारः मेडिकल कॉलेज में प्रवेश

दिनांक 2 नवंबर 1986 को आया दीवाली का त्यौहार मेरे जीवन के सपने को पूरा करने का सशक्त संदेश लेकर आया। पी.एम.टी. परीक्षा में चयनित होने के बाद मुझे मेडिकल कॉलेज जबलपुर ज्वॉइन करने का पत्र मिला एवं मुझे दिनांक 5 नवंबर 1986 को गवर्नमेंट मेडिकल कॉलेज, जबलपुर में प्रवेश मिल गया, जिसे अब नेताजी सुभाष चंद्र बोस मेडिकल कॉलेज कहा जाता है।

मेडिकल कॉलेज में मेरा प्रथम दिन था। सवेरे 9 बजे मैं कुछ अन्य सहपाठियों के साथ डरते-डरते एनॉटॉमी की क्लास अटेण्ड करने जा रहा था। *हमें 8-10 सीनियर्स का ग्रुप मिला जिन्होंने हमसे पूछा कि तुम 'बाबा' हो या 'पुरा'? तुम्हारा मेडिकल नाम क्या है? मेडिकल साँग सुनाओ।* चूँकि प्रथम दिन होने के कारण मैं इन सब शब्दों से पूरी तरह अनजान था। मुझे तुरंत मेरे सहपाठियों ने फोटोकॉपी किये कुछ पेपर्स दिए जिनमें यह सभी डिटेल लिखी हुई थी। मैं शाम को क्लास समाप्ति के बाद घर पहुँचा मैंने पेपर्स में लिखी सभी शब्दावली एवं अन्य जानकारियों को अच्छी तरह से कंटस्थ कर लिया। 'बाबा' का अर्थ होता है अंग्रेजी माध्यम से पढ़कर आया हुआ विद्यार्थी, जबकि 'पुरा' का मतलब होता है हिन्दी माध्यम से पढ़कर आया हुआ विद्यार्थी।

दिसम्बर 1986 का आखिरी रविवार था एवं मेडिकल कॉलेज हॉस्टल में यह मेरा प्रथम दिन था। मुझे यह देखकर अचंभा एवं कुछ डर का आभास हुआ कि

मेडिकल कॉलेज हॉस्टल की कुछ खिड़कियों को खोलने के लिए लोहे के हुक के स्थान पर मानव शरीर की हड्डियों (फीमर, टिबिया, आदि) को लगाकर रोशनदान खोले गए थे। डिनर के बाद रात को 9 बजे मैं मेडिकल कॉलेज होस्टल के कमरे में दाखिल हुआ। मैंने ओर मेरे रूममेट ने बत्तियाँ बंद कर दीं। इसके बाद जल्दी ही हमारे दरवाजे पर दस्तक हुई। हमनें सोचा कि अगर हम दोनों कोई प्रतिक्रिया नहीं देंगे, तो सामने वाला सोचेगा कि हम सो गये हैं और चला जाएगा। लेकिन दस्तक और तेज़ होती चली गई। हमें डर लगा कि अगर दरवाजा टूट गया, तो उसका हरजाना हमें भरना होगा। हमनें डरते-डरते दरवाजा खोल दिया और दस-बारह सीनियर्स का समूह अंदर आ गया। उन्होंने आदेश दिया, अपना परिचय दो। मैंने अपना परिचय दिया। फिर उन्होंने मेरे रूममेट को एक फीमर हड्डी देकर कहा कि वह इसका इस्तेमाल माइक के रूप में करके गाना सुनाए। उन्होंने उसे याराना फिल्म का गाना *'छूकर मेरे मन को किया तूने जो इशारा, बदला ये मौसम लगे प्यारा जग सारा'* नामक गाना गाने को कहा। उसने गाने की दो पंक्तियां ही सुनाई थी कि उसी समय एक सीनियर ने पूछा: *'तू यह गाना किशोर कुमार की आवाज़ में गा रहा है या मोहम्मद रफी की आवाज़ में?'* इसी बीच दूसरा सीनियर बोल पड़ा कि यह तो गधे की आवाज़ में गा रहा है, और सभी ठहाका लगाकर हँसने लगे।

मेडिकल कॉलेज के प्रथम हॉस्टल के रूम नं. 91 में रहते हुए मैं रैगिंग एवं अन्य सभी जानकारियों से भलींभाँति परिचित होता जा रहा था। हर मेडिकल छात्र को रोजाना शैविंग करके आना होता था एवं अपने बालों को छोटा रखना पड़ता था। सीनियर्स को 'सर' कहकर संबोधित करना पड़ता था एवं सीनियर्स छात्रा को 'मेडम' कहकर संबोधित करना पड़ता था। सीनियर्स से मिलने पर हमें 90 डिग्री झुककर उनका अभिवादन करना पड़ता था। सीनियर्स से बात करते समय हमारी निगाहें शर्ट के तीसरे बटन पर होती थीं। सभी सीनियर्स का नाम एवं वे किस शहर से हैं, यह जानना अति आवश्यक था। हॉस्टल में रहते समय प्रथम माह में कुछ मौके 'मास रेगिंग', 'ग्रुप रेगिंग' के भी आए। जब सीनियर्स ने देर रात्रि हॉस्टल के कॉमन रूम में सभी जूनियर्स को एकत्रित कर एवं उन्हें निर्वस्त्र होकर हॉस्टल में चक्कर लगाने को कहा। किसी अन्य दिन सभी जूनियर्स को गाना गाने को कहा गया अथवा गाना चलाकर ग्रुप डांस करने को कहा गया। क्लास में सहपाठियों की ब्यूटी लिस्ट बनाकर हँसी मजाक करने का सिलसिला भी चलता रहा। सभी सीनियर्स रैगिंग लेने के बाद जूनियर्स को केफेटेरिया में अच्छी तरह से खिलाते थे एवं जूनियर्स का बिल स्वयं अदा करते

थे। इन पंक्तियों को लिखने का उद्देश्य रेगिंग का समर्थन करना अथवा महिमा मण्डन करना बिलकुल नहीं है, वरन् सीनियर्स के साथ होने वाले इन्ट्रोडक्टरी सेशन के माध्यम से मेडिकल करियर के दौरान उनके द्वारा हर कदम पर की गयी सहायता एवं मेरे व्यक्तित्व में हुए परिवर्तन का संदेश ही विज्ञ पाठकों से मैंने साझा करने का प्रयास किया है।

फोटो 2. मेडिकल कॉलेज, जबलपुर कैम्पस में स्थित इण्डियन कॉफी हाउस के सामने नवंबर 1986 में हॉस्टल सीनियर्स के साथ लिया गया यह चित्र। हॉस्टल में इंट्रोडक्शन (रैगिंग) के बाद सीनियर्स जुनियर छात्रों की हर तरह की सहायता करते थे। उस समय गाने सुनने के लिए टेप रिकॉर्डर हुआ करते थे जो हर पार्टी की शान बढ़ाया करते थे।

'आँखों का तारा'

मेडिकल कॉलेज में पढ़ते हुए मेरा पूरा ध्यान पढ़ाई और सिर्फ पढ़ाई पर ही था। एक्स्ट्रा-करिकुलर एक्टिविटीज्, स्पोर्ट्स आदि में मेरा पार्टीसिपेशन लगभग शून्य था। माता-पिता अपने बच्चों को सिर्फ पढ़ाई पर ही पूरा ध्यान देने हेतु कहते थे। पढ़ाई के अलावा अन्य कार्यों को करने वाले विद्यार्थियों को उनके परिजनों द्वारा गैर जिम्मेदार एवं लापरवाह माना जाता था। लगभग 35 वर्ष बाद इन पंक्तियों को लिखते समय मैं अपने विद्यार्थी जीवन में एस्ट्रा-करिकुलर एक्टिविटीज् में पूरे मन से भाग नहीं ले पाने का अफसोस करता हूँ एवं इसे सर्वांगीण व्यक्तित्व विकास की दिशा में एक कमी मानता हूँ। मेडिकल कॉलेज

में जिन विद्यार्थियों को सिंगिंग, डांसिंग, स्टेज परफोर्मेंस, एंकरिंग, मिमिक्री आदि करना आता था उन्हें फेकल्टी सदस्य, सीनियर्स एवं सहपाठीगण बहुत पसंद करते थे। मेडिकल कॉलेज के वार्षिक कार्यक्रम के दौरान ऐसे विद्यार्थी सभी की 'आँखों का तारा' बन जाते थे। ऐसे विद्यार्थियों की सहपाठी छात्र-छात्राएँ भी प्रशंसा किये बिना नहीं रह पाती थी।

दिसम्बर 2021 में मैंनें अपने मित्र एवं सहपाठी डॉ. अनिल सुरीन को जन्म दिवस की शुभकामनाएँ देने के लिए फोन किया। डॉ. सुरीन दुबई में मेडिकल प्रेक्टिस करते हैं एवं वे न्यूरोलिंग्विस्टिक प्रोग्रामिंग (एन.एल.पी.) कोर्स के लिए विश्वभर में प्रसिद्ध हैं। डॉ. सुरीन ने मुझे बताया कि संगीत, स्टेज परफोर्मेंस आदि के चलते वे अपनी कक्षा के सबसे लोकप्रिय छात्रों में से एक बने एवं कॉलेज में सहपाठी रही डॉ. विनिता चौरसिया के साथ उनकी मित्रता हुई और दोनों कुछ वर्षों बाद विवाह बंधन में बंधे। उन्होंने मुझे बताया कि जीवन में सबसे बड़ी बीमारी हेजिटशन (झिझक) की है। जो व्यक्ति को किसी भी कार्य को निर्बाध रूप से नहीं करने देती है। अधिकांश व्यक्ति अपनी आलोचना के प्रति बहुत ही संवेदनशील होते हैं और वे लोगों के नेगेटिव कमेंट्स को बड़ी गंभीरता से लेते है। *'कुछ तो लोग कहेंगे, लोगों का काम है कहना'* नामक गीत के अनुसार हमें अपने जीवन में अपनी पैशन के अनुसार पसंदीदा काम करते रहना चाहिए एवं अन्य लोगों की बातों पर विशेष ध्यान नहीं देना चाहिए।

फोटो 3. वार्षिक उत्सव कार्यक्रम में भाग लेते 1986 बैच के मेरे सहपाठीगण।

'आई एम ए डिस्को डांसर'

फरवरी 2022 में पुस्तक की इन पंक्तियों के लिखते समय मैंने 'बप्पी लहरी' को श्रद्धांजलि देते हुए उनके इस गीत को गुनगुनाया एवं मेडिकल कॉलेज के अपने उन दिनों को याद किया जब हमने इस गाने पर डांस किया था। नववर्ष की पूर्व संध्या पर दिसम्बर 31, 1986 के दिन सभी सीनियर्स ने हॉस्टल के सभी एम.बी.बी.एस. के प्रथम वर्ष छात्रों को डिनर के बाद इकट्ठा किया एवं तेज आवाज में 'डिस्को डांसर' नामक मूवी का गाना 'आई एम ए डिस्को डांसर' चलाकर नाचने को कहा। उन्होंने ग्रुप डांस करने को भी कहा। मेरे कुछ सहपाठीगण अच्छी तरह से नाच रहे थे परन्तु अधिकांश छात्र बेतुके ढंग से हाथ पैर चला रहे थे। इस प्रकार की गेट-टूगेदर के दौरान सीनियर्स यह नोटिस करते थे कि आपने उनकी बात का तुरंत पालन किया या नहीं। उन्हें इस बात से विशेष मतलब नहीं था कि कौन कितना अच्छा डांस कर रहा है।

फोटो 4. जबलपुर मेडिकल कॉलेज प्रथम हॉस्टल में आयोजित डांस पार्टी के दौरान डांस करते मेडिकल स्टूडेन्ट्स, मेरे सहपाठीगण।

मेडिकल कॉलेज प्रथम हॉस्टल में रहते हुए मुझे रैगिंग लेने वाले सीनियर्स द्वारा पूछे जाने पर गाने, डांस, जोक्स आदि सुनाने का अभ्यास हो गया। परीक्षा के नजदीक आने पर मुझे सीनियर्स के होमवर्क को पूरा करने का भी अवसर मिला। मैंने सीनियर्स द्वारा पूछे जाने वाले सभी संभावित प्रश्नों को एवं उनके नामों को

अच्छी तरह से कंटस्थ कर लिया था जिससे उनके द्वारा पूछे गये प्रश्नों के उत्तर बिना समय लगाए दे सकूँ। सीनियर्स द्वारा पूछे जाने वाले प्रश्नों के उत्तर तुरंत एवं सटीक देने के कारण जल्दी ही मैं सीनियर्स के बीच बहुत लोकप्रिय हो गया और उन्होंने मेरी सभी तरह की मदद की। *वर्ष भर चली रैगिंग से मेरा संकोच मिट गया और मैं आत्मविश्वासी और मोटी चमड़ी वाला बहिर्मुखी इंसान बन गया जिससे मुझे अपने चिकित्सकीय और व्यक्तिगत जीवन में काफी मदद मिली।*

फोटो 5. मेरे सीनियर्स (डॉ. अभय सिंह, डॉ. राजकुमार जैन, डॉ. उपेन्द्र ओली, डॉ. आलोक जैन, डॉ. विनोद तिवारी, आदि) एवं सहपाठीगण (डॉ. प्रहलाद पटेल, डॉ. राजीव गुरमुखी, आदि) के साथ मेडिकल कॉलेज हॉस्टल नं. एक में 1986 में लिया गया चित्र। मेडिकल कॉलेज में सीनियर्स इंट्रोडक्शन (रैगिंग) लेने के बाद हम सभी ने मिलकर 'बने चाहे दुश्मन जमाना हमारा, सलामत रहे दोस्ताना हमारा' गाना गाया। गाने के बोल के अनुसार हमारे सीनियर्स बहुत दोस्ताना व्यवहार करते थे एवं पढ़ाई के साथ-साथ अन्य परेशानियाँ आने पर जुनियर्स की पूरी सहायता करते थे।

प्रेरक पुस्तकों के माध्यम से हीनभावना और अवसाद पर विजय

बचपन में प्रतिकूलताओं के परिणामस्वरूप मुझमें एक हीनभावना (इनफिरियॉरिटी कॉम्प्लेक्स) विकसित हो गई थी। बचपन में मैं एक शर्मीला, अंतर्मुखी, संवेदनशील व्यक्ति था। मुझे अपने परिवार के बारे में सहपाठियों, मित्रों अथवा रिश्तेदारों द्वारा की गई कोई भी नकारात्मक टिप्पणी पसंद नहीं आती थी और मैं मन ही मन हीनभावना से ग्रसित होता जा रहा था।

वर्ष 1977 से 1980 के बीच परिवार में एक बहुत ही चुनौतीपूर्ण समय का सामना करना पड़ रहा था, मैं इस दौरान हीनभावना और अवसाद से पीडि़त होने लगा था। मैंने इन मनोभावों से बाहर आने के लिए प्रेरक पत्रिका (अखंड ज्योति) और अन्य पुस्तकें (मेरे पिता के संग्रह से) पढ़ीं। साथ ही साथ मेडिकल छात्र के रूप में होने वाली रैगिंग, घर से दूर मेडिकल हॉस्टल में रहना, नए लोगों से मिलना आदि ने मुझे अपने व्यक्तित्व को शर्मीले से बहिर्मुखी व्यक्ति में बदलने में बहुत मदद की। मैं सोच रहा था कि ज्यादातर सफल लोग चांदी की चम्मच लेकर पैदा होते हैं। जब मैंने अनेकों प्रेरक पुस्तकें पढ़ीं तो मुझे पता चला कि अधिकांश सफल व्यक्तियों के जीवन में कई प्रतिकूलताएं आयीं थीं और वे अपनी मेहनत और दृढ़ संकल्प के कारण प्रतिकूलताओं से मुकाबला करते हुए सफल हुए। इन सभी पुस्तकों ने मुझे स्पष्ट संदेश दिया कि संसार में सबसे बड़ी समस्या या रोग हैं: झिझक, आलस्य, टालमटोल की प्रवृत्ति, भय और दूसरों से अनुमोदन की आवश्यकता आदि। इन सब कमियों के चलते जीवन में अनेकों प्रतिभाशाली व्यक्ति चाहते हुए भी महत्वपूर्ण कार्य पूरा नहीं कर पाते एवं यह प्रतिभाशाली व्यक्तियों को एक औसत जीवन जीने को मजबूर करता है।

मेडिकल स्टूडेन्ट की चुनौतियां : डिसेक्शन हॉल एवं पिथिंग

मेडिकल कॉलेज एम.बी.बी.एस. पाठ्यक्रम उस समय डेढ़-डेढ़ वर्षों के तीन भागों में बँटा होता था। प्रथम प्रोफेशनल भाग में एनाटॉमी, फिजियोलॉजी एवं बायोकेमिस्ट्री विषय पढ़ाये जाते थे। हमारे बैच वर्ष 1986 के शुरूआती दिनों में एक दिन मैं एनाटॉमी के लेक्चर में 140 विद्यार्थियों की क्लास में मैं पीछे की तरफ बैठ गया। इससे पहले मैं हमेशा सामने वाली बेंच पर बैठता था और हर सवाल पर उत्तर देने के का प्रयास करता था, लेकिन उस दिन मुझे आने में कुछ देर हो गयी। मेरी तमाम कोशिशों के बावजूद एनाटॉमी के प्रोफेसर टी.एम. गर्ग ने मुझे देख लिया। उन्होंने कहा, 'सुनो, नीली शर्ट।' मैं दहशत में आ गया। डॉ. गर्ग ने मुझे भविष्य में आगे से लेट ना आने की चेतावनी देकर बैठने के लिए बोल दिया। वे एनाटॉमी विभाग के प्रमुख थे, उनके माथे पर विभूति की तीन आड़ी लकीरें थीं, जिस पर कुमकुम का लाल टीका लगाते थे। सीनियर्स ने मुझे बताया था कि डिसेक्शन हॉल में एनाटॉमी के शिक्षक बहुत कठोर एवं अनुशासन प्रिय थे और ज़रा-ज़रा सी बात पर वे फर्स्ट ईयर के मेडिकल विद्यार्थियों को एक घंटे तक ग्रीन बोर्ड के सामने खड़े रहने की सजा दे देते थे।

फोटो 6. मेडिकल कॉलेज, जबलपुर के डीन प्रोफेसर बी.बी.एल. माथुर (विभागाध्यक्ष, फिजियोलॉजी) के रिटायरमेन्ट के अवसर पर वर्ष 1988 में लिया गया ग्रुप फोटोग्राफ। इस फोटोग्राफ में विभिन्न विभागों के सम्मानीय शिक्षकगण उपस्थित हैं।

(साभार- डॉ. किरण पटेल)

फोटो – 7: वर्ष 1986 बैच की 'सिल्वर जुबली री-यूनियन' का आयोजन मेडिकल कॉलेज जबलपुर में दिसम्बर 2011 में लिया गया ग्रुप फोटोग्राफ। इस दौरान देश विदेश से मेरे 1986 बैच के सहपाठीगण मेडिकल कॉलेज जबलपुर पँहुचे। सभी सहपाठीगण बहुत आत्मीयता से एक-दूसरे से मिले एवं कॉलेज के दिनों की यादें ताजा की।

(साभार- डॉ. अमिता सक्सेना)

प्रोफेसर गर्ग हमें डिसेक्शन हॉल में लेकर गए, जहाँ एक साइनबोर्ड ने हमारा अभिवादन किया। *'यह एकमात्र जगह है, जहाँ मुर्दा जिंदा को सिखाते हैं। इसका सम्मान करें और ख़ामोश रहें।'* मैं साइन बोर्ड पढ़कर मुस्कुराया। मेडिकल कॉलेज के एनॉटॉमी डिसेक्शन हॉल में प्रवेश करते ही फॉर्मेलिन की तीखी गंध से मेरे एवं मेरे सहपाठियों की आँखों से आँसू, नाक से पानी आने लगा एवं गले में खराश होने लगी। प्रथम दिन जैसे-तैसे हम विद्यार्थियों ने दो घंटे का समय डिसेक्शन हॉल में व्यतीत किया। उस समय डिसेक्शन करते समय गलव्स नहीं पहने जाते थे अतएव हाथों की स्किन पर छाले पड़ना सामान्य था। डिसेक्शन हॉल में शुरूआती दिनों में मेरे समूह के सदस्य और मैं एक दूसरे की तरफ सूनी आँखों से देखते रहे। हममें से कोई भी नहीं जानता था कि स्कैल्पल कैसे पकड़ना है, चीरा लगाने के लिए इसका इस्तेमाल कैसे करना है या चमड़ी की परत को कैसे हटाना है। यह बॉलीवुड की लोकप्रिय फिल्म 'मुन्ना भाई एम.बी. बी.एस.' (जो उस समय रिलीज नहीं हुई थी) जैसा दृश्य था और फिल्म की तरह ही हममें से कोई भी ऐसा करने का इच्छुक नहीं था। एनाटॉमी डिसेक्शन हॉल के भीतर हमें 10-10 सदस्यों के समूह में बाँटा गया। हमारी टेबल पर रखी लाश (केडेवर) नग्न पुरुष की थी। यह पहली बार था, जब हममें से किसी ने भी किसी नग्न व्यक्ति को देखा हो।

धीरे-धीरे मैंनें अपने सहपाठी मेडिकल स्टूडेन्ट्स एवं एनाटॉमी के शिक्षकों की सहायता से डिसेक्शन करना आरंभ किया। हम *'कनिंघम्स मेनुअल ऑफ प्रेक्टिकल एनाटॉमी'* नामक पुस्तक को पढ़कर डिसेक्शन सीखते थे। एनाटॉमी सब्जेक्ट हेतु डॉ. बी.डी. चौरसिया द्वारा लिखित पुस्तक पढ़ते थे एवं ग्रेज एनॉटोमी रेफरेंस के लिए रखते थे।

मदद माँगने में न हिचकें

हिन्दी मीडियम से पढ़कर जाने के कारण मुझे शुरूआत में मेडिकल सब्जेक्ट समझने में बहुत कठिनाई हुई। हमारी कक्षा में 140 विद्यार्थी थे, जिसमें 90 छात्र एवं 50 छात्राऐं थी। लगभग 40 मेडिकल विद्यार्थी डे-स्कॉलर एवं 100 हॉस्टलर थे। डे-स्कॉलर विद्यार्थी, छात्राऐं एवं मेडिकल कॉलेज हॉस्टल नम्बर एक में रहने वाले मेडिकल विद्यार्थी क्लास में सिंसीयर माने जाते थे। डॉ. लोकेश तेजवानी (मेडिसिन फेकल्टी डॉ. बी.एम. तेजवानी के सुपुत्र) हमारी कक्षा के टॉपर थे। दूसरे स्थान पर डॉ. शालिनी चौबे थीं। एनाटॉमी क्लास में आरम्भिक दिनों में डॉ. एस.के. जोशी ने एक बार *पोस्टीरियर टिबियल आर्टरी*

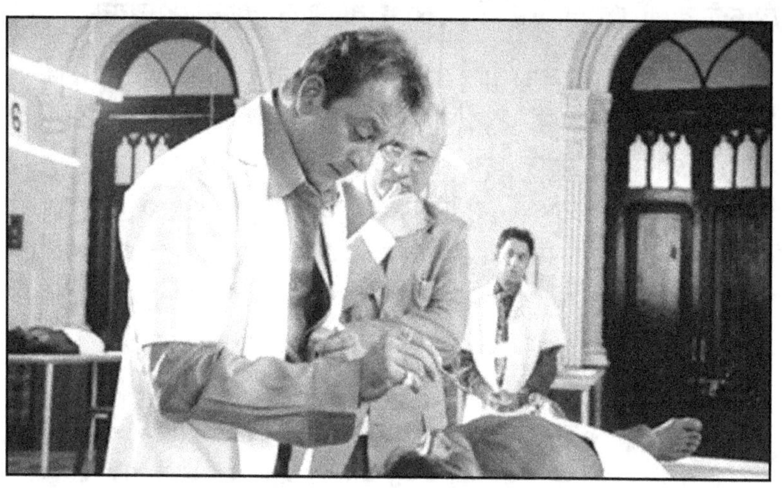

फोटो 8. मुन्ना भाई एम.बी.बी.एस. नामक फिल्म का यह दृश्य एनाटॉमी डिसेक्शन हॉल की गतिविधि का जीवन्त चित्रण करता है। फिल्म के किरदार मुरली प्रसाद शर्मा (संजय दत्त) हाथ में स्कैल्पल चाकू जैसे पकड़ते है। डॉक्टर अस्थाना उन्हें 'स्कैल्पल पेन' जैसे पकड़ने के लिए कहते हैं। मेडिकल छात्र मुरली प्रसाद शर्मा (संजय दत्त) चक्कर खाकर गिर पड़ते है।

का कोर्स डॉ. वैशाली वाही से पूछा था। उनके सही जवाब देने पर डॉ. जोशी उनकी प्रशंसा करते हुए *'कुछ विद्यार्थी परीक्षा में बहुत अच्छे अंक लाये हैं और डॉ. वैशाली उनमें से एक हैं।'* हमसे एक वर्ष सीनियर डॉ. प्रियदर्शी तिवारी हॉस्टल में स्केलेटन रखकर हम सभी छात्रों को एनाटॉमी पढ़ाते थे। मैंनें प्रथम प्रोफेशनल कोर्स के दौरान पढ़ने में अव्वल विद्यार्थियों एवं शिक्षकों से समय-समय पर मदद माँगी। उन्होंनें मुझे पढ़ाया एवं मेरी जिज्ञासाओं का भी पूरी तरह समाधान किया। फिजियोलॉजी सब्जेक्ट मुझे अच्छा लगता था लेकिन एक्सपेरिमेन्टल फिजियोलॉजी में मेढ़कों को पकडकर 'पिथिंग' करना मुझे शुरू में मुश्किल लगता था। धीरे-धीरे मैंनें पिथिंग सीख ली। पिथिंग के पहले मेढ़कों को क्लॉरोफार्म के कक्ष में रखा जाता था। जिससे मेढ़क निढ़ाल हो जाते थे। पिथिंग करते समय मेढ़कों की मस्तिष्क पर लंबी सूई के माध्यम से ब्रेन-स्टेम को क्षतिग्रस्त कर दिया जाता था जिससे मेढ़क चेतना शून्य हो जाता था लेकिन उसके हृदय एवं फेफड़े जैसे अंग कार्य करते रहते थे। मेरे बैच की कुछ छात्राएं एवं अन्य सहपाठी मुझसे पिथिंग करवाते थे। इस अवस्था में मेढ़क का डिसेक्शन एवं फिजियोलॉजी के विभिन्न प्रयोग किये जाना संभव हो पाता था।

मेडिकल कॉलेज छात्रावास में बाहर से ताला लटकाकर अध्ययन

नेताजी सुभाषचंद्र बोस मेडिकल कॉलेज, जबलपुर (एम.पी.) में पढ़ाई के दौरान मैं हॉस्टल नंबर एक के टी.टी. (टेबल टेनिस) रूम में कुछ महीनों तक रहा था। अवकाश के दौरान, कुछ सहकर्मी या सीनियर छात्र कमरे में चले आते और शिक्षकों, सहपाठियों के बारे में गपशप करते थे या धर्म या राजनीति पर लंबी चर्चा करते थे। इससे मेरा अध्ययन का कार्यक्रम गड़बड़ा जाता था। मैंने सोचा कि इससे कैसे बचा जा सकता है? टी.टी. कमरों की खिड़की बड़ी और बिना लोहे की ग्रिल वाली थी। अपने कमरे में किसी भी आगंतुकों को कम करने के लिए और बिना किसी रुकावट के अध्ययन करने के लिए, मैं अपने कमरे को बाहर से ताला लटकाकर बंद कर देता और बड़ी खिड़की से कमरे में प्रवेश करके अपना अध्ययन कार्य पूरा करता। आगंतुक मेरे दरवाजे पर ताला लटका हुआ देखकर सोचता कि मैं छात्रावास में उपलब्ध नहीं हूँ और चला जाता। मैं सप्ताहांत के दौरान या छुट्टियों के दौरान कमरे को बाहर से ताला लगाकर बंद कर देता और इससे मुझे बिना किसी व्यवधान के अध्ययन करने और अपने सभी कार्यों को पूरा करने का समय मिल जाता। यह काल न्यूपोर्ट द्वारा लिखित '*डीप वर्क: रूल्स फॉर फोकस्ड सक्सेज इन ए डिस्ट्रेक्टेड वर्ल्ड*' नामक बेस्ट सेलिंग पुस्तक के अनुसार था, जो मैंनें अभी-अभी पढ़ी है।

फिल्म 'लगे रहो मुन्ना भाई' के अंदाज में सहपाठियों को किया इम्प्रेस

मेडिकल कॉलेज के समय हमारे बैच में 140 विद्यार्थी थे इसमें लगभग 50 छात्राएँ व 90 छात्र थे। छात्राएँ क्लास में हमेशा छात्रों की तुलना में नियमित रूप से आती थीं इसके साथ ही क्लीनिकल राउण्ड्स, वार्ड पोस्टिंग, सवेरे 8 बजे की क्लास में भी छात्राओं की उपस्थिति पूरी रहती थी। यदि कोई छात्र का परफोर्मेंस अच्छा होता तो यह बात पढ़ाकू सहपाठियों (विशेषकर छात्राओं) को स्वीकार्य नहीं थी। क्लीनिकल राउण्ड्स, वार्ड पोस्टिंग हेतु बीस-बीस मेडिकल विद्यार्थियों के ग्रुप्स बने हुए थे। कौनसा विद्यार्थी क्लीनिकल राउण्ड्स, वार्ड पोस्टिंग कार्य में अच्छा प्रदर्शन कर रहा है यह बात पूरी क्लास के विद्यार्थियों तक पहुँच जाती थी। कई मेडिकल छात्र, मेडिकल छात्राओं को प्रभावित करने हेतु स्वयं को 'लगे रहो मुन्ना भाई' नामक फिल्म (जो उस समय नहीं बनी थी) में दिखाए गए किरदार के अनुसार अपने आप को पढ़ाकू एवं प्रतिभाशाली विद्यार्थी होने का इम्प्रेशन जमाने हेतु निरंतर प्रयास करते रहते थे।

सहपाठी, सर्किट एवं सफल चिकित्सक

वर्ष 1990 के अंत का समय था और मैं एम.बी.बी.एस. के अंतिम वर्ष में था। गर्मी की छुट्टी के दौरान मैं अपने घर नहीं गया और हॉस्टल में रहकर मैंने अपने सीनियर्स के साथ अस्पताल में भर्ती विभिन्न रोगियों को देखने एवं सीखने में बिताया। जिसके परिणामस्वरूप बीमारियों के बारे में मेडिकल ज्ञान एवं निदान (डायग्नोसिस) में काफी सुधार होने लगा। एक दिन मेरे एक सीनियर देवेन्द्र प्रताप सिंह (जिन्हें हम सभी 'डी.पी. सिंह सर' के नाम से बुलाते थे) ने मुझे बुलाया। उन्होंने कहा '*पाण्डेय जी आजकल हॉस्टल से रिपोर्ट मिल रही है कि तुम पढ़ाई में अच्छा कर रहे हो। कोई भी मेडिकल छात्र या छात्रा तुमसे पूछे तो बता देना कि तुमको डी.पी. सिंह सर पढ़ाते हैं।*' डी.पी. सिंह सर मेडिकल विद्यार्थियों से प्रश्नोत्तरी के माध्यम से अपना बहुमूल्य ज्ञान साझा करते रहते थे। वे स्वामी विवेकानंद एवं मध्यप्रदेश के कुच्वाड़ा गाँव में जन्में 'ओशो रजनीश' की फोटोग्राफिक मेमोरी के बारे में भी हमें बताया करते थे। उन्होंने हमें उस समय बताया कि ओशो रजनीश ने अपने जीवन में एक लाख से अधिक पुस्तकें पढ़ीं और उनके मात्र पेज पलटाकर पढ़ने से पुस्तक में लिखी बातें उनके स्मृति पटल पर अंकित हो जाती थी। मुझे मेडिकल कॉलेज जबलपुर एलुमनाई डॉ. दिलीप कुमार शर्मा ने बताया कि वे ओशो रजनीश के अनुज डॉ. शैलेन्द्र शेखर सरस्वती के सहपाठी रहे हैं।

फोटो 9. फोटोग्राफिक मैमोरी के धनी ओशो रजनीश ने अपने जीवन में एक लाख से अधिक पुस्तकें छुट्टीं और अधिकांश समय उनके मात्र पेज पलटकर पढ़ने से पुस्तक में लिखी बातें उनके स्मृति पटल पर अंकित हो जाती थीं।

डी.पी. सिंह सर अपने जूनियर मेडिकल विद्यार्थियों को पढ़ाने में रुचि रखते थे। किसी भी दुर्लभ बीमारी के बारे में पूछने पर चंद सैकण्डों में उत्तर देते हुए मेडिकल बुक के नाम और पेज नंबर का भी स्पष्ट उल्लेख करते थें। 'मुन्ना भाई एम.बी.बी.एस.' एवं 'लगे रहो मुन्ना भाई' नामक फिल्में उस समय (1988–90) नहीं बनी थीं लेकिन इन दोनों फिल्मों के महत्वपूर्ण किरदार 'सर्किट' के समान डी.पी. सिंह सर के पास भी कुछ 'सर्किट' थे, जो उनसे केवल वही सवाल पूछते थे जिनका उत्तर पेज नम्बर सहित उन्हें याद होता था। इस प्रकार अधिकांश समय डी.पी. सिंह सर से पूछे जाने वाले प्रश्न एवं उत्तर उनके 'सर्किटों' द्वारा पहले से ही निश्चित कर लिये जाते थे। कुछ समय बाद डी.पी. सिंह सर की इस विशेषता की जानकारी मेडिकल विद्यार्थियों एवं अन्य सहपाठियों को पता चल गई थी। उनका काम 'लगे रहो मुन्ना भाई' फिल्म की तरह मेडिकल विद्यार्थियों एवं अन्य सहपाठियों को इम्प्रेस करना था। डी.पी. सिंह सर मेडिकल विद्यार्थियों को गरीबों की जिंदगी नजदीक से देखने, उनकी पीड़ा अनुभव करने एवं उन तक स्वास्थ्य लाभ पहुँचाने हेतु प्रेरित करते थे। वे कभी-कभी शाम पाँच बजे साइकिल रिक्शा भी चलाते थे, जब डे-स्कॉलर विद्यार्थियों को लेकर मेडिकल कॉलेज बस रवाना होने लगती थी। उनके अनुसार सफल चिकित्सक बनने के लिए जीवन में करुणा (कम्पेशन) होना एवं आर्थिक रूप से गरीब रोगियों की जिंदगी के बारे में अनुभव लेना आवश्यक है।

बिन बुलाए मेहमान के रूप में शादियों में शिरकत

मेडिकल कॉलेज की मैस रविवार शाम को बंद रहती थी इस दौरान कॉलेज के कुछ विद्यार्थी 'थ्री इडियट' फिल्म (जो उस समय रिलीज नहीं हुई थी) के समान शादियों में बिना बुलाए मेहमान के रूप में दावत खाने पहुँच जाते थे। कुछ मित्रों के आग्रह पर मैंनें भी एक-दो बार डरते-डरते इस प्रकार बिन बुलाए मेहमान के रूप में शादियों में जाकर दावत खाई। थ्री इडियट फिल्म देखते समय हमें कॉलेज के पुराने दिन याद आ गये और हम सभी फिल्म के दृश्य को देखकर अपनी हँसी नहीं रोक सके।

गर्मी की छुट्टियों में नेशनल कैडेट कोर (एन.सी.सी.) शिविर

मेडिकल कॉलेज, जबलपुर में द्वितीय वर्ष के ग्रीष्मावकाश के दौरान मुझे एन.सी.सी. शिविर में भाग लेने का मौका मिला। प्रोफेसर एच.के.टी. रजा (ऑर्थोपेडिक सर्जन और छिंदवाड़ा मेडिकल कॉलेज के पूर्व डीन) ने एन.सी.

सी. शिविर के दौरान हमें बहुत कुछ सिखाया। एन.सी.सी. शिविर के दौरान उन्होंने टीम वर्क पर जोर दिया और कठिन परिस्थितियों में जीवन व्यापन करने हेतु महत्वपूर्ण सूत्र साझा किये।

शिविर के दौरान हम साठ उत्साही मेडिकल विद्यार्थी दस दिनों के लिए जबलपुर से 600 किलोमीटर दूर धार जिले के माँडू के पास के जंगल में एक तंबू में रहे। हम सभी की दिनचर्या थी सुबह जल्दी उठना, नित्य कार्यों से निवृत्त होकर परेड करना, दिन में हमें खाई खोदना, अग्नि सुरक्षा उपाय करना, प्राथमिक चिकित्सा करना और बंदूक से निशाने लगाने की भी ट्रेनिंग दी जाती थी। मैंने आपातकालीन चिकित्सकीय प्रबंधन (एयर वे, ब्रीदिंग, सर्कुलेशन) के साथ-साथ आपातकालीन रोगियों (एक्सीडेंट, रक्तस्राव, सर्पदंश) की प्राथमिक चिकित्सा के बारे में भी सीखा। यह ट्रेनिंग पूरी करने के बाद मुझे एन.सी.सी. का सर्टिफिकेट मिला।

फोटो 10. वर्ष 1988 में मेडिकल कॉलेज जबलपुर द्वितीय वर्ष ग्रीष्मावकाश के दौरान एन.सी.सी. कैम्प में लिया गया यह फोटोग्राफ मेरे जीवन का एक अद्भुत अनुभव रहा है। डॉक्टर एच.के.टी. रजा दाहिने से प्रथम पंक्ति में बैठे हुए है। उनके साथ लगभग 60 मेडिकल विद्यार्थी एन.सी.सी. कैम्प में भाग लेकर अपने आप को गौरवान्वित अनुभव कर रहे हैं।

प्रोफेसर एच.के.टी. रजा मेरे मेडिकल करियर के दौरान मिले सबसे अच्छे शिक्षकों में से एक थे। वह फिटनेस के प्रति बहुत जागरूक थे और सभी

मेडिकल छात्रों में कार्य नैतिकता, पाठ्येतर गतिविधियों के लिए रुचि पैदा करते थे। दुर्भाग्य से हमने 14 मार्च, 2019 को हृदयघात के कारण इस महान शिक्षक को हमेशा के लिए खो दिया।

पी.एस.एम. के सुप्रसिद्ध टीचरः डॉ. जॉन इवेरेट पार्क

मेडिकल कॉलेज जबलपुर के प्रिवेन्टिव एवं सोशल मेडिसिन (पी.एस. एम.) के प्रोफेसर डॉ. डॉ. जॉन इवेरेट पार्क ने प्रिवेन्टिव एण्ड सोशल मेडिसिन (पी.एस.एम.) नामक पुस्तक लिखी थी। बनारसी दास भनोट, जबलपुर नामक प्रकाशक से प्रकाशित इस पुस्तक के लेखक के रूप में पूरे देश के मेडिकल विद्यार्थियों में विख्यात थे। डॉ. पार्क मेडिकल कॉलेज जबलपुर में पी.एस.एम. विभाग के विभागाध्यक्ष बन गए थे। डॉ. पार्क ने डॉ. कुमुद भनोट से विवाह किया था। डॉ. जे.ई. पार्क के पुत्र डॉ. डेविड पार्क हमें प्रिवेन्टिव एवं सोशल मेडिसिन पढ़ाते थे। वे लेक्चर थियेटर में सिगार पीते हुए पीछे से प्रवेश करते थे। उनका पढ़ाने का तरीका बाकी सभी टीचर्स से अलग था एवं वे एक स्मार्ट ड्रेसकोड के लिए जाने जाते थे। पी.एस.एम. पुस्तक का 27वाँ संस्करण जबलपुर के बनारसी दास भनोट प्रकाशक से प्रकाशित हुआ है।

फोरेंसिक मेडिसिन में मेरा प्रथम अनुभव

मेरी फोरेंसिक मेडिसिन में पोस्टिंग जनवरी 1988 में हुई थी। उस समय डॉ. डी.के. साकल्ले हमें फोरेंसिक मेडिसिन पढ़ाते थे। वे कुछ वर्षों बाद मेडिकल कॉलेज जबलपुर के डीन भी बन गये थे। दुर्भाग्यवश वे 14 जुलाई 2014 को अनन्त यात्रा पर निकल गये। उन्होंने हमारी क्लास के बैच को एक विशिष्ट पोस्टमार्टम बताया जो मुझे अभी भी याद है। मैंनें अपना प्रथम पोस्टमार्टम देखा उस समय जबलपुर में एक सम्पन्न परिवार की बुजुर्ग चिकित्सक महिला की हत्या हो गई थी। पुलिस ने घटनास्थल को सीज कर मृत शरीर को पोस्टमार्टम के लिए लेकर आई। डॉ. साकल्ले ने पोस्टमार्टम किया और पाया गया कि उनकी दाहिने हाथ की मुट्ठी बंद थी एवं उसमें लंबे बाल थे। मात्र इसी प्रमाण से डॉ. साकल्ले ने हत्यारे के बारे में महत्वपूर्ण सूत्र साझा किए। उन्होंने बताया कि हत्या किसी महिला के द्वारा की गई है एवं उसकी उम्र 25 से 40 साल के बीच हो सकती है। पुलिस ने डॉ. साकल्ले के द्वारा दिए गए सूत्रों के अनुसार जाँच की तो पता चला कि हत्या के दिन से ही चिकित्सक महिला की नौकरानी गायब है। मात्र इसी बिन्दु के अनुसार पुलिस ने नौकरानी को दिल्ली से गिरफ्तार

कर लिया। फोरेंसिक मेडिसिन का दूसरा रोचक किस्सा मुझे याद आता है जब हमारे मित्र एवं सहपाठी ने एक तरफा प्रेम प्रसंग में विफल होने पर केरोसिन पीकर आत्महत्या करने का असफल प्रयास किया। आई.सी.यू. में दो दिन भर्ती रहने के बाद वह सहपाठी डिस्चार्ज हो गया। जब वह आई.सी.यू. में भर्ती था तब मेडिसिन के प्रोफेसर डॉ. वी.डी. सिंह ने डॉ. साकल्ले को बुलाया और पूछा कि आपने इस विद्यार्थी को फोरेंसिक मेडिसिन में कैसे पास किया? इसे टॉक्सिकॉलोजी (जहर विज्ञान) की जानकारी बिलकुल नहीं है। उनकी यह बात सुनकर वहां उपस्थित सभी डॉक्टर्स हंसने लगे।

लक्ष्य पर केंद्रित रहें और भटकावों से बचें

मेडिकल कॉलेज होस्टल में मैं प्रथम प्रोफेशनल एम.बी.बी.एस. के दौरान खुद खाना बनाता था और कॉलेज की फीस तथा होस्टल का किराया देने की ख़ातिर बचत करने में विश्वास करता था, इसलिए कभी कभी मैं अक्सर एक ही समय खाना खाता था। मैं ज्यादा महत्वाकांक्षी, प्रतिस्पर्धी और लक्ष्य-केंद्रित बन गया। जब मैं डॉक्टर बनने के क़रीब पहुँचा, तो सभी तरह के भटकावों से बचते हुए मैंने खुद को पढ़ाई में डुबा दिया। दूसरे विद्यार्थियों की तरह मेरे पास पार्टी करने का विकल्प नहीं था, क्योंकि मेरे पास न तो फिजूलखर्ची के लिए पैसा था, न ही समय। मैं होस्टल में रहता था और कठिन विषयों को समझने और अपनी शंकाओं को दूर करने हेतु मैं अपने सहपाठियों के साथ ग्रुप डिस्कशन्स में हिस्सा लेता था। सौभाग्य से मुझे अनेकों सहृदय सीनियर्स का सानिध्य मिला जिन्होंने मेरी पढ़ाई में मेरी भरपूर मदद की, मुझे पुस्तकें, नोट्स पढ़ने के लिए दीं और मेरे साथ अपने छोटे भाई की तरह व्यवहार किया।

मेरे सभी प्रयासों के बावजूद एक समस्या थी। प्रथम प्रोफेशनल एम.बी.बी. एस. में मुझे मेरे ज्ञान के अनुरूप अंक नहीं मिले। कई हफ्तों तक सोच-विचार के बाद मुझे अहसास हुआ कि इसका मेरी पढ़ाई या बुद्धि से कोई सरोकार नहीं था। यह तो भाषा का मामला था।

मैं अब तक हिंदी माध्यम में पढ़ा था और अब अचानक मुझे अंग्रेज़ी के महासागर में धकेल दिया गया और मैं डूब रहा था।

भाषा की चुनौती का सामना

मैं कक्षा 12 तक हिंदी माध्यम का छात्र था। जब मैंने नेताजी सुभाषचंद्र बोस मेडिकल कॉलेज, जबलपुर, मध्यप्रदेश में प्रवेश लिया था, तब समूचा मेडिकल

पाठ्यक्रम अंग्रेजी माध्यम में लिखा था और पढ़ाया जाता था। यह शायद एम.बी.बी.एस. पाठ्यक्रम के आरम्भिक दिनों के दौरान मेरे सामने सबसे बड़ी चुनौतियों में से एक थी। नतीजतन, मैंने स्वयं को भाषा की इस नई चुनौती से निपटने के लिए तैयार किया। कठिन मेडिकल शब्दों को डिक्शनरी सीखने में मुझे कई महीने लग गए और मैंने हमेशा एक साथी के रूप में एक शब्दकोश का इस्तेमाल किया। उस समय (1986-90) के दौरान इंटरनेट उपलब्ध नहीं था।

मेडिकल कॉलेज में अध्ययन करते समय मुझे अपने सहपाठियों एवं शिक्षकों द्वारा कभी-कभी समझना मुश्किल होता था क्योंकि मुझे जल्दी-जल्दी बोलने की आदत थी। मेरा हिंदी एवं अंग्रेजी भाषा के शब्दों का उच्चारण स्पष्ट नहीं था। अपने वक्तव्य कौशल में सुधार करने हेतु मैंने शीशे के सामने खड़े होकर स्पष्ट बोलने का अभ्यास किया। निरंतर अभ्यास से मैंने उत्कृष्ट बोलने की कला और संवाद कौशल में सुधार करते हुए स्पष्ट बोलने की कला को बेहतर बनाने में सफलता पाई। मैंने अपनी इस कमी से सबक लेते हुए अपने मित्रों और शुभचिंतकों को धीरे-धीरे और स्पष्ट रूप से बोलने के लिए प्रेरित किया। विगत पाँच वर्षों से 'साइक्लिंग के साथ सकारात्मक संदेश' नामक मुहिम को चलाते हुए मैं प्रत्येक सप्ताह वीडियो द्वारा सकारात्मक संदेश सोशल मीडिया पर शेयर करना पसंद करता हूँ, क्योंकि इससे मुझे अपने बोलने के कौशल को निखारने का अवसर मिलता है। मैंने अभिव्यक्ति की कला में पूर्ण दक्षता हासिल नहीं की है लेकिन मैं इसे बेहतर बनाने की यात्रा का आनंद ले रहा हूँ।

विवाह के बाद उत्कृष्ट बोलने की कला और वक्तव्य कौशल होने के कारण मैंने अपनी पत्नी डॉ. विदुषी शर्मा को वाईस-ओवर का काम सौंपा। हमारे यू-ट्यूब चैनल में नेत्र चिकित्सा से संबंधित 300 से अधिक वीडियो हैं और ज्यादातर वीडियो उनकी आवाज में हैं। मैंने डॉ. विदुषी को राष्ट्रीय एवं अन्तर्राष्ट्रीय नेत्र कॉन्फ्रेंस के दौरान और इंडियन मेडिकल एसोसिएशन (आई.एम.ए.) द्वारा आयोजित डॉक्टर्स डे, वर्ल्ड हैल्थ डे, वर्ल्ड डायबिटिक डे आदि दिवसों के दौरान भाषण देने के लिए प्रोत्साहित किया। उनकी व्यक्त करने की कला (ऑरेटरी स्किल्स) को चिकित्सा पेशेवरों ने सराहा और इन्होंने कई डॉक्टरों को अपने चिकित्सा कौशल को और अधिक ठीक करने के लिए कोटा आने के लिए आकर्षित किया।

विभिन्न देश, विभिन्न भाषाएँ, विभिन्न एक्ससेंट

वर्ष 1999-2005 के दौरान अमेरिका एवं ऑस्ट्रेलिया में कार्य करते हुए एवं नेत्र कॉन्फ्रेंसेज में पेपर प्रस्तुतियों के लिए दुनिया भर में यात्रा करते समय मुझे अमेरिका, यूरोप, ऑस्ट्रेलिया, दक्षिण अमेरिका, एवं चीन में कार्यरत अनेकों नेत्र रोग विशेषज्ञों और शोधकर्ताओं के साथ मिलने एवं बातचीत करने का अवसर मिला जो विभिन्न उच्चारणों (एक्सेंट) के साथ अंग्रेजी बोलने की कोशिश कर रहे थे। मैं उनसे भी बहुत प्रेरित हुआ क्योंकि उनमें से अधिकांश चिकित्सक अपनी मातृभाषा (फ्रेंच, जर्मन, स्पेनिश या मेंडोरिन) में चिकित्सा विज्ञान का अध्ययन कर अमेरिका में आकर उच्च प्रशिक्षण के दौरान अंग्रेजी सीखने एवं बोलने का प्रयास करते थे। उनके अंग्रेजी भाषा उच्चारण के अलग-अलग तरीकों (एक्सेंट) और अंतर्राष्ट्रीय कॉन्फ्रेंसेज के दौरान मंच से बोलने के उनके प्रयासों ने मुझे अनवरत प्रेरित किया।

अमेरिका में वर्ष 1999 के दौरान मैं डॉ. जियान झांग से मिला एवं कुछ महीनों के लिए चाल्सर्टन में मैंने उनके साथ अपार्टमेंट साझा किया। डॉ. झांग मेडिकल यूनिवर्सिटी ऑफ साउथ केरोलाईना, चाल्सर्टन में माइक्रोबायोलॉजी में रिसर्च कर रहे थे। उनकी शिक्षा चीन में मेंडोरिन भाषा में हुई थी और वे अंग्रेजी की डिक्शनरी हमेशा अपने साथ रखकर नये-नये शब्दों को सीखने का प्रयास करते रहते थे। अमेरिका में प्रोफेसर डेविड एप्पल के साथ कार्य करते हुए मैं डॉ. एहुद आई. आसिया (इजराइल), डॉ. गर्ड ऑफार्थ, (जर्मनी), डॉ. लिलियाना वर्नर (ब्राजील), डॉ. गाई क्लिनमैन (इजराइल), डॉ. माइक पी. होल्जर (जर्मनी) आदि रिसर्च फैलोज से मिला। ये सभी शोधकर्ता गैर-अंग्रेजी भाषी देशों से अमेरिका आए लेकिन मोतियाबिंद और कृत्रिम लेंस अनुसंधान के क्षेत्र में विश्वस्तर पर ख्याति अर्जित की। मैंने भी इन शोधकर्ताओं के साथ मिलकर कई शोध पत्र अन्तर्राष्ट्रीय नेत्र चिकित्सा विज्ञान जर्नल्स में प्रकाशित किए। हम किसी भी पांडुलिपि को प्रकाशन के लिए भेजने से पहले त्रुटियों को कम करने के लिए हमेशा स्पेलिंग एवं व्याकरण की जाँच करते थे। इन शोधकर्ताओं के साथ काम करने के बाद मेरा यह विश्वास पक्का हो गया कि अगर आप जुनून के साथ काम करना जारी रखते हैं तो भाषा के अवरोध को पार करते हुए सफलता आपके द्वार पर आ खड़ी होती है।

एक आँख दुलार की, एक आँख सुधार की

दिसम्बर 2020 में मेरी दीदी ऊषा पाण्डेय के सुपुत्र देवर्षि द्विवेदी एवं अनुज डॉ. राजेश पाण्डेय के सुपुत्र देवत्व पाण्डेय नीट की परीक्षा पास कर मेडिकल छात्र के रूप में अध्ययन करने हेतु बुकोविनियन स्टेट मेडिकल यूनिवर्सिटी, चरणीवत्सी (यूक्रेन) पहुँचे। वहाँ पहुँचकर उन्होंने मुझे बताया कि किस प्रकार से कुछ मेडिकल विद्यार्थी स्मोकिंग, एल्कोहल एवं ड्रग एडिक्शन के जाल में फँसे थे। मैंने अपना अनुभव उनसे साझा करते हुए बताया कि वर्ष 1986 में मेडिकल कॉलेज, जबलपुर हॉस्टल में रहते हुए दूरस्थ राज्यों से आए कुछ मेडिकल विद्यार्थी स्मोकिंग, एल्कोहल एवं ड्रग एडिक्शन आदि बुराइयों से ग्रसित थे। हॉस्टल में रातभर म्युजिक चलाकर गाना सुनना, सिगरेट पीना, रातभर जागना एवं दिनभर सोना उनकी दिनचर्या थी। उस समय स्मार्टफोन का प्रचलन नहीं था एवं मेडिकल कॉलेज में क्लास में जाकर 80 प्रतिशत उपस्थिति अनिवार्य थी। सोने व जगने का क्रम प्रभावित होने के कारण यह छात्र दिनभर सोते रहते थे। कक्षा में इनकी उपस्थिति बहुत कम थी। अत: इनको मेडिकल कॉलेज के पाँच वर्षीय एम.बी.बी.एस. कोर्स पूरा करने में अधिक समय लग जाता था। मुझे कुछ माह ऐसे विद्यार्थियों के साथ रूम शेयर करने का अनुभव भी मिला था। मैंने उन्हें स्मोकिंग, एल्कोहल एवं ड्रग्स आदि बुराइयों को छोड़ने के लिए प्रेरित भी किया, लेकिन मुझे पूरी सफलता नहीं मिल सकी।

कोटा में देशभर से आये कोचिंग विद्यार्थियों से मिलते समय मैं उनके माता-पिता को महत्वपूर्ण सलाह देते हुए बताता हूँ कि 14 से 20 वर्ष (किशोर अवस्था) के दौरान अनेकों शारीरिक एवं मानसिक परिवर्तन होते हैं। किशोर अवस्था में व्यक्ति के निर्णय लेने की क्षमता पूर्ण रुप से विकसित नहीं होती है। स्मार्टफोन के अत्यधिक उपयोग के कारण टीन-एजर्स 'वर्चुअल-वर्ल्ड' में कैद हो जाते है और सामाजिक मेलजोल में उनकी दिलचस्पी कम होने लगती है। स्मार्टफोन एडिक्शन के चलते सोशल मीडिया का दुरूपयोग (वीडियोगेम्स एडिक्शन, बिंज वाचिंग) से मानसिक एकाग्रता की कमी, नींद की कमी, चिडचिड़ापन आदि होने लगते हैं। इससे बचने के लिए माता-पिता को जहाँ एक ओर अपने बच्चों को मित्रवत व्यवहार करते हुए उनको प्रेम पूर्वक स्मार्टफोन के सीमित उपयोग हेतु समझाने की आवश्यकता है। 'एक आँख दुलार की, एक आँख सुधार की', नामक सूत्र को चरितार्थ करते हुए इन किशोरों पर विशेष

ध्यान देना चाहिए। किशोरों को भी सही गलत का निर्णय स्वयं के विवेक से करते हुए यथासंभव स्वस्थ आदतों को अपनाना चाहिए।

मेडिकल प्रोफेशनल्स में स्वास्थ्य के गंभीर खतरे

एम.बी.बी.एस. फाइनल ईयर के दौरान मुझे बुखार होना शुरू हुआ जो अधिकतर शाम के समय होता था। कुछ दिनों बाद मैंने हल्की खांसी और सीने में बाईं ओर दर्द का अनुभव किया। मैंने जबलपुर मेडिकल कॉलेज के मेडिसिन विभाग के विभागाध्यक्ष सुप्रसिद्ध फिजिशियन डॉ. बी.एन. श्रीवास्तव से परामर्श लिया। उन्होंने मेरा विस्तृत परीक्षण किया एवं बुखार के कारण की जांच करने हेतु एक्स-रे चेस्ट और कुछ रक्त परीक्षण करवाने का सुझाव दिया। एक्स-रे रिपोर्ट के अनुसार मुझे छाती के बायें तरफ 'प्ल्यूरल इफ्यूजन' पाया गया। मैं कुछ दिनों तक उदास था क्योंकि प्ल्यूरल इफ्यूजन का सबसे आम कारण तपेदिक या ट्यूबरकुलोसिस था। प्ल्यूरल इफ्यूजन एक्स्ट्रापल्मोनरी तपेदिक का दूसरा सबसे प्रमुख कारण है। मैंने एक वर्ष तक चार तरह की एंटी-ट्यूबरकुलर दवाईयाँ डॉ. श्रीवास्तव के मार्गदर्शन के अनुसार ली। कुछ महीनों बाद दुबारा किये गये चेस्ट एक्स-रे में प्ल्यूरल इफ्यूजन समाप्त हो चुका था एवं प्ल्यूरल थिकनिंग का प्रमाण पाया गया।

अस्पतालों में काम करते समय मेडिकल विद्यार्थी, प्रशिक्षु चिकित्सक और चिकित्सा पेशेवर तपेदिक के साथ-साथ अन्य संक्रामक रोगों जैसे एच.आई. वी. (एड्स), हेपेटाइटिस-बी और हेपेटाइटिस-सी की चपेट में आ सकते हैं। इसका सबसे प्रमुख कारण तीक्ष्ण सुई से चोट लगना होता है। इनके साथ-साथ विभिन्न प्रकार के श्वसन संक्रमण जैसे इन्फ्लूएंजा एवं कोरोना वायरस जैसी श्वसन तंत्र की बीमारियां भी चिकित्सकों को संक्रमित कर सकती है। मेरी तरह अधिकांश मेडिकल स्टूडेंट्स को उस समय इन सभी ऑक्यूपेशनल हेजार्ड्स एवं इनकी गंभीरता का अंदाजा नहीं था। अधिकांश रोगी एवं आमजनता भी मेडिकल प्रोफेशनल्स के हॉस्पिटल में कार्य करते समय होने वाले स्वास्थ्य के इन गंभीर खतरों (ऑक्यूपेशनल हेजार्ड्स) के प्रति अनभिज्ञ रहते हैं। मेडिकल प्रोफेशनल्स को स्वास्थ्य समस्या होने पर तुरंत विशेषज्ञ चिकित्सक से परामर्श लेकर उपचार शुरू कर देना चाहिए।

मेडिकल कॉलेज जबलपुर के प्रसिद्ध एलुमनाई

नेताजी सुभाष चंद्र बोस मेडिकल कॉलेज की स्थापना 1955 में हुई थी और मेडिकल कॉलेज, ग्वालियर के बाद यह मध्यप्रदेश का दूसरा सबसे पुराना

मेडिकल कॉलेज है। वर्ष 1986 के दौरान मेडिकल कॉलेज जबलपुर में 140 सीटें होती थीं जो अब बढ़कर 250 हो गई हैं। विकिपिडिया के अनुसार मेडिकल कॉलेज, जबलपुर के प्रसिद्ध एलुमनाई डॉ. योगेश कुमार चावला, डॉ. प्रदीप चौबे, डॉ. नर्मदा प्रसाद गुप्ता, डॉ. पुखराज बाफना, डॉ. शशि वधवा आदि हैं। इनमें से अधिकांश चिकित्सक पद्मश्री पुरस्कार से सम्मानित किए जा चुके हैं। दिनांक 13 मार्च 2022 चण्डीगढ़ से डॉ. योगेश कुमार चांवला का फोन आया और उन्होंने मुझे मेरी पुस्तक 'सीक्रेट्स ऑफ सक्सेसफुल डॉक्टर्स' लिखने के लिए बधाई दी। डॉ. चावला ने मुझे वर्ष 2018 में एडवांस्ड आई सेंटर, पोस्ट ग्रेजुएट इंस्टीट्यूट, चण्डीगढ़ की स्थापना दिवस के अवसर पर सम्मानित भी किया था। प्रोफेसर चावला उस समय पी.जी.आई. चण्डीगढ़ के निदेशक थे।

सबक़

- लक्ष्य पर केंद्रित रहने के लिए अपने सपने की तस्वीर सामने रखें। सेल्फ-हेल्प पुस्तकों में सलाह दी जाती है कि खुद को प्रेरित रखने के लिए अपने सपने की तस्वीर को सामने रखना चाहिए। उस समय लेखक ने सेल्फ-हेल्प पुस्तक पढ़े बिना ही यह किया था और मानव कंकाल का पोस्टर ख़रीदकर अपने कमरे में लगा लिया था। जब भी उनकी निगाह इस पोस्टर पर पड़ती थी, उन्हें लक्ष्य याद आ जाता था। अपनी कल्पना को यथार्थवादी बनाने के लिए लेखक मेडिकल कॉलेज घूमने भी गए।

- लक्ष्य भटकावों से बचाता है। जब आपका लक्ष्य प्रबल होता है और आप उस पर केंद्रित रहते हैं, तो आप भटकते नहीं हैं, जैसे लेखक होस्टल में रहने के बावजूद बार-बार पार्टी करने के प्रलोभन में नहीं फँसे। लक्ष्य में एक तरह का गुरुत्वाकर्षण होता है और यह किसी चुंबक की तरह आपको अपनी ओर खींचता है।

- लक्ष्य होना ही काफी नहीं होता, इसे हासिल करने के लिए दिन-रात, लगातार मेहनत करने की भी ज़रूरत होती है। लेखक ने रात-रात भर जागकर पढ़ाई की, इसी कारण वे यूनिवर्सिटी टॉपर बने। वे पहली बार में ही पी.एम.टी. परीक्षा में चयनित हो गए थे।

अध्याय 3

ज्ञान की ललक ही रहस्य है

'शिक्षा भविष्य का हमारा पासपोर्ट है, क्योंकि कल उन्हीं लोगों का है जो आज उसके लिए तैयारी करते हैं।'

—मैल्कम एक्स

'जब तक आप अपने कम्फर्ट जोन से बाहर नहीं निकलते, आप अपना जीवन कभी नहीं बदलते, परिवर्तन आपके सुविधा क्षेत्र के अंत में शुरू होता है।'

– रॉय टी. बेनेट

'शिक्षा सबसे शक्तिशाली हथियार है जिसका उपयोग आप दुनिया को बदलने के लिए कर सकते हैं।'

– नेल्सन मंडेला

समस्या की जड़ पर प्रहार करें

मेडिकल कॉलेज के प्रथम टेस्ट में मेरे बहुत कम अंक आए थे। समस्या का विश्लेषण करने पर मुझे पता चला कि मैं अपना सारा समय पढ़ने, याद करने और नोट्स बनाने में ख़र्च कर रहा था, लेकिन परीक्षा हॉल में मैं सही भाषा में नहीं लिख पा रहा था। मैंने कॉलेज के एक सीनियर से पूछा, जो मेरी ही तरह हिंदी मीडियम स्कूल का था, 'मैं क्या करूँ?' उसने कहा, 'भाषा के साथ खेलो। अपनी कल्पना का इस्तेमाल करो।' 'माईंड मेप, निमोनिक्स एवं मेमोरी एसोसिएशन तकनीक का उपयोग करो।' यह काफी सरल सलाह थी, लेकिन इससे मेरे भीतर जैसे कोई ताला खुल गया। मैंने पड़ताल शुरू कर दी कि कैसे की-वर्ड, एसोसिएशन, लिंकेज और विस्थापन तकनीकों का इस्तेमाल करना है। मेरी मेहनत रंग लाई और छह महीनों के भीतर ही मैं कक्षा के शीर्षस्थ 20 विद्यार्थियों में गिना जाने लगा और एम.बी.बी.एस. के अंतिम वर्ष में मेरी क्लास

में तीसरी रैंक आई। एनाटॉमी क्लास के दौरान मुझसे प्रोफेसर एस.के. वर्मा ने हाथ की हड्डियों के बारे में पूछा। मैंने तुरंत उत्तर दिया: स्कैफॉइड, ल्यूनेट, ट्रॉयक्वेट्रम, *पिसीफॉर्म*, ट्रेपेजियम, ट्रेपेजॉईड, कैपिटेट, हेमेट। कक्षा के सहपाठी आश्चर्य करने लगे और मेरे पास बैठे सहपाठी मित्र ने पूछा कि इनका क्रम कैसे याद रखा जाता है। मैंने उसे *'स्नेहलता, टिंडे पकाओ, तुम्हारे टिंडे कच्चे हैं'* नामक निमोनिक के माध्यम से इसे याद रखने का आसान तरीका बताया।

मरीज़ के साथ पहली बड़ी सफलता

मेडिकल कॉलेज में एम.बी.बी.एस. कोर्स पूरा होने पर एक वर्ष की इंटर्नशिप करना आवश्यक होता है। इंटर्नशिप के दौरान अधिकांश मेडिकल विद्यार्थी अस्पताल नहीं आते थे एवं घर पर रहकर प्री-पी.जी. की तैयारी करते थे। मैंने इंटर्नशिप (एवं हाउस-जॉब) के एक-एक वर्ष के समय का नियमित रूप से अस्पताल जाकर सीखने हेतु सदुपयोग किया। धीरे-धीरे मुझे सफेद एप्रिन पहनकर, गले में स्टेथेस्कोप डालकर अस्पताल जाना अच्छा लगने लगा। इंटर्नशिप के दौरान मुझे आठ सौ रूपये प्रति माह स्टाईपण्ड मिलता था। सीनियर रेज़िडेन्ट भी इंटर्न विद्यार्थियों से रोगी की पट्टी करवाना, रोगी के सेम्पल देना एवं रोगी की रिपोर्ट या दवा लाना आदि कार्य करवाते थे जिनमें इंटर्न विद्यार्थियों की विशेष रुचि नहीं होती थी। अधिकांश रोगी भी इंटर्न को ट्रेनी चिकित्सक मानते हुए गंभीरता से नहीं लेते थे। मुझे यह सभी कार्य करने में कोई परेशानी नहीं थी क्योंकि अस्पताल में भर्ती रोगियों को सर्वश्रेष्ठ परीणाम देने हेतु एवं सफल चिकित्सक बनने के लिए छोटे से छोटा कार्य जैसे ड्रेसिंग, ऑपरेशन के बाद रोगी की देखभाल करना सीखने के बहुमूल्य अवसर प्रदान करने वाला था।

इंटर्नशिप के दौरान मुझे इमरजेंसी यूनिट की पोस्टिंग सबसे चुनौतिपूर्ण लगी। अस्पताल में 'आपातकालीन' स्थिति सचमुच आपातकालीन होती है और इस दौरान हर सैकण्ड का समय रोगी की जान बचाने के लिए अहम होता है। इमरजेंसी वार्ड में कार्यरत डॉक्टर 18 से 24 घंटों तक रोगियों की जान बचाने एवं उपचार करने में अपने आप को पूरी तरह समर्पित कर देते थे। इस दौरान अच्छी नींद, एक कप चाय के साथ फुर्सत में अखबार पढ़ना आदि यादें धुंधली होती जा रही थीं। नेताजी सुभाषचंद्र बोस मेडिकल कॉलेज अस्पताल जबलपुर, मध्यभारत के महाकौशल क्षेत्र का सबसे बड़ा सरकारी अस्पताल था। वहाँ पर पूरे महाकौशल क्षेत्र से गंभीर रोगी रेफर किये जाते थे एवं रोड साईड एक्सीडेंट

होने, मौसमी बीमारियों के फैलने के दिनों में तो अस्पताल के बेड पूरी तरह भर जाते थे और हम जैसे चिकित्सक फर्श पर बेड लगाकर रोगियों का इलाज करते थे। मैं 23 साल का इंटर्न रोगियों की भीड़ भरे इस तूफान में फँस गया था। मेरी पहली पोस्टिंग ऑब्स्टेट्रिक्स और गायनेकॉलॉजी में होने के बाद मैं अब आपातकालीन यूनिट में आ गया था।

मेडिकल कॉलेज अस्पताल में इंटर्नशिप के दौरान यह मेरा तीसरा सप्ताह था। मैंने पहले दो सप्ताह तक सामान्य आपातकालीन स्थितियों का अच्छा प्रबंधन किया था, इसलिए मेरे सीनियर मेडिसिन विभाग में कार्यरत् रेजीडेन्ट्स को विश्वास था कि मैं गंभीर रोगियों के मामले में मदद कर सकता हूँ। दिनांक 26 जनवरी 1991 को मेरी योग्यताओं की परीक्षा की घड़ी थी, जब एक गंभीर रोगी को अस्पताल में लाया गया। भारी ठंड के बावजूद उसे बहुत पसीना आ रहा था। उसे दिल का दौरा पड़ा था। गंभीर सीने का दर्द उसके बाएँ हाथ और बाएँ जबड़े में था। उसे चक्कर आ रहे थे और मुश्किल से साँस ले पा रहा था। उसे देखकर मेरी स्वयं की हृदय की धड़कन बढ़ गई थी। मैंने लंबी साँस ली एवं कुछ क्षणों में अपने आप को इस आपातकालीन स्थिति से निपटने हेतु स्वयं को तैयार किया। मैं जानता था कि मुझे तेज़ी से काम करना था। पर कैसे? मुझे हर सैकंड का सदुपयोग रोगी की जान बचाने के लिए करना था। मैंने चिकित्सकीय आपातकालीन स्थिति का प्रबंधन करने का 'ए.बी.सी.' याद किया, 'ए' यानी एयर-वे यानी हवा का मार्ग, 'बी' यानी ब्रीदिंग यानी साँस और 'सी' यानी सर्कुलेशन यानी रक्त संचारण। मैंने तुरंत रोगी को ऑक्सीजन मास्क लगाया और ऑक्सीजन लगा दी। अगला कदम अति महत्वपूर्ण वाईटल पेरामीटर्स का रिकॉर्ड दर्ज करना था – पल्स, रक्तचाप, श्वसन गति – और शिरा से इंट्रावीनस फ्लूईड लगाने हेतु मुझे तुरंत नस खोजनी थी। मैंने चिकित्सकों को देखा था कि वे कुशलता से रोगी की शिरा में इंजेक्शन से दवाएँ डालने के लिए इंट्रावीनस कैन्युला लगा देते थे। अब रेजीडेन्ट के मार्गदर्शन में यह करने की मेरी बारी थी। मैंने दर्द को नियंत्रित करने के लिए दवाओं के साथ इंट्रावीनस द्रव्य भी चढ़ा दिया। मैंने उसे मुख से चूसने के लिए सबलिंग्युअल नाइट्रोग्लिसरिन टेबलेट भी दी, ताकि हृदय को खून पहुँचाने वाली कॉरोनरी ब्लड वैसल्स की रक्त आपूर्ति को बढ़ाया जा सके और इस दौरान एक इलेक्ट्रोकार्डियोग्राम टेक्निशियन और कार्डियोलॉजिस्ट (डॉ. आर.के. शर्मा) को तुरंत बुलाया गया। उनके आने के बाद मैंने राहत की साँस ली, मरीज़ की स्थिति अब सुधर रही थी।

काम में मज़ा आना चाहिए

मरीज़ का परिवार बहुत खुश था। उन्होंने मुझे बार-बार धन्यवाद दिया, मुझे मिठाई लाकर दी। उन्होंने मुझे भविष्य में सफल चिकित्सक बनने की शुभकामना देते हुए मेरे व्यक्तिगत प्राइवेट क्लीनिक में मुझे दिखाने का वादा भी किया। मैं आह्लादित था, लेकिन मैंने उन्हें बताया कि मैं सिर्फ़ जूनियर डॉक्टर हूँ। मैं बचपन में संकोची रहा हूँ। मैंने कभी नहीं सोचा था कि मुझे रोगियों या उनके रिश्तेदारों से बातचीत में आनंद आएगा। लेकिन मेडिकल कॉलेज की इंटर्नशिप/ हाउस-जॉब ने हर चीज बदल दी। मैं 12 घंटे की ड्यूटी से भी नहीं थकता था, क्योंकि मुझे अपने काम में मज़ा आता था और मेरी व्यक्तिगत समस्याएँ पीछे छूट जाती थीं। कई मेडिकल विद्यार्थी अपनी इंटर्नशिप का महत्वपूर्ण अनुभव सीखने, रोगियों के उपचार करने में संकोच करते हैं या नीट पी. जी. परीक्षा की तैयारी में बहुत ज़्यादा व्यस्त रहते हैं। लेकिन ऐसा करके वे डॉक्टर बनने का एक आधारभूत अनुभव खो देते हैं। मेरी इंटर्नशिप ने मुझे सिखाया कि आप मजबूरी में मेडिकल ग्रेजुएट तो बन सकते हैं, लेकिन सफल चिकित्सक कभी नहीं बन सकते। आप आपातकालीन रोगी के उपचार करते समय सीखे गये अनुभवों से एक सफल डॉक्टर बन सकते हैं। जब आप यह मान लेते हैं कि किसी रोगी के जीवन और मृत्यु के बीच में आप ही आख़िरी सहारा हैं, तो आपको पहले ही दिन से प्रबल प्रोत्साहन और प्रेरणा मिल जाएगी और काम में मज़ा आने लगेगा।

सीखने के मौक़े खोजते रहें

लेकिन मैं सिर्फ़ इंटर्नशिप ही नहीं कर रहा था। मैं ऑफ्थैल्मोलॉजी (नेत्र रोग विज्ञान) में पी.जी. डिग्री लेने के सपने भी देख रहा था। मैंने काफी पहले ही इसका प्रशिक्षण लेना शुरू कर दिया था। एम.बी.बी.एस. करते समय मैं अपने सीनियर डॉ. एम. युसूफ रिज़वी (जो वर्तमान में दून मेडिकल कॉलेज देहरादून में नेत्र रोग विभाग के विभागाध्यक्ष हैं) के साथ अक्सर आँख के वार्ड में उनके शाम के राउंड पर साथ जाता था। उस वक़्त वे ऑफ्थैल्मोलॉजी में एम.एस. कर रहे थे। डॉ. रिज़वी मेरी जिज्ञासा को प्रोत्साहित करते थे और बहुत सारे प्रकरणों के क्लीनिकल विवरण धैर्यपूर्वक समझाते थे। मैं तब नहीं जानता था, लेकिन डॉ. रिज़वी की सिखाई बातें मुझे ऑफ्थैल्मोलॉजी के करियर के लिए तैयार कर रही थीं।

फाईनल ईयर एम.बी.बी.एस. कोर्स के दौरान एक बार मैं अपने 20 सहपाठियों के साथ सफेद एप्रिन पहने, नेमप्लेट लगाए और गले में स्टेथोस्कोप

लटकाए हुए प्रोफेसर डॉ. विजय भाईसारे के पीछे-पीछे ओ.पी.डी. में गया। एम्स, नई दिल्ली में प्रशिक्षण के बाद मेडिकल कॉलेज जबलपुर में डॉ. भाईसारे की पहली पदस्थापना थी। डॉ. भाईसारे गंभीर सूखी आँखों (ड्राई आई) का एक प्रकरण देख रहे थे, जो सल्फा दवाओं की एलर्जी के कारण हुआ था। उन्होंने हमसे निदान करने को कहा। मेरे सहपाठी संदेह में थे और कई ने तो साफ कह दिया कि उन्हें नहीं मालूम। मैं पीछे खड़े होकर रोगी को ग़ौर से देख रहा था और मैंने कहा, 'स्टीवन जॉनसन सिंड्रोम।' डॉ. भाईसारे ने मुझसे आगे आकर अपनी बात स्पष्ट करने को कहा। मैंने उन्हें बताया कि यह दवा से होने वाली एलर्जिक प्रतिक्रिया है, जिसमें त्वचा में फफ़ोले पड़कर घाव हो जाते हैं एवं आँखों में सूखापन भी हो सकता है। मेरे सहपाठी हैरानी और जिज्ञासा से मुझे देख रहे थे, मानो पूछ रहे हों कि मैं किसी ऐसी बीमारी का निदान कैसे कर सकता हूँ, जिसका उन्होंने नाम तक नहीं सुना था। वे डॉ. रिजवी के साथ मेरे गोपनीय वार्ड राउंड्स के बारे में नहीं जानते थे।

वर्ष 1990 में जब मेरी इंटर्नशिप शुरू हो गई थी, तो मैंने ओ.पी.डी. एवं वार्ड पोस्टिंग अटेंड करते हुए बचे हुए समय में प्री-पी.जी. परीक्षा की तैयारी शुरू करने का निर्णय लिया। मुझे विश्वास था कि मैं दूसरों से ज़्यादा अच्छी स्थिति में था, क्योंकि मैं मेडिकल कॉलेज में सीनियर्स के साथ रहता था, जो मेडिसिन, सर्जरी, पीडियाट्रिक्स, ऑर्थोपेडिक्स, ई.एन.टी. और अन्य क्षेत्रों में पी. जी. डिग्री कर रहे थे, जिनसे मैं निरंतर मार्गदर्शन ले सकता था। मैंने पाया कि अपनी शंकाओं के समाधान पूछने का सबसे अच्छा तरीका यह था कि मैं शाम को अस्पताल में वार्ड राउंड में सीनियर्स के साथ जाऊँ, जहाँ वे मुझे प्रत्यक्ष रूप से क्लीनिकल प्रकरण दिखा और समझा सकें। लेकिन यह मेरी तैयारी का अंत नहीं था। अस्पताल में 10 घंटे से ज़्यादा की मेहनत के बाद मैं हर सप्ताह के अंत (वीक-एंड) के दौरान डॉ. संजय पाण्डेय, डॉ. रजनीश नेमा, डॉ. विपुल पटेल, डॉ. साजू थॉमस आदि सहपाठियों के साथ ग्रुप डिस्कशन करता था, जो प्री-पी.जी. परीक्षा की तैयारी कर रहे थे। जानकारी को मस्तिष्क के स्मृतिपटल पर अच्छी तरह अंकित करने के लिए हम एक दूसरे से फटाफट प्रश्न पूछते थे और सप्ताह के अंत के दौरान ग्रुप डिस्कसशन एवं मॉक टेस्ट के जरिये अभ्यास करते थे। मेरी कोशिशें रंग लाईं और मैंने मध्यप्रदेश राज्य की प्री-पी.जी. परीक्षा में सातवीं रैंक हासिल की एवं नेताजी सुभाषचंद्र बोस मेडिकल कॉलेज, जबलपुर नेत्र रोग विभाग में मैंने रेज़ीडेंसी ज्वॉइन कर सीखना शुरू किया।

नेत्र चिकित्सक बनने का प्रथम पायदान

वर्ष 1993-94 में मेडिकल कॉलेज, जबलपुर में नेत्र चिकित्सा विज्ञान के प्रशिक्षण के दौरान मुझे डॉ. अशोक कुमार मुखर्जी, डॉ. मीता श्रीवास्तव, डॉ. राजेन्द्र खरे, डॉ. विजय भाईसारे आदि नेत्र चिकित्सकों से सीखने का सुअवसर मिला। उस दौरान डॉ. आर.के. मिश्रा जबलपुर डिविजनल नेत्र सोसायटी के अध्यक्ष थे एवं उनकी विशेष अभिरुचि सी.एम.ई. एवं नेत्र रोग वर्कशॉप आदि के आयोजन करवाने में थी। नेत्र रोग विभाग में डॉ. दिनेश साहू, डॉ. जे.के.एस. परिहार, डॉ. पवन स्थापक, डॉ. परवेज सिद्दिकी, डॉ. सुमन चक्रवर्ती, डॉ. मृणाल वर्मा, एवं डॉ. हिमाद्रि शेखर रे आदि मेरे सीनियर्स ने मुझे नेत्र चिकित्सा विज्ञान की बारीकियों को सिखाया। इस दौरान मेरा परिचय डॉ. राजेश गोगिया से भी हुआ। डॉ. गोगिया मुझसे दो वर्ष सीनीयर थे और उनकी नेत्र रोगियों ने निदान एवं उपचार में विशेष अभिरुचि थी। अपने पास आए प्रत्येक रोगी की वे विस्तार से हिस्ट्री लेकर नेत्र परीक्षण में विश्वास रखते थे। जब भी कोई रोगी नेत्र ओ.पी.डी. में प्रवेश करता तो उनकी पैनी आँखें दूर से ही उस रोगी की परीक्षा में जुट जाती थीं। डॉ. गोगिया आँखों की एलर्जी, छठी केंद्रिय तंत्रिका के पेरालिसिस के कारण उत्पन्न डिप्लोपिया से पीड़ित रोगियों को देखकर उनकी बीमारी के बारे में सोचने के लिए हम सभी को प्रेरित करते थे। उस समय नेत्र रोग विभाग में रेज़ीडेंसी कर रहे प्रशिक्षु विद्यार्थी एक सफेद रंग की एक लंबी टॉर्च द्वारा रोगियों का नेत्र परीक्षण कर आँखों की बीमारी का निदान एवं उपचार करते थे। हमें नेत्र रोगी की सिस्टेमिक एक्जामिनेशन एवं अन्य सामान्य टेस्ट (ब्लड प्रेशर, ब्लड शुगर आदि) करने हेतु बताया जाता था। शरीर में होने वाली अनेकों बीमारियों जैसे डायबिटिज एवं हाईपरटेंशन आदि रोगों का पता आँखों की पर्दे (रेटिना) की जाँच से लगाया जा सकता था।

मेडिकल कॉलेज जबलपुर में कार्य करते समय सीखें गये इन तरीकों का फायदा मुझे मार्च 2020 से मई 2021 तक मिला जब कोविड-19 वैश्विक महामारी के चलते सोशल डिक्टेसिंग की कड़ाई से पालना की गई। इस दौरान मैंने इन बहुमूल्य सूत्रों को अपनाते हुये अपने पास आए प्रत्येक नेत्र रोगी को सफेद रंगी लंबी टॉर्च द्वारा दो गज दूरी से देखा एवं किसी भी नेत्र रोगी को निराश नहीं होने देने का प्रयास किया।

आधुनिक मशीनों के इस्तेमाल की ललक

नेताजी सुभाषचंद्र बोस मेडिकल कॉलेज, जबलपुर में ऑफ्थैल्मोलॉजी (नेत्र रोग विभाग) में मैंने ज्वॉइन कर कार्य करना शुरू कर दिया था। अब मैं शैक्षणिक दृष्टि से सफल हो चुका था। फिर भी मेरे मन में टीस उठ रही थी। मेरे लिए पी. जी. की डिग्री लेना ही काफी नहीं था। मैं तो पी.जी. वहाँ से करना चाहता था, जहाँ मैं आधुनिक मशीनों और तकनीकों का इस्तेमाल कर सकूँ या अथवा देख सकूँ। मुझे एक मेंटर (रोल मॉडल) नेत्र चिकित्सक की भी तलाश थी भविष्य में जिनके जैसा मैं बन सकूँ। जबलपुर में तो आधुनिक तो रहने दें, सामान्य मशीनें भी रेज़ीडेंट्स के लिए उपलब्ध नहीं थीं। वहाँ लगभग सभी प्रकरण ओ.पी.डी. में फ्लैशलाइट (टॉर्च) से देखे जाते थे। स्लिट लैंप बॉईमाइक्रोस्कोप (नेत्र परीक्षण के लिए काम आने वाला एक विशेष उपकरण) नेत्र विभाग के विभागाध्यक्ष प्रोफेसर अशोक कुमार मुखर्जी के कमरे में रखा रहता था और वे किसी नेत्र रेज़ीडेंट को इसका इस्तेमाल करने की अनुमति नहीं देते थे। इससे एक्यूट कंजंक्टिवाइटिस और एक्यूट यूवीआईटिस नामक नेत्र बीमारियों के अंतर को जानने एवं निदान करने में बहुत दिक्क़त आती थी।

एक दिन मैंने अपने सीनियर डॉ. दिनेश साहू (जो अरविंद आई हॉस्पिटल, मदुरई में फैलोशिप करने के बाद जबलपुर लौटे थे) से पूछा कि फ्लैशलाइट की रोशनी में एक्यूट कंजंक्टिवाइटिस और एक्यूट एंटीरियर यूवीआईटिस के प्रकरणों को अलग करके कैसे देखा जाए। यह दोनो नेत्र बीमारियाँ रेड आई (लाल आँख) के साथ आती है लेकिन इनके सटीक उपचार हेतु इनका सही निदान जरूरी है। डॉ. साहू ने मुझे सिखाया कि आँख के कॉर्निया एवं लेंस के बीच स्थित एंटीरियर चैंबर नामक स्थान में 'सूक्ष्म कोशिकाओं' को स्लिट लैम्प से कैसे देखें? पहली बार मैंने एंटीरियर चैंबर में सैकड़ों छोटी-छोटी कोशिकाएँ देखीं, जो अमावस्या में सितारों की तरह चमक रही थीं। लेकिन अचानक प्रोफेसर मुखर्जी वहाँ आ गए और उन्होंने हमें फटकार लगाई, पहले अपनी थीसिस पूरी करो और एम.एस. की डिग्री लो, इसके बाद स्लिट लैम्प परीक्षण के बारे में सीख लेना। लेकिन मैं इतना इंतज़ार करने को तैयार नहीं था। मैं स्पष्टता से समझ गया था कि 2.5 सेमी. की सूक्ष्म आँख की बारीकियों को समझने के लिए सही मशीनों का इस्तेमाल ज़रूरी है। मुझे अहसास हुआ कि अगर मैं आधुनिक मशीनों से सीखना चाहता हूँ, तो मुझे पी.जी.आई.एम.ई.आर., चण्डीगढ़ या एम्स, नई दिल्ली जैसे ज़्यादा विख्यात मेडिकल संस्थान से अपनी विशेषज्ञता

हासिल करनी चाहिए। लेकिन मेरा नेताजी सुभाषचंद्र बोस मेडिकल कॉलेज, जबलपुर में नेत्र रोग विभाग में दाखिला हो चुका था। मैं दोराहे पर था और मुझे समझ नहीं आ रहा था कि क्या करूँ? क्या दोबारा नए सिरे से रेज़ीडेंसी करने से लाभ होगा? अगर मुझे किसी प्रख्यात कॉलेज में जगह नहीं मिल पाई और अपनी वर्तमान रेज़ीडेंसी के दौरान मेरा क़ीमती समय बरबाद हुआ, तो क्या होगा? रेज़ीडेंसी करना और प्री-पी.जी. की तैयारी करना एक साथ दो नावों की सवारी करने जैसा होता है। मैं नहीं जानता था कि क्या मुझमें यह मुश्किल काम करने की योग्यता व साहस है? क्या मुझे यह कदम उठाना चाहिए?

एक कहानी भी आपको दिशा दिखा सकती है

मेरी पी.जी. शुरू किए हुए कुछ महीने हो चुके थे। मैं दीवाली पर घर नहीं जाना चाहता था, क्योंकि मैं मेडिकल कॉलेज लाइब्रेरी में पढ़ना चाहता था। दीवाली के दिन जब मैं इंडियन जर्नल ऑफ़ ऑफ्थैल्मोलॉजी का एक पुराना अंक पढ़ रहा था, तो मेरी निगाह एक बहुत रोचक लेख पर पड़ी। यह डॉ. सोहन सिंह हैरे के बारे में था। डॉ. हैरे भी आर्थिक विपत्तियों वाले परिवार से आए थे। उनके पिता को पटियाला राज्य के कई सेवकों की तरह जबरन जल्दी रिटायर कर दिया गया था और उनकी पेंशन पाँच बच्चों की परवरिश करने के लिए पर्याप्त नहीं थी। मैं मंत्रमुग्ध होकर पढ़ने लगा। डॉ. हैरे की पृष्ठभूमि बिलकुल मेरे जैसी थी। मेरी ही तरह वे भी शैक्षणिक और शोध में करियर बनाना चाहते थे, लेकिन उन्हें उचित अवसर नहीं मिल पा रहे थे। उस वक़्त वे अपनी मेडिकल डिग्री लेकर भारतीय सेना में नौकरी करना चाहते थे, जहाँ अच्छा वेतन मिलता था। लेकिन उन्हें इसके कठोर अनुशासन से चिढ़ थी। हर दिन वे अपनी सेना का अनुबंध पूरा करके अमेरिका में किसी प्रख्यात यूनिवर्सिटी में जाना चाहते थे। मैं उनकी कहानी और मेरे जीवन में समानता से चमत्कृत रह गया। मैं उस रात सो नहीं पाया।

मैंने जितना ज़्यादा सोचा, मुझे उतना ही ज़्यादा अहसास हुआ कि यह कोई संयोग नहीं था कि मैंने वह लेख दीवाली के दिन पढ़ा था। उनकी कहानी ने मेरे रास्ते को रोशन कर दिया। मुझे उत्कृष्ट बनना था। मैंने खुद से वादा किया कि मुझे अपने सपने हासिल करने के लिए ज़्यादा कड़ी कोशिश करनी थी, भले ही इसके लिए मुझे अपनी पी.जी. की डिग्री अधूरी छोड़कर दूसरी जगह जाना पड़े। मैंने डॉ. सोहन सिंह हैरे का लेख में प्रकाशित फोटो अपने कमरे में लगा लिया और उन्हें अपना गुरु मान लिया। डॉ. हैरे की कहानी ने मेरी सारी

शंकाएँ दूर कर दीं और मैं नई ऊर्जा के साथ काम करने के लिए तैयार था। अमेरिका रहते समय मैं सौभाग्य से तीन बार डॉ. सोहन सिंह हैरे से मिला। उन्हें यह जानकर बहुत खुशी हुई कि उनकी जीवनी से मेरी दुविधा ख़त्म हुई और इसने मुझे सफल आई सर्जन बनने के लिए प्रेरित कर दिया।

फोटो 1. वर्ष 1964 में लंदन में प्रशिक्षण के दौरान डॉ. सोहन सिंह हेरे।

डॉ. सोहन सिंह हैरे की जीवनी से प्रेरणा लेकर मैं अपने दिन के हर मिनट का इस्तेमाल करने लगा। मैं सुबह उठकर ईश्वर द्वारा प्रदत्त 1,440 मिनट की सबसे मुल्यवान उपहार के बारे में कृतज्ञता व्यक्त करता जो ईश्वर ने गरीब और अमीर सभी को बिना किसी पक्षपात के दी है। मैं रोजाना अपनी डायरी में सफल नेत्र सर्जन बनने का अपना संकल्प लिखकर अचेतन मस्तिष्क तक पँहुचाता एवं राह में आने वाली दुविधा से बचने के लिए अपने आप को संकल्पित करता। मैं हर दिन ऑफ्थैल्मोलॉजी वार्ड में पुस्तकें लेकर जाने लगा। देर रात के रैपिड फायर, वीक-एंड पर मॉक एग्जाम्स एक बार फिर शुरू हो गए। मैं मरीज़ों को देखता था और पढ़ता था। किसी दूसरी चीज़ के लिए समय ही नहीं था। लेकिन एक दिन मुझे प्रोफेसर अशोक कुमार मुखर्जी के साथ एक चिंताजनक मुलाक़ात के लिए समय निकालना ही पड़ा।

निर्णय दूरगामी होना चाहिए

किसी ने ऑफ्थैल्मोलॉजी विभाग के विभागाध्यक्ष प्रोफेसर अशोक कुमार मुखर्जी को बता दिया था कि मैं एम्स, नई दिल्ली अथवा पी.जी.आई.एम.ई.आर., चण्डीगढ़ में पी.जी. करने की तैयारी कर रहा हूँ। उन्होंने मुझे तलब किया। मैं उनके बड़े ऑफिस में गया, जहाँ जाने से ज़्यादातर रेज़ीडेंट बहुत ज़्यादा बचते थे। वे अपनी काँच की बड़ी मेज़ पर हाथ रखकर मुझे घूरते रहे और फिर चिल्लाकर बोले, 'तुम अपनी पोस्ट ग्रेजुएशन की सीट क्यों बरबाद करना चाहते हो। नेत्र रेज़ीडेन्सी ट्रेनिंग पर अपना पूरा ध्यान केंद्रित करो, वरना गंभीर परिणाम होंगे।' मेरा दिल बैठ गया।

यह एक स्पष्ट चेतावनी थी कि मुझे एम्स, नई दिल्ली अथवा पी.जी. आई.एम.ई.आर., चण्डीगढ़ में पढ़ने की अपनी इच्छा को छोड़ देना चाहिए। मेरे माता-पिता ने भी सलाह दी कि मैं जबलपुर में ही रहूँ। मैंने कई दिन सोच-विचार किया और दुविधा में रहा। लेकिन फिर मैंने अपने बचपन के दिनों के बारे में सोचा और उस दिन को याद किया, जब मैंने क्लास में ए.पी.जे. अब्दुल कलाम की जीवनी सुनाई थी। मैंने सोचा कि अल्पकालीन सुविधा के आधार पर निर्णय नहीं लेना चाहिए, बल्कि दूरगामी लाभ के आधार पर लेना चाहिए। इस विचार के बाद मेरा निर्णय स्पष्ट था, क्योंकि अब तस्वीर के टुकड़े सही जगह पर जमने लगे थे।

मैं सबसे अच्छे संस्थान में से एक से प्रशिक्षित होने के लिए बहुत कृत संकल्पित था। लगभग सभी ने मुझे नेताजी सुभाषचंद्र बोस मेडिकल कॉलेज से पी.जी. छोड़ने और पी.जी.आई.एम.ई.आर. चण्डीगढ़ की तैयारी के लिए हतोत्साहित किया। मेरे मन में अनेकों सवाल आ रहे थे- मैं नेताजी सुभाषचंद्र बोस मेडिकल कॉलेज जबलपुर में एंट्रेन्स परीक्षा की अच्छी तैयारी और काम पर ध्यान केंद्रित करने के लिए पूरा समय नहीं दे रहा था। क्या होगा अगर मुझे पी.जी.आई.एम.ई.आर. चण्डीगढ़ में एम.एस. सीट नहीं मिलेगी। इससे मुझे दो साल या उससे भी ज्यादा की देरी होगी। मैं एक योग्य नेत्र सर्जन बनने पर ध्यान केंद्रित कर रहा था और मुझे दृष्टिहीन रोगियों के अँधेरे को दूरकर उजाला लौटाने के अपने लक्ष्य को प्राप्त करने के लिए मुझे सबसे प्रतिष्ठित मेडिकल संस्थान से प्रशिक्षण लेने की आवश्यकता है। मुझे अपनी मेहनत पर पूरा भरोसा था और अच्छे मेडिकल संस्थान से प्रशिक्षण लेने के लिए मैं कृत संकल्पित था।

सबक़

- सीखने की ललक ही महत्वाकांक्षी व्यक्ति को सफलता की सीढ़ी पर चढ़ाती है, क्योंकि ज्ञान में निवेश से सबसे ज़्यादा लाभ होता है। अगर लेखक चाहते, तो आसानी से जबलपुर में पी.जी. डिग्री ले सकते थे, लेकिन आधुनिक मशीनों के बारे में सीखने के लिए उन्होंने इसे छोड़कर चण्डीगढ़ से पी.जी. डिग्री लेने का निर्णय लिया।

- सीखने का कोई मौक़ा न छोड़ें। लेखक ने अपने सीनियर्स से सीखा, शिक्षकों से सीखा, पुस्तकों से सीखा। उन्होंने सिर्फ वही नहीं सीखा, जो उन्हें सिखाया गया, उन्होंने तो सीखने के सक्रिय प्रयास किए। यही बेहद सफल और कम सफल लोगों के बीच का फर्क होता है।

- दूरगामी निर्णय लें। लेखक ने अल्पकालीन परिणामों के बजाय दीर्घकालीन परिणामों पर ध्यान केंद्रित किया और इसी कारण वे एक मुश्किल निर्णय को इतनी आसानी से ले पाए, जिसकी वजह से उनकी ज़िंदगी का रुख़ ही बदल गया।

अध्याय 4

सोना तपकर कुंदन बनता है

'घर्षण के बिना रत्न को तराशा नहीं जा सकता, उसी तरह मुश्किलों के बिना किसी इंसान को आदर्श नहीं बनाया जा सकता।'

-कन्फ्यूशियस

अगर तुम सूरज की तरह चमकना चाहते हो तो पहले सूरज की तरह जलो!

- ए.पी.जे अब्दुल कलाम

'एकला चलो रे'

जाड़ों की शुरूआत हो चुकी थी और सर्दियों का मौसम अपने चरम पर था। दिसम्बर 1994 में मैंने जबलपुर से चण्डीगढ़ तक यात्रा की। मैं महाकौशल एक्सप्रेस से जबलपुर से दिल्ली पहुँचा। उसके बाद इंटरस्टेट बस टर्मिनस से चण्डीगढ़ जाने वाली रात की बस में बैठ गया। जब मैं चण्डीगढ़ पहुँचा, तो पारिवारिक मित्र एवं चण्डीगढ़ के तत्कालीन पुलिस अधीक्षक श्री अजय पाण्डेय ने मुझे दिल्ली से चण्डीगढ़ बस से आने के लिए नाराजगी जताई। उन्होंने मुझसे पूछा, क्या मुझे नहीं पता था कि आतंकवादी सड़क पर गैर-सिख यात्रियों को निशाना बनाते हैं? श्री पाण्डेय तत्कालीन पंजाब पुलिस महानिरीक्षक सुपर कॉप के.पी.एस. गिल के साथ कार्य करते थे एवं फिजियोलॉजी विभाग मेडिकल कॉलेज जबलपुर के प्रोफेसर डॉ. राज शेखर पाण्डेय के अनुज थे। मुझे यह सचमुच पता नहीं था, लेकिन अगर पता होता, तब भी शायद मैं पी.जी.आई. एम.ई.आर., चण्डीगढ़ में ऑफ्थैल्मोलॉजी के त्रिवर्षीय रेज़ीडेंसी प्रोग्राम फॉर मास्टर ऑफ सर्जरी में आने से खुद को नहीं रोक पाता। पूरी यात्रा के दौरान रवीन्द्रनाथ टैगोर के शब्द 'तोबे एकला चॉलो रे' मेरे कानों में गूँजते है। मेरी सबसे अच्छी कोशिशों के बावजूद मेरे माता-पिता यह नहीं समझ पाए थे कि मैं नेताजी सुभाषचंद्र बोस जबलपुर की नेत्र रोग विज्ञान की रेज़ीडेंसी छोड़कर

चण्डीगढ़ क्यों जा रहा हूँ। उनकी तरह बहुत से दूसरे लोग भी मेरे निर्णय से खुश नहीं थे, लेकिन मेरी निगाह सरकारी नौकरी से ज़्यादा बड़े लक्ष्य पर केंद्रित थी। चण्डीगढ़ बस स्टेण्ड पर उतरकर मैंने पी.जी.आई.एम.ई.आर. कैंपस के लिए ऑटो पकड़ा। मुख्य द्वार पर संस्कृत में सुनहरे अक्षरों में अंकित था, '*आर्त सेवा सर्वभद्र: शोधश च*' यानी समाज की सेवा, ज़रूरतमंदों की परवाह और सबके कल्याण के लिए शोध। मैं गर्व से भर गया। कैंपस में पंहुचकर मैंने पंजाब के पूर्व मुख्यमंत्री सरदार श्री प्रताप सिंह कैरों द्वारा वर्ष 1962 में स्थापित देश के सर्वश्रेष्ठ मेडिकल संस्थानों में से एक इस चिकित्सा संस्थान की माटी को प्रणाम किया। मैंने ईश्वर को भी हृदय से धन्यवाद दिया कि मेरी प्रार्थना सुन ली गई और मेरा देश के सर्वश्रेष्ठ नेत्र संस्थान से नेत्र रोग विज्ञान में पोस्ट ग्रेजुएशन करने का सपना पूरा होने जा रहा था।

फोटो 1. देश के प्रमुख मेडिकल संस्थान पी.जी.आई. चण्डीगढ़ के कुछ दुर्लभ चित्र। ए: दिनांक 7 जुलाई 1963 को भारत के प्रथम प्रधानमंत्री श्री जवाहरलाल नेहरू द्वारा नेहरू अस्पताल का उद्घाटन। बी: वर्ष 1967 में राष्ट्रपति श्री जाकिर हुसैन द्वारा जाकिर हॉल का उद्घाटन। सी: वर्ष 1968 में प्रधानमंत्री श्रीमती इन्द्रा गांधी द्वारा रिसर्च ब्लॉक का उद्घाटन। डी: प्रधानमंत्री श्री जवाहरलाल नेहरू, पी.जी.आई. के डायरेक्टर डॉ. तुलसीदास एवं डॉ. एस. एस. आनन्द के साथ नेहरू अस्पताल में। ई: सरदार श्री प्रताप सिंह कैरों का पोट्रेट। एफ: उपप्रधानमंत्री श्री मोरारजी देसाई पी.जी.आई. चण्डीगढ़ की विजिटर बुक में हस्ताक्षर करते हुए।

फोटो 2. दिनांक 6 नवम्बर 2021 में मेरे शिक्षक पद्मश्री प्रोफेसर जगत राम के निदेशक पद से सेवानिवृत्त होने के अवसर पर मैंने चण्डीगढ़ की यात्रा की। इस दौरान मुझे पी.जी. आई. कैंपस में अपनी पुरानी यादों को ताजा करने का भी अवसर मिला।

पी.जी.आई. केम्पस में मुझे कमरा नंबर सी 12 दिया गया, जो ओल्ड डॉक्टर्स हॉस्टल में था और हरे पेड़ों से घिरा हुआ था। कुछ समय बाद मैं नेहरू अस्पताल के पास स्थित केरों ब्लॉक में 537 नंबर रूम में शिफ्ट हो गया था।

पी.जी.आई. के मेंटर्स का मार्गदर्शन

ज्वॉइन करने के बाद मैं पी.जी.आई. कैम्पस में स्थित डॉ. तुलसीदास लाइब्रेरी गया जिसका नाम संस्थान के फाउण्डर डायरेक्टर नेत्र सर्जन डॉ. तुलसीदास के नाम पर रखा गया था।

पी.जी.आई. नेत्र रोग विभाग के विश्वविख्यात विभागाध्यक्ष डॉ. इन्द्र सेन जैन के मार्गदर्शन में संस्थान में आंखों बीमारियों के लिए अलग-अलग क्लीनिक की स्थापना हुई, जैसे रेटिना क्लीनिक, यूविआईटिस क्लीनिक, लैंस क्लीनिक, कॉर्निया क्लीनिक, ग्लूकोमा क्लीनिक, ऑकुलोप्लास्टिक क्लीनिक आदि। प्रोफेसर जैन ने अपनी फैकल्टी टीम के साथ अनेकों अन्तर्राष्ट्रीय प्रकाशन किये। जनवरी 1995 से दिसम्बर 1997 तक पी.जी.आई.एम.ई.आर., चण्डीगढ़ के नेत्र रोग विभाग में कार्य करते समय मुझे सभी फैकल्टी सदस्यों से सीखने एवं मार्गदर्शन लेने का अवसर मिला। मैं अपने सभी शिक्षकों का आभार करते हुए कृतज्ञ हृदय से उन्हें प्रतिदिन धन्यवाद देता हूँ।

फोटो 3. नेत्र रोग विभाग, पी.जी.आई. के पाँच विभागाध्यक्ष एक चित्र में। बायें से दायें: डॉ. एस.एस. पाण्डव, डॉ. संदीप जैन, डॉ. अमोद गुप्ता, डॉ. आई.एस. जैन, डॉ. मंगतराम डोगरा एवं डॉ. जगत राम।

मेरे सम्मानीय शिक्षकगण, डॉ. आमोद गुप्ता, डॉ. जगत राम, डॉ. जगजीत सिंह सैनी, डॉ. मंगतराम डोगरा, डॉ. अशोक शर्मा, डॉ. कँवर मोहन, डॉ. अरूण जैन, डॉ. सुरेन्द्र सिंह पाण्डव, डॉ. ऊषा सिंह, सभी रेज़िडेंट विद्यार्थियों को पढ़ाने, सिखाने के लिए संकल्पित थे। डॉ. आमोद गुप्ता उस समय नेत्र विभाग के विभागाध्यक्ष थे एवं उनसे मैंने समय की पाबंदी, कड़ी मेहनत, अनुशासन, वर्क इथिक्स आदि विशेषताओं को सीखा। वे सभी फैकल्टी सदस्यों एवं रेज़िडेंट चिकित्सकों को संस्थान में उपचार हेतु आने वाले जटिल नेत्र रोगियों से अनवरत सीखने, कॉन्फ्रेंस में प्रस्तुत करने एवं मेडिकल जर्नल्स में प्रकाशित करने हेतु प्रेरित करते रहते थे। डॉ. गुप्ता के अथक प्रयासों से ही पी.जी.आई. कैंपस में नेत्र चिकित्सा विज्ञान के विश्व स्तरीय केन्द्र 'एडवांस्ड आई सेंटर' की नींव रखी गई। मेरे थीसिस गाइड डॉ. जगत राम मरीज़ों और रेज़िडेंट्स दोनों में बहुत लोकप्रिय थे। मैं उन्हें अपना आदर्श रोल मॉडल मानता था, जिन्होंने मुझे सबसे ज़्यादा प्रेरित किया। उनकी सादगी, रोगियों के साथ दयालुतापूर्ण व्यवहार, रोगी की परेशानियों को बिना टोके सुनने की कला, तनावपूर्ण स्थितियों में भी शांत रहने की योग्यता और टीम के हर रेज़िडेंट को

प्रोत्साहित करके उसके सर्वश्रेष्ठ प्रदर्शन को निकलवाने का गुण मैंने उनसे सीखें। डॉ. मंगतराम डोगरा सभी रेजिडेन्ट्स के बीच बहुत लोकप्रिय थे। वे सभी कर्मचारियों की प्रशंसा कर उन सभी से मधुर संबंध बनाये रखते थे, जिससे हर स्टॉफ सदस्य उनका कार्य प्रसन्न होकर करता था। अपनी टीम के सभी सदस्यों को साथ लेकर चलने की यह महत्वपूर्ण कला मैंने उनसे सीखी थी, जिसका लाभ भारत लौटकर सुवि नेत्र चिकित्सालय, कोटा की स्थापना के दौरान हमें मिल सका। हँसमुख व्यक्तित्व के धनी डॉ. डोगरा से मैंने पूरे मन से रेटिना के रोगियों एवं 'रेटिनोपैथी ऑफ प्रीमेच्योरिटी' से पीड़ित शिशुओं के निदान एवं उपचार की कला को देखा एवं सीखा। आई माइक्रो-सर्जरी के मास्टर डॉ. जगजीत सिंह सैनी एवं डॉ. अशोक शर्मा से मैंने कॉर्निया ट्रांसप्लान्ट एवं कॉर्निया की विभिन्न बीमारियों से पीड़ित रोगियों का उपचार करने की कला सीखी। डॉ. सैनी एवं डॉ. शर्मा से मैंने शोध कार्य का प्रथम अध्याय सीखा। समय के पाबन्द एवं अपने कार्य में पारंगत डॉ. कँवर मोहन से मैंने भेंगापन नामक नेत्र रोग की विस्तृत जाँच एवं ऑपरेशन की कला को देखा एवं सीखा। नेत्र शल्य चिकित्सा में निष्णात डॉ. अरूण जैन से फेको सर्जरी, कार्निया सर्जरी, डॉ. एस.एस. पाण्डव से ग्लूकोमा सर्जरी एवं डॉ. ऊषा सिंह से मुझे ऑकुलोप्लास्टिक सर्जरी की बारीकियाँ देखने एवं सीखने का अवसर मिला।

पी.जी.आई.एम.ई.आर., चण्डीगढ़ के नेहरू अस्पताल के नेत्र रोग विभाग में क्लीनिकल ड्यूटी के साथ हर रेजिडेन्ट्स को ग्राण्ड राउंड, जर्नल क्लब, सेमीनार, स्टॉफ क्लीनिकल मीटिंग्स में भी नियमित रूप से भाग लेना होता था। इस दौरान रेजिडेन्ट्स फैकल्टी के सदस्यों, सीनियर रेज़िडेन्ट्स और जूनियर रेज़िडेंट्स के सामने किसी ख़ास मरीज़ की समस्याओं, निदान और उपचार को प्रस्तुत करता थे। जर्नल क्लब में हम वैज्ञानिक जर्नल्स में छपे हाल के लेखों का आलोचनात्मक मूल्यांकन करते थे। पी.जी.आई.एम.ई.आर., चण्डीगढ़ के शैक्षणिक माहौल से मुझे बहुत फायदा हुआ, जहाँ फैकल्टी के सदस्य क्लीनिकल परीक्षण तथा अलग-अलग निदानों संबंधी कठिन प्रश्न पूछते थे और ऑप्थैल्मोलॉजी में मरीज़ के पास (बेडसाइड टीचिंग) सिखाने पर ज़ोर देते थे। वे पाश्चात्य जगत की अनुशंसाओं का अंधानुकरण नहीं करते थे, बल्कि भारत की जनसंख्या, आँकड़ों और अतीत के अनुभवों के आधार पर अपना अनुभव साझा करते थे। राष्ट्रीय और अंतर्राष्ट्रीय कॉन्फ्रेंसेज में शोध

पत्रों के प्रकाशन व प्रजेंटेशन पर ज़ोर दिया जाता था। इसका फायदा यह हुआ कि न सिर्फ मेरी विषय पर बेहतर पकड़ बनी, बल्कि इससे वैज्ञानिक व्याख्यान देने का मेरा आत्मविश्वास भी बढ़ा। संस्थान में समय-समय पर देश-विदेश से विजिटिंग प्रोफेसर भी आते थे, उनसे भी सभी रेज़िडेन्ट्स् को सीखने का अनवरत अवसर मिलता था।

फोटो 4. इन्दौर में आयोजित ऑल इण्डिया ऑफ्थेल्मोलॉजी कॉन्फ्रेंस के एलुमनाई डिनर में सम्मिलित एडवांस आई सेंटर पी.जी.आई चण्डीगढ़ के मेरे सम्मानित शिक्षक (डॉ. जगत राम, डॉ. एम.आर. डोगरा, डॉ. एस.एस. पाण्डव एवं डॉ. ऊषा सिंह), सीनियर्स एवं सहपाठीगण। इस दौरान सभी सहपाठियों ने अपने अपने अनुभव साझा किये एवं सभी शिक्षकों के महत्वपूर्ण योगदान हेतु उनका हृदय से आभार व्यक्त किया।

विजिटिंग प्रोफेसर के सवाल से आत्मविश्वास बढ़ा

जुलाई 1996 में एक दिन अमेरिका से आये विजिटिंग प्रोफेसर डॉ. यदविंदर डांग रेज़िडेन्ट टीचिंग हेतु आई वार्ड का राउंड ले रहे थे। सीनियर रेज़िडेन्ट, जूनियर रेज़िडेन्ट और फ़ैकल्टी के कुछ जूनियर सदस्य भी राउंड पर उनके साथ थे। अचानक वार्ड की प्रभारी सिस्टर ने उनसे आग्रह किया कि वे एक रोगी के अटेंडेंट को देख लें, जिसे डिप्लोपिया या डबल विज़न (एक वस्तु की डबल इमेज बनना) की समस्या आ गई थी। प्रोफेसर डांग ने उसकी आँखों को टॉर्च से देखा और दोनों पलकों के गिरने पर गौर किया (जिसे टोसिस भी कहा जाता है)। रोगी ने बताया कि जैसे-जैसे दिन बढ़ता है, उसकी पलकें नीचे होती जाती हैं। प्रोफेसर डांग ने उपस्थित विद्यार्थियों और जूनियर्स को प्रशिक्षित करने के लिए हमसे पूछा कि यह कौन सी बीमारी हो सकती है। मैंने तुरंत जवाब दिया, 'मायस्थेनिया ग्रेविस'। उन्होंने पूछा, इसकी पुष्टि कैसे की जा सकती है? मेरे सहकर्मी ने जवाब दिया, टेन्सिलॉन टेस्ट से। लेकिन प्रोफेसर डांग मज़ाकिया मूड

में थे। उन्होंने पूछा, यह समस्या किस मशहूर फिल्मी हस्ती को है? इस बार हममें से कुछ को जवाब मालूम था। हमने कहा, 'अमिताभ बच्चन।'

ढाई सेन्टीमीटर अंग (आँख) को समर्पित जीवन

मेरे एम.बी.बी.एस. के सहपाठी और रेज़ीडेन्ट्स मित्र अपनी-अपनी ब्रांच एवं काम को लेकर अक्सर बात करते थे। लेकिन ज़्यादातर बातचीतें एक मजाक के साथ समाप्त होती थीं। वे मुझे चिढ़ाते थे कि मैंने अपना पूरा जीवन 2.5 से. मी. के छोटे से अंग (आँख) के प्रति समर्पित कर दिया था। अनेकों बार उन्हें यह हैरानी होती थी कि आँख जैसे विभाग में इतना अधिक काम कैसे है? नेत्र रेज़िडेन्ट्स सवेरे सात बजे से रात दस बजे तक क्या करने में व्यस्त रहते हैं? मैंने उन्हें बताया, 'आँखें तो शरीर की बीमारी को दर्शाने वाली खिड़कियाँ हैं।' ऐसा इसलिए है, क्योंकि आँख शरीर की एकमात्र जगह है, जो रक्त वाहिकाओं, नर्व्ज़ और कनेक्टिंग टिशू का अबाधित दृश्य दिखाती हैं। फलस्वरूप आँखों के परीक्षण और रेटिना की जाँच से डायबिटीज, हाई ब्लड प्रेशर, कैंसर, मल्टीपल स्क्लेरोसिस जैसी बीमारियों का पता चल सकता है।

ए.आई.ओ.एस. कॉन्फ्रेंसः 'लाइव सर्जरी' का ग्लैमर

मेरे दोस्तों को आँखों के ग्लैमर का अंदाज़ा नहीं था। पी.जी.आई.एम.ई. आर., चण्डीगढ़ में 3 से 6 फरवरी 1996 के दौरान आयोजित ऑल इंडिया ऑफ्थैल्मोलॉजिकल सोसाइटी (ए.आई.ओ.एस.) कॉन्फ्रेंस ने इसे सबके सामने स्पष्ट कर दिया। इस कॉन्फ्रेंस में सिर्फ नीरस व्याख्यान और पेनल डिस्कशन ही नहीं थे, बल्कि लाइव सर्जरी भी थी। भारत के प्रख्यात नेत्र सर्जन डॉ. किकी आर. मेहता, डॉ. अभय आर. वसावड़ा, डॉ. महिपाल सिंह सचदेव, डॉ. कुमार जे. डॉक्टर, डॉ. अरुलमोझ़ी वर्मन चण्डीगढ़ आकर लाइव कैटेरेक्ट सर्जरी करने वाले थे। पी.जी.आई. कैंपस के नेत्र रोग विभाग के ऑपरेशन थिएटर में होने वाली लाइव सर्जरी को कैंपस के भार्गव ऑडिटोरियम में लाइव टेलीकास्ट किया गया। कॉन्फ्रेंस के दौरान लाईव सर्जरी करने पहुंचे चिकित्सकों को मुझे एवं अन्य रेज़िडेन्ट्स को उनके द्वारा किए जाने वाले मोतियाबिंद रोगियों को दिखाने की जिम्मेदारी भी दी गई थी। ऑपरेशन थिएटर में मैंने सभी गेस्ट फैकल्टी द्वारा की गई लाइव सर्जरी को स्पष्ट एवं मंत्रमुग्ध अंदाज में देखा। मेरे दिमाग में केवल एक ही विचार था- मुझे कब लाइव सर्जरी करने का मौका मिलेगा? यह दुर्लभ अवसर इटली के मिलान नामक शहर में इंटरनेशनल ऑफ्थैल्मोलॉजी कॉन्फ्रेंस में नौ साल बाद मिला।

ए.आई.ओ.एस. कॉन्फ्रेंस में प्रथम बार 'वेट-लेब' का भी आयोजन डॉ. जगत राम के मार्गदर्शन में रखा गया था। पाकिस्तान से भारत आए कुछ नेत्र सर्जनों ने प्रथम बार वेट-लेब में फेंको तकनीक को गोट आईज पर सीखा। भारतीय मीडिया ने इस समाचार को प्रमुखता से प्रकाशित करते हुए लिखा कि भारतीय नेत्र चिकित्सकों ने मोतियाबिन्द ऑपरेशन की बिना टांका लगाए 'फेंको' नामक अत्याधुनिक तकनीक में महारथ हासिल कर ली है और उन्होंने चण्डीगढ़ आयोजित नेत्र कॉन्फ्रेंस में पाकिस्तानी डॉक्टर्स को यह तकनीक सिखायी। डॉ. अमोद गुप्ता के मार्गदर्शन में आयोजित इस कॉन्फ्रेंस से पी.जी.आई. नेत्र विभाग की सफलता का परचम देशभर में लहराया। डॉ. गुप्ता ने कॉन्फ्रेंस की सफलता हेतु समूची टीम को साधुवाद दिया।

रेजीडेन्सी के दौरान लंच का त्याग

पी.जी.आई.एम.ई.आर., चण्डीगढ़ में मेरा ज़्यादातर समय मरीज़ों का इलाज करने, पढ़ने और सीखने में लग जाता था। मैं सुबह 7.00 बजे अपने आई वार्ड के राउंड लेता था, सुबह 9 से शाम 5 तक मैं नेत्र ओ.पी.डी. और ऑपरेशन थियेटर (ओ.टी.) में काम करता था और शाम को 5 से 7 तक अपने फैकल्टी सदस्यों एवं सीनियर्स के साथ टीचिंग राउंड्स पर रहता था तथा जिज्ञासाओं का समाधान करता था। इसके बाद मैं एक बार फिर शाम 7 से 9 तक वार्ड का कार्य पूरा करता था। आख़िरकार, रात्रि 9 बजे डिनर करने के बाद मैं डॉ. तुलसी दास लाइब्रेरी जाता था और वहाँ नवीनतम मेडिकल/ऑफ़्थैल्मोलॉजी जर्नल्स पढ़ता था या शैक्षणिक गतिविधियों जैसे कैस प्रजेंटेशन, जर्नल क्लब्स, सेमीनार आदि की तैयारी करता था।

प्रथम वर्ष के दौरान ज़्यादातर रेज़िडेंट डॉक्टर लंच नहीं करते थे और शुरू में तो मुझे लंच न करना चुनौतीपूर्ण लगा। एक दोपहर मेरे सीनियर रेज़िडेंट डॉ. मृणाल आनंद ने मुझे एक मल्टी-ट्रॉमा इमरजेंसी केस देखने हेतु भेजा। मरीज़ की आँखें देखने और अपने नोट्स फाइल करने के बाद मैं फटाफट एक कैफे में लंच करने चला गया। उस दिन जल्दी से लंच करके लौटने पर जब मैं सौंफ चबाकर आ रहा था तब डॉ. मृणाल आनंद ने मुझे टोक दिया। उन्होंने कहा, तुम्हें मुझे लंच करने के लिए बताकर जाना चाहिए था, यह बुनियादी शिष्टाचार है। मैं हैरान रह गया, लेकिन उस दिन के बाद मैंने यह सबक़ सीख लिया कि मैं भारी नाश्ता करूँगा, केले, बिस्कुटों का इंतज़ाम रखूँगा, लेकिन लंच के लिए अस्पताल छोड़कर नहीं जाऊँगा।

मरीज़ों की भाषा में बात करें

मेरी एक और समस्या थी। मैं पंजाबी नहीं बोल पाता था, जो वहाँ के लोगों की भाषा थी। जब कोई मरीज़ आँख दिखाने मेरे पास आता था और उससे गुरुमुखी में लिखे अक्षर पढ़ने को कहा जाता था, तो मैं चार्ट घुमा तो देता था, लेकिन मुझे पता नहीं चलता था कि वह सही पढ़ रहा है या नहीं। धीरे-धीरे सहकर्मियों की सहायता से मैंने पंजाबी (गुरुमुखी) सीख ली।

कोटा में अपना अस्पताल शुरू करने के बाद मैंने अपने भाषा ज्ञान को व्यापक बनाया है। मैं लोगों से जुड़ने के लिए भाषा का इस्तेमाल करता हूँ। हम कई भाषाओं वाले देश में रहते हैं। अँग्रेज़ी और हिंदी के अलावा मैंने थोड़ी-थोड़ी संस्कृत, मारवाड़ी, भोजपुरी, पंजाबी और बंगाली बोलना भी सीख लिया है। जब भी इन भाषाओं वाले मरीज़ मुझसे मिलने आते हैं, तो मैं नमस्कार करने के बाद उनकी भाषा के कुछ शब्दों का उपयोग करता हूँ। इससे उनके चेहरे पर तुरंत मुस्कान आ जाती है।

सफल शोध से संतुष्टि मिलती है

विश्वभर के प्रख्यात नेत्र विशेषज्ञ नियमित अंतराल से पी.जी.आई.एम. ई.आर., चण्डीगढ़ आते रहते थे। इनमें से प्रमुख थे डॉ. विनोद लखनपाल, डॉ. वरिंदर एस. निरंकारी, डॉ. नरसिंग ए. राव, डॉ. सुरेश चंद्रा, डॉ. एम्मेट टी. कनिंघम, डॉ. मर्लिन टी. मिलर, डॉ. कार्ल पी. हर्बर्ट, डॉ. केन निश्चल, डॉ. जसवंत एस. पन्नू, डॉ. यदविंदर डांग, डॉ. पी.एन. नागपाल, डॉ. लिगम गोपाल, डॉ. अनीता अग्रवाल, डॉ. जी.एन. राव, आदि। वर्ष 1997 के अंत में अमेरिका से डॉ. सुमित नंदा गेस्ट लेक्चर देने चण्डीगढ़ आए। डॉ. नंदा रेटिना संबंधी कुछ असामान्य दुर्लभ रोगियों के मामले पर अपनी प्रस्तुति देना चाहते थे, जो भारत के रेज़ीडेंट्स के लिए नए हों। हम सभी रेज़ीडेंट्स को इन दुर्लभ रोगियों को खोजने (और प्रस्तुत करने) की ज़िम्मेदारी सौंप दी गई।

मैंने छह साल की लड़की की केस स्टडी को चुना, जो रेटिनोब्लास्टोमा नामक आई कैंसर से पीड़ित थी, लेकिन उसका इलाज एक डॉक्टर ने किया था, जिसे यह लगा कि यह या तो आँख का इनफ्लेमशन या फिर यूविआईटिस का मामला था। जम्मू-कश्मीर के एक नेत्र सर्जन ने यह केस आई डिपार्टमेंट पी.जी.आई.एम.ई.आर., चण्डीगढ़ को भेजा। बच्ची की दाईं आँख की रोशनी काफी कम हो गई थी। विस्तृत जाँच करने के बाद हम इस नतीजे पर पहुँचे

कि दाईं आँख को निकालना होगा। लेकिन उसके माता-पिता को राज़ी करना मुश्किल था। मेरी एक सप्ताह की सघन कोशिशों के बाद वे आख़िरकार तैयार हो गए, जब हमने उन्हें यह बताया कि रेटिनोब्लास्टोमा नामक यह कैंसर उपचार के अभाव में मस्तिष्क और फैफड़ों तक फैल सकता है। जब मैंने अपनी केस स्टडी प्रस्तुत की, तो मेरे सहकर्मियों और सीनियर्स ने तहेदिल से प्रशंसा की, क्योंकि इस कैंसर के मामले में ग़लत निदान बहुत आम होता है। वर्ष 1969 में ‘आर्काइव्ज़ ऑफ ऑफ्थैल्मोलॉजी’ में स्टैफर्ड और सहकर्मियों द्वारा प्रकाशित एक अध्ययन में रेटिनोब्लास्टोमा के लगभग 40 प्रतिशत रोगियों के मामले में शुरुआत में डॉक्टरों ने इसे यूविआईटिस समझ लिया था। सही निदान छह साल की उस लड़की की तरह इस कैंसर से होने वाली मृत्यु की संख्या को बहुत कम कर सकता है।

इससे मुझे भारी संतुष्टि हुई, जिससे मैं काम में जुटे रहने और ज़्यादा सीखते रहने के लिए और भी ज़्यादा प्रेरित हुआ। जैसा जेम्स क्लियर अपनी पुस्तक एटॉमिक हैबिट्स में लिखते हैं, मस्तिष्क को किसी काम को करते रहने के लिए प्रोत्साहन की ज़रूरत होती है और बेहतर प्रोत्साहन से व्यक्ति कड़ी मेहनत कर अपने आप को चिकित्सकीय कार्य में परिष्कृत करता जाता है। इसी तरह के अनुभवों की बदौलत मेरी रेज़िडेंसी के ये तीन वर्ष मेरे जीवन के सबसे स्वर्णिम वर्ष बन गए। यहीं पर मैंने वे तीन सूत्र सीखे, जिनका मैं आज तक पालन करता हूँ: अवलोकन, दस्तावेजीकरण, प्रकाशन।

सबक़

- अपने रोल मॉडल सावधानी से चुनें, क्योंकि देर-सबेर आप भी वैसे ही बन जाएँगे। ऐसे गुणों वाला रोल मॉडल चुनें, जैसे गुण आप अपने भीतर देखना चाहते हों। और फिर रोल मॉडल को देखकर, उससे मार्गदर्शन लेकर सीखते रहें, जैसा लेखक ने किया।

- अपने आप को बेहतर बनाने के लिए हमेशा दबाव डालते रहें एवं प्रेरित करते रहें। दबाव से लाभ होता है, क्योंकि तपकर ही सोना कुंदन बनता है। आप सफलता पाना चाहते हैं, तो त्याग करने के लिए तैयार रहें। लेखक को 14 घंटे तक मेहनत करनी पड़ी और लंच की आदत छोड़नी पड़ी, लेकिन वे यह त्याग करने के लिए तैयार थे। वे जानते थे कि सफलता की एक क़ीमत होती है, जो आपको पहले चुकानी पड़ती है वह है- त्याग।

अध्याय 5

अपनी क्षमता बढ़ाएँगे, तो अवसर मिलेंगे

'बस इतना याद रखो कि अगर तुम अपनी योग्यता के चरम स्तर पर मेहनत नहीं कर रहे हो, तो कहीं न कहीं कोई दूसरा खिलाड़ी होगा, जिसमें तुम्हारे जितनी ही योग्यता होगी, लेकिन वह कड़ी मेहनत कर रहा होगा। और जब एक दिन तुम एक-दूसरे के ख़िलाफ़ खेलोगे, तो वह बेहतर स्थिति में होगा।'

-एड मैकॉली

वी.आई.पी. मरीज़ पर सफल शोध

मई 1996 में हरियाणा के तत्कालीन मुख्यमंत्री भजनलाल ने अपने परिवार के बारह वर्षीय बालक को पी.जी.आई.एम.ई.आर., चण्डीगढ़ अस्पताल के आँख की ओ.पी.डी. में भेजा। उसे गंभीर नेत्र एलर्जी थी, जिसे वर्नल किरेटो-कंजंक्टिवाइटिस (वी.के.सी.) कहा जाता है। इस कारण बच्चा अपनी आँखें बहुत तेज़ी से मलता था। तेज़ी से बार-बार मलने से कॉर्निया का अल्सर (जिसे मेडिकल भाषा में शील्ड अल्सर कहा जाता है) होने का जोखिम था, जिसका इलाज संभव नहीं होता। साथ ही इससे कॉर्निया कमज़ोर हो सकता था, जिसे किरेटोकोनस नामक नेत्र रोग भी हो सकता था। बच्चे को दिखने की गंभीर समस्याएँ थीं, जैसे धुँधला दिखना, एक की जगह दो दिखना, घोस्ट इमेजेज आदि। इस प्रकरण से मैं चकरा गया, क्योंकि हालाँकि आई ड्रॉप से कुछ समय तक राहत मिल सकती थी, लेकिन आँखों की पलकों की कंजक्टिवा नामक पारदर्शी झिल्ली में बनें बड़े बड़े दाने (जाएंट पैपिले) और वी.के.सी. के गंभीर प्रकरणों का कोई शर्तिया उपचार उपलब्ध नहीं था।

मैं कई दिनों तक इस बारे में सोचता रहा और लाइब्रेरी में रिसर्च करता रहा। होली के बाद एक दिन मैंने अमेरिकन जर्नल ऑफ़ ऑफ्थैल्मोलॉजी का नवीनतम अंक (मार्च 1996) पढ़ा। उसमें कैलिफोर्निया यूनिवर्सिटी, अमेरिका

के फ्रांसिस आई. प्रॉक्टर फाउंडेशन फॉर रिसर्च इन ऑफ्थैल्मोलॉजी के एम. डी. डगलस, एस. होल्सक्लॉ का शोधपत्र छपा था, जिसमें बताया गया था कि स्टेरॉइड्स का सुप्राटार्सल इंजेक्शन लगाने से वर्नल किरेटो-कंजंक्टिवाइटिस के गंभीर मामले ठीक हो सकते हैं।

खुशी के मारे उस रात मैं सो नहीं पाया। सुबह होते ही मैंने उस लेख की फोटोकॉपी कराई और कॉर्निया यूनिट के प्रभारी प्रोफेसर जगजीत सिंह सैनी के ऑफिस में पहुँच गया। मैंने सुप्राटार्सल इंजेक्शन के प्रभाव की तुलना करने के लिए एक शोध योजना भी लिखी थी। लेकिन मैं इसे एक क़दम आगे तक ले जाना चाहता था, इसलिए मैंने कम समय तक काम करने वाले डेक्सामेथेसोन सोडियम फोस्फेट बनाम मध्यवर्ती काम करने वाले ट्रायएमसिनोलोन एसीटोनाइट पर ध्यान केंद्रित किया। प्रोफेसर सैनी ने हरी झंडी दे दी और हमने बच्चे की पलकों में इंजेक्शन लगा दिया। इंजेक्शन लगाने के तीन-चार दिन के भीतर कॉबलस्टोन पैपिला कम हुए, शील्ड अल्सर धीरे-धीरे कम होने लगे और बच्चे की खुजली कम हो गई। साथ ही हमने अपना शोध भी जारी रखा, जिसके उल्लेखनीय परिणाम मिले थे। हमने एक साल तक फॉलोअप किया और बाद में 40 आँखों पर हमारे शोध का परिणाम जनवरी 1999 अंक में 'एक्टा ऑफ्थैल्मोलॉजिका इंटरनेशनल जर्नल ऑफ़ ऑफ्थैल्मोलॉजी' में प्रकाशित हुआ।

प्रथम रिसर्च पेपर का प्रकाशन

पहले वर्ष में मैंने बहुत मेहनत करके लैक्रिमल ग्लैण्ड (अश्रु ग्रंथि) के ट्यूबरकुलोसिस (टी.बी.) पर केस रिपोर्ट लिखी, जिसके लिए मैंने गहन अध्ययन और शोध किया। मैंने शोधपत्र को कई बार लिखा और इसे प्रकाशन के लिए अमेरिका के सुप्रसिद्ध 'जर्नल ऑफ़ पीडिएट्रिक ऑफ्थैल्मोलॉजी एंड स्ट्रैबिस्मस' में भेजा। कुछ सप्ताह बाद मुझे ख़बर मिली कि मेरे लिए एक फैक्स आया है। मैं तेज़ी से ऑफिस पहुँचा और यह अस्वीकृति का फैक्स था। अस्वीकृतियों से निराशा होती है, लेकिन इस अस्वीकृति से ज़्यादा निराशा हुई, क्योंकि इसमें उन्होंने लिखा था कि इसमें नया कुछ नहीं है और इसके अलावा ब्रिटिश इंग्लिश में लिखी गई हमारे द्वारा प्रेषित केस रिपोर्ट में इसमें व्याकरण की कुछ गलतियाँ भी हैं, मैं बुरी तरह निराश हो गया।

मेरे मार्गदर्शक डॉ. अशोक शर्मा ने मुझे सांत्वना दी और कहा कि ज़्यादातर शोधपत्रों को प्रकाशित होने से पहले कई बार अस्वीकृत किया जाता है। लेकिन उन्होंने मुझे यह सलाह भी दी कि मैं अपनी अंग्रेज़ी सुधारने में दूसरों की मदद

लूँ और किसी सहकर्मी या पेशेवर संपादक से पांडुलिपि पढ़ा लूँ। मैंने अपनी कमज़ोरी सुधारने का निर्णय लिया। कुछ घंटों बाद ही जर्नल ऑफ़ पीडिएट्रिक ऑफ़्थैल्मोलॉजी एंड स्ट्रैबिस्मस ऑफिस से मेरे नाम का एक और फैक्स आ गया। मैंने सोचा, कितनी अजीब बात थी कि अस्वीकृति की जानकारी देने के लिए दो बार फैक्स भेज रहे हैं। मुझे यह जले पर नमक छिड़कने वाली बात प्रतीत हुई। मैं अस्वीकृति का फैक्स पढ़ने की जल्दी में नहीं था, इसलिए मैंने इत्मीनान (धैर्य पूर्वक) से अपना क्लीनिकल काम पूरा किया। फिर मैं शाम को सात बजे अंततः ऑफिस पहुँचा और मैंने फैक्स पढ़ा। मुझे इसे बार-बार पढ़ना पड़ा। कुछ ही घंटों में संपादकीय कार्यालय ने अपना निर्णय बदल लिया था। उन्होंने बताया था कि वे शोधपत्र प्रकाशित करने वाले हैं, क्योंकि यह दस साल के बच्चे में लैक्रिमल ग्रंथि की ट्यूबरकुलोसिस (टी.बी.) पर पहली एवं दुर्लभ रिपोर्ट है और वे व्याकरण की ग़लतियाँ अपने संपादकीय कार्यालय में ही सुध ार लेंगे। मुझे यक़ीन नहीं हुआ।

इस घटना से मैंने एक बहुत महत्वपूर्ण सबक़ सीखा – अगर आपका काम अच्छा है, एवं आपको काम पूरा करने का जुनून है तो भाषा सफलता की राह में आड़े नहीं आती। भारत में बहुत से लोगों को अंग्रेजी भाषा में कमी की वजह से करियर में समस्याएँ आ सकती हैं। हालाँकि मैं हर एक को अंग्रेजी यथासंभव अच्छी तरह सीखने की सलाह देता हूँ, लेकिन उन्हें याद रखना चाहिए कि भाषा को तो दुरुस्त किया जा सकता है, लेकिन ख़राब काम, टालमटोल और नैतिक खामियों को दुरुस्त नहीं किया जा सकता।

हर काम में सीखने के अवसर होते हैं

पी.जी.आई. चण्डीगढ़ में नेत्र रोग विज्ञान में प्रशिक्षण के दौरान शोध और सर्जरी मेरे काम के महत्वपूर्ण हिस्से थे। सौभाग्य से इन गतिविधियों के प्रति मेरा स्वाभाविक रुझान था। लेकिन डॉक्टर बनने का मतलब इससे ज़्यादा था। नए ज्वॉइन करने वाले रेज़िडेंट के जिम्में अनेकों ऐसे कार्य होते थे जिसे ऑफ ड्यूटी ऑवर्स अथवा राजपत्रित अवकाश के दौरान, वार्ड बॉय अथवा चपरासी करने में असमर्थ थे। ये कार्य थे: रोगी को बुलाना, रोगी की ट्रॉली खींचकर उसे ऑपरेशन थियेटर में ले जाना, ऑपरेशन हो जाने के बाद रोगी को ट्रॉली पर लेटाकर थियेटर से बाहर लेकर आना, रोगी के सैंपल्स (कॉर्नियल स्क्रेपिंग, विट्रियस फ्लूइड) को माइक्रोबायोलॉजी विभाग में पहुँचाना, रोगी की दवा

मेडिकल स्टोर से दिलवाना एवं दवा डालने के तौर तरीके विस्तार से समझाना। फर्स्ट इयर के रेज़िडेंट के रूप में मेरा काम यह भी था कि माइक्रोबायोलॉजी विभाग को नेत्र संक्रमण के विभिन्न प्रकरणों से इकट्ठे किए गए सैंपल्स (कॉर्नियल स्क्रेपिंग, विट्रियस फ्लूइड) देने जाऊँ। इसका मतलब एक इमारत से दूसरी इमारत की पाँचवीं मंजिल तक दौड़ लगाना था। एक से दो दिन बाद मैं रिपोर्ट लेकर आता था और सीनियर रेज़िडेंट को रिपोर्ट दिखाकर रोगी के उपचार के बारे में चर्चा करता था।

अनेकों नए ज्वाईन करने वाले रेज़िडेंट चिकित्सकों को यह सभी काम बिल्कुल पसंद नहीं थे और इन सभी कार्यों को 'गधा-हम्माली' (डंकी वर्क या स्कट वर्क) कहते थे। कुछ रेज़िडेंट्स उनकी ज्वॉइनिंग के पहले दिन इस प्रकार के कार्य बताए जाने पर बहुत आश्चर्य करते थे कि इतनी कड़ी परीक्षा के बाद पी.जी.आई. जैसे देश के शीर्ष मेडिकल संस्थान में वे यह सभी 'गधा-हम्माली' (डंकी वर्क या स्कट वर्क) करने के लिए नहीं आए हैं। मुझे भी रोगी की ट्रॉली खींचना, रोगी के सेंपल्स लेकर एक बिल्डिंग से दूसरी बिल्डिंग के बीच दौड़ने का ज़्यादा शौक नहीं था एवं इन सभी महत्वहीन से प्रतीत होने वाले कार्यों को करने में विशेष अभिरुचि नहीं थी, लेकिन कुछ ही समय में मेरी धारणा बदल गई। मुझे अनुभव हुआ कि आसपास के राज्यों से उपचार हेतु चंडीगढ़ पहुँचे गंभीर नेत्र संक्रमणों (कॉर्नियल अल्सर, एण्डोफथेल्माइटिस आदि) से पीड़ित रोगियों के कॉर्नियल स्क्रेपिंग, विट्रियस फ्लूइड की जाँच (माईक्रोबॉयोलॉजिकल इनवेस्टिगेशन्स) करवाना, उनकी जाँच की रिपोर्ट लाकर तुरंत उपचार शुरू करना, रोगी को दवा समझाना आदि मरीज के सही एवं सटीक इलाज की एक अति महत्वपूर्ण कड़ी थी। माईक्रोबॉयोलॉजिकल इनवेस्टिगेशन्स के माध्यम से मुझे इस बात का अहसास हुआ कि इस काम से मुझे जहाँ एक ओर रोगी की रिपोर्ट देखने, उपचार तुरंत शुरू करने एवं उसकी बीमारी समझने का अवसर मिला वही दूसरी ओर माइक्रोबायोलॉजिस्ट्स के संपर्क में आने का अवसर मिल रहा था। मैंने इस संपर्क से लाभ लिया और ज्ञान के आदान-प्रदान का यह सिलसिला इतना आगे बढ़ गया कि अंततः हमने मिलकर कुछ शोधपत्र लिखे जो प्रतिष्ठित जर्नल्स में प्रकाशित हुए। मैंने यह अनुभव किया कि 'गधा-हम्माली' जैसी कोई चीज़ नहीं होती, सब कुछ इस बात पर निर्भर करता है कि आप संभावनाओं को देखते हैं या समस्याओं को।

कार्य के प्रति पूर्ण समर्पण – 'एडवांस्ड आई सेन्टर' की रूपरेखा

पी.जी.आई. चण्डीगढ़ में कार्य करते समय मैंनें नेत्र रोग विभाग एवं अन्य विभागों में कार्य कर रहे चिकित्सकों में कार्य के प्रति असाधारण समर्पण देखा। पी.जी.आई. नेत्र रोग विभाग में कार्य करते समय प्रोफेसर इन्द्र सेन जैन का नाम बड़े सम्मान से लिया जाता है। प्रोफेसर इन्द्र सेन जैन ने ईमानदारी, इंटीग्रिटी, पंक्च्यूएलिटी, इक्वेटी और एक्सीलेंस जैसे महत्वपूर्ण खूबियों को पी.जी.आई. के सभी फेकल्टी सदस्यों को सिखाया। उन्हीं गुणों को डॉ. आमोद गुप्ता ने आगे बढ़ाते हुए एडवांस्ड आई सेन्टर की नींव रखी और अनेकों नेत्र चिकित्सा शोध पत्रों के प्रकाशन से विश्वभर में पहचान बनाई।

फोटो 1: प्रोफेसर आई.एस. जैन के नेतृत्व में नेत्र रोग विभाग पी.जी.आई. में विभिन्न क्लीनिक्स की शुरूआत की गयी थी। रेजिडेन्ट्स की पोस्टिंग बारी-बारी से विभिन्न क्लीनिक्स में की जाती थी। बायें से दायें: प्रोफेसर आई.एस. जैन, प्रोफेसर मंगतराम डोगरा, प्रोफेसर संदीप जैन, प्रोफेसर एस.एस. पांडव एवं प्रोफेसर आमोद गुप्ता।

डॉ. कँवर मोहन भैंगेपन (स्क्विंट) के विशेषज्ञ थे। वे अपने काम को लेकर बहुत ही गंभीर थे एवं उनके कार्यों से सभी फैकल्टी सदस्य एवं रेज़िडेन्ट बहुत प्रभावित थे। मैंनें उनसे स्क्विंट में उनकी रूचि के बारे में पूछा। उन्होंनें बताया कि कुछ वर्षों पूर्व जब नेत्र रोग विज्ञान के विभिन्न उप-विभागों में कार्य करने हेतु फेकल्टी सदस्य अपनी-अपनी पसंद के अनुसार चयन कर रहे थे। उस समय स्क्विंट विभाग किसी ने भी नहीं लिया। उन्होंने डॉ. आमोद गुप्ता को इस

विभाग को चलाने की जिम्मेदारी ली और पीछे मुड़कर नहीं देखा। इसी प्रकार मैंनें डॉ. मंगतराम डोगरा से उनकी रेटिनोपैथी ऑफ प्रिमैच्योरिटी नामक विषय में रूचि के बारे में पूछा। उन्होंने बताया कि यह विषय उनके हृदय के बहुत करीब है। पी.जी.आई. चण्डीगढ़ में कार्य करते समय मैंनें हर फेकल्टी सदस्यों को एवं अन्य सदस्यों से कार्य के प्रति असाधारण समर्पण का गुण सीखा। 'एटोमिक हैबिट्स' नामक सुप्रसिद्ध पुस्तक के लेखक जेम्स क्लीयर ने लिखा है कि जब आप रोज अपनी आदतों में एक प्रतिशत सुधार करते हैं तो वर्ष भर में आपकी आदतें 37 गुना बेहतर होती हैं। सुप्रसिद्ध लेखक डेल कॉर्नेगी ने 'हॉउ टू इन्फ्लूएंस पीपुल एण्ड विन द हार्ट' नामक पुस्तक में लिखा है कि लोगों के बारे में सच्ची रुचि लें, उनकी हॉबी को जानें एवं उनके द्वारा किये जा रहे पसंदीदा कार्यों की चर्चा कर उनके हृदय में स्थान बनाएँ।

पी.जी.आई.एम.ई.आर., चण्डीगढ़ के कुछ रोचक प्रसंग

लिफ़्ट अथवा सीढ़ियों का उपयोग

पी.जी.आई. चण्डीगढ़ के नेहरू अस्पताल में नेत्र रोग विभाग पाँचवीं मंजिल पर स्थित था। हमारे सीनियर रेज़िडेंट डॉ. मृणाल आनंद, डॉ. नीरज सूद, डॉ. ऋतु लाल आदि समय के बहुत पाबंद थे। वह सुबह 7.30 बजे वार्ड पहुँच जाते थे रेज़िडेन्ट्स के वार्ड में पहुँचने का समय सवेरे 7.00 बजे था। कभी-कभी लेट होने पर हम जूनियर रेज़िडेन्ट हमारे सीनियर रेज़िडेन्ट को लिफ्ट में जाते हुए देखते थे ऐसी स्थिति में हम उनका सामना करने से बचने के लिए लिफ्ट से जाने से बचते थे। हमारे लिए पाँच मंजिल सीढ़ियां चढ़कर उनसे कुछ सैकंड जल्दी पहुँचना एक चुनौती पूर्ण कार्य था जिसे हमें हर हाल में पूरा करते थे।

अतिव्यस्त ओ.पी.डी. का प्रबंधन

पी.जी.आई.एम.ई.आर., चण्डीगढ़ के नेत्र रोग विभाग में कई बार 300 से अधिक रोगी दूर-दूर से उपचार हेतु आते थे। पंजाब के दूरस्थ गाँवों (पिण्ड) से कुछ रोगी ग्यारह बजे अपने रजिस्ट्रेशन करवाकर हमसे आशा करते कि उनका नेत्र परीक्षण कुछ देर में पूरा हो जायेगा, जिससे वे वापस अपने गाँव लौट सकेंगे। यदि हम ऐसे रोगियों को जल्दी देखते थे तो पहले से ही प्रतीक्षा में बैठे अनेकों रोगी नाराज होने लगते थे। हमने इस संदर्भ में कई बार अपने सीनियर्स से भी बात की लेकिन समाधान नहीं निकल पाया। ऐसी स्थिति में हमारे सीनियर डॉ. राजन शोनेक ने हमें एक उपाय बताया। उन्होंने बताया कि पिण्ड की पंजाबी

बोलने वाले ऐसे रोगियों को हम दक्षिण भारत से आये रेजिडेन्टस चिकित्सकों के पास भेज दें। ये चिकित्सक उन्हें बताते थे। कि हमें माफ कीजियेगा हम केवल अंग्रेजी एवं दक्षिण भारतीय भाषा समझते हैं, हमें पंजाबी भाषा नहीं आती है। इस प्रकार कुछ रोगियों का गुस्सा कम हो जाता था और हमें अपने कार्य में बाधा नहीं पँहुचती थी। डॉ. प्रशांत सहारे, डॉ. राज आनंद और मैं जब डॉ. के. बी. विश्वनाध से सप्ताह के अंत में मिलते थे तो इस बारे में चर्चा कर हँसते थे। कुछ पंजाबी मरीज नीले कपड़े पहनकर बहुत बड़ी नीली पगड़ी बाँधे हमारे पास नेत्र परामर्श हेतु आते थे। हम उनसे आँख (स्लिट लैंप) जाँच के लिए पगड़ी उतारने का अनुरोध करते। उनकी विशाल पगड़ी, उसमें से निकली अनेकों कटारें एवं लंबा शरीर होने के कारण उनको अपनी ठोड़ी (चिन) स्ट्रीट लैंप पर रखने में परेशानी होती थी। अधिकांश रोगियों को बिना पगड़ी उतारे स्ट्रीट लैंप पर उनका नेत्र परीक्षण करवाना संभव नहीं था। शुरू में मुझे कुछ डर का आभास होता था। लेकिन कुछ दिनों बाद मुझे नीली पगड़ी वाले 'निहंग पंथ' की जानकारी मिलने के बाद मेरा डर समाप्त हो गया।

दुबलेपन को छिपाने की असफल कोशिश

पी.जी.आई. चण्डीगढ़ में नेत्र रोग विज्ञान में रेजीडेन्सी करते समय मैं रोजाना लंबे घंटों तक काम करता था और दौड़भाग करता रहता था। पांच फिट आठ इंच के लंबे क़द के बावजूद मेरा वजन केवल 48 किलो था। रेजीडेन्सी के दौरान व्यस्तता बढ़ने के कारण खाने-पीने का शेड्यूल भी अनियमित चल रहा था। एक नर्स ने मुझे देखकर कह ही दिया, *'डॉ. पाण्डेय, आपको अपनी सेहत का ध्यान रखना चाहिए एवं अच्छी तरह खाना चाहिए, वरना ऐसा लगेगा जैसे डॉक्टर ही भूख हड़ताल पर है।'* दूसरी नर्स ने मजाक में कहा: *'आंधियां तेज चल रही हैं आप संभल कर रहना अन्यथा आप कहीं हवा के साथ ना उड़ जावो।'* मैंने सोचा कि उसकी बात बिलकुल सही है। अगर मैं ही स्वस्थ नहीं दिखूँगा, तो मरीज़ मेरे पास क्यों आएँगे? इससे भी बड़ी बात यह थी कि मैं पंजाब में था, जहाँ ज़्यादातर मरीज ऊँचे-पूरे और हट्टे-कट्टे होते थे। मैंने अपने वज़न को लेकर कुछ करने का निर्णय लिया, लेकिन मेरे पास समय ही नहीं था। एक दिन मैं वॉशरूम के आईने में खुद को देखने लगा। जाड़े का समय था, इसलिए मैंने अपनी शर्ट पर स्वेटर पहना था। मैंने सोचा, क्यों न इस क्रम को उलट दिया जाए। यानी एक-दो स्वेटर पहनने के बाद ऊपर से शर्ट पहनी जाए। फिर मैंने अपने पैरों पर नजर डाली। शायद मैं जीन्स के ऊपर ढीली पैंट पहन

सकता हूँ। मुझे यह योजना काफी ज़बर्दस्त लगी। मैं कपड़ों से अपने दुबलेपन को छिपाना चाहता था, जब तक कि मेरा वज़न सचमुच न बढ़ जाए। अगले ही दिन मैंने इस योजना पर अमल कर लिया।

लेकिन एक दिन भेद खुल गया। जब मैं सर्जरी करने के बाद ऑपरेशन थियेटर के चेंजिंग रूम में अपने ऑपरेशन थियेटर के कपड़े उतारकर सिविल कपड़े पहन रहा था, तभी एक सहकर्मी अंदर आ गया। उसने पूछा, 'तुम जीन्स के ऊपर पैंट क्यों पहन रहे हो?' मैं रंगे हाथों पकड़ा गया था। मैं कोई बहाना नहीं सोच पाया, इसलिए मैंने उसे सच बता दिया। कुछ ही घंटों में पूरा नेत्र विभाग मेरा मज़ाक़ उड़ाने लगा और कुछ दिनों तक हर कोई मुझसे पूछता था, 'डॉ. पाण्डेय, आज आपने कितनी पैंट पहन रखी हैं?'

वैवाहिक उद्देश्य के लिए फैक्स!

मैं पी.जी.आई.एम.ई.आर. कैंपस में कैरों ब्लॉक हॉस्टल की पाँचवीं मंजिल पर रूम नं. 537 में रह रहा था। मेरी बड़ी बहन श्रीमती ऊषा पाण्डेय ने मेरा वैवाहिक विज्ञापन जारी किया लेकिन उसने मेरे हॉस्टल का पता दिया। मुझे बहुत से संभावित पत्र मिले। मुझे इन पत्रों को प्राप्त करने के लिए कैरों ब्लॉक के 537 नंबर के अपने कमरे के सामने लकड़ी के बक्से को फिक्स करवाना पड़ा। एक दिन, मुझे अमेरिका से 20 पन्नों का फैक्स मिला। इस फैक्स में लड़की और उसके माता-पिता का बायोडाटा था। मुझे जगजीत सिंह सैनी (हमारे एच.ओ.डी. प्रोफेसर आमोद गुप्ता के पर्सनल असिस्टेंट) ने बुलाया था। वह हँसे और मुझसे पूछा, 'यह क्या है? देखिए, अब फैक्स मशीन का पेपर खत्म हो गया है और हमें कोई महत्वपूर्ण फैक्स नहीं मिल सकता है!' फिर उन्होंने मुझसे कहा कि भविष्य में नेत्र विभाग का फैक्स नंबर नहीं देना। जब मैं नवंबर 2021 में प्रोफेसर जगत राम (निदेशक, पी.जी.आई.एम.ई.आर.) को विदाई देते हुए चण्डीगढ़ गया, तो मेरे कुछ दोस्तों ने कैरों ब्लॉक के पाँचवीं मंजिल पर स्थित लेटर बॉक्स को याद किया और सभी दिल खोलकर हँस पड़े। मैं भी 23 साल बाद श्री सैनी से मिला और वो भी उस घटना को याद करके हँस रहे थे।

मानसिक संतुलन क़ायम रखें

मैंने अपने मरीजों के बीच अच्छी छवि बनाने के लिए कड़ी मेहनत की थी, लेकिन उन्हें काफी देर तक इंतजार करना पड़ता था। इसका कोई उपाय नहीं था, क्योंकि कई बार तो पी.जी.आई. के नेत्र रोग विभाग में तीन सौ से

साढ़े तीन सौ मरीज आ जाते थे। एक दिन पास के चश्मे का नंबर लेने आया एक मरीज बहुत ज़्यादा इंतजार करने की वजह से भड़क गया और अपना ओ.पी.डी. कार्ड फाड़ते हुए मुझे बुरा-भला कहने लगा। मैंने भी उसे इंतजार कर उसकी बारी आने के लिए समझाया लेकिन मैं सफल न हो सका एक दिन डॉ. राजन शोनेक ने ऐसी ही एक घटना पर गौर किया, जिसमें मैं भी झल्लाने लगा था। उन्होंने मुझे एक तरफ बुलाकर तहक़ीक़ात की। मैंने उनसे कहा कि कुछ मरीज आक्रामक हो जाते हैं और झगड़ने लगते हैं। मैं भी कई बार उत्तेजित हो जाता हूँ, क्योंकि आख़िर मैं भी इंसान हूँ। डॉ. राजन शोनेक ने आह भरते हुए कहा कि डॉक्टर को कभी अपना मानसिक संतुलन नहीं खोना चाहिए। उन्होंने कहा, मरीज़ संतुलन खो सकते हैं, लेकिन आपको नहीं खोना चाहिए। डॉ. राजन ने सलाह दी कि मैं कभी मरीज की शिकायत को व्यक्तिगत रूप से न लूँ।

'यह डॉक्टर की जिंदगी का हिस्सा है, डॉ. सुरेश,' उन्होंने कहा। 'आप चिढ़ क्यों जाते हो? आपको तो खुश होना चाहिए कि आप इतने सारे मरीज़ों से घिरे हुए हैं। आपको मरीज़ को टोके बिना उसकी बात सुनना सीखना चाहिए और यथासंभव उसकी समस्या सुलझाने की कोशिश करनी चाहिए।' मैंने कभी नहीं सोचा था कि मेरा अस्तित्व मेरे मरीजों पर निर्भर था और उन लोगों पर झल्ला रहा था, जिनकी मुझे मदद करनी चाहिए थी। यह बातचीत मेरे जीवन का बहुत अहम हिस्सा बन गई। मैंने स्वयं से वादा किया कि मैं अपने गुस्से को काबू में रखने की पूरी कोशिश करूँगा, भले ही मरीज मुझे आक्रोशित करने का प्रयास करे, बार बार एक ही सवाल पूछें या अतार्किक व्यवहार करें।

डॉ. राजन द्वारा समझाया गया यह महत्वपूर्ण सबक मेरे साथ जीवनभर रहा और हम बेहतरीन मित्र बन गए। वे इस समय पटियाला में प्रैक्टिस कर रहे हैं और हाई-वॉल्यूम प्रैक्टिस का रहस्य सीखने के लिए जुलाई 2012 में मेरे पास कोटा आए थे। अब मुझे अहसास होता है कि यह सफल और लोकप्रिय डॉक्टर बनने का सबसे महत्वपूर्ण स्वर्णिम सूत्र था। सर्वश्रेष्ठ सर्जिकल हाथ और उत्कृष्ट क्लीनिकल कौशल वाले कई डॉक्टर भी सफल या मशहूर डॉक्टर के रूप में अपनी पूरी क्षमता तक सिर्फ इसी एक वजह से नहीं पहुँच पाते हैं, क्योंकि वे चिड़चिड़े हो जाते हैं, आसानी से आक्रोशित हो जाते हैं और अपने मरीजों की पूरी बात सुनते ही नहीं हैं, बल्कि बीच में टोक देते हैं। मुझे खुशी है कि मैंने यह सबक़ अपने जीवन में जल्दी ही सीख लिया।

फोटो 2. डॉ. राजन शोनेक दिनांक 12 जुलाई 2012 को तीन दिन के प्रवास हेतु सुवि नेत्र चिकित्सालय, कोटा पँहुचे। हमने उनके साथ बैठकर पुरानी यादें ताजा कीं। रोगियों को टोके बिना उनकी पूरी बात सुनना एवं बार-बार पूछने पर भी रोगियों पर आक्रोशित न होना आदि उनके द्वारा सिखाये गये स्वर्णिम सूत्रों के लिए आभार व्यक्त किया।

जो होता है, अच्छे के लिए होता है

दिसंबर 1997 तक पी.जी.आई.एम.ई.आर., चण्डीगढ़ से मेरी जूनियर रेज़िडेंसी ख़त्म होने की कगार पर थी। मुझे यकीन था कि मुझे सीनियर रेज़िडेंसी भी इसी इंस्टीट्यूट में मिल जाएगी। मेरी छवि गंभीर और मेहनती रेज़िडेंट की थी। इसके अलावा मेरे शोधपत्र पीयर-रिव्यूड जर्नल्स में प्रकाशित हो चुके थे, जिनमें से पाँच शोधपत्र राष्ट्रीय और दो अंतर्राष्ट्रीय शोधपत्र थे। साथ ही, मैंने चार शोधपत्र प्रस्तुतियाँ राज्य एवं राष्ट्रीय नेत्र कॉन्फ्रेंस में की थीं। इतनी सारी उपलब्धियाँ बहुत कम जूनियर रेज़िडेंट्स के पास थीं, इसलिए मैंने उसी संस्थान में सीनियर रेज़िडेंसी का आवेदन देने का निर्णय लिया। सीनियर रेज़िडेंसी या फैलोशिप सर्जिकल शाखाओं में बेहद महत्वपूर्ण होती है, क्योंकि यह सर्जिकल अनुभव प्रदान करती है और ऐसी योग्यताएँ सिखाती है, जिनकी बदौलत आप संस्थान से बाहर निकलते ही अपना क्लीनिक खोल सकते हैं अथवा मेडिकल कॉलेज टीचिंग हॉस्पिटल अथवा चेरिटेबल ट्रस्ट द्वारा संचालित नेत्र चिकित्सालयों में जॉब के लिए साक्षात्कार दे सकते हैं। मैं ऑफ्थैल्मोलॉजी के क्षेत्र में ज़्यादा सर्जिकल अनुभव हासिल करना चाहता था, ख़ास तौर पर एंटीरियर सेगमेंट ऑफ्थैल्मोलॉजी में। मुझे विश्वास था कि पी.

जी.आई.एम.ई.आर., चण्डीगढ़ का आदर्श फैकल्टी स्टाफ एवं प्रतिदिन आने वाले अनेकों नेत्र रोगियों की संख्या मुझे आँखों के ऑपरेशन की कला में माहिर बना देंगी।

दुर्भाग्य से, नेत्र रोग विभाग में सीनियर रेज़ीडेन्सी की सिर्फ दो ही सीटें उपलब्ध थीं। जब परिणामों की घोषणा हुई, तो मेरा दिल टूट गया। मुझे नहीं चुना गया था। इस ख़बर से न सिर्फ मैं निराश हुआ, बल्कि मेरे मार्गदर्शक प्रोफेसर जगत राम को भी धक्का लगा। उन्होंने मुझसे कहा, 'धैर्य रखो और उत्साह से काम करते रहो।' प्रोफेसर जगत राम ने मुझे अपने घर बुलाकर समझाया: 'जब ईश्वर एक दरवाजा बंद करता है, तो वह दूसरा दरवाज़ा खोल देता है। शायद कोई ज़्यादा अच्छी चीज़ तुम्हारा इंतजार कर रही है। याद रखो, जो होता है, अच्छे के लिए होता है।' पी.जी.आई.एम.ई.आर., चण्डीगढ़ में सीनियर रेज़ीडेन्सी का मौक़ा तो चला गया था, इसलिए मैं दूसरी जगहों पर आवेदन देने लगा। मुझे गवर्नमेन्ट मेडिकल कॉलेज, चण्डीगढ़ में ऑफ्थैल्मोलॉजी विभाग में सीनियर रेज़ीडेंट के रूप में चुन लिया गया, लेकिन यह मेरे सपनों का कॉलेज नहीं था। मैंने उत्कृष्ट भारतीय ऑफ्थैल्मोलॉजिस्ट्स की उपलब्धियों को पढ़ने में घंटों लगाए थे और उन्हीं की तरह बनने का सपना देखा था। मुझे समझ नहीं आ रहा था कि जिस सरकारी कॉलेज में मुझे चुना गया था, वहाँ की शोध सुविधाओं और मशीनों के दम पर मैं विश्वस्तरीय कैसे बन सकता हूँ। अब मुझे अपना सपना पहुँच के बाहर दिख रहा था।

अमेरिका से आया बुलावा

दिनांक 18 मई 1998 को जब मैं गवर्नमेन्ट मेडिकल कॉलेज, चण्डीगढ़ के ऑफिस में था, तब फैक्स मशीन की आवाज़ हुई। अमेरिका के स्टॉर्म आई इंस्टीट्यूट, चार्ल्सटन (अमेरिका) के प्रोफेसर डेविड जोसेफ एप्पल ने यह फैक्स भेजा था। वह पत्र पढ़ते ही मेरे घुटने काँपने लगे। मैं कुर्सी पकड़कर बैठ गया और धीरे-धीरे पढ़ने लगा। *'मुझे आपको दो साल की रिसर्च फैलोशिप देते हुए खुशी हो रही है, जो सेंटर फॉर रिसर्च ऑन ऑक्युलर थेराप्यूटिक्स एंड बायोडिवाइसेस, स्टॉर्म आई इंस्टीट्यूट, मेडिकल यूनिवर्सिटी ऑफ साउथ केरोलाईना, चार्ल्सटन, साउथ केरोलाईना, अमेरिका द्वारा दी जा रही है।'* मैंने इसे बार-बार पढ़ा। मैंने तसल्ली की कि क्या यह सचमुच मेरे लिए था। यह सचमुच मेरे लिए ही था।

तब मुझे प्रोफेसर जगत राम की कही बात याद आई कि जो होता है, अच्छे के लिए होता है और जब ईश्वर एक दरवाज़ा बंद करता है, तो वह दूसरा दरवाज़ा खोल देता है।

मुझे यक़ीन नहीं हो रहा था कि मैं कितनी दूर तक आ गया हूँ। मोहना से जबलपुर, फिर चण्डीगढ़ और अब मैं अमेरिका जाने वाला हूँ।

सबक़

- अपनी कमज़ोरियों को पहचानें और उन्हें दूर करें। विशेषज्ञों से सलाह लें। लेखक का अंग्रेज़ी में हाथ तंग था, लेकिन उन्होंने इस घटना से सबक़ सीखते हुए भाषा को सुधारा और अंग्रेजी के अलावा कई अन्य भाषाओं का आरंभिक ज्ञान भी हासिल किया।

- अपनी शक्तियों को पहचानें, उनको सुधारें और उनका लाभ लें। शोध की प्रवृत्ति, समर्पण और परिश्रम लेखक की शक्तियाँ थीं। इसी कारण वे जूनियर रेज़िडेंट के रूप में इतना सारा शोध कार्य कर पाए, जिसे अंतर्राष्ट्रीय स्तर पर मान्यता मिली। अगर उनके रिसर्च पेपर अंतर्राष्ट्रीय जर्नल में नहीं छपे होते, तो शायद उन्हें अमेरिका में फैलोशिप नहीं मिल पाती।

- ईश्वर पर भरोसा रखें। जब भी आपको कोई असफलता हाथ लगे, तो यह विश्वास रखें कि आप जो माँग रहे हैं, ईश्वर आपको उससे भी ज़्यादा अच्छी चीज़ देना चाहता है। लेखक पी.जी.आई.एम.ई.आर., चण्डीगढ़ में सीनियर रेज़ीडेन्सी करना चाहते थे, लेकिन अगर उन्हें वहीं चुन लिया जाता, तो वे अमेरिका और ऑस्ट्रेलिया के फैलोशिप अवसरों से वंचित रह जाते।

अध्याय 6

परिवेश महत्वपूर्ण होता है: अमेरिका के अनोखे अनुभव

'अकेले हम बहुत कम कर सकते हैं, मिलकर हम बहुत कुछ कर सकते हैं।'

-हैलन केलर

सफल बनने के लिए सफल लोगों के साथ रहें

दिनांक 26 जून 1998 को मैंने नई दिल्ली से न्यूयॉर्क जाने वाली एयर इंडिया की फ्लाइट पकड़ी। यह मेरी पहली अमेरिका एवं प्रथम अंतर्राष्ट्रीय यात्रा थी। सात समंदर पार, एक नए संसार में एक नया जीवन शुरू करने जा रहा था। विमान में बैठने से कुछ घंटे पहले अपने माता-पिता को फोन किया था। उन्होंने आँसुओं के साथ मुझे विदा दी और बताया कि मेरी उपलब्धियों पर उन्हें कितना गर्व है। मेरा पहला रुकाव (पिटस्टॉप) न्यूयॉर्क था, जहाँ से चाल्सर्टन के लिए कनेक्टिंग फ्लाइट थी। दो घंटे बाद मैं चाल्सर्टन एयरपोर्ट पर पहुँच गया। वहाँ मेरे गुरु एवं मार्गदर्शक प्रोफेसर जगत राम अपने सहकर्मी डॉ. क्विन पेंग के साथ मुझे लेने आए थे। साफ़ नीले आसमान ने चाल्सर्टन शहर में मेरा स्वागत किया। चाल्सर्टन पहुँचकर, फ्लाईट से उतरकर सबसे पहले मैंने अपने गुरु पद्मश्री प्रोफेसर जगत राम सर को प्रणाम कर उनके पैर छुए। उनके साथ आयीं डॉ. क्विन पेंग को यह देखकर आश्चर्य हुआ कि मैंने अपने सम्मानित शिक्षक के चरणों को नमन और स्पर्श किया। अगले दिन डॉ. पेंग ने मेरे सहकर्मियों के समक्ष भारतीय संस्कृति की चरण स्पर्श परंपरा के बारे में पूछा। मैंने जानकारी देते हुए बताया कि भारतीय परंपरा के अनुसार माता-पिता, गुरू एवं बड़ों के पैर छूना, उन्हें सम्मान देने का शिष्टाचार है एवं शिष्यों द्वारा गुरूओं के पैर छूना एक बहुत पुरानी भारतीय परंपरा है जो सदियों से चली आ रही है।

प्रोफेसर जगत राम ने मुझे पूरी आत्मियता के साथ अपार्टमेंट में रहने से लेकर मेरे कार्य में हर कदम पर मेरी सहायता की। अगले दिन 27 जून 1998 को प्रोफेसर राम मुझे स्टॉर्म आई इंस्टीट्यूट लेकर गए। हम लिफ्ट पकड़कर पाँचवीं मंजिल पर पहुँचे, जहाँ प्रोफेसर डेविड जे. एप्पल का ऑफिस था। प्रोफेसर राम मुझे कॉपी रूम में ले गए। मैं भी एक झलक देखने के लिए उनके पीछे गया। वहाँ मुझे प्रोफेसर एप्पल फोटोकॉपी करते दिखे, जिन्होंने काम रोककर हमारी तरफ देखा। वे लंबे, सुनहरे बालों वाले आकर्षक व्यक्ति थे। चूँकि शनिवार का दिन था, इसलिए प्रोफेसर एप्पल गहरे रंग के गॉगल्स लगाए थे और शॉर्ट्स पहने थे।

मैं चमत्कृत था। विश्वविख्यात नेत्र सर्जन, सेंटर फॉर डेवलपिंग वर्ल्ड ऑफ्थैल्मोलॉजी के संस्थापक प्रोफेसर डेविड एप्पल मेरे सामने थे। उनका सेन्टर विश्व स्वास्थ्य संगठन (डब्ल्यू.एच.ओ.) के प्रिवेंशन ऑफ ब्लाइंडनेस प्रोग्राम का आधिकारिक समन्वय केंद्र थी। डब्ल्यू.एच.ओ. अधिकारियों के साथ उनकी बैठकें और उनका शोध यह बताता था कि विकासशील देशों में मोतियाबिंद के ऑपरेशनों में किस प्रकार के आई.ओ.एल. का इस्तेमाल होना चाहिए। ऑफ्थैल्मोलॉजी के संसार में प्रोफेसर डेविड जे. एप्पल 'रॉक स्टार' थे। इंट्राओक्युलर लेंस, मोतियाबिंद के ऑपरेशन और इसकी जटिलताओं के मामले में शोध पर वे विश्व विख्यात हस्ती थे। उन्हें आई.ओ.एल. डॉक्टरों का डॉक्टर कहा जाता था। डॉ. एप्पल के सेंटर फॉर रिसर्च ऑन ओक्युलर थेराप्यूटिक्स एंड बायोडिवाइसेस के पास 20,000 से ज़्यादा स्यूडोफैकिक (वे आँखें जिनमें कृत्रिम लेंस या आई.ओ.एल. लगाया गया) मानव आँखों का डाटाबेस था, जिन्हें पोस्टमॉर्टम से हासिल किया गया था। उनके शोध, लेखों और पुस्तकों की वजह से वे अमेरिकन सोसायटी ऑफ़ कैटेरेक्ट एंड रिक्रेक्टिव सर्जन्स (ए.एस.सी.आर. एस.) के 'हॉल ऑफ़ फेम' में सम्मानित किये गए थे। उनके साथ काम करना किसी सपने से कम नहीं था, लेकिन फिर भी मेरे मन में कई सवाल घूम रहे थे: उनके शोध केंद्र में आने के लिए विश्व भर के नेत्र चिकित्सक लालायित क्यों थे? उनकी शोध की अधोसंरचना कैसी थी? डॉ. एप्पल नेत्र रोगियों का उपचार और इतने ज़्यादा शोधपत्रों का प्रकाशन कैसे कर लेते थे? मैं उनसे ज़्यादा से ज़्यादा कैसे सीख सकता हूँ?

मैं सोचता हूँ कि आप अपने परिवेश उतने ही सफल हो सकते हैं जिनके साथ आप करते हैं। किसी ने कहा है कि आप उन पाँच लोगों का औसत होते

हैं, जिनके साथ आप सबसे ज़्यादा समय बिताते हैं। यानी अगर आप सफल लोगों के साथ समय बिताते हैं, तो आप सफल होंगे, क्योंकि आप उनसे प्रेरित होंगे, प्रोत्साहित होंगे, उन्हें देखकर, उनसे बातें करके, उनका अनुकरण करके सफलता के गुर सीखते रहेंगे। मुझे विश्वास था कि अमेरिका के इस बेहद सफल परिवेश में रहने की बदौलत मैं भी नई ऊँचाइयों पर पहुँच सकता हूँ।

महान लोग सहज महसूस कराते हैं

'आप डॉ. पाण्डेय होंगे,' प्रोफेसर एप्पल ने कहा और मेरी तंद्रा को तोड़ा। वे मुझसे हाथ मिलाने के लिए आगे आ गए थे। उन्होंने कहा, 'अमेरिका में आपका स्वागत है। आपकी यात्रा कैसी रही?' इसके बाद उन्होंने मुझसे पूछा कि क्या मुझे अच्छी नींद आई, कहीं यात्रा की थकान तो नहीं है, क्या मैंने कुछ खाया है। यह सुखद चर्चा थी।

एक जुलाई 1999 (गुरुवार) को मैंने स्टॉर्म आई इंस्टीट्यूट में काम शुरू किया। यह मेरा पहला दिन था और मेरा परिचय प्रोफेसर एप्पल के सहयोगियों से कराया जा रहा था, जिन्हें 'द एप्पल कॉर्प्स' कहा जाता था। प्रोफेसर जगत राम ने मेरा परिचय डॉ. एप्पल की सचिव मैडी मैन्युअल एवं टेडी रेडमण्ड से कराया। उन्होंने मुस्कुराकर मेरा स्वागत किया और स्टाफ के दूसरे सदस्यों से मेरा परिचय कराया। मैंने इस बात पर ग़ौर किया कि स्टाफ के ज्यादातर सदस्य खुश और उत्साही नज़र आ रहे थे। जब लंच का समय हुआ, तो मैंने घर पर बना भारतीय भोजन खाने का निर्णय लिया। ज्यादातर वरिष्ठ फैकल्टी सदस्य यूनिवर्सिटी के कैफेटेरिया में लंच करते थे या उनकी सचिव ऑफिस में ही उनके लिए भोजन का इंतजाम कर देती थीं। लेकिन स्टाफ के कुछ सदस्य और फैलोज घर से लंच लेकर आते थे और एक लंचरूम में खाते थे। कई बार फैकल्टी के वरिष्ठ सदस्य भी वहाँ आ जाते थे।

मैं अपनी डेस्क पर था, जब प्रोफेसर एप्पल अंदर आए। उन्होंने कहा, 'चलो मैं आपका परिचय अपने लोगों (हमारी एप्पल कॉर्प्स टीम) से करा देता हूँ।' उन्होंने अपनी टीम के सदस्यों से मेरा परिचय कराया और फिर मुझे लंचरूम में ले गए। उन्होंने मुझसे पूछा कि क्या मेरे पास खाने के लिए कुछ है, फिर पूछा कि क्या मैं शाकाहारी हूँ। जब मैंने उन्हें बताया कि मैं शाकाहारी हूँ, तो उन्होंने मुझे बताया कि महात्मा गाँधी भी शाकाहारी थे। प्रोफेसर एप्पल खबरों में बहुत दिलचस्पी रखते थे और बताया कि मई 1998 में भारत ने पाँच परमाणु बम परीक्षण विस्फोट किए थे। प्रोफेसर एप्पल ने मुझसे कहा कि मैं हर एक को

पोखरन-2 के बारे में बताऊँ। इस छोटी सी बातचीत से वह तनाव घुल गया, जो दिन भर से मेरे अंदर बढ़ता जा रहा था। मैं आरामदेह हो गया।

फोटो 1. डॉ. डेविड एप्पल अपने 'एप्पल कार्प्स' सदस्यों के साथ। उनके साथ हैं उनकी पत्नी एन. एप्पल (बाएँ), बो इवांस, लुसिया मेकलेंदन, डॉ. स्टेला एम. आर्थर, डॉ. सुरेश पाण्डेय, जॉईस एडमंड्स, मेडी मेनुअल, डॉ. गर्ड ऑफार्थ, डॉ. मर्सेला एसकोबार-गोमेज, डॉ. लिलियाना वर्नर, डॉ. रोबोटो बियांची, डॉ. क्विन पैंग एवं डाफिनी हाडिनट।

क्या आप शाकाहारी हैं?

अमेरिका में मेरी फैलोशिप जुलाई 1999 में शुरू हुई। स्टोर्म आई इंस्टीट्यूट, मेडिकल यूनिवर्सिटी ऑफ साउथ केरोलाइना, चाल्स्टन (अमेरिका) में प्रत्येक माह के आखिरी शुक्रवार को 'इंटरनेशनल लंच' का आयोजन किया जाता था। इस दौरान विश्वभर के अनेकों देशों से आये फैलोज अपने अपने देश के लोकप्रिय भोज्य पदार्थ पकाकर लाते थे। सभी फैलोज़ प्रोफेसर डेविड एप्पल के साथ इंटरनेशनल लंच का आनंद लेते थे। इंटरनेशनल लंच के दौरान मेरे द्वारा बनाये गये पकौड़े सभी फैलोज पसंद करते थे। प्रोफेसर डेविड एप्पल भी उनकी उपलब्धता के अनुसार इंटरनेशनल लंच हम सभी फैलोज़ के साथ करते थे। मेरे गुरु प्रोफेसर जगत राम के बाद मैं वहाँ एकमात्र शाकाहारी व्यक्ति था

एवं हम दोनों स्वयं के द्वारा पकाया शाकाहारी भोजन शेयर करते थे। अधिकांश फैलोज़ मांसाहारी, अथवा समुद्री फूड पकाकर लाते थे, जिसकी गंध शाकाहारी व्यक्ति के लिए परेशानी वाली हो सकती थी। दिनांक 30 जुलाई 1999 को प्रथम इंटरनेशनल लंच में भाग लेने के दौरान माइक्रोवेव में खाना गर्म करने के बाद मुझे बहुत तेज गंध आई और ऐसा लगा जैसे मुझे उल्टी हो जाएगी। लेकिन मैं धीरे धीरे इस गंध का अभ्यस्त हो गया। हर कोई यह जानकर हैरान था कि पूर्ण शाकाहारी रहकर कोई व्यक्ति फलों एवं सब्जियों पर आजीवन कैसे जीवित रह सकता है? शाकाहारी होना कई सहपाठियों एवं स्टाफ सदस्यों आश्चर्य का विषय था। कइयों ने मुझसे पूछा कि आप प्रोटीन की भरपाई कैसे कर सकते हैं? धीरे-धीरे मैंने उनको लेक्टो-वेजिटेरियन की बात बताते हुए शाकाहारी व्यंजनों के बारे में न सिर्फ बताया वरन् उनको अनेकों प्रकार के शाकाहारी भोज्य पदार्थ खिलाकर उनका ज्ञानवर्धन किया।

फोटो 2. स्टोर्म आई इंस्टीट्यूट, मेडिकल यूनिवर्सिटी ऑफ साउथ केरोलाइना, चाल्सटन (अमेरिका) में प्रत्येक माह के आखिरी शुक्रवार को आयोजित इंटरनेशनल लंच के दौरान प्रोफेसर डेविड एप्पल, श्रीमती एन. एप्पल, डॉ. सुरेश पाण्डेय, डॉ. लिलियाना वर्नर (ब्राजील), डॉ. टेमर मेकी (केरो, इजिप्ट), डॉ. मर्सेला एसकोबार-गोमेज (बगोता, दक्षिणी अमेरिका) डॉ. इरमी न्यूहान (केप्सूलोरेक्सिस के आविष्कर्ता डॉ. थामस न्यूहॉन की सुपुत्री, म्यूनिख, जर्मनी), डाफिनी होडीनट (मेडिकल स्टूडेंट), अन्य अन्तर्राष्ट्रीय फेलोज एवं स्टाफ़ सदस्य।

फैलोशिप ज्वाईन करने के बाद अगले दिन लंच के बाद मैं अपना आई. डी. कार्ड लेने के लिए प्रशासनिक कार्यालय पहुँचा। स्टॉफ के सदस्य ने मेरी फोटो खींचते समय मुस्कुराकर कहा, 'डॉ. पाण्डेय, क्या आप यहाँ खुश हैं?' मैंने कहा, 'हाँ।' उसने कहा, 'तो फिर मुस्कुराएँ और मुझे अपने खुशनुमा चेहरे का फोटो खींचने दें!' यह सुनकर मैं खुलकर मुस्कुराने लगा। मैं ऐसे लोगों के साथ था, जिन्होंने मुझे दिखाया कि छोटी-छोटी चीज़ें तनाव को ख़त्म कर सकती हैं। एक मुस्कान, एक मज़ाक, किसी चीज के बारे में एक सामान्य जिक्र, जिसमें सामने वाले की रुचि हो - ये पल छोटे दिखते हैं, लेकिन घबराहट को दूर करने और मित्रता की बुनियाद बनाने में काफी दूर तक जाते हैं। बरसों बाद डॉक्टर के रूप में मुझे इन सबकों से बहुत ज्यादा लाभ होने वाला था। इनकी मदद से मैं अपने मरीज़ों के साथ ज्यादा अच्छी चर्चा कर पाया, जिनमें से कई तनावपूर्ण, चिंतित, आलोचनात्मक और शंकालु भी थे।

फोटो 3. मेडिकल यूनिवर्सिटी ऑफ साउथ केरोलाइना के एडमिनिस्ट्रेटिव ब्लॉक के सामने लिया फोटोग्राफ। बच्चों में होने वाले मोतियाबिंद एवं अन्य रोगों में मुझे प्रोफेसर एडवर्ड विल्सन, प्रोफेसर रिचर्ड सान्डर्स का मार्गदर्शन अनवरत मिलता रहा।

जितना अभ्यास करेंगे, उतना निखार आएगा

एक सप्ताह बाद स्टॉर्म आई इंस्टीट्यूट के स्टाफ के साथ मैंने 4 जुलाई 1999 को अमेरिका का स्वतंत्रता दिवस मनाया। यह मुझे व्यक्तिगत मील के पत्थर जैसा महसूस हुआ: *सर्जिकल अज्ञान से मेरी स्वतंत्रता का दिन।* अमेरिका में मेरी पहुँच ऐसी अत्याधुनिक सुविधाओं तक थी, जो भारत के नेत्र विज्ञान रेज़िडेंट्स को उस समय उपलब्ध नहीं थी। नेत्रों की माइक्रो-सर्जरी में ऑफ्थैल्मोलॉजी के रेज़िडेंट्स को अच्छा प्रशिक्षण न मिल पाने का एक कारण यह था कि भारत में 1990 के आखिरी दशक के दौरान अच्छी वेट-लैब सुविधाएँ नहीं थीं, जहाँ वे ऑपरेटिंग माइक्रोस्कोप और फेकोइमल्सिफिकेशन उपकरण का इस्तेमाल करके पोस्टमॉर्टम मानव आँखों, मॉडल आँखों या जानवरों की आँखों पर आई सर्जरी का अभ्यास कर सकें। इसके अलावा एम.एस. पाठ्यक्रम के दौरान बहुत व्यस्त चिकित्सकीय ड्यूटीज, थीसिस कार्य और व्यक्त शैक्षणिक समय सारिणी की वजह से नेत्र विज्ञान रेज़िडेंट्स के पास सर्जिकल प्रशिक्षण और वेट-लैब में अभ्यास के लिए ज़्यादा समय ही नहीं बचता था। फलस्वरूप ये रेज़िडेंट्स प्रशिक्षण के बाद सामान्य मोतियाबिंद का ऑपरेशन भी नहीं कर सकते थे। यही नहीं, मेरे जैसे कुछ डॉक्टरों को उनके सीनियर्स, ऑपरेशन थियेटर असिस्टेंट या नर्सेंज अपनी नकारात्मक बातों से कभी-कभी हतोत्साहित भी कर देते थे, जैसे 'तुम्हारे पास सर्जिकल हैंड नहीं है,' 'तुम्हारे पास 3-डी (थ्री-डाइमेंशनल) विजन नहीं है,' 'तुम्हारी मोटी अँगुलियाँ आँख की नाजुक सर्जरी के लिए उपयुक्त नहीं है,' 'तुममें मस्तिष्क, हाथ, पैर और आँख का तालमेल नहीं है।' ये नकारात्मक टिप्पणियाँ मैंने भी अनेकों बार सुनी थीं एवं मेरे अवचेतन मन में संचित थीं और उन पलों में मुझे परेशान करती थीं, जिनमें पूर्ण स्थिरता और एकाग्रता की ज़रूरत होती थी।

जब मैंने भारत में अपना पहला मोतियाबिन्द रोगी का ऑपरेशन किया, तो मैंने पाया कि मोतियाबिंद सर्जरी (फेकोइमल्सीफिकेशन) करना किसी के लिए भी सचमुच बहुत डरावना होता है, ख़ास तौर पर उन लोगों के लिए जो वेट-लैब में किसी पूर्व अभ्यास के बिना इसे पहली बार करते हैं। किसी भी नौसिखिये सर्जन द्वारा आँख के भीतर हल्की सी भी ग़लत गतिविधि से स्थाई जटिलताएँ (कॉम्प्लीकेशन) हो सकती है। आप आँख के कॉर्निया को स्थायी नुक़सान पहुँचा सकते हैं या फिर आप लेंस के नाजुक कवर (जिसे पोस्टिरियर कैप्सूल कहा जाता है, जो केंद्र में केवल 3.5 माइक्रोन मोटा होता है) को

विखण्डित कर सकते हैं। किसी भी कृत्रिम इम्प्लांट के लिए पोस्टीरियर कैप्सूल नामक झिल्ली का अक्षुण (इंटेक्ट) होना अनिवार्य है। लेकिन अब स्टॉर्म आई इंस्टीट्यूट, चार्ल्सटन में मुझे आँख की मेरी माइक्रो-सर्जरी को निखारने (फाइन ट्यून) करने का अवसर मिल गया था। मैं प्रोफेसर जगत राम के पीछे-पीछे वेट-लैब में गया। उन्होंने मुझे 'मियाकी-एप्पल तकनीक' के बारे में बताया। इस तकनीक को सबसे पहले एक जापानी आई सर्जन डॉ. केन्साकू मियाकी ने प्रकाशित किया था। प्रोफेसर डेविड एप्पल और उनकी टीम ने इसे संशोधित किया था, इसलिए इसका नामकरण बाद में 'मियाकी-एप्पल तकनीक' पड़ गया।

'मियाकी-एप्पल तकनीक' इस तकनीक में आप पोस्टमॉर्टम मानव आँखों का इस्तेमाल करके मोतियाबिंद का ऑपरेशन करते हैं और अच्छी गुणवत्ता के हाई-डेफिनेशन कैमरे से फेको ऑपरेशन करते समय पोस्टीरियर कैप्सूल एवं ज़ोन्यूलर तनाव (स्ट्रेस) का अध्ययन करते हैं। सभी नौसिखिये नेत्र सर्जन इस तकनीक का इस्तेमाल करके मोतियाबिंद सर्जरी के अनिवार्य क़दम सीखते थे। फेको मशीनों, ऑपरेटिंग माइक्रोस्कोप्स, मॉडल आँखों, पोस्टमॉर्टम मानव आँखों, आई.ओ.एल., ट्रेफाईन्स और विस्कोइलास्टिक सॉल्यूशन्स शोध हेतु उपलब्धता बहुत सुगम थी। मैंने इस स्वर्णिम अवसर का पूरा फायदा उठाया और स्टॉर्म आई इंस्टीट्यूट में मैं अपना ज़्यादातर समय आँख की माइक्रो-सर्जरी की बारीकियाँ सीखने में लगाने लगा। मैंने पाया कि निरंतर अभ्यास किसी भी क्षेत्र में महारत के लिए अनिवार्य है, आप जितना ज़्यादा अभ्यास करेंगे, आपकी सर्जिकल योग्यता में उतना ही ज़्यादा निखार आएगा।

स्टॉर्म आई इंस्टीट्यूट में आँखों पर दिन-रात रिसर्च

चार्ल्सटन स्थित मेडिकल यूनिवर्सिटी ऑफ साउथ केरोलाईना की द स्टॉर्म आई इंस्टीट्यूट नेत्र चिकित्सा जगत में ख्याति प्राप्त स्थान था जहाँ विश्वभर के प्रशिक्षु नेत्र सर्जन, नेत्र चिकित्सा विज्ञान में शोध के लिए आते थे। जर्मनी, चीन, यूरोप, ब्राजील, थाईलैंड, इज़राइल आदि देशों से प्रोफेसर एप्पल के यहाँ आने वाले इन अंतर्राष्ट्रीय नेत्र फैलोज़ को 'एप्पल कॉर्प्स' कहा जाता था। डॉ. एप्पल अपने साथ कार्य करने वाले रिसर्च फैलोज़ को उत्कृष्ट शोध कार्य के लिए प्रेरित करते थे। सभी फैलोज़ आपस में एक परिवार के सदस्य की भाँति रह कर कार्य करते थे। प्रत्येक फैलो का जन्मदिवस भी मनाया जाता था।

फोटो 4. स्टॉर्म आई इंस्टिट्यूट में प्रोफेसर डेविड एप्पल के साथ विभिन्न देशों से सीखने आये 'दी एप्पल कार्प्स'। दाएँ से बाएँ : डॉ. सुरेश पाण्डेय (भारत), प्रोफेसर डेविड एप्पल, डॉ. रूपल त्रिवेदी (भारत), डॉ. लिलियाना वर्नर (ब्राजील), डॉ. एण्ड्रिया ईज़ाक (चेकोस्लोवाकिया) एवं डॉ. टेमर मेकी (इजिप्ट)।

प्रोफेसर एप्पल ने पैथोलोजी एवं ऑफ्थैल्मोलॉजी दो विषयों में प्रशिक्षण प्राप्त कर इंट्राओक्युलर लैन्स में रिसर्च कार्य शुरू किया था। नेशनल आई इंस्टीट्यूट एवं नेशनल हैल्थ इन्स्टीट्यूट, द फूड एण्ड ड्रग एडमिनिस्ट्रेशन (एफ. डी.ए.) आदि अमेरिका के प्रतिष्ठित संस्थानों ने उन्हें रिसर्च ग्रान्ट देने के लिए मना कर दिया था, क्योंकि इन संस्थानों के अनुसार इंट्राओक्युलर लैन्स रिसर्च का भविष्य उज्जवल नहीं था। प्रोफेसर एप्पल ने आई.ओ.एल. निर्माताओं से रिसर्च ग्रान्ट लेकर इस क्षेत्र में रिसर्च आरम्भ की एवं विश्वभर के रिसर्च शोध कर्त्ताओं को अपने साथ कार्य करने के लिए आकर्षित किया। एक दिन मैंने फेडेक्स को स्टॉर्म आई इंस्टीट्यूट में तीन बॉक्स लाते देखा। इसमें काँच के छोटे कंटेनर थे, जिनमें पोस्टमार्टम मानव आँखों को सावधानी से पैक किया गया था। फैकिक आँखें (प्राकृतिक लेंस वाली) फेकोइमल्सिफ़िकेशन और आई.ओ. एल. इम्प्लांटेशन सीखने और अभ्यास करने के काम आती थीं। स्यूडोफेकिक आँख (जिसमें मोतियाबिंद की सर्जरी और आई.ओ.एल. इम्प्लांटेशन किया जा चुका हो) का इस्तेमाल शोध के उद्देश्य से किया जाता था। प्रोफेसर एप्पल को न सिर्फ पूरे अमेरिका के आई बैंकों से मृत्यु उपरांत आँखें भेजी जाती थीं, बल्कि पूरे संसार के आई सर्जन्स से भी पोस्टमार्टम आँखों को भेजा जाता था।

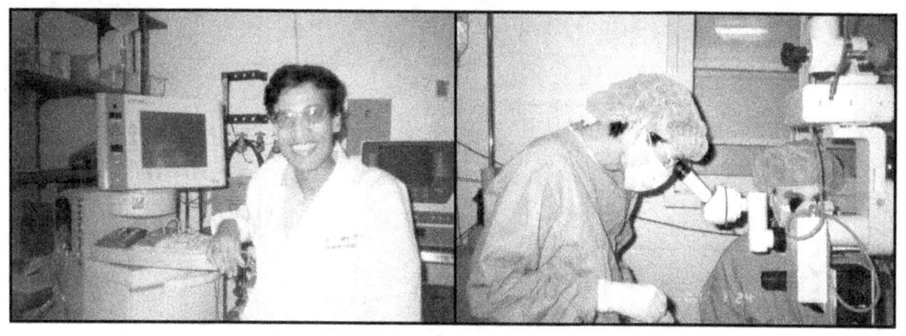

फोटो 5. सेंटर फॉर ओक्युलर थेरेप्यूटिक्स एंड बायोडिवाइसेस में प्रोफेसर डेविड एप्पल के मार्गदर्शन में सीखना या अंतर्राष्ट्रीय नेत्र फैलोज के रूप में 'एप्पल कॉर्प्स' का हिस्सा बनना किसी भी ऑफ्थैल्मोलॉजिस्ट के लिए सबसे महत्वाकांक्षी स्वप्न था। मैं भी पूरे समर्पण भाव से सीखने में जुट गया। सप्ताह के दिनों में मैं देर रात तक रुकता था और वीक-एंड में भी वहाँ आता था। एक तरह से पाँचवीं मंज़िल का सेंटर मेरा दूसरा घर बन गया था। मैं हमेशा वहीं नज़र आता था, जिससे मेरे सहकर्मियों को बड़ा मज़ा आता था। वे कहते थे, 'डॉ. पाण्डेय यहीं रहते हैं।' शायद ज़्यादा से ज़्यादा समय वहाँ रुककर सीखने की वजह से ही अमेरिका में मेरे करियर का कायाकल्प हो गया और यह मेरे जीवन के सबसे यादगार अनुभवों में से एक बन गया।

प्रोफेसर डेविड जे. एप्पल से मैंने सीखे टीम का नेतृत्व करने के गुण

प्रोफेसर डेविड एप्पल एक अत्यंत सकारात्मक, मृदुभाषी और आकर्षक व्यक्ति थे और वे हमेशा अपने विद्यार्थियों (फैलोज़) को सर्वश्रेष्ठ कार्य करने के लिए प्रोत्साहित करते थे। वे अपने डिक्टोफोन (डिक्टेशन की एक मशीन) से अनेकों पत्र रिकॉर्ड करते थे जिन्हें उनकी सचिव टाईप करती थी। वे माह में दो बार अंतर्राष्ट्रीय नेत्र कॉन्फ्रेंस में 'ऑरेशन' अथवा 'की-नोट एड्रेस' हेतु आमंत्रित अतिथि के रूप में भाग लेते थे। वे चार्ल्सटन से अटलांटा एयरपोर्ट जाते, एवं अटलांटा के हार्ट्सफिल्ड जेक्शन अंतर्राष्ट्रीय एयरपोर्ट से वे यूरोप, जापान, ऑस्ट्रेलिया आदि के लिए अंतर्राष्ट्रीय उड़ान भरते थे। नेत्र कॉन्फ्रेन्स में जाने से पहले वे सभी फैलोज के द्वारा लिखित आर्टिकल्स की प्रिंटेड कॉपी अपने साथ ले जाते थे। विमान में चढ़ने के बाद वे इन आर्टिकल्स को पढ़ते और अपने सुझाव एयरपोर्ट से सीधे चार्ल्सटन ऑफिस में फैक्स कर देते थे। प्रोफेसर डेविड एप्पल हमेशा अपने फैलोज़ की अच्छाइयों, गुणों पर ध्यान देते हुए उन्हे अपना सर्वश्रेष्ठ प्रयास करते रहने के लिए प्रेरित करते रहते थे। उनके द्वारा प्रशिक्षित 200 से अधिक अंतर्राष्ट्रीय फैलोज़ ने उनकी अनेकों खूबियों को सीखा एवं अपने जीवन में उतारा जिसके फलस्वरूप वे विश्व विख्यात नेत्र चिकित्सक बने। इनमें से कुछ नाम उल्लेखनीय हैं, जैसे प्रोफेसर

एहुद आई. आसिया (इजराइल), प्रोफेसर गर्ड यू. ऑफार्थ (जर्मनी), प्रोफेसर जगत राम (निदेशक, पी.जी.आई.एम.ई.आर., चण्डीगढ़), प्रोफेसर मनफ्रेड टेट्ज (जर्मनी) आदि। प्रोफेसर एप्पल से मैंने सफर के दौरान भी एक एक मिनट का पूरी तरह सदुपयोग करने, एक सशक्त टीम बनाने एवं किसी भी कार्य को सक्षम व्यक्तियों की टीम को डेलिगेट करने की महत्वपूर्ण कला सीखी थी। मैंने उनसे शोध पत्रों एवं अन्य लेखों को बार-बार पढ़कर संशोधित करते हुए इन लेखों को परफैक्शन के स्तर तक ले जाने का स्वर्णिम सूत्र भी सीखा। मैंने उनसे प्रेरित होकर अपने संपर्क में आने वाले रोगियों, स्टाफ सदस्यों एवं कोचिंग विद्यार्थियों को अपना सर्वश्रेष्ठ प्रयास करते हुए मोटिवेट करने का प्रयास किया।

फोटो 6. प्रोफेसर डेविड एप्पल के साथ डॉ. सुरेश पाण्डेय। प्रोफेसर एप्पल से मैंने एक सशक्त टीम बनाने एवं किसी भी कार्य को सक्षम व्यक्तियों की टीम को डेलिगेट करने की महत्वपूर्ण कला सीखी थी।

कृत्रिम लेंस (आई. ओ. एल.) के अविष्कारक डॉ. हैरोल्ड रिडली से मेरी मुलाकात

मेरा सौभाग्य था कि मुझे सिएटल में अंतर्राष्ट्रीय नेत्र कॉन्फ्रेंस के दौरान डॉ. हैरोल्ड रिडली से मिलने और चर्चा का सुअवसर मिला। उन्होंने कृत्रिम लेंस के आविष्कार के बाद आयी परेशानियों एवं चुनौतियों के बारे में बताते हुए कहा कि नेत्र चिकित्सकों की वर्तमान पीढ़ी को 1950 से 1970 तक

किये गये संघर्षों के बारे में जानकारी नहीं के बराबर है। मोतियाबिंद ऑपरेशन वर्तमान में कृत्रिम लेंस प्रत्यारोपण के साथ किया जाता है एवं यह ऑपरेशन सफलतम एवं आज विश्व में सर्वाधिक संख्या में किया जाने वाला ऑपरेशन है। दुर्भाग्यवश कृत्रिम लेंस के आविष्कार के बाद उसकी नेत्र विशेषज्ञों द्वारा स्वीकृति एवं रोगियों में प्रत्यारोपित करने का मार्ग काँटों से भरा हुआ था। मुझे सफल नेत्र चिकित्सक बनने का आशीर्वाद देते हुए उन्होंने कहा कि भारत से उनका पुराना रिश्ता है, क्योंकि उनकी पत्नी एलिज़ाबैथ रिडली का जन्म नैनीताल में हुआ था।

फोटो 7. सिएटल (यू.एस.ए.) में कृत्रिम लेंस के आविष्कारक हेरॉल्ड रिडली से चर्चा करते हुए डॉ. सुरेश पाण्डेय। इस अवसर पर उनकी पत्नी एलिजाबेथ रिडली एवं डॉ. लिलियाना वर्नर भी उपस्थित थे।

कृत्रिम इन्ट्राऑकुलर लेंस की खोज द्वितीय विश्व युद्ध की अद्भुत खोज थी, जिसने आधुनिक मोतियाबिंद सर्जरी का नेतृत्व किया एवं मोतियाबिन्द ऑपरेशन को नये आयाम तक पहुँचाया। जहाँ एक ओर युद्ध का जीवन पर एक भयानक प्रभाव पड़ता है, यह कभी-कभी ऐसी नई तकनीक पेश करता है जो जीवन को भी अप्रत्याशित रूप से सुधार सकती है। मोतियाबिन्द ऑपरेशन कृत्रिम लेंस प्रत्यारोपण विश्वभर में सबसे ज्यादा संख्या में किया जाने वाला ऑपरेशन है। विश्वभर में प्रतिवर्ष दो करोड़ से अधिक मोतियाबिन्द ऑपरेशन किये जाते है।

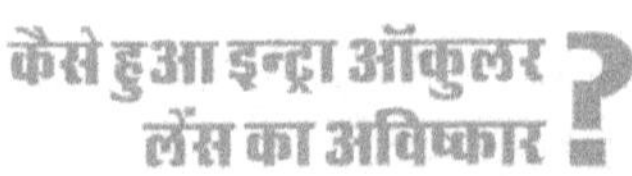

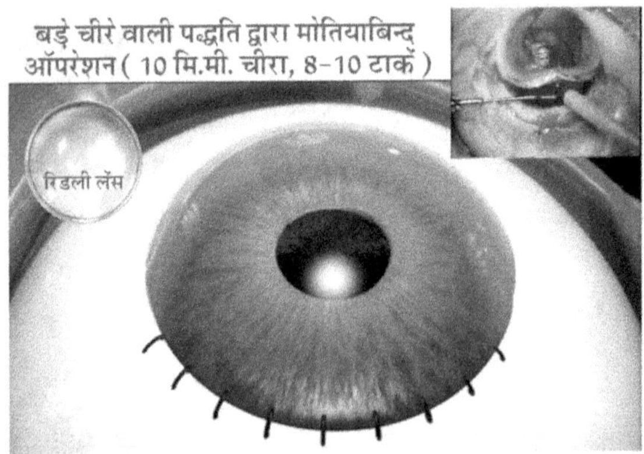

फोटो 8. सर हेरोल्ड रिडली ने कृत्रिम इन्ट्राऑकुलर लेंस का आविष्कार कर विश्वभर के करोड़ों लोगों को नई रोशनी दी।

लंदन के डॉ. हैरोल्ड रिडली ने रॉयल एयरफोर्स के पायलट लेफ्टिनेंट गॉर्डन माउस क्लीवर की जाँच करने पर पाया कि उनकी बाई आँख में प्लास्टिक के टुकड़े चले गए थे, लेकिन उनके शरीर ने उन्हें अस्वीकार नहीं किया था, न ही

उनकी आँख की रोशनी पर बुरा असर हुआ था। इसके बाद 1948 में एक दिन एक मेडिकल विद्यार्थी ने डॉ. रिडली को सर्जरी करते देखा और कहा, 'कितने अफ़सोस की बात है *कि आप मोतियाबिंद को निकालने के बाद उसकी जगह पर एक कृत्रिम लेंस नहीं लगा सकते!*' यह बात सुनकर डॉ. रिडली को क्लीवर की आँखों के प्लास्टिक याद आ गए और उन्होंने सोचा कि क्यों न मोतियाबिंद की सर्जरी में प्राकृतिक लेंस को हटाकर प्लास्टिक का लेंस लगा दिया जाए। उस समय तक नेत्र चिकित्सा में आँखों से चीजें हटाई तो जाती थीं, लेकिन कोई कृत्रिम चीज़ नहीं लगाई जाती थी, इसलिए उन्होंने यह काम अति गोपनीय रूप से किया। उन्होंने रेनर नामक एक परिचित ऑप्टिकल कंपनी के वैज्ञानिक से कृत्रिम आई.ओ.एल. बनाने को कहा। लेंस बनने के बाद डॉ. रिडली ने 8 फरवरी 1950 को सफल सर्जरी करके आई.ओ.एल. लगा दिया। इसके बाद उन्होंने दस ऐसे ऑपरेशन किए, जो सभी सफल रहे। लेकिन उन्होंने अपनी सर्जरी के परिणामों को दो साल तक प्रकाशित नहीं किया, क्योंकि उन्हें साथी डॉक्टरों के विरोध का डर था। जब ख़बर फैली, तो साथी डॉक्टरों ने इसकी आलोचना करते हुए कहा कि इससे आँखों पर विपरीत प्रभाव पड़ सकता है। डॉ. रिडली के इस आविष्कार को लगभग पच्चीस साल बाद जाकर स्वीकार किया। वर्ष 2000 में महारानी एलिजाबेथ द्वितीय ने उन्हें 'नाइटहुड' की उपाधि दी।

फोटो 9. अप्रैल 1999 में सिएटल (यू.एस.ए.) में अमेरिकन सोसाइटी ऑफ कैटेरेक्ट एण्ड रिफ्रेक्टिव सर्जरी कॉन्फ्रेंस के दौरान कृत्रिम लेंस (आई.ओ.एल.) के आविष्कारक सर हेरोल्ड रिडली के साथ, डॉ. सुरेश पाण्डेय, डॉ. लिलियाना वर्नर, डॉ. मर्सेला एसकोबार-गोमेज।

नेत्र शोध और वीडियो का दौर

जनवरी 1999 में पेरिस (फ्रांस) से पीएच.डी. पूर्ण कर डॉ. लिलियाना वर्नर स्टॉर्म आई इंस्टीट्यूट में आईं। उनके पास शोध का ज़बर्दस्त अनुभव था और उन्होंने पेरिस से पीएच.डी. की थी। हम दोनों शीघ्र ही प्रोफेसर डेविड एप्पल के सबसे पसंदीदा फैलोज़ बन गए। मैं शोध को लेकर बहुत उत्साहित था और वीक-एंड्स के कामकाज को मिलाकर एक दिन में दस घंटे से ज़्यादा समय तक काम करता था। डॉ. लिलियाना शोध अध्ययन की रूपरेखा बनाती थीं, जबकि मैं पहला ड्राफ्ट लिखता था और वीडियो तैयार करता था, जिसमें वे संशोधन करके अपने सुझाव लिखती थीं। विभिन्न शोध प्रोजेक्ट्स के अनुसार मैं ख़रगोश या पोस्टमॉर्टम से मिली मानव आँखों पर सर्जरी करता था।

हमने तीन वर्षों तक मिलकर काम किया, जिसमें प्रथम छह माह में हमनें तीन शोधपत्र पूरे किए। सबसे महत्वपूर्ण शोधपत्र वह था, जिसमें पके हुए मोतियाबिंद को स्टेन करने के लिए ट्राईपैन ब्लू डाई के इस्तेमाल की सिफारिश की गई थी। ज़्यादातर मरीज़ मोतियाबिंद का ऑपरेशन करवाने से पहले इसके पकने का इंतज़ार करते थे, इसलिए हम एक अच्छा तरीक़ा खोजना चाहते थे, जिससे नेत्र चिकित्सक सफेद मोतियाबिंद का ऑपरेशन करने में आने वाले अवरोध से उबर सकें। कुछ वर्षों से मोतियाबिंद ऑपरेशन की फेकोइमल्सीफिकेशन नामक तकनीक लोकप्रिय होने लगी थी। इस तकनीक में अल्ट्रासोनिक प्रोब का इस्तेमाल करके लेंस के न्यूक्लियस को छोटे-छोटे टुकड़ों में तोड़ा जाता था। लेकिन सफ़ेद पके हुए मोतियाबिंद वाले मामलों में फेकोइमल्सीफिकेशन करना चुनौती थी। जब फेकोइमल्सीफिकेशन तकनीक का इस्तेमाल करके मोतियाबिंद का ऑपरेशन किया जाता है, तो लेंस कैप्सूल के केंद्र में पाँच मिमी. की गोलाकार ओपनिंग बनाना बहुत महत्वपूर्ण होता है। इसे 'कैपसुलोरहेक्सिस' के रूप में जाना जाता है। जो मोतियाबिंद नहीं पकते हैं, उनमें लाल फंडस की चमक (जिसे सर्जन द्वारा ऑपरेटिंग माइक्रोस्कोप से देखा जाता है) इस गोलाकार 5 मिमी. की केंद्रीय ओपनिंग को बनाने में मदद करती है। लेकिन सफेद पके हुए मोतियाबिंद में यह लाल फंडस की चमक नहीं दिखती है। इसलिए ट्राइपैन ब्लू डाई से पके हुए मोतियाबिंद के केप्सूल नामक आवरण को रंगने से 'कैपसुलोरहेक्सिस' में बड़ी मदद मिलती है। इस शोध से मोतियाबिंद की सर्जरी में कायाकल्प हो गया, क्योंकि भारत और दूसरे विकासशील देशों में ज़्यादातर पके हुए मोतिया की ही सर्जरी होती थी। ट्राइपैन

ब्लू जैसी वाईटल डाई का इस्तेमाल सफल मोतियाबिंद ऑपरेशन करने में बहुत उपयोगी हो सकता है। हमारे शोध में भारी संभावना थी और जब सहकर्मियों को हमारे काम का पता चला, तो वे सलाह देने लगे कि इसे और बड़े पैमाने पर कैसे किया जा सकता है। डॉ. एप्पल ने हमें यूरोपियन सोसायटी फॉर कैटेरेक्ट एंड रिफ्रेक्टिव सर्जरी (ई.एस.सी.आर.एस.) नामक अंतर्राष्ट्रीय कॉन्फ्रेंस के बारे में बताया, जो 1999 में विएना, ऑस्ट्रिया में आयोजित होने वाली थी। मैंने पोस्टमॉर्टम मानव आँखों पर सर्जरी करते हुए अपना एक वीडियो भेजकर दिखाया कि ट्राइपैन ब्लू डाई से 'कैपसुलोरहेक्सिस' ज़्यादा सुविधाजनक कैसे बन सकता है।

अंतर्राष्ट्रीय नेत्र महाधिवेशन में 'ऑस्कर' जीतना

वर्ष 1999 में यूरोपियन सोसायटी ऑफ कैटेरेक्ट एण्ड रिफ्रेक्टिव सर्जन्स (ई.एस.सी.आर.एस.) कॉन्फ्रेंस यूरोप में सबसे प्रतिष्ठित अंतर्राष्ट्रीय महाधिवेशन ऑस्ट्रिया के वियना शहर में था। इसमें 8,000 से ज़्यादा नेत्र चिकित्सक भाग ले रहे थे, जिनमें भारत के 20 डॉक्टर शामिल थे। कॉन्फ्रेंस का सबसे रोमांचक हिस्सा यह था कि इसमें तीसरे दिन फिल्म फैस्टिवल सेरेमनी थी। जूरी पूरे संसार के डॉक्टरों की भेजी हुई फिल्में देखकर विजेता का चुनाव करने वाले थे। मैं जानता था कि मेरा वीडियो अच्छा था, लेकिन मुझे नहीं लग रहा था कि मैं पाँच श्रेणियों (जटिल/विशेष प्रकरण, शैक्षणिक, नवाचारी, वैज्ञानिक, रेज़िडेंट्स इन ट्रेनिंग) में से किसी में भी पुरस्कार जीत सकता हूँ। मैं धैर्यपूर्वक दर्शकों में बैठा रहा और कार्यक्रम देखता रहा, जब तक कि वैज्ञानिक श्रेणी में सर्वश्रेष्ठ वीडियो विजेता की घोषणा का समय नहीं आ गया। होस्ट ने घोषणा की: 'सर्वश्रेष्ठ वीडियो पुरस्कार दिया जाता है,' मैं अचानक घबराने लगा। कितना अच्छा रहेगा अगर – मैंने सोचा, तभी होस्ट ने आगे कहा 'डॉ. सुरेश पाण्डेय को।' मैं तुरंत खड़ा हो गया। मैंने काले सूट का बटन लगाया और मंच पर पहुँच गया। हॉल में तालियों की गड़गड़ाहट होने लगी। ऐसा महसूस हुआ, जैसे आसमान फट गया है और मैं दूसरे संसार में पहुँच गया हूँ। एक ऐसा संसार, जहाँ मेरी कड़ी मेहनत रंग लाई थी।

ई.एस.सी.आर.एस. के प्रेसिडेंट प्रोफेसर अल्फ स्टेनेवी ने मुझे पुरस्कार प्लेट और एक सर्टिफिकेट देकर सम्मानित किया। तीस वर्ष की उम्र में विएना में प्रतिष्ठित फिल्म फेस्टिवल अवार्ड जीतना मेरे लिए बहुत गर्व की बात थी।

यूरो टाइम्स (जो कॉन्फ्रेंस का अधिकारिक समाचार पत्र था) में मेरा इंटरव्यू प्रकाशित हुआ। इसके बाद मुझे कई अन्य पुरस्कार भी मिले, जिनमें अमेरिकन सोसायटी ऑफ़ कैटेरेक्ट एंड रिफ्रेक्टिव सर्जरी (ए.एस.सी.आर.एस.) का 'ए.एस.सी.आर.एस. फिल्म फेस्टिवल अवॉर्ड' शामिल था। इसे लोकप्रिय भाषा में ऑफ्थैल्मोलॉजी का 'ऑस्कर' कहा जाता है। इसमें जूरी आम तौर पर हॉलीवुड की पोशाक में होते हैं और विजेता को ऑस्कर जैसी स्टैच्यू दी जाती है। लेकिन यह पुरस्कार मेरे लिए दोगुना ख़ास इसलिए था, क्योंकि जब मैं मंच पर गया, तो उन्होंने भारतीय राष्ट्रगान की धुन बजाई। एक भारतीय डॉक्टर के काम को कई हज़ार मील दूर अमेरिका में मान्यता दी जा रही थी। मेरा दिल भर आया। स्टॉर्म आई इंस्टीट्यूट में मैं एप्पल कॉर्प्स का 'जगमगाता सितारा (ब्लू-आईड बॉय)' बन गया था। मेरे पास अपना बड़ा सपना और कभी-ना-न-कहने-वाला नज़रिया था। और मेरे लिए यह तो सिर्फ शुरुआत थी। अन्तर्राष्ट्रीय फिल्म फेस्टिवल अवॉर्ड मिलने पर मुझे पी.जी.आई. के मेरे शिक्षकों एवं देश के प्रमुख नेत्र चिकित्सकों द्वारा बधाई भी दी गयी।

फोटो 10. यूरोप एवं अमेरिका में आयोजित अंतर्राष्ट्रीय नेत्र महाधिवेशन के दौरान वीडियो फिल्म फेस्टिवल सेरेमनी में वीडियो अवार्ड प्राप्त करते डॉ. सुरेश पाण्डेय।

विभिन्न देशों की सांस्कृतिक विभिन्नताएँ

चार्ल्सटन में कुछ फैलो यूरोप (यू.के., फ्रांस), चीन और लैटिन अमेरिका से आए थे। भारतीय परंपरा के अनुसार मैंने हाथ जोड़कर एवं हाथ मिलाकर उनका अभिवादन किया। उन्होंने गाल पर चुंबन के साथ मेरा स्वागत किया। सितंबर 1999 के दौरान मैंने यूरोपियन सोसायटी फॉर कैटेरेक्ट एंड रिफ्रेक्टिव सर्जरी कॉन्फ्रेंस में भाग लेने के लिए वियना, आस्ट्रिया का दौरा किया। मैं अपनी सहयोगी डॉ. लिलिनिया वर्नर के साथ एक सप्ताह के लिए पेरिस भी गया। डॉ. वर्नर और मैंने पेरिस विश्वविद्यालय का दौरा किया, जहाँ उन्होंने काम

किया था। वहां सभी ने गाल पर चुंबन के साथ हम दोनों का अभिवादन किया। 'ला बिस' एक फ्रांसिसी अभिवादन है जिसमें दो लोग एक दूसरे के गालों को कम से कम तीन बार चूमते हैं। 'ला बिस' फ्रांसिसी ग्रीटिंग संस्कृति का एक अभिन्न अंग है लेकिन उस समय जानकारी के अभाव में इस अभिवादन के तरीके से मैंने अपने आप को असहज अनुभव किया था। जब मेरे कुछ भारतीय मित्र मेरी विएना और पेरिस यात्रा की तस्वीरें देख रहे थे और उनमें से कुछ मित्रों ने मुझसे मजाक करते हुए कहा, पाण्डेय जी विदेशियों से उनकी संस्कृति सीख रहे हैं।

दोहरे (पिगीबैक) लेंस लगाने की महत्वपूर्ण खोज

अमेरिका में नवंबर 1999 की बात है। थैंक्सगिविंग डे आने वाला था और पूरे अमेरिका में इसकी तैयारियाँ चल रही थीं। एक सुबह प्रोफेसर डेविड जे. एप्पल ने मुझे अपने ऑफिस में बुलाकर एक पत्र दिया। उन्होंने मुझे साथ ही एक्सप्लांटेड इंट्राओक्युलर लेंस (आई.ओ.एल.) दिए। इन लेंसों को एक विख्यात आई सर्जन डॉ. जॉनी एल. गेयटन ने शोध तथा मूल्यांकन के लिए डॉ. एप्पल की प्रयोगशाला भेजा था।

सर हैरॉल्ड रिडली ने एकल कृत्रिम लेंस का आविष्कार किया था, लेकिन डॉ. जॉनी गेयटन ने आँख में दो इंट्राओक्युलर लेंस लगाने की तकनीक ईजाद की थी। उन्होंने इस तकनीक को 'पिगीबैक आई.ओ.एल.' नाम दिया था। यह ज़्यादा रिफ्रेक्टिव पॉवर वाली आँखों के मरीज़ों के लिए ख़ास तौर पर उपयोगी थी। उस समय आई.ओ.एल. के ज़्यादातर निर्माता 30 डायोप्टर से ज़्यादा के आई.ओ.एल. नहीं बनाते थे। डॉ. गेयटन ने समाधान खोज लिया। क्योंकि 40 डायोप्टर का आई.ओ.एल. नहीं बनता था, इसलिए उन्होंने आँख में 20 डायोप्टर के दो आई.ओ.एल. लगा दिए। मरीज़ दो साल तक सही रहा, लेकिन इसके बाद उसकी दृष्टि कमज़ोर हो गई। तब डॉ. गेयटन ने डॉ. एप्पल से संपर्क किया और मुझे उनकी मदद करने की ज़िम्मेदारी सौंपी गई। उस पल तक मुझे विश्वास था कि सफलता का मतलब है सही समय पर सही जगह पर होना। लेकिन मुझे अहसास हुआ कि लोग एक अन्य महत्वपूर्ण चीज़ को चूक जाते हैं: सही लोगों के साथ होना। न सिर्फ मैं सही समय पर सही जगह पर था, बल्कि मैं टीम के जज़्बे वाले लोगों के बीच भी था, जो टीमवर्क और आपसी सहयोग में विश्वास करते थे।

डॉ. गेयटन ने सावधानी से मरीज़ की बाईं आँख की जाँच की। उन्होंने पाया कि दोनों लेंसों के बीच एक मेम्ब्रेन थी। डॉ. गेयटन ने आँख से दोनों आई.ओ. एल. (मेम्ब्रेन सहित) एक्सप्लाँट कर निकाले और उन्हें विस्तृत मूल्यांकन के लिए हमारे पास भेज दिया। और यह काम मुझे करना था। जाँच करने पर मैंने पाया कि दरअसल यह मेम्ब्रेन ही इन दो आई.ओ.एल. के बीच की ओपेसिटी या अस्पष्टता का कारण थी। हमने इसे इंटरलेंटिक्युलर ओपेसिफिकशन (आई. एल.ओ.) नाम दिया। हमने देखा कि दोनों आई.ओ.एल. एक-दूसरे में फँसे थे और इस मेम्ब्रेन की उपस्थिति का दस्तावेज़ीकरण किया। इसके बाद वृहद शोध और अवलोकन के उपरांत हमने पाया कि अलग-अलग सर्जिकल प्रणालियों का इस्तेमाल करके इस जटिलता को रोका जा सकता है।

इस शोध पर काम करने के लिए डॉ. गेयटन के उत्साह से मैं प्रेरित हुआ और मैं सीखने के अवसर पर बहुत खुश भी था। हमने अपने निष्कर्षों पर एक वीडियो बनाया और इसे अंतर्राष्ट्रीय कॉन्फ्रेंसेज तथा सेमिनारों में भेजा। अमेरिका एवं यूरोप में जहाँ-जहाँ भी यह वीडियो भेजा गया, वहाँ इसे पुरस्कार मिले। हमारे शोध के प्रकाशन शीर्ष ऑफ्थैल्मोलॉजी जर्नल्स में प्रकाशित हुए, जिनमें अमेरिकन जर्नल ऑफ़ ऑफ्थैल्मोलॉजी, आर्काइव्ज़ ऑफ़ ऑफ्थैल्मोलॉजी और जर्नल ऑफ़ कैटेरेक्ट एंड रिफ्रेक्टिव सर्जरी शामिल थे। ऑफ्थैल्मोलॉजी में विश्वविख्यात हस्ती के साथ सहयोग से न सिर्फ मुझे सीखने का मौक़ा मिला, बल्कि शीर्ष पियर-रिव्यूड ऑफ्थैल्मिक जर्नल्स में वैज्ञानिक प्रकाशनों और कई पुरस्कार विजेता वीडियो बनाने का अवसर भी मिला।

कृत्रिम लेंस में ओपेसिटी की महत्वपूर्ण खोज

विश्वभर के प्रमुख नेत्र विशेषज्ञों से मिलकर काम करने का एक और संयोग बना, जिससे हमने मोतियाबिंद संबंधी एक और महत्वपूर्ण खोज की। 1990 के दशक के अंत में आई.ओ.एल. लगवाने वाले कई रोगी धुँधली और अस्पष्ट दृष्टि की शिकायत लेकर आए। डॉक्टरों को समझ में नहीं आ रहा था कि गड़बड़ कहाँ थी? धुँधले आई.ओ.एल. वाला एक ऐसा ही मरीज़ तुर्की में डॉ. महमूद कसकालोग्लू के पास गया। उन्होंने आँख से आई.ओ. एल. को एक्सप्लांट कर डॉ. एप्पल की प्रयोगशाला में भेज दिया। एक बार फिर इसकी जाँच की ज़िम्मेदारी मुझे सौंपी गई। जब मैंने शोध किया, तो मुझे पता चला कि आई.ओ.एल. का धुँधलापन कैल्शियम जमने की वजह से हुआ

था। यह एक अत्यंत महत्वपूर्ण खोज थी, जिसके त्वरित परिणाम मिले। हमारे शोध और प्रकाशनों के आधार पर कई अग्रणी निर्माताओं ने अपने लेंस बनाने की सामग्री बदल ली। पहले हाइड्रोफिलिक एक्रिलिक के लेंस बनाए जाते थे, लेकिन हमारे शोध के बाद वे हाइड्राफोबिक एक्रिलिक से लेंस बनाने लगे। मुझे इस खोज पर गर्व था, लेकिन मैं जानता था कि मैं इसलिए कामयाब हो रहा था, क्योंकि मैं अमेरिका में था और मुझे कई विश्वविख्यात ऑफ्थैल्मोलॉजिस्ट्स के साथ मिलकर काम करने का मौक़ा मिल रहा था। यह सफलता पूरी तरह मेरी नहीं थी। यह तो मेरे परिवेश की भी सफलता थी, क्योंकि मेरे पीछे दिग्गज हस्तियों का समर्थन था, जैसे फिनलैंड के डॉ. आर. जे. लिनोला, फ्रांस की डॉ. बीट्रिस कोकेनर, ऑस्ट्रेलिया के डॉ. एंथनी जे. मैलूफ, भारत के डॉ. अभय आर. वसावड़ा, डॉ. अमर अग्रवाल, डॉ. नटराजन सुंदरम, डॉ. महिपाल सिंह सचदेव। डॉ. लिनोला के साथ मिलकर हमनें 'सैंडविच थियोरी' पर, डॉ. कोकेनर के साथ 'फाइव फ्लुओरोउसिल' शोध, एवं डॉ. मैलूफ के साथ 'सील्ड-केपसुल-इरीगेशन डिवाइस' नामक शोध कार्य को पूरा किया जो जर्नल ऑफ कैटेरेक्ट एण्ड रिफ्रेक्टिव सर्जरी नामक प्रतिष्ठित जर्नल में प्रकाशित हुए। हर रिसर्च प्रोजेक्ट का कार्य ख़ास था। प्रत्येक ने ऑफ्थैल्मोलॉजी की मेरी समझ को व्यापक बनाया और मुझे अग्रणी सर्जन बनाने में योगदान दिया। अब मुझे सुरंग के छोर पर रोशनी दिखने लगी थी और मेरा भविष्य उज्ज्वल दिख रहा था।

गिनिज बुक ऑफ वर्ल्ड रिकार्ड में दर्ज विश्व के सबसे कम उम्र के चिकित्सक से मुलाकात

अमेरिका के फोर्ट लॉडरडेल में ए.आर.वी.ओ. (एसोसिएशन फॉर रिसर्च इन विजन एण्ड ऑफ्थेलमॉलोजी) नामक अन्तर्राष्ट्रीय नेत्र महाधिवेशन में मुझे डॉ. बालामुरली कृष्णा अंबाती से मिलने का अवसर मिला। उनका नाम गिनिज बुक ऑफ वर्ल्ड रिकार्ड में दर्ज विश्व के सबसे कम उम्र के चिकित्सक के रूप में दर्ज है। डॉ. अंबाती का जन्म 29 जुलाई 1977 को दक्षिण भारत के वेल्लोर शहर में हुआ था। दिनांक 19 मई 1995 को 17 वर्ष 294 दिनों में अमेरिका से मेडिकल ग्रेजुएशन की डिग्री प्राप्त की जिससे उनका नाम विश्व के यंगेस्ट डॉक्टर के रूप में गिनिज बुक ऑफ वर्ल्ड रिकार्ड में दर्ज हुआ। डॉ. अंबाती वर्तमान में नेत्र रोग विभाग के प्रोफेसर एवं डायरेक्टर के पद पर यूनिवर्सिटी ऑफ ओरेगॉन, अमेरिका में कार्यरत् हैं।

फोटो 11. विश्व के यंगेस्ट डॉक्टर के रूप में गिनीज बुक ऑफ वर्ल्ड रिकार्ड में दर्ज डॉ. बालामुरली कृष्णा अंबाती के साथ चर्चा करते डॉ. सुरेश पाण्डेय, डॉ. लिलियाना वर्नर।

भारत के सुप्रसिद्ध नेत्र रोग विशेषज्ञों के साथ शोध कार्य

डॉ. अभय आर. वसावड़ा अहमदाबाद में कार्यरत्त अंतर्राष्ट्रीय ख्याति प्राप्त नेत्र रोग विशेषज्ञ हैं, जिन्होंने मुझे सफल नेत्र सर्जन बनने एवं नेत्र रिसर्च हेतु सबसे अधिक प्रेरित किया। मुझे उनसे पहली बार अक्टूबर 1993 में मिलने का सुअवसर मिला था। वे मध्यप्रदेश नेत्र विज्ञान सोसायटी द्वारा आयोजित नेत्र कॉन्फ्रेंस के दौरान सद्गुरु नेत्र चिकित्सालय में लाइव फेको सर्जरी करने चित्रकूट आए थे। प्रत्येक जटिल सर्जिकल स्टेप को सुगम ढंग से व्याख्या करते हुए समझाने के प्रभावशाली तरीके ने मुझे सबसे ज्यादा प्रभावित किया। तीन वर्ष बाद मैंने फरवरी 1996 में ऑल इंडिया ऑफ्थेल्मोलॉजीकल सोसाइटी (ए.आई.ओ.एस.) नेत्र कॉन्फ्रेंस के दौरान पी.जी.आई.एम.ई.आर., चण्डीगढ़ में लाइव सर्जरी करने में उनकी सहायता की। डॉ. वसावड़ा के साथ मिलकर हमने अमेरिका में कुछ शोध पत्रों का लेखन एवं प्रकाशन किया। अमेरिकन सोसायटी ऑफ कैटेरेक्ट एण्ड रिफ्रेक्टिव सर्जरी कॉन्फ्रेंस के दौरान मुझे उनके साथ वीडियो अवार्ड प्राप्त करने का सौभाग्य मिला। अंतर्राष्ट्रीय नेत्र कॉन्फ्रेंसेज

में डॉ. वसावड़ा को आमंत्रित किया जाता था। हमने साथ मिलकर यूरोप, अमेरिका, ऑस्ट्रेलिया में आयोजित अंतर्राष्ट्रीय नेत्र कॉन्फ्रेंसेज में भाग लेने आए नेत्र विशेषज्ञों के प्रशिक्षण हेतु एक घंटे के इंस्ट्रक्शन कोर्स प्रस्तुत किये। अक्टूबर 2008 में कोटा में राजस्थान नेत्र विज्ञान सोसायटी द्वारा आयोजित 'शुभ-दृष्टि' नामक नेत्र कॉन्फ्रेंस में डॉ. वसावड़ा ने आमंत्रित अतिथि के रूप में भाग लिया। इस दौरान उन्होंने हमारे निवेदन पर नवस्थापित सुवि नेत्र चिकित्सालय, कोटा परिसर में पधारकर विजिट करने का समय निकाला एवं हमारी टीम से सफ़लता के स्वर्णिम सूत्र साझा किए।

फोटो 12. दिनांक 1 मई 2001 को सेन डियागो, अमेरिका में अमेरिकन सोसायटी ऑफ कैटरेक्ट एण्ड रिफ्रेक्टिव सर्जरी कॉन्फ्रेंस के दौरान डॉ. अभय वसावड़ा एवं मुझे वीडियो फिल्म फेस्टिवल अवार्ड से नवाज़ा गया।

मुझे एक और कुशल, ऊर्जावान नेत्र शल्य चिकित्सक, पद्मश्री प्रोफेसर नटराजन सुंदरम के साथ सहयोग करने का अवसर मिला, जिन्हें उनके मित्र प्यार से 'नट्टी' कहते हैं। डॉ. नटराजन सुंदरम मुम्बई के सुप्रसिद्ध रेटिना विशेषज्ञ हैं। वे मेरी प्रेरणा के स्रोत रहे हैं। मेरा उनसे प्रथम परिचय 1995 में हुआ था जब पी.जी.आई.एम.ई.आर., चण्डीगढ़ नेत्र चिकित्सा विज्ञान में रेज़िडेंसी कर रहा था। मैंने जुलाई 2013 में शंघाई में आयोजित एशिया पैसिफिक एकेडमी ऑफ कैटरेक्ट एण्ड रिफ्रेक्टिव सर्जरी कॉन्फ्रेंस के दौरान उनके साथ एक वैज्ञानिक सत्र में अपना शोध पत्र पढ़ा था। शंघाई में मुझे उनके साथ रहने

एवं सीखने का स्वर्णिम अवसर मिला। डॉ. नटराजन सुंदरम हमेशा मुस्कुराते हुए ऊर्जा से भरे रहते थे। वह लाइव सर्जरी करने अथवा नेत्र शोध पत्रों को प्रस्तुत करने हेतु विश्वभर में आमंत्रित अतिथि के रूप में यात्रा करते हैं। उनकी प्रस्तुतियाँ न केवल नेत्र विज्ञान से संबंधित थीं वरन् दक्षता, ऊर्जा, खुशी और सकारात्मकता को बढ़ाने वाले अनेकों विषयों पर वे विश्वभर के नेत्र विशेषज्ञों को मोटिवेट करते हैं। उनकी ऊर्जा का स्तर अनुभव करते हुए अधिकांश नेत्र सहयोगी हँसते हुए कहते है कि हर कोई एक नियमित *एवरेडी* बैटरी है और डॉ. नटराजन सुंदरम एक *ड्यूरासेल एनर्जाइजर* बैटरी हैं। वर्ष 2023 में 70 वर्ष की आयु में भी उनकी अथक ऊर्जा, जोश और सहनशक्ति मुझे आज तक प्रेरित करती है।

वर्ष 2016 के दौरान मैं आई.एम.ए. कोटा के सचिव के रूप में कार्यरत था और हमने उनको प्रतिष्ठित विश्व स्वास्थ्य दिवस पर व्याख्यान देने के लिए आमंत्रित किया। सात अप्रेल को विश्व स्वास्थ्य दिवस के रूप में मनाया जाता है। यह हमारे लिए एक विशेष दिन है क्योंकि यह डॉ. विदुषी का जन्मदिन भी है। वे हर वर्ष विश्व स्वास्थ्य दिवस के अवसर पर इंडियन मेडिकल एसोसिएशन, कोटा द्वारा आयोजित कार्यक्रम में व्याख्यान भाषण देती थीं। हमने डी.ओ.आर.सी. ईवा मशीन के उद्घाटन के लिए एक कार्यक्रम की भी योजना बनाई थी। आँखों के पर्दे (रेटिना) की बीमारियों के ऑपरेशन में काम आने वाली यह मशीन पूरे राजस्थान, मध्य प्रदेश में पहली और भारत में दूसरी स्थापना थी।

प्रोफेसर नटराजन मुम्बई से जयपुर पहुँचे और सड़क मार्ग से कोटा आए। उन्होंने 7 अप्रेल 2016 को सुवि नेत्र चिकित्सालय, कोटा में डी.ओ.आर.सी. ईवा मशीन का उद्घाटन किया। शाम को उन्होंने आई.एम.ए. हाउस कोटा में विश्व स्वास्थ्य दिवस ऑरेशन प्रस्तुत किया। डायबिटिक रेटिनोपैथी के क्षेत्र में प्रोफेसर नटराजन के काम और मुंबई की धारावी झुग्गियों में उनके सराहनीय कार्य की सभी ने सराहना की। कोटा के कई डॉक्टर उनके बारे में जानते थे और एक दर्शक सदस्य ने उनसे उनकी ऊर्जा, जुनून और नेतृत्व के रहस्यों को साझा करने के लिए कहा। उन्होंने ऊर्जा का रहस्य बताते हुए कहा कि लगन एवं पैशन हो तो व्यक्ति अपनी क्षमता कई गुना अधिक कार्य कर पाने में समर्थ हो जाता है।

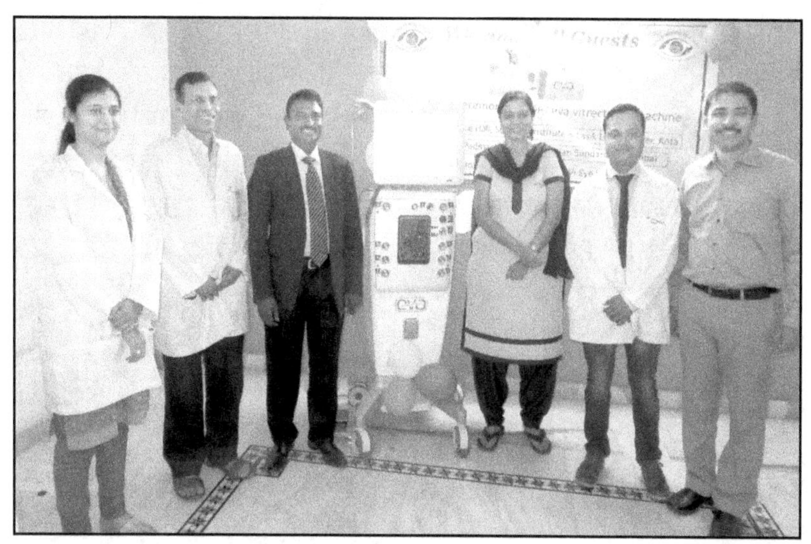

फोटो 13. दिनांक 7 अप्रेल 2016 को पद्मश्री डॉ. नटराजन सुन्दरम ने सुवि नेत्र चिकित्सालय, कोटा में राजस्थान एवं मध्य भारत की प्रथम डी.ओ.आर.सी. ईवा मशीन का उद्घाटन किया। दाएँ से बाएँ : डॉ. अभिषेक कोठारी, डॉ. अरुण पाण्डेय, डॉ. विदुषी शर्मा, डॉ. नटराजन सुन्दरम, डॉ. सुरेश पाण्डेय एवं डॉ. भारती आहूजा।

मुझे चेन्नई के विश्वविख्यात नेत्र सर्जन डॉ. अमर अग्रवाल से सीखने एवं उनके साथ कार्य करने का सुअवसर मिला। उन्होंने ग्लूड लेंस प्रत्यारोपण, फेकोनिट या 0.9 मिमी सूक्ष्म चीरे से मोतियाबिंद सर्जरी आदि आविष्कारों से विश्वभर के नेत्र विशेषज्ञों का ध्यान आकर्षित किया है। मुझे उनके साथ कार्य करने का सुअवसर मिला एवं हमारे द्वारा लिखित शोध पत्र प्रतिष्ठित अमेरिकी ऑफ्थेल्मिक जर्नल, जर्नल ऑफ कैटेरेक्ट एण्ड रिफ्रेक्टिव सर्जरी में प्रकाशित हुए। मैंने उनके साथ 30 पुस्तक अध्याय भी लिखे हैं और छह पुस्तकों का संपादन किया। मुझे जुलाई 2000 में चेन्नई में आई.आई.आर.एस. आई. (इन्ट्राऑकुलर इम्प्लांट एंड रिफ्रेक्टिव सोसाइटी, इंडिया) कॉन्फ्रेंस के दौरान उनके घर में रहने का अवसर भी मिला था। इस कॉन्फ्रेंस के दौरान मुझे आई.आई.आर.एस.आई. स्वर्ण पदक से भी सम्मानित किया गया था। डॉ. अमर अग्रवाल के साथ काम करने से मुझे उनके जुनून और उनके काम करने के कार्यक्रम के बारे में गहरी जानकारी मिली। वह केवल पाँच घंटे, रात 9.30 से 2.30 बजे सोते थे और अक्सर अलसुबह 3 बजे मेरे ई-मेल का जवाब देते थे। डॉ. अमर अग्रवाल हर माह अंतर्राष्ट्रीय नेत्र महाधिवेशन में व्याख्यान देने

अथवा लाइव सर्जरी के लिए यात्रा करते थे और लगभग हर साल वे दो-तीन नेत्र चिकित्सा विज्ञान की नवीनतम तकनीकों को साझा (इंट्रोड्यूस) करते थे। वह सबसे कुशल वक्ता, बेहतरीन लीडर और गो-गेटर चिकित्सकों में से एक हैं जिन्होंने नेत्र चिकित्सा जगत में भारत का सम्मान अंतर्राष्ट्रीय स्तर पर बढ़ाया है। उनसे मैंने अपने ऊर्जा प्रबंधन और अनेकों कार्य समय से पहले समाप्त करने की प्रबल इच्छा शक्ति विकसित करने की कला सीखी है।

फोटो 14. डॉ. अमर अग्रवाल जयपुर में आयोजित नेत्र महाधिवेशन के दौरान कोर्ट मार्शल इन ऑफ्थेल्मोलॉजी सेशन में डॉ. सुरेश पाण्डेय का माला पहनाकर 'नॉट-गिल्टी' साबित करते हुए। कोलकाता के सुप्रसिद्ध नेत्र सर्जन डॉ. पार्थ विश्वास द्वारा कोर्ट मार्शल इन ऑफ्थेल्मोलॉजी सेशन आरम्भ कर इसे विश्वभर में लोकप्रिय बनाया गया था।

नई दिल्ली, हैदराबाद व मद्रास में गेस्ट लेक्चर

दिनांक 29 जून, 2002 को मुझे सुप्रसिद्ध नेत्र सर्जन प्रोफेसर रसिक बिहारी वाजपेयी ने एम्स, नई दिल्ली में गेस्ट लेक्चर हेतु आमंत्रित किया गया था। एक जुलाई 2002 को मुझे देश के प्रतिष्ठित नेत्र संस्थान एल.वी. प्रसाद आई इंस्टीट्यूट हैदराबाद के संस्थापक डॉ. जी. एन. राव द्वारा गेस्ट लेक्चर हेतु आमंत्रित किया गया था। मैं डॉ. विदुषी के साथ 30 जून को हैदराबाद पहुँचा। एल.वी. प्रसाद आई इंस्टीट्यूट के पटोदिया ऑडिटोरियम में सवेरे 7 बजे मेरा एक घंटे का व्याख्यान शुरू हुआ। व्याख्यान के समय डॉ. रवि थॉमस वहाँ के

निदेशक थे एवं उन्होंने व्याख्यान के बाद अनेकों सवाल पूछे। इसके साथ साथ मैंने एल.वी. प्रसाद आई इंस्टीट्यूट के डॉ. संतोष होनावर, डॉ. आशीष बंसल, डॉ. तारा प्रसाद दास सहित अनेकों चिकित्सकों से मुलाकात की।

डॉ. ज्योतिर्मय बिश्वास ने शंकर नेत्रालय, चेन्नई में गेस्ट लेक्चर के लिए मुझे जनवरी 2000 में आमंत्रित किया था। डॉ. बिश्वास शंकर नेत्रालय, चेन्नई के यूविआईटिस (आँखों में सूजन से होने वाली बीमारी) नामक विभाग के विभागाध्यक्ष थे। वे स्वंय मुझे चेन्नई रेल्वे स्टेशन पर लेने आएं थे। शंकर नेत्रालय में मुझे लिविंग लिजेन्ड डॉ. एस.एस. बद्रीनाथ से मिलने एवं बातचीत करने का मौका मिला था। शंकर नेत्रालय का यह लेक्चर मेरी स्मृति पटल में अभी भी ताजा है। शंकर नेत्रालय के संस्थापक डॉ. एस.एस. बद्रीनाथ द्वारा स्थापित यह नेत्र चिकित्सा केन्द्र ट्रेनिंग एवं जटिल नेत्र रोगों के उपचार के लिए दुनियाभर में अपनी नई पहचान बना चुका है।

मेरे प्रेरणा स्रोतः भारत के सुप्रसिद्ध नेत्र संस्थान

हैदराबाद स्थित एल.वी. प्रसाद आई इंस्टीट्यूट, शंकर नेत्रालय चेन्नई, अरविन्द आई हॉस्पिटल, मदुरई नामक विश्व विख्यात नेत्र संस्थान हमेशा से मेरे प्रेरणा के स्रोत रहे हैं। मैं सौभाग्यशाली रहा हूँ कि मुझे अपने जीवन में इन तीनों नेत्र संस्थानों के संस्थापकों (डॉ. जी.एन. राव, डॉ. एस.एस. बद्रीनाथ एवं डॉ. जी. वैंकटासामी) से मिलने एवं मार्गदर्शन लेने का सुअवसर मिला। मेरे भारत लौटने एवं भारत में आकर सुवि नेत्र चिकित्सालय एवं लेसिक लेजर सेंटर की स्थापना करने के पीछे इनकी प्रेरणा मुझे अनवरत हौसला प्रदान करती रही। एल. वी. प्रसाद आई इंस्टीट्यूट ने मुझे दुबारा 2012 में ए.आर.वी.ओ. (एसोसिएशन फॉर रिसर्च इन विजन एण्ड ऑफ्थेलमॉलोजी) नामक कॉन्फ्रेंस में आमंत्रित अतिथि के रूप में भाग लेने के दौरान मिला। वर्ष 2017 में ए.आई.ओ.एस., ए.पी.ए.ओ. (ऑल इंडिया ऑफ्थेल्मॉलांजीकल सोसायटी कॉन्फ्रेंस), (एशिया पेसिफिक एकेडमी ऑफ ऑफ्थेल्मॉलोजी) नामक नेत्र महाधिवेशन के दौरान मिला। एल.वी. प्रसाद आई इंस्टीट्यूट, शंकर नेत्रालय, अरविन्द आई हॉस्पिटल आदि संस्थान एक सशक्त उदाहरण है कि उपचार योग्य अंधता के उन्मूलन के लिए एक सशक्त टीम का गठन कर एक विश्वस्तरीय नेत्र संस्थान की स्थापना की जा सकती है जिसमें आर्थिक रूप से गरीब रोगियों का रियायती दरों पर उपचार किया जा सके। इन संस्थानों में भारत के ही नहीं वरन् अनेकों विकासशील देशों के अनेकों नेत्र चिकित्सक एवं पेरामेडिकल स्टॉफ नेत्र

चिकित्सा संबंधी ट्रेनिंग प्राप्त कर अंधता के विरुद्ध संघर्ष में सशक्त सैनिक (नेत्र चिकित्सक) की महत्वपूर्ण भूमिका निभा रहे हैं। डॉ. एस.एस. बद्रीनाथ एवं डॉ. जी.एन. राव ने अमेरिका से भारत लौटकर एक मिसाल कायम की। उन्हीं के पदचिन्हों पर चलकर अमेरिका, इंग्लैण्ड, कनाडा, ऑस्ट्रेलिया जैसे विकसित देशों में कार्यरत भारतीय मूल के चिकित्सक यदि स्वदेश लौट जाएँ तो कुछ वर्षों में भारतीय चिकित्सा जगत का कायाकल्प हो सकता है। विश्व स्वास्थ्य संगठन के अनुसार अमेरिका में भारतीय मूल के लगभग एक लाख चिकित्सक हैं। यह सभी चिकित्सक यदि देश की चिकित्सा व्यवस्था को बेहतर बनाने में अपना योगदान दे सकें तो भारत का भविष्य सुनिश्चित रूप से उज्ज्वल हो सकेगा।

सुवि नेत्र चिकित्सालय, कोटा में 'पायोनियर इन ऑफ्थेल्मोलॉजी वॉल' का लोकार्पण

जनवरी 2000 में मेरा भारत आगमन दो वर्ष बाद हुआ था। उस समय मैंने अपने गुरु प्रोफेसर आमोद गुप्ता के निमंत्रण पर नेत्र रोग विभाग, पी.जी.आई. चण्डीगढ़ में गेस्ट लेक्चर दिया था। प्रोफेसर आमोद गुप्ता ने मेरे आमंत्रण पर राजस्थान नेत्र सोसायटी द्वारा आयोजित 'शुभ-दृष्टि' नामक नेत्र महाधिवेशन में कोटा पहुँचकर 'डॉ. अनिला खुँटेटा ऑरेशन' प्रस्तुत किया। उन्होंने सुवि नेत्र चिकित्सालय कोटा में 'पायोनियर इन ऑफ्थेल्मोलॉजी वॉल' का लोकार्पण भी डॉ. ज्योतिर्मय बिश्वास, प्रोफेसर कीर्ति सिंह के साथ किया।

फोटो 15. सुवि नेत्र चिकित्सालय, कोटा में 'पायोनियर इन ऑफ्थेल्मोलॉजी वॉल' का लोकार्पण करते डॉ. आमोद गुप्ता। बाएँ से दाएँ: डॉ. सुरेश पाण्डेय, डॉ. आमोद गुप्ता, डॉ. ज्योतिर्मय बिश्वास (चेन्नई), डॉ. कीर्ति सिंह एवं डॉ. विदुषी शर्मा।

अटलांटा, अमेरिका में अश्वमेध यज्ञ

दिनांक 9 जुलाई 2000 अटलांटा, अमेरिका में गायत्री परिवार, शांतिकुंज हरिद्वार द्वारा आयोजित अश्वमेध यज्ञ कार्यक्रम में मुझे भाग लेने का अवसर मिला। इस कार्यक्रम में ऑल वर्ल्ड गायत्री परिवार के प्रमुख डॉ. प्रणव पण्ड्या भी पधारे थे। मेरा आध्यात्मिकता से बचपन से ही जुड़ाव था। हरिद्वार स्थित शांतिकुंज-गायत्री तीर्थ में मेरा प्रथम बार जाना वर्ष 1986 में हुआ था जब मैं 18 वर्ष का था। उसके पश्चात् 1995 तक प्राय: हर वर्ष शांतिकुंज हरिद्वार जाकर नौ दिवसीय जीवन साधना शिविर में भाग लेने का सुअवसर मुझे मिला।

शांतिकुंज के नौ दिवसीय जीवन साधना शिविर में देशभर के हजारों साधक सम्मिलित होते थे। शिविर के दौरान प्रत्येक साधक को सुबह तीन बजे उठकर स्नान, नित्यकर्म से निपटकर गायत्री महामंत्र की साधना करनी पड़ती थी। प्रात: अखण्ड-दीप के दर्शन होते थे एवं पूज्य गुरुदेव व वंदनीया माता जी का आशीर्वाद मिलता था। इस दौरान सभी साधक अपनी अपनी बुराई, विगत जीवन में हुई कमियाँ, पापकर्म अथवा बुराइयाँ एक सादे कागज पर लिखकर पूज्य गुरुदेव के चरणों में रखी हुई प्लास्टिक की बकेट में डालकर उनके चरणों में समर्पित कर दिया करते थे। नौ दिवसीय शिविर में सभी साधकों को समाज में सद्प्रवृति संवर्धन, नशामुक्ति एवं दहेज, मृत्युभोज आदि सामाजिक बुराइयों से दूर रहने हेतु संकल्प करवाये जाते थे। मेडिकल कॉलेज में अध्ययन करते समय मैंनें अनेकों वर्षों तक रात्रि के समय गेरू एवं ब्रश से दीवार लेखन का कार्य किया एवं शांतिकुंज के प्रेरक सद्वाक्यों को जन-जन तक पहुँचाने की दिशा में कार्य किया। जनवरी 1990 में अपने सहपाठी डॉ. अवध बिहारी पाराशर के साथ शांतिकुंज गया था। उस समय पूज्य गुरुदेव बहुत तेजी से क्रांतिधर्मी साहित्य का लेखन कर रहे थे। उनके द्वारा लिखित लेखों को सामान्य व्यक्ति के लिए पढ़ना लगभग असंभव था। शांतिकुंज में उनके हस्तलिखित लेखों को पढ़कर दुबारा लिखने के लिए अलग से टीम कार्य कर रही थी। मैं पूज्य गुरुदेव के द्वारा समाज सुधार एवं शतसूत्री कार्यक्रमों की रूपरेखा जानकर बहुत प्रभावित हुआ और उनके द्वारा बताए गए मार्ग पर चलते हुए इस विश्व वसुधा में सद्प्रवृति सवंधन हेतु कार्य करने का संकल्प लेकर लौटा। मुझे पूज्य गुरूदेव का सादा जीवन, उच्च विचार का संदेश एवं जन-मानस के परिष्कार हेतु विश्वव्यापी अभियान संचालित करने का महत्वपूर्ण कार्य सबसे अधिक प्रेरणा देने वाला लगा।

फोटो 16. दिनांक 9 जुलाई 2000 अटलांटा, अमेरिका में गायत्री परिवार, शांतिकुंज हरिद्वार द्वारा आयोजित कार्यक्रम में ऑल वर्ल्ड गायत्री परिवार के प्रमुख डॉ. प्रणव पण्ड्या।

अमेरिका में सत्संग एवं मेडिटेशन

अमेरिका में कार्य करते हुए हर रविवार को 10 से 12 बजे हम तीस भारतीय चिकित्सक एवं रिसर्च फैलोज़ एक साथ इकट्ठे होकर ध्यान (मेडिटेशन) करते थे एवं मेडिटेशन के बाद आध्यात्मिक चर्चा होती थी। उसके पश्चात् सभी लोग साथ मिलकर भोजन करते थे।

फोटो 17. मेडिकल यूनिवर्सिटी ऑफ साउथ केरोलाइना में 30 से अधिक भारतीय कार्य करते थे। यूनिवर्सिटी से 50 कदम की दूरी पर स्थित बिल्डिंग में हम सभी भारतीय अपने-अपने अपार्टमेंट में रहते थे। हर सण्डे को प्रात: 10 से 12 दो घण्टे का सत्संग होता था। इस सत्संग में भाग लेने मिस्टर रिचर्ड पाल एवं उनकी धर्मपत्नी भी आती थीं जो राधा स्वामी सत्संग से जुडे थे। सत्संग के बाद हम सभी मिलकर दोपहर का भोजन साथ लेते थे।

साल्ट लेक सिटी के पास इस्कॉन मंदिर की यात्रा

साल्ट लेक सिटी में, हम 2002 में प्रोफेसर निक मेमेलिस के घर पर दोपहर

के भोजन में शामिल होने जा रहे थे। रास्ते में मुझे मिलक्रीक, यूटाह में एक बड़ा हरे कृष्ण मंदिर मिला। मेरे साथ म्यूनिख जर्मनी से आई डॉ. इरमी न्यूहान भी थीं। उन्होंने रास्ते में हिन्दूधर्म से संबंधित अनेकों प्रश्न पूछे जैसे हिन्दू गायों की पूजा क्यों करते हैं? भारत में इतनी गायें क्यों हैं? उनके द्वारा पूछे गये सभी प्रश्नों का उत्तर हरे कृष्ण मंदिर में गीता पढ रहे दस बारह वर्ष के छोटे बालकों द्वारा दिया गया। हम सभी को इन बच्चों के हिन्दू संस्कृति एवं गीता ज्ञान को जानकर आश्चर्य हुआ और मन ही मन प्रसन्नता भी हुई।

सबक़

- परिवेश ही आपकी सफलता को तय करता है। लेखक अगर भारत में रहते, तो उनके पास सीखने का मौका सीमित था, क्योंकि भारत के नेत्र सर्जन 1995 से 1999 तक फेकोइमल्सीफिकेशन एवं नेत्र चिकित्सा विज्ञान की अत्याधुनिक तकनीकों में अपने आप को प्रशिक्षित कर रहे थे। यह लेखक का सौभाग्य था कि उन्हें अमेरिका में विश्व की सबसे नामी प्रयोगशाला में प्रशिक्षण लेने का अवसर मिला, जहाँ आधुनिक मशीनें, प्रयोगशालाएँ, नवीनतम शोध व आँकड़े आदि थे। अगर आप सफल होना चाहते हैं, तो सफल परिवेश को खोजें, क्योंकि इसके बाद सफल होना आसान होता है।

- कड़ी मेहनत का कोई विकल्प नहीं होता। सफल परिवेश में पहुँचना ही काफी नहीं होता, सफल होने के लिए आपको कड़ी मेहनत भी करनी होती है। लेखक ने दिन-रात प्रयोग किए, शोध किया, अध्ययन किया, तब कहीं जाकर वे इतना अनुभव और विशेषज्ञता हासिल कर पाए।

- नई चीज़ें सीखना अनिवार्य है। अगर लेखक चाहते, तो केवल आँखों की सर्जरी तक ही सीमित रह सकते थे, क्योंकि यह अपने आप में छोटा काम नहीं है। लेकिन उन्होंने सर्जरी के अलावा नेत्र चिकित्सा जर्नल में शोधपत्र लिखने, नेत्र चिकित्सा विज्ञान की पुस्तकें लिखने, आई माइक्रो-सर्जरी के वीडियो बनाने जैसी अनेकों नई-नई चीजें सीखीं। इन शोधों के माध्यम से उन्हें अमेरिका, भारत एवं विश्वभर में विख्यात नेत्र विशेषज्ञों एवं नेत्र शोधार्थियों के साथ कार्य करने का सुअवसर मिला। लेखक को इन सभी विशेषज्ञों से सीखने को मिला, उन्होंने देखकर सीखा, सुनकर सीखा, करके सीखा और खुद से प्रश्न पूछे, जो शोध कार्य की बुनियाद हैं।

अध्याय 7
कड़ी मेहनत सफलता का टिकट है

'महान व्यक्ति जिन ऊँचाइयों पर पहुँचे और रहे, उन तक वे अचानक उड़कर
नहीं पहुँचे थे। इसके बजाय, जब उनके साथी सो रहे थे, तब वे रात को
कड़ी मेहनत ऊपर की तरफ कर रहे थे।'

– हेनरी वैड्सवर्थ लोंगफेलो

सही जीवनसाथी जीवन को परिपूर्ण बनाता है

दिनांक 1 से 5 जून, 2002 तक फिलाडेल्फिया में अमेरिकन सोसायटी
ऑफ़ कैटेरेक्ट एंड रिफ्रेक्टिव सर्जरी (ए.एस.सी.आर.एस.) अन्तर्राष्ट्रीय कॉन्फ्रेंस
हो रही थी। उसमें जाने के लिए मैंने चार्ल्सटन से फ्लाइट पकड़ी। दिनांक एक
जून 2002 को जब मैं जागा, तो मुझे भारत-पाक सीमा पर संघर्ष की ख़बर
मिली। आम तौर पर इसका मेरे जीवन पर ख़ास फर्क नहीं पड़ता। संघर्ष वाले
इलाकों की वास्तविकताओं से ज्यादातर सामान्य नागरिक अनजान रहते हैं।
लेकिन इस बार मामला अलग था। दो साल पहले ही भारत और पाकिस्तान के
बीच कारगिल युद्ध हुआ था। यह अफवाह फैल रही थी कि एक और युद्ध
छिड़ सकता है। यह मेरे लिए महत्वपूर्ण इसलिए था, क्योंकि मेरे जीवन में एक
महत्वपूर्ण मोड़ आ गया था। मेरी बड़ी बहन (ऊषा पाण्डेय) ने टाइम्स ऑफ़
इंडिया में मेरा वैवाहिक विज्ञापन छपवा दिया था। विज्ञापन छपने के सात दिन
बाद जनवरी 2002 में ग्रुप कैप्टेन (रि.) श्री के. एम. शर्मा का मेरे अमेरिकी
नंबर पर फोन आया। कुशलक्षेम के बाद उन्होंने मेरे माता-पिता से मिलने की
इच्छा ज़ाहिर की। मुझे कोई आपत्ति नहीं थी। इस बातचीत के बाद मैं महीने
में एक बार उनसे बात करता था। मैंने डॉ. विदुषी का बायोडाटा देखा और
मुझे उनमें सादगी और प्रतिभा का अनूठा मिश्रण नज़र आया, इसलिए वैचारिक
आदान-प्रदान के लिए मैं उनसे ई-मेल पत्राचार करने लगा।

ग्रुप कैप्टेन (रि.) श्री के. एम. शर्मा ने मुझे भारत आने की सलाह दी। मैंने अपने कैलेंडर को देखकर निर्णय लिया कि मैं छह महीने बाद यानी जून 2002 में भारत आ सकता हूँ। मैं 4 साल से अमेरिका में था और मुझे लग रहा था कि यह जीवनसाथी खोजने का समय है। युद्ध की आशंका से मैं घबरा गया और मैंने अपने विचार ग्रुप कैप्टेन श्री शर्मा को बता दिए। मैंने कहा, 'शायद मुझे अपनी यात्रा स्थगित कर देनी चाहिए।' उन्होंने ठहाका लगाते हुए कहा, 'यह तो कुछ भी नहीं है। कायर पाकिस्तान की गीदड़ भभकी है।' उनके विश्वास से मुझे राहत मिली और मैंने यात्रा स्थगित नहीं की। मैं 13 जून को भारत में पहुँचा, जहाँ ग्रुप कैप्टेन शर्मा ने हवाई अड्डे पर मेरा स्वागत किया और अपने घर नोयडा ले गए। शाम के 8 बजे थे। मैं लंबी उड़ान से थक गया था, लेकिन तभी डॉ. विदुषी ने मुझे कॉफी दी, जिससे मैं तुरंत तरोताज़ा हो गया। वे नीले सलवार कुर्ते में सुंदर दिख रही थीं। कुछ समय बाद उनके माता-पिता ने हमें अकेले में बातचीत करने का अवसर दिया और हमने राजनीति, कोटा में जीवन और अमेरिका में जीवन के बारे में लंबी बातचीत की।

'पाण्डेय जी पूड़ी और पकौड़े वाले'

डॉ. विदुषी ने मुझसे अमेरिका में मेरे जीवन के बारे में पूछा और क्या वहाँ मैं अपना खाना खुद बनाता हूँ? उन्होंने मुझसे यह भी पूछा कि मेरी पसंदीदा डिश कौन सी है? मैंने हँसते हुए उनसे कहा कि मैं भारतीय खाना बनाता हूँ और मुझे अमेरिका में मेरे साथियों और दोस्तों द्वारा 'पूड़ी और पकौड़ा विशेषज्ञ' माना जाता है। मैं चार्ल्सटन (साउथ कैरोलिना) में मेडिकल यूनिवर्सिटी कैंपस के पास एक अपार्टमेंट में रह रहा था। भारत के विभिन्न शहरों से आये लगभग 30 शोधकर्ता इस इमारत में निवास कर रहे थे। हर रविवार की सुबह हम सभी एक अपार्टमेंट में सत्संग एवं ध्यान करते थे। अपने साथ अपनी-अपनी डिश भी बनाकर लाते थे। मैं इस दौरान सभी के लिए पूड़ी और पकौड़े बनाकर लाता था। धीरे-धीरे मेरी पाक-कला बेहतर और बेहतर होती जा रहा थी और मैं 30 लोगों के लिए पूड़ी और पकौड़े तैयार करने में सक्षम हो चुका था। मेरे साथियों ने मेरी सराहना की और वे मुझे प्यार से 'पाण्डेय जी पूड़ी और पकौड़े वाले' कहते थे। उनमें से कुछ ने मुझे यह भी सुझाव दिया कि मैं पाण्डेय की पूड़ी पकौड़ा की श्रृंखला शुरू कर दूँ। महीने के आखिरी रविवार को मैं अपने साथ कार्य करने वालें विदेशी सहकर्मियों को आमंत्रित कर भारतीय भोजन करवाता था।

फोटो 1. *'पाण्डेय जी पूड़ी पकौड़े वाले'* : मेरे अमेरिका निवास के दौरान मैं रविवार को अपने मित्रों को शाकाहारी भोजन हेतु आमंत्रित करता था।

यह स्पष्ट था कि डॉ. विदुषी के माता-पिता मोहना से निकलकर, जबलपुर एवं चण्डीगढ़ मेडिकल ट्रेनिंग कर अमेरिका में जारी मेडिकल ट्रेनिंग की मेरी प्रोफेशनल यात्रा की बहुत सराहना कर रहे थे। डॉ. विदुषी के पिता ग्रुप कैप्टन श्री के. एम. शर्मा, अलीगढ़ के कसीसों स्थित अपने गाँव से पढ़ाई कर एयरफोर्स में ग्रुप कैप्टन के रैंक पर पहुँचे थे। वे एक सेल्फमेड व्यक्ति थे और संभवत: मुझसे मिलकर उन्हें भी अपने बचपन के संघर्षों के बारे में स्मृतियाँ ताजा हो गईं। आज से तीन दशक पहले भारतीय परिवार में पारम्परिक रूप से माता-पिता लड़कियों की पढ़ाई पर अधिक ध्यान नहीं देते थे, उनका मुख्य फोकस लड़कियों को खाना बनाना एवं अन्य घर के काम करने की ट्रेनिंग देना होता था। डॉ. विदुषी के माता-पिता ने अपनी इकलौती पुत्री को अच्छी तरह पढ़ाने के साथ साथ मंच पर बोलने, वाद-विवाद करने एवं अन्य सभी एक्स्ट्रा-करीकुलर एक्टिविटिज की अच्छी ट्रेनिंग दी थीं। इसके साथ साथ उन्होंने अनुशासित जीवन जीने एवं घर के सभी काम सम्पन्न करने की आवश्यकता पर भी बल दिया था। भारतीय परिवार में लड़कों को अधिकांश माता-पिता खाना बनाने एवं घर का कार्य सम्पन्न करने की ट्रेनिंग नहीं दे पाते। ऐसी स्थिति में इन बच्चों को घर से दूर अकेले रहने एवं अपना भोजन

बनाने में कुछ महीनों तक समस्याएँ आ सकती हैं। मेरी मुलाकात ऐसे कई लड़कों से जीवन में हुई है जिन्हें घर का काम करने में अत्यधिक परेशानी का अनुभव होता है। ऐसे बच्चों के लिए ही मैंने '*मिजरेबल मेल चाईल्ड सिंड्रोम*' नामक शब्द बनाया था। मैंने नहीं सोचा था कि मैं श्रेष्ठ था क्योंकि मैं एक लड़का पैदा हुआ था। मेरे माता-पिता ने मेरी बहन और हम भाइयों के बीच कभी भेदभाव नहीं किया। मेरी बड़ी बहन ऊषा पाण्डेय ने सरकारी नौकरी भी की और मेरे अमेरिका प्रवास के दौरान एक बेटे की तरह परिवार का पूरा ध्यान रखा। ग्रुप कैप्टेन श्री शर्मा अलीगढ़ के अपने गाँव से इतनी ऊँचाइयों पर पहुँचे थे और उन्होंने मुझे इसलिए पसंद किया, क्योंकि मैं ज़मीन से जुड़ा आदमी था। अमेरिका में अपनी नेत्र चिकित्सा ट्रेनिंग पूरी करने के बाद मैं भारत लौटकर दृष्टिहीनों को रोशनी का उपहार देना चाहता था। भारत में विश्वभर के सर्वाधिक दृष्टि बाधित एवं दृष्टिहीन रोगी निवास करते है। इन रोगियों की अंधकारमय दुनिया को फिर से रोशन करने के लिए देश को मेरे जैसे हजारों नेत्र चिकित्सकों की आवश्यकता थी।

सादा जीवन, उच्च विचार

मेरी समदर्शी मानसिकता का एक मुख्य कारण यह था कि मैं बहुत सी पत्रिकाओं और पुस्तकों का पाठक था, जिनमें सबसे प्रमुख थी अखंड ज्योति, जो आध्यात्मिक पत्रिका थी। लेखक गुरुदेव पंडित श्रीराम शर्मा आचार्य ने लिखा था कि भारत इसलिए पिछड़ रहा है, क्योंकि हमने देश की महिलाओं को अवसर नहीं दिए हैं एवं उनका कार्य केवल पुरुषों के लिए गर्म खाना बनाना एवं बच्चों का ध्यान रखना है। जून 1986 में मैं शांतिकुंज गायत्री तीर्थ, हरिद्वार गया। पूज्य गुरुदेव की पत्नी वंदनीय माताजी ने हम सभी को बताया कि गुरुजी ने कभी उनसे एक गिलास पानी तक नहीं माँगा था और वे हमेशा माताजी को गायत्री परिवार के मिशन का नेतृत्व करने के लिए प्रोत्साहित करते थे। इस तरह के उपदेशों का मेरे दिमाग़ पर बहुत प्रभाव पड़ा।

अरेंज्ड वेडिंग एवं शेयर्ड ड्रीम

मेरे डॉ. विदुषी से मिलने के दस दिन बाद हमारी शादी जून 2002 में हो गई। मैं डॉ. विदुषी जैसा जीवनसाथी पाकर रोमांचित था, जो न सिर्फ डॉक्टर के रूप में बेहद योग्य थीं, बल्कि एक दयालु इंसान भी थीं। इसके अलावा मैं इस बात से भी उत्साहित था कि डॉक्टर जीवनसाथी मिलने के बाद मैं भारत

में एक अस्पताल भी शुरू कर सकता हूँ। लेकिन मुझे अब भी ज़्यादा अनुभव की ज़रूरत थी। मैंने एक श्रेष्ठ नेत्र सर्जन बनने का सपना देखा था और उसके लिए अनुभव ज़रूरी था। जब मैं अमेरिका पहुँचा तो वहाँ मेरे साथ कार्य करने वाले को-वर्कर्स आश्चर्यचकित थे। उनका सवाल था: आप किसी ऐसे व्यक्ति के साथ जीवन कैसे बिता सकते हैं जिससे आप सिर्फ दो सप्ताह पहले मिले थे? उनके लिए यह एक चौंकाने वाली बात थी।

फोटो 2. डॉ. विदुषी एवं डॉ. सुरेश पाण्डेय ने जून 2002 में दाम्पत्य जीवन की शुरूआत की। डॉ. विदुषी उस दौरान डॉ. आर.पी. सेन्टर, एम्स, नई दिल्ली में सीनियर रेजिडेन्सी कर रहीं थीं। डॉ. प्रशान्त भारतीय, डॉ. गुंजन प्रकाश, डॉ. अमोल कुलकर्णी आदि उनके सहपाठियों से भी मेरा परिचय हुआ।

ऑस्ट्रेलिया में फैलोशिप एवं दाम्पत्य जीवन की शुरूआत

डॉ. विदुषी विवाह के समय डॉ. राजेन्द्र प्रसाद नेत्र विज्ञान संस्थान, एम्स, नई दिल्ली में सीनियर रेजीडेंसी कर रही थीं। सीनियर रेजीडेंसी के पश्चात उन्होंने ऑस्ट्रेलिया में उच्च प्रशिक्षण की योजना बनाई। डॉ. विदुषी ने सिडनी आई हॉस्पिटल, यूनिवर्सिटी ऑफ सिडनी में प्रोफेसर पीटर मार्टिन एवं प्रोफेसर रॉस बेंजर के मार्गदर्शन में ऑक्युलोप्लास्टिक फैलोशिप के लिए आवेदन दिया और उन्हें चुन लिया गया। मैंने ऑस्ट्रेलिया में सर्जिकल (एंटीरियर सेगमेंट) फैलोशिप के लिए आवेदन दिया और मुझे भी चुन लिया गया। मैं दिसंबर 2002 में और

डॉ. विदुषी जनवरी 2003 में सिडनी, ऑस्ट्रेलिया पहुँचें। हम सिडनी शहर के डार्लिंगहर्स्ट इलाके में किराये के एक अपार्टमेंट में रहने लगे। इस आकर्षक इलाके में आधुनिक कैफे थे, प्रतिष्ठित मेडिकल कॉरीडॉर था, विश्वस्तरीय संग्रहालय थे और प्रतिष्ठित निजी स्कूल थे।

विवाह के बाद डॉ. विदुषी और मैं एक-दूसरे को समझ रहे थे और हमें अहसास हुआ कि डॉक्टर के रूप में हम एक जैसे थे- पूर्णत: नैतिक और मरीज़ों को संतुष्टि प्रदान करने के लिए अपने सर्वश्रेष्ठ प्रयास करने के प्रति समर्पित। लेकिन बाक़ी क्षेत्रों में हम एक दूसरे के पूरक थे। मैं जुनूनी और प्रेरित शोधकर्ता था, डॉ. विदुषी ज़्यादा शांत थीं। मैं औसत लेखक और वक्ता था, जबकि डॉ. विदुषी एक उत्कृष्ट लेखक और बेहतरीन वक्ता थीं। हम घर और कामकाज दोनों में एक-दूसरे के आदर्श पूरक थे। सिडनी में दो वर्षों के दौरान डॉ. विदुषी खाना बनाती थीं एवं मेरा काम बर्तन एवं किचन साफ करना था। इससे मुझे 'कुकिंग एंड क्लीनिंग एक्सपर्ट' बनने का पूरा करने का मौका मिला।

फोटो 3. वीक-एंड पर डॉ. विदुषी एवं मैं सिडनी के समुद्र तटों और विशाल अट्टालिकाओं को देखने जाते थे। हमने सिडनी ओपेरा हाउस, डार्लिंग हार्बर, हार्बर ब्रिज और रॉयल बौटेनिकल गार्डन की यात्रा की। हमें सिडनी टॉवर के आउटडोर मंच स्काईवॉक शहर और उपनगरों का 360 डिग्री का दृश्य देखने का अवसर मिला।

फोटो 4. श्रीमती सुधा शर्मा, ग्रुप केप्टन के. एम. शर्मा, डॉ. विदुषी, डॉ. सुरेश पाण्डेय, सिडनी ओपेरा हाउस एवं हार्बर ब्रिज सिडनी, ऑस्ट्रेलिया प्रवास के दौरान।

प्रथम अंतर्राष्ट्रीय 'लाइव सर्जरी'

रैल्फ मार्स्टन ने कहा है, अगर आप अपने मन में एक सकारात्मक कथन रख सकते हैं और इस पर केंद्रित रह सकते हैं, तो आप इसे साकार भी कर सकते हैं। आप इस पर जितने ज़्यादा समय तक केंद्रित रहेंगे और इसके बारे में जितना ज़्यादा सोचेंगे, इसके वास्तविक बनने की संभावना उतनी ही ज़्यादा होती है। यह कथन लाइव सर्जरी के मामले में सच हुआ। मैं कई सालों से लाइव सर्जरी करने के सपने देख रहा था और आख़िरकार मुझे इसका अवसर मिल गया।

दिनांक 26 अक्टूबर 2005 का दिन था। सिडनी इंटरनेशनल एयरपोर्ट पर मैं रोमांचित था। क्योंकि इस बार मैं एक ऐसे अंतर्राष्ट्रीय नेत्र महाधिवेशन में प्रथम बार इटली के मिलान शहर में जा रहा था, जहाँ मुझे लाइव सर्जरी करनी थी। लेकिन मैं घबरा इसलिए रहा था, क्योंकि मैं ज्यादा अनुभवी नहीं था और फैलोशिप प्रशिक्षण के दौरान ही मुझे यह अवसर मिल रहा था।

किसी अंतर्राष्ट्रीय नेत्र कॉन्फ्रेंस में लाइव सर्जरी करना काफी सम्मान और प्रतिष्ठा की बात होती है, क्योंकि यह अवसर सर्वश्रेष्ठ और सबसे अनुभवी सर्जनों को ही दिया जाता है। मैं तो उनके सामने नौसिखिया था। लेकिन मैंने खुद को विश्वास दिलाया कि कोशिश करने में क्या हर्ज है।

मैं फेकोइमल्सीफिकेशन तकनीक की अपनी यात्रा के बारे में सोचने लगा और मुझे इसके आविष्कारक डॉ. चार्ल्स केलमैन की कहानी याद आई। जब

वे एक दिन डेंटिस्ट की कुर्सी पर बैठे थे, तो डेंटिस्ट ने उनके दाँत साफ करने के लिए अल्ट्रासोनिक स्केलर निकाला। तुरंत ही डॉ. केलमैन के मन में विचार आया कि वे अल्ट्रासोनिक फेको टेक्नोलॉजी का इस्तेमाल करके मोतियाबिंद को इमल्सिफाई कर सकते हैं। उन्होंने अथक प्रयासों से सफलता पायी। उनकी कहानी को याद करने से मेरे मन में विश्वास आया।

मिलान में मुझे एल्कॉन इनफिनिटी फेको मशीन पर लाइव सर्जरी करनी थी, जो एल्कॉन सर्जिकल, यू.एस.ए. नामक कंपनी ने उसी समय उपलब्ध करवाई थी। लेकिन सिडनी आई हॉस्पिटल, आस्ट्रेलिया में अक्टूबर 2005 तक इनफिनिटी मशीन आयातित नहीं हो सकी थी। मुझे यह संशय था कि क्या मैं किसी अपरिचित मशीन पर अन्तर्राष्ट्रीय नेत्र कॉन्फ्रेंस के दौरान लाइव सर्जरी कर सकता हूँ। इटली के मिलान शहर जाने से दस दिन पहले मैंने प्रोफेसर रेण्डल जे. ऑल्सन (चेयरमैन, जॉन ए मोरन आई सेंटर, अमेरिका) से पूछा कि क्या मुझे मिलान (इटली) में अंतर्राष्ट्रीय नेत्र कॉन्फ्रेंस में लाइव सर्जरी करने का आमंत्रण स्वीकार करना चाहिए। उन्होंने मुझसे कहा, '*डॉ. सुरेश यदि आपके स्थान पर होता तो मैं इस आमंत्रण को स्वीकार नहीं करता। अगर इस नई मशीन में कोई गड़बड़ हुई, तो क्या होगा? इससे तुम्हारा आत्मविश्वास कमज़ोर हो जाएगा।*' उनकी बात सही थी कि पहले मुझे एल्कॉन इनफिनिटी मशीन पर ज़्यादा अनुभव हासिल करना चाहिए और इसके बाद ही आमंत्रण स्वीकार करना चाहिए।

लेकिन मेरे मन में एक नया विचार आ गया था। मुझे पता चला कि कुछ दिनों बाद शिकागो में होने वाली अमेरिकन एकेडमी ऑफ ऑफ्थैल्मोलॉजी कॉन्फ्रेंस में नई इनफिनिटी मशीन प्रदर्शन के लिए रखी थी। इस कॉन्फ्रेंस में भाग लेते समय मैंने कंपनी के प्रतिनिधियों से पूछा कि क्या मैं इनफिनिटी मशीन पर अभ्यास कर सकता हूँ। कॉन्फ्रेंस में सर्जरी करने के लिए फेको मशीन के नए मॉडल पर अनुभवी सर्जनों का अभ्यास करना असामान्य नहीं था। लेकिन यह मेरा पहला मौक़ा था और मैं कोई जोखिम नहीं लेना चाहता था, ख़ास तौर पर इसलिए क्योंकि मुझे 28 अक्टूबर, 2005 को लाइव सर्जरी प्रोग्राम में 1,500 आई सर्जन्स के सामने अपनी योग्यताओं का प्रदर्शन करना था। मैंने शिकागो कॉन्फ्रेंस में मॉडल आँखों पर कुछ सर्जरी कीं और दस दिन बाद मिलान पहुँच गया।

फोटो 5. प्रोफेसर रेण्डल जे. ऑल्सन, जॉन ए. मोरान आई सेन्टर, सॉल्ट लेक सिटी अमेरिका में फाउण्डर चेयरमैन हैं। मैंनें उनसे लाइव-सर्जरी के बारे में मार्गदर्शन लिया था। जॉन ए. मोरान आई सेन्टर, यूनिवर्सिटी ऑफ यूटाह में मैंने 2002 में फैकल्टी (इंस्ट्रक्टर) के पद पर ज्वॉइन किया था। वे मुझे सॉल्ट लेक सिटी एयरपोर्ट पर लेने आये थे। उस दौरान वे अमेरिकन सोसायटी ऑफ कैटेरेक्ट एण्ड रिफ्रेक्टिव सर्जरी फिल्म फेस्टिवल के 'चीफ-जज' थे। मैंने रास्ते में उनसे वीडियो फिल्म फेस्टिवल अवार्ड जीतने का रहस्य पूछा। उन्होंने मुझे बताया 'डॉ. सुरेश आपने कभी मछली पकड़ते हुए देखा है?' मछली पकड़ने की सबसे महत्वपूर्ण कड़ी 'हुक' होती है जिससे मछली पकड़ी जाती है। प्रोफेसर ऑल्सन ने बताया कि हर सर्जिकल वीडियो फिल्म में भी एक विशेष संदेश, एक विशेष कहानी या 'हुक' होता है जिसके माध्यम से उस फिल्म की कहानी प्रदर्शित की जाती है एवं वह फिल्म अवार्ड विनिंग बन सकती है।

लाइव सर्जरी का कार्यक्रम 'वीडियो केटेरेक्टा' अन्तर्राष्ट्रीय कॉन्फ्रेंस के दौरान डॉ. ल्यूसिओ बुराटो द्वारा सेन्ट्रो एम्ब्रोजियानो ऑफ्थेल्मिको (केमो) द्वारा इटली के मिलान शहर में किया गया था। यह मेरे जीवन के सबसे महत्वपूर्ण दिनों में से एक था। जब मैं ऑपरेशन थिएटर में पहुँचा, तो मैं थोड़ा घबरा रहा था और तनावग्रस्त था। विश्वभर से आए 1,500 आई सर्जन्स के सामने मेरा परिचय दिया गया। मैंने कहा, 'मैं डॉ. सुरेश पाण्डेय हूँ। मैं ऑस्ट्रेलिया से आया हूँ और मैं यहाँ फेकोइमल्सीफिकेशन की तकनीक और एल्कॉन एक्रिसॉफ़ रेस्टोर इंट्राऑकुलर लेंस के इम्प्लांटेशन का प्रदर्शन करने जा रहा हूँ।' मेरी आवाज़ शुरूआत में भले ही काँप रही हो, लेकिन मैंने स्वयं को विश्वास दिलाया कि हर स्टेप बहुत अच्छी तरह से सफल होगी।

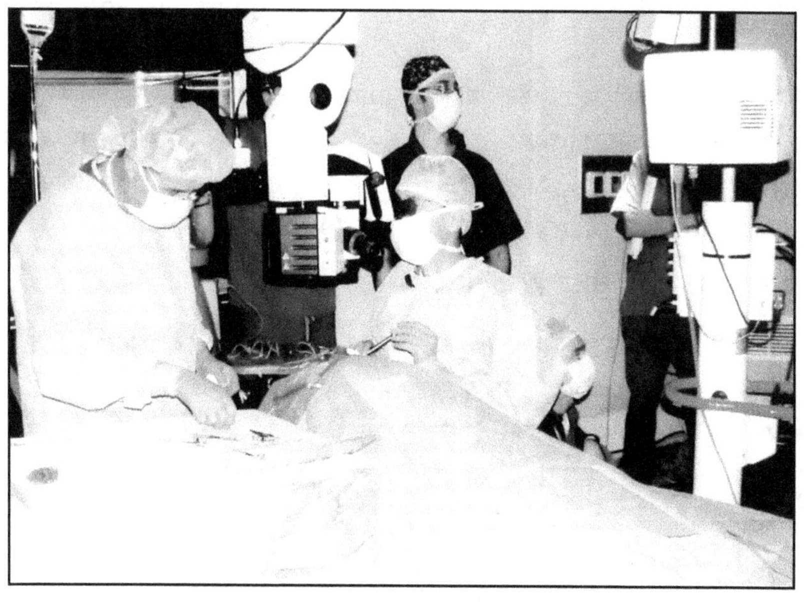

फोटो 6. दिनांक 28 अक्टूबर 2005 में मिलान (इटली) में अंतर्राष्ट्रीय नेत्र कॉन्फ्रेन्स में लाइव सर्जरी करते हुये डॉ. सुरेश पाण्डेय। लाइव सर्जरी का कार्यक्रम 'वीडियो केटेरेक्टा' अन्तर्राष्ट्रीय कॉन्फ्रेंस के दौरान डॉ. ल्यूसिओ बुराटो द्वारा सेन्ट्रो एम्ब्रोजियानो ऑफ्थेल्मिको (केमो) द्वारा इटली के मिलान शहर में किया गया था।

जब नेत्र सर्जन टॉपिकल एनेस्थीसिया (सुन्न करने वाली आई ड्रॉप डालकर सर्जरी करना) का इस्तेमाल करके मोतियाबिंद की सर्जरी करता है, तो यह बहुत महत्वपूर्ण होता है कि रोगी की आँख ऑपरेटिंग माइक्रोस्कोप की रोशनी की

ओर केंद्रित रहे, इसलिए हमें मरीज़ से कहना होता है कि वह रोशनी की तरफ देखे। मिलान में रोगियों के बीच अंग्रेज़ी का चलन आम नहीं था, इसलिए मुझे समझ नहीं आ रहा था कि मैं मरीज़ से कैसे कहूँगा। मैंने समाधान खोज लिया, क्यों न इतालवी भाषा में यह वाक्य कहा जाए? मैंने पूछताछ की और इतालवी भाषा का *'गार्डा ला ल्यूस'* वाक्यांश चुना, जिसका मतलब था 'रोशनी की तरफ देखो।' लाइव सर्जरी के दौरान मैंने मरीज़ से यही वाक्य बोला। पूरी सर्जरी सिर्फ 13 मिनट में हो गई। पूरा हॉल तालियों से गड़गड़ाने लगा और मैंने राहत से ऊपर देखा। मैं विश्वविख्यात डॉक्टरों के बीच लाइव सर्जरी करने वाले सबसे युवा सर्जन्स में से एक था। मैंने सफल लाइव सर्जरी के बाद उपस्थित चिकित्सकों द्वारा पूछे गये प्रश्नों के उत्तर भी दिये। मुझे विश्वविख्यात नेत्र विशेषज्ञों द्वारा की गयी लाइव सर्जरी को देखने, प्रश्न पूछने एवं उनसे सीखने का भी अवसर मिला। मिलान में लाइव सर्जरी के बाद मुझे देहली ऑफ्थेल्मोलॉजिकल सोसायटी, पुणे ऑफ्थेल्मोलॉजिकल सोसायटी, महाराष्ट्र ऑफ्थेल्मोलॉजिकल सोसायटी, राजस्थान ऑफ्थेल्मोलॉजिकल सोसायटी, आदि द्वारा देशभर में नई दिल्ली, पुणे, विशाखापट्टनम, मुम्बई, अहमदाबाद, बड़ौदा, जोधपुर, उदयपुर, जयपुर, अलवर आदि शहरों में लाइव सर्जरी करने का सुअवसर मिला।

जब आप सर्जरी करते हैं तो रोगी से बात करें

मैं केवल अपनी क्षमताओं का प्रदर्शन करके और कुछ नहीं सीखकर मिलान छोड़ने वाला नहीं था। वास्तव में, मैंने जॉर्ज ब्रिस्को से एक बहुत ही महत्वपूर्ण सबक सीखा। जॉर्ज एल्कॉन सर्जिकल के कर्मचारी थे और उन्हें एल्कॉन इनफिनिटी मशीन के बारे में उत्कृष्ट जानकारी थी। मिलान, इटली में लाइव-सर्जरी के दौरान जब मैं उनसे मिला, तो मुझे खुशी हुई और राहत मिली कि मैं उनसे मशीन सेटिंग के बारे में पूछ सकता हूँ। वह मेरे लिए एक बड़ी मदद कर रहे थे। जॉर्ज ने मुझे एक महत्वपूर्ण संदेश भी दिया। 'मैं पिछले 30 वर्षों से अनेकों फेको मशीनों पर विभिन्न नेत्र सर्जनों की सहायता कर रहा हूँ, 'उन्होंने कहा और, आपको केवल एक ही बात पता होनी चाहिए' सर्जरी करते समय हमेशा अपने मरीजों से बात करें। इसे एक महत्वपूर्ण आदत बनाएँ और इससे मरीज की चिंता दूर होगी, उसका सर्जन में विश्वास प्रगाढ़ होगा और साथ ही लाइव सर्जरी करते समय आपको कभी कोई तनाव या चिंता नहीं होगी।

यह सरल सलाह थी लेकिन इसका प्रभाव वास्तव में अभूतपूर्व था। जैसे ही मैं ऑस्ट्रेलिया लौटा, मैं इस सलाह को व्यवहार में लाया और इसने वास्तव

में मेरे आत्मविश्वास बढ़ाने एवं रोगी से बेहतर तरीके से कनेक्ट करने के लिए अद्भुत काम किया। लेकिन मुझे इसका असली असर सुवि नेत्र चिकित्सालय, कोटा में अनुभव हुआ। एक दिन एक वृद्ध महिला मोतियाबिंद का इलाज कराने मेरे पास आई। सर्जरी से उसका ध्यान हटाने के लिए ऑपरेशन करते समय मैंने उनके बेटे एवं परिवार के अन्य सदस्यों के बारे में पूछा। अपने इकलौते बेटे तरुण भारद्वाज के बारे में बात करते हुए महिला बहुत परेशान लग रही थी। उसने मुझे अपने बेटे की शराब की लत के बारे में बताया और कहा कि कैसे उसने नशे की वजह से अपने परिवार को खो दिया था। शराब के नशे की चपेट में आने से पहले तरुण एक बहुत प्रतिभाशाली बालक था। वह पाँच भाषाओं को जानता था और वह अन्तर्राष्ट्रीय फार्मा कम्पनी में कार्य करता था। लेकिन अफसोस, शराब की लत के कारण देखते-देखते सब कुछ तबाह हो गया। तरुण की पत्नी एवं बच्चे उसे छोड़कर चले गये एवं उसका जॉब भी छूट गया। यह सुनकर मुझे गहरा दुख हुआ। मैंने उन्हें आश्वस्त किया कि मैं उनके घर आकर उनके बेटे को शराब पीना कम करने या छोड़ने की सलाह दूंगा। लेकिन दो दिनों के बाद, वह तरुण के साथ सुवि नेत्र चिकित्सालय परामर्श हेतु पहुँची।

तरुण की नेत्र जाँच पूरी करने और उसे दवाएँ देने के बाद मैं तरुण को एक अलग कमरे में ले गया और उसे बताया कि जब मैंने उनकी माँ से उनके बारे में पूछा तो उसकी माँ की आँखों में आँसू आ गए। आपकी माँ को आप पर बहुत गर्व है और उन्होंने मुझसे कहा कि तरुण पाँच भाषाएँ बोल सकते हैं। आप एक प्रतिभाशाली व्यक्ति रहे हैं। मैंने तरुण से कहा कि अपनी माँ की आँखों के आंसू पोंछने और उनकी खुशी बढ़ाने के लिए यदि आप कुछ करना चाहेंगे तो अवश्य इस बारे में सोचना और मुझे दुबारा मिलकर बताना। यह बात बताकर मैं तरुण से दोबारा मिलने की प्रतीक्षा करने लगा। कुछ माह बाद, तरुण अपनी माँ के साथ मुझसे मिलने आये। तरुण को मैं इस बार पहचान नहीं पाया क्योंकि इस बार वह छोटे बालों में साफ कपड़ों में अपनी माँ के साथ आये थे। तरुण की माँ मन्द-मन्द मुस्करा रही थी। उन्होंने मुझे बताया कि तरुण ने शराब पीना छोड़ दिया। मुझे अपने कानों पर विश्वास ही नहीं हुआ। तरुण ने मेरे पूछने पर स्वीकार किया कि उसने शराब पूरी तरह से छोड़ दी है। तरुण ने बताया कि जब मैंने उनसे दयालु और करुणामय तरीके से उसकी समस्याओं के बारे में बात की, तो उसे बहुत शर्म महसूस हुई कि जो डॉक्टर उसकी माँ के दर्द को दस मिनट की संक्षिप्त बात करते समय

महसूस कर सकता है, वहीं दूसरी ओर अपनी माँ की इकलौती संतान होते हुए भी तरुण अपनी माँ के दर्द को नजर अंदाज करता रहा। मुझसे हुई वार्तालाप एवं उनकी माँ की आँखों से निकले आँसुओं ने उनके विवेक एवं अंतर्मन को झकझोर कर रख दिया।

तरुण ने करीब पाँच साल से शराब को हाथ नहीं लगाया है। वे अब हमारे साथ कई शराबी रोगियों को शराब छोड़ने में मदद करने के लिए काम करते हैं। मुझे बहुत खुशी हुई कि मेरी सलाह ने किसी का जीवन बदल दिया। मैंने मन ही मन जॉर्ज बिस्को को धन्यवाद दिया। वर्ष 2022 तक मैंने सफलतापूर्वक एक लाख फेकोइमल्सीफिकेशन और इन्ट्राऑकुलर लेंस इम्प्लांटेशन सर्जरी की है। सर्जरी करते समय मैंने अपने रोगियों के साथ गहरी, सार्थक बातचीत भी की है जिससे उनके जीवन में सकारात्मक बदलाव पैदा हो सके।

अब मैं शराबी नहीं, बल्कि शराब छुड़वाता हूं

वर्ल्ड नो एल्कोहल डे... 30 साल से शराब पी रहे शख्स की डॉक्टर की सलाह ने ऐसे बदली जिंदगी

फोटो। विज्ञान नगर निवासी तरुण भारद्वाज। उम्र 45 साल। 13 साल की उम्र से शराब की लत। सुबह उठने से लेकर रात को सोने तक गिलास हाथ से नहीं छूटता था। लेकिन, एक किस्से ने उनकी जिंदगी बदल दी। असल में हुआ यह कि वे अपनी आंखों के इलाज के लिए सालभर पहले नेत्र सर्जन डॉ. सुरेश पांडेय से मिले। उनकी वृद्ध मां भी साथ थी। तब उन्हें डॉक्टर ने बताया कि शराब और स्मोकिंग से उन्हें डायबिटीज, हाई ब्लड प्रेशर, हृदय रोग व मोतियाबिंद हो चुका। मां की मौजूदगी में डॉक्टरों ने उन्हें कड़े शब्दों से समझाया और कहा कि जिंदगी से ज्यादा जरूरी कोई शौक नहीं होता। भारद्वाज बताते हैं कि करीब आधे घंटे की समझाइश के बाद उन्हें डॉक्टर बहुत बुरे लगे। लेकिन, 6-7 माह तक लगातार डॉक्टर की कही बातें उन्हें कचोटती रही और फिर तय किया कि वाकई अब शराब छोड़ देने में भलाई है। इसी साल फरवरी में शराब पर कंट्रोल करना शुरू किया। पहले हफ्ते में कुल दिन टाले, फिर एक दिन पी और अब पूरी तरह शराब को तिलांजलि दे दी। भारद्वाज के मुताबिक, जब से शराब छोड़ी है, लोगों का मेरे प्रति नजरिया ही बदल गया।

शराब छोड़ने के बाद दोबारा तरुण भारद्वाज व उनकी मां डॉ. सुरेश पांडेय के पास पहुंचे।

अब दूसरों के लिए काम करना चाहता हूं

गत दिनें भारद्वाज फिर से डॉ. पांडेय से मिलने पहुंचे। पूरी आप बीती बताई और कहा कि अब मैं उन लोगों के लिए काम करना चाहता हूं, कुछ परिचितों को तो शराब छोड़ने के प्रेरित भी कर रहा हूं। डॉ. पांडेय ने बताया कि अब जब भी ऐसे अवसर होंगे, भारद्वाज को बुलाकर उनका व्याख्यान करवाएंगे। यह वाकई बड़ी बात है कि 30 साल से लगातार शराब पीने वाला व्यक्ति इस तरह खुद शराब छोड़ दें। उसकी मां की खुशी शब्दों में नहीं लिखी जा सकती।

फोटो 7. 'वर्ल्ड नो एल्कोहल डे' के अवसर पर दैनिक भास्कर के सभी संस्करणों में प्रकाशित समाचार।

कोटा में मिलान के लाइव सर्जरी पाठों को लागू करना

जॉर्ज बिस्को को जून 2018 में भारत आने का अवसर मिला। कोटा आकर वह बहुत खुश हुए और ऑपरेशन थियेटर में मेरे साथ एक दिन बिताया। जॉर्ज ने मुझे बताया कि जब उन्होंने हजारों नेत्र शल्य चिकित्सकों के साथ शल्य चिकित्सा करते हुए बात करने का अपना रहस्य साझा किया, केवल मैंने उनके पाठ का सबसे ईमानदारी से पालन किया। कोटा में, उन्होंने मुझे पूरे दिन उनकी

सलाह का पालन करते हुए देखा क्योंकि मैंने एक के बाद एक मोतियाबिंद के 25 ऑपरेशन संपन्न किए।

रोगियों के परिजनों के साथ संवाद: रिकार्डिंग/लाइव टेलीकास्ट

मेरे स्टाफ सदस्य भी जॉर्ज बिस्को की मिलियन-डॉलर की सलाह का पालन करते हैं। जब मैं सुवि नेत्र चिकित्सालय कोटा के ऑपरेशन थियेटर में सर्जरी करता हूँ, उस समय सर्जरी का वीडियो प्रतीक्षा कक्ष में लाइव टेलीकास्ट होता है। हमारे स्टाफ सदस्य रोगियों के परिजनों को ऑपरेशन के बारे में समझाते हैं और उनके द्वारा पूछे गये प्रश्नों का भी उत्तर देते हैं। हमारी टीम के सदस्य सर (डॉ.) हेरोल्ड रिडली द्वारा किये गये कृत्रिम इन्ट्राऑकुलर लेंस (आई.ओ. एल.) के आविष्कार से शुरू करते हैं, तत्पश्चात् डॉ. चार्ल्स केलमैन द्वारा किये गये फेकोइमल्सीफिकेशन पद्धति के आविष्कार के बारे में बताया जाता है। हम सर्जरी का सीधा प्रसारण करते हैं, प्रत्येक प्रक्रिया की व्याख्या करते हैं और हर प्रश्न का उत्तर न केवल अपने कौशल का प्रदर्शन करने के लिए बल्कि अपने रोगियों के साथ विश्वास को बढ़ावा देने और बनाए रखने के लिए भी देते हैं। स्क्रीन पर हर सर्जिकल स्टेप को लाइव दिखाकर, मरीजों की चिंताओं को बेहतर ढंग से प्रबंधित किया जाता है और वे हमारे काम के लोकाचार के बारे में पूरी तरह से आश्वस्त होते हैं। कई बार रोगियों के परिजन इस लाइव टेलीकास्ट वीडियो को सोशल मीडिया के माध्यम से अपने निकटतम संबंधियों के साथ साझा करते हैं।

ऑस्ट्रेलिया में भी दिन-रात काम

वर्ष 2004 में मैं सिडनी में फैलोशिप पूरी करने के क़रीब था। लेकिन ऑफिस में मेरे कामकाज के घंटे काफी अनियमित थे। वर्ष 2003–4 के दौरान डॉ. विदुषी विश्वविख्यात ऑकुलोप्लास्टिक सर्जनों डॉ. पीटर मार्टिन और डॉ. रॉस बेंजर के साथ काम कर रही थीं। वे नासूर हेतु डी.सी.आर. सर्जरी पर नवीनतम शोध कर रही थीं, जो अमेरिकन जर्नल ऑफ़ ऑफ्थैल्मोलॉजी में प्रकाशित हुआ। डॉ. विदुषी ने पीडियाट्रिक ऑफ्थैल्मोलॉजी विभाग में प्रोफेसर फ्रैंक बिलसन के साथ भी काम किया। प्रोफेसर फ्रैंक ए. बिलसन की कामकाजी शैली ठीक मेरे जैसी थी। मेरी ही तरह वे भी ऑफिस में कई रातें बिताते थे। उस वक़्त प्रोफेसर बिलसन विश्व के सबसे अनुभवी, मशहूर और सम्मानित नेत्र चिकित्सकों में से एक थे, एवं मैंने उनके अनुभवों से नेत्र चिकित्सा विज्ञान के साथ-साथ जीवन

में सफलता के अनेकों गुण सीखे। वे वीक-एंड पर रात को 10 बजे से सुबह 4 बजे तक सेव साइट इंस्टीट्यूट नामक बिल्डिंग में स्थित अपने ऑफिस में काम करते थे, जबकि मैं पास ही स्थित सिडनी हॉस्पिटल वाली दूसरी बिल्डिंग में पीडिएट्रिक कैटेरेक्ट सर्जरी पर अपनी पुस्तक लिख रहा था। रात को बीच-बीच में प्रोफेसर बिलसन और मैं सिडनी हॉस्पिटल के सामने स्थित प्रसिद्ध 'मक्वारी स्ट्रीट' पर कॉफी पीते थे। मैंने उन्हें वेट-लैब में फेको सर्जरी की कला भी सिखाई। इस तरह हमने बहुत सारा समय एक साथ गुज़ारा। प्रोफेसर बिलसन सभी विद्यार्थियों, रेज़िडेंट्स और फैलोज़ में बहुत दोस्ताना थे। उन्होंने पीडिएट्रिक कैटेरेक्ट सर्जरी वाली पुस्तक में अपना योगदान देने की पेशकश की और फिर यह पुस्तक हम दोनों के नाम से प्रकाशित हुई।

फोटो 8. ऑस्ट्रेलिया की यूनिवर्सिटी ऑफ सिडनी, नेत्र रोग विभाग के चेयरमैन प्रोफेसर फ्रैंक बिलसन ने चार दशक तक सिडनी आई हॉस्पिटल में अपनी सेवाएँ दीं। वे अपने पास आये प्रत्येक फैलो को सर्जरी करते समय आँख की सूक्ष्म संरचनाओं का सम्मान (टिश्यू रेसपेक्ट) की बात पर बहुत जोर देते थे। वर्ष 2013 में हैदराबाद में आयोजित नेत्र कॉन्फ्रेंस के दौरान डॉ. विदुषी एवं मुझे प्रोफेसर बिलसन से पुन: मिलने का अवसर मिला। प्रोफेसर फ्रैंक बिलसन 88 वर्ष की अवस्था में भी फिट एवं ऊर्जावान रहने का श्रेय स्वीमिंग को देते हैं।

अहम सवालः एन.आर.आई. बनें या अपने देश लौटें

नवंबर 2003 में एक दिन जब मैं प्रोफेसर फ्रेंक बिलसन के साथ रविवार दोपहर को मक्वारी स्ट्रीट पर कॉफी पी रहा था, उन्होंने मुझसे पूछा कि ऑस्ट्रेलिया में स्थायी रूप से रूकने एवं शैक्षणिक करियर बनाने के बारे में मेरे क्या विचार हैं। मैंने उनसे पूछा कि मैं परीक्षा दिए बिना रॉयल ऑस्ट्रेलियन और न्यूजीलैंड कॉलेज ऑफ़ ऑफ्थैल्मोलॉजी (रैंजको) का एक्रिडिटेशन कैसे पा सकता हूँ और ऑस्ट्रेलिया में कैसे रह सकता हूँ। कॉफी ख़त्म करने के बाद उन्होंने एक टिशू पेपर पर लिखाः *'यह आपकी छवि बनाने पर निर्भर करेगा। डॉ. पाण्डेय, उन्होंने कहा, 'आपका शैक्षणिक रिकॉर्ड उत्कृष्ट है। हमें आपको ऑफ्थैल्मोलॉजी विभाग यूनिवर्सिटी ऑफ सिडनी में एसोसिएट प्रोफेसर पद पर नियुक्त करके खुशी होगी।'* आप इस पद पर कार्य करते हुए शिक्षण, शोध एवं सर्जरी कार्य बेहतर तरीके से कर सकते है एवं आपको रैंजको एक्रिडिटेशन भी मिल सकता है। मुझे अपने कानों पर विश्वास नहीं हुआ। मैंने प्रोफेसर बिलसन को बताया कि यह बेहतरीन रहेगा। लेकिन एक बार फिर मैंने खुद को दोराहे पर पाया और मैं यह तय नहीं कर पा रहा था कि कौनसा रास्ता चुनूँ। मैं भारत लौटना चाहता था, लेकिन यह भी जानता था कि भारत में हमें सिडनी जैसा सुनहरा अवसर नहीं मिल सकता। डॉ. विदुषी और मुझे जीवन बदलने वाला यह अति महत्वपूर्ण निर्णय लेना था। कोई भी करियर हमेशा ऊँचे चढ़ते ग्रॉफ की तरह नहीं हो सकता और चिकित्सा भी इसका अपवाद नहीं है। वर्ष 2023 में भारत में बीस लाख से अधिक विद्यार्थियों ने अच्छे मेडिकल कॉलेज में दाख़िला पाने के लिए नीट की परीक्षा दी। शायद वे यह सोच रहे होंगे कि इस एक परीक्षा में सफल होने के बाद उन्हें एक ऐसे करियर का टिकट मिल जाएगा, जो लगातार ऊपर जाता रहेगा। यह परीक्षा निश्चित रूप से आपको दिशा प्रदान करती है, लेकिन इसके बाद कई चुनौतियाँ और होंगी।

प्रोफेसर फ्रेंक बिलसन ने डॉ. विदुषी एवं मुझे सिडनी में ही रहकर अपना करियर ऑस्ट्रेलिया में शुरू करने हेतु बहुत प्रेरित किया। नवंबर 2005 की एक शाम को उन्होंने हमें डिनर पर आमंत्रित किया, जहाँ उनकी पत्नी गेल बिलसन ने हमें अपनी भारत यात्रा के बारे में बताया और दोनों ने हमें यह विश्वास दिलाने की कोशिश की कि ऑस्ट्रेलिया में हमारा भविष्य उज्ज्वल हो सकता है। डॉ. विदुषी और मैंने फैसला करने में कई सप्ताह का समय लिया। हम डॉक्टर इसलिए बने थे, क्योंकि हम एक सम्मानजनक और पवित्र पेशे में दाख़िल होना

चाहते थे, जो लोगों के जीवन पर फर्क डाल सके। यह किसी की जान को बचाने या किसी को आँख की रोशनी देने जितना बड़ा हो सकता था या फिर किसी के दर्द में राहत देने जितना छोटा हो सकता था। मैं अपने पहले हीरो यानी अपने दादाजी के सम्मान में भी डॉक्टर बना था और ज़रूरतमंद मरीज़ों को आँख की रोशनी देने के उनके पदचिन्हों पर चलना चाहता था।

दूसरी तरफ, हम सिडनी के आरामदेह जीवन के आदी होने लगे थे। हम विश्व के बहुत सुंदर एवं कोस्मोपोलिटन शहर को छोड़कर भारत कैसे जा सकते हैं? यह हमारे सबसे मुश्किल निर्णयों में से एक था। आखिरकार जीवन में हम दोनों की दीर्घकालीन महत्त्वाकांक्षाओं ने निर्णय आसान कर दिया। हमें दो साझे आधार मिले: पहला तो रोकथाम योग्य अंधत्व को ख़त्म करने में मदद करना और दूसरा युवा मेडिकल विद्यार्थियों का पथ प्रदर्शन करना। हम भारत लौटकर अनावश्यक अंधत्व को मिटाने में योगदान देना चाहते थे। *विश्व स्वास्थ्य संगठन (डब्ल्यू.एच.ओ.) के अनुसार हर पांच सैकण्ड में एक वयस्क व्यक्ति एवं हर मिनट एक बच्चा अंधपन से ग्रसित हो जाता है। पूरे विश्व में 4.3 करोड़ अंधे रोगियों में से 1.8 करोड़ से अधिक भारतीय हैं। अंधता के 75 प्रतिशत मामलों का उपचार किया जा सकता है, लेकिन देश में नेत्र विशेषज्ञों और ऑप्टोमेट्रिस्ट की भारी कमी है। भारत में लगभग 1,25,000 ऑप्टोमेट्रिस्ट की आवश्यकता है, लेकिन देश में सिर्फ 50,000 ऑप्टोमेट्रिस्ट उपलब्ध हैं। कॉर्नियल ब्लाइंडनेस के उपचार के लिए भारत में दान की आँखों की भारी कमी है। भारत को हर साल 2.5 लाख आँखों के दान की ज़रूरत है, लेकिन देश के 150 आई बैंक लगभग 45,000 आँखों का संग्रह करते हैं, जिसमें से 30 प्रतिशत का इस्तेमाल नहीं किया जा सकता। ग्रामीण क्षेत्रों में अंधता के उपचार के लिए ऑफ्थैल्मोलॉजिस्ट उपलब्ध नहीं हैं। पिछले सत्रह वर्षों में हम एक लाख से ज़्यादा सफल नेत्र सर्जरी सुवि नेत्र चिकित्सालय, कोटा में कर चुके हैं और अपने अनुभव के आधार पर हम कह सकते हैं कि यदि प्रत्येक नेत्र सर्जन ऑप्टोमेट्रिस्ट, विजन काउंसलर पूरी निष्ठा के साथ इस दिशा में काम करे तो भारत से उपचार योग्य अंधता के अभिशाप को मिटाया जा सकता है।*

डॉ. विदुषी और मैं दोनों ही चाहते थे कि युवा मेडिकल विद्यार्थियों को सर्वश्रेष्ठ अवसर पाने के लिए उन्हें प्रोत्साहित करें। सौभाग्य से हम दोनों को ही भारत और विदेशों में सर्वश्रेष्ठ संभव नेत्र सर्जरी का प्रशिक्षण मिला था। और अब समय था कि हम इस बहुमूल्य अनुभव का उपयोग कर अपने देश के

लोगों की सेवा करते हुए उपचार योग्य अंधता उन्मूलन के लिए अपना योगदान दें। अमेरिका (यू.एस.ए.) और ऑस्ट्रेलिया में रहना एक बेहतरीन अनुभव था। नेत्र चिकित्सा के अलावा, सिडनी में हमारा रहना बहुत आरामदायक था। यह महानगरीय संस्कृति और उत्तम जलवायु वाले सबसे खूबसूरत शहरों में से एक था। मेरे कई मित्रों और सहयोगियों ने मुझे भारत न जाने की सलाह दी। प्रोफेसर फ्रेंक बिलसन और अन्य शिक्षकों ने भी भारत वापस जाने के हमारे निर्णय के बारे में हमें हतोत्साहित किया। प्रोफेसर बिलसन ने मुझे और डॉ. विदुषी को सिडनी में रुकने और काम जारी रखने के लिए कहा। उन्होंने रॉयल आस्ट्रेलियन व न्यूजीलैण्ड कॉलेज ऑफ ऑफ्थैल्मोलॉजिस्ट (रैंजको) को मान्यता देने का भी आश्वासन दिया।

प्रोफेसर फ्रैंक बिलसन ने मुझे कई बार मेकिंग ए डिफरेंस (एम.ए.डी.) के बारे में बताया। भारत में वर्तमान में वैश्विक स्तर पर 4.3 करोड़ के मुकाबले लगभग 1.8 करोड़ दृष्टिहीन रोगी हैं। दुनिया की एक तिहाई दृष्टिहीन आबादी भारत में रहती है। भारत में 1.4 अरब से अधिक आबादी के लिए नेत्र शल्य चिकित्सकों की कुल संख्या केवल 30,000 है। कई नेत्र चिकित्सक शिक्षा के बाद भारत छोड़कर विदेश चले जाते हैं। मैंने डॉ. गुल्लापल्ली एन. राव के बारे में पढ़ा कि कैसे वे भारत लौटे और हैदराबाद में एल.वी. प्रसाद नेत्र संस्थान की स्थापना की। आप कल्पना कर सकते हैं कि यदि डॉ. राव भारत नहीं लौटते तो एल.वी. प्रसाद आई इंस्टीट्यूट के माध्यम से हुए महत्वपूर्ण कार्य पूरे नहीं होते। गहन विचार करके हमने भारत लौटने की अपनी योजना पर कार्य करना शुरू किया। किसी को विदेश में रहना चाहिए या भारत वापस आना चाहिए, इसका कोई सही या गलत जवाब नहीं है। मुझे लगता है कि प्रत्येक को वह करना चाहिए जिसे करने के लिए उनका अंतर्मन सहमत हो, जो करना उन्हें सुविध जनक लगे और जिसे करने के अच्छे अवसर उन्हें मिलें।

बहुत मुश्किल निर्णयः ऑस्ट्रेलिया से भारत लौटने की तैयारी

मैंने भावनात्मक रूप से कई विकल्पों के लिए तैयारी की। वर्ष 2004 एवं 2005 में मैंने कम से कम एक दर्जन प्रेरक किताबें पढ़ीं ताकि मानसिक रूप से मैं अपने आपको मजबूत बनाकर यह निर्णय लेने में समर्थ हो सकूँ। अमेरिका एवं ऑस्ट्रेलिया में कार्य करते हुए मैं पूरी तरह से एकेडमिक वर्ल्ड में डूबा हुआ था और मैंने नेत्र चिकित्सा विज्ञान के कई प्रतिष्ठित जर्नल्स में लेख

और नेत्र विज्ञान की किताबें लिखीं एवं प्रकाशित कीं। मैं हर महीने विश्व के विभिन्न देशों में होने वाले नेत्र कॉन्फ्रेंस में भाग लेता था और मुझे विश्वभर के प्रसिद्ध नेत्र रोग विशेषज्ञों से मिलने एवं चर्चा करने का अवसर मिलता था। सभी एकेडमिक दबदबे को छोड़कर भारत और एक नॉन-मेट्रो शहर में जाना हमारे लिए सबसे मुश्किल और कठिन निर्णयों में से एक था। मेरे अवचेतन मस्तिष्क को इसके लिए बहुत अधिक प्रशिक्षण की आवश्यकता थी।

बचपन में मैंने अपने दादा-दादी एवं माता-पिता से स्वतंत्रता संग्राम एवं देशभक्ति की अनेकों कहानियाँ सुनी थीं। मेरी दादीजी बलिया जिले के नगवा गाँव से थीं, यह गाँव अमर शहीद मंगल पाण्डेय की जन्मभूमि रहा है। मेरा बचपन दादीजी द्वारा अमर शहीद मंगल पाण्डेय एवं अन्य शहीदों की कहानियाँ सुनते हुए गुजरा। शादी के बाद हमें अपने माता-पिता ने मातृभूमि (भारत) लौटकर देश सेवा करने की प्रेरणा दी। भारतीय वायुसेना से सेवानिवृत्त मेरे ससुरजी (ग्रुप कैप्टन श्री के. एम. शर्मा) एवं सासूजी श्रीमती सुधा शर्मा ने भी डॉ. विदुषी एवं मुझे भारत लौटने के लिए प्रेरित किया। उनके अनुसार भारत में अंधता उन्मूलन हेतु हमारे जैसे हजारों प्रशिक्षित नेत्र विशेषज्ञों की आवश्यकता है।

उन्होंनें टाईम्स ऑफ इण्डिया समाचार-पत्र में प्रकाशित प्लानिंग कमीशन की रिपोर्ट का संदर्भ देते हुए हमें बताया कि भारत के शीर्ष मेडिकल संस्थान ऑल इण्डिया इंस्टीट्यूट ऑफ मेडिकल साईसेंज (एम्स) नई दिल्ली में एक विद्यार्थी को एम.बी.बी.एस. कोर्स पूरा करवाने में सरकार के 1.7 करोड़ रूपये खर्च होते है। दुर्भाग्य से एम्स, नई दिल्ली में अध्ययनरत् 50 प्रतिशत मेडिकल विद्यार्थी एम.बी.बी.एस. पूरा करने के बाद उच्च अध्ययन हेतु अमेरिका जैसे विकसित देशों में चले जाते है। देश में सात लाख डॉक्टर, बारह लाख नर्स एवं तीन लाख डेंटिस्ट की कमी है। भारत के एक लाख से अधिक चिकित्सक अमेरिका, यू.के., ऑस्ट्रेलिया आदि विकसित देशों में कार्य कर रहे है। यदि यह सभी चिकित्सक स्वदेश लौटकर भारत में ही अपनी सेवाएं देने लगे तो देश की चिकित्सा व्यवस्था का कायाकल्प हो सकता है। उन्होंने जॉन मिल्टन की पुस्तक पेराडाईज लोस्ट का उद्धरण बताते हुए कहा: 'इट इज बेटर टू रूल ओवर बी लाइक ए किंग इन हेल, देन टू सर्व समबडी एज ए स्लेव इन हेवन' (स्वर्ग में नौकर बनने से अच्छा होगा कि नरक में आप राजा बनकर रहें)। इन पंक्तियों के लिखते समय देश के चिकित्सकों को विदेश गमन धीरे-धीरे कम होता जा रहा है और आज भारत में विश्वस्तरीय चिकित्सा सेवाएं उपलब्ध होने लगी हैं।

सबक

- जहाँ चाह वहाँ राह! इच्छा ही सर्वोपरि होती है। अगर इच्छा पर्याप्त प्रबल है, तो इंसान कोई न कोई तरीक़ा सोच ही लेता है। लेखक के मन में लाइव सर्जरी करने की प्रबल इच्छा थी, इसलिए उन्होंने एक अपरिचित मशीन पर भी सर्जरी करने के लिए हाँ कर दी और बाद में उस मशीन से परिचित होने के प्रयास किए। इसके अलावा, भाषा की बाधा को दूर करने के लिए उन्होंने मरीज की भाषा में वाक्यांश याद कर लिया, ताकि संवाद में बाधा न आए।

- मेहनत सफलता की राह आसान करती है। आपमें अगर प्रतिभा है, तो मेहनत करें। अगर प्रतिभा नहीं है, तो और ज़्यादा मेहनत करें। मेहनत सारे गुणों की भरपाई कर लेती है। लेखक ने अपनी सर्जरी की योग्यता और ज्ञान को बढ़ाने के लिए दिन-रात मेहनत की, जिसका नतीजा यह हुआ कि अंतर्राष्ट्रीय स्तर के विशेषज्ञों ने उन्हें मान्यता दी और पुरस्कृत किया।

- सर्वश्रेष्ठ निर्णय सुविधा नहीं, जीवनमूल्यों के आधार पर लिए जाते हैं। सिडनी में रहना ज़्यादा आरामदेह था और ज़्यादा पुरस्कारदायक भी, लेकिन लेखक ने अपने देश की सेवा करने के लिए भारत लौटने का फैसला किया, क्योंकि अपने देशवासियों की आँखों की रोशनी लौटाना तथा युवा पीढ़ी को मार्गदर्शन देना उनके मुख्य जीवन मूल्य थे।

अध्याय 8
संघर्ष करने वालों की हार नहीं होती

'आज की मुश्किलें और संघर्ष वह क़ीमत है, जो हमें कल की उपलब्धियों और विजयों के लिए चुकानी होती है।'

–विलियम बोटकर

अचानक योजना गड़बड़ाने लगी

वर्ष 2005 के अंत में डॉ. विदुषी और ऑस्ट्रेलिया से मैंने भारत लौटने का फैसला किया। यह साहसिक निर्णय कई लोगों को मूर्खतापूर्ण लगा। हमने निर्णय लिया था कि अपना खुद का अस्पताल शुरू करने से पहले किसी स्थापित भारतीय अस्पताल में थोड़ा अनुभव हासिल कर लेंगे। फैकल्टी के रूप में किसी प्रतिष्ठित नेत्र संस्थान में काम करना व्यावहारिक विकल्प लग रहा था एवं हम हैदराबाद स्थित एल.वी. प्रसाद आई इंस्टीट्यूट में कार्य करने हेतु अपने नियुक्ति पत्र की प्रतीक्षा में थे। भारत लौटने से कुछ दिन पहले हम होबर्ट, ऑस्ट्रेलिया में रॉयल ऑस्ट्रेलियन एंड न्यूज़ीलैंड कॉलेज ऑफ़ ऑफ्थैल्मोलॉजी के एक कॉन्फ्रेंस में अपने संभावित बॉस से मिले। उन्होंने मुझसे कहा कि मैं उन्हें उनके पहले नाम से बुलाऊँ। मैंने सोचा, वाह, ये तो सबसे दोस्ताना बॉस हैं। लेकिन जब गंभीर बातचीत का समय आया, तो चीज़ें गड़बड़ा गईं। उन्होंने मुझसे कहा कि सप्ताह के छह दिनों में से दो दिन क्लीनिक चलाने में देना होगा, एक दिन ऑपरेशन थिएटर में और बाक़ी के तीन दिन शोध के लिए होंगे। लेकिन यह शुद्ध शोध नहीं था। डॉ. विदुषी और मुझसे यह अपेक्षा की जाती थी कि हम रिसर्च ग्रांट के लिए आवेदन दें और सरकार, निजी संस्थाओं तथा अपने अमेरिकी संपर्कों से अधिकाधिक फण्डिंग हासिल करें। उन्होंने मुझसे मुस्कुराते हुए कहा, 'हम बहुत से नेत्र सर्जनों को प्रशिक्षित कर रहे हैं और नेत्र सर्जन कौड़ी के दस मिलते हैं।' न सिर्फ वे मुझे कम वेतन

देने वाले थे, बल्कि उन्होंने मुझे यह स्पष्ट संदेश देने की कोशिश भी की कि मेरा असली काम रिसर्च ग्रांट और फंडिंग हासिल करना था।

मुझे यह प्रस्ताव अनाकर्षक लगा। उनसे बातचीत के बाद हमें यह अहसास हुआ कि उस नौकरी के बारे में कोई चीज़ हमारे लिए आकर्षक नहीं थी: न तो वेतन, न ही क्लीनिकल और सर्जिकल काम। हमने हैदराबाद स्थित एल.वी. प्रसाद नेत्र संस्थान में जॉब स्वीकार नहीं करने का फैसला किया। हम दो सप्ताह बाद भारत लौटने वाले थे, लेकिन हमें ज़रा भी अंदाज़ा नहीं था कि हम वहाँ क्या करना चाहते हैं। हम तो बस इतना जानते थे कि हमारे मन में अपना खुद का नेत्र अस्पताल खोलने की महत्वाकांक्षाएँ थीं। लेकिन हमें लगता था कि हम शायद इसे कारगर बना सकते हैं, क्योंकि जैसा लेखक मार्क मैन्सन ने कहा है, 'हमारे जीवन को बेहतर बनाना नींबुओं को लेमोनेड में बदलने की हमारी योग्यता पर निर्भर नहीं करता, बल्कि नींबुओं को बेहतर तरीक़े से पचाना सीखने पर निर्भर करता है।'

कोटा कॉलिंग: जगह संयोग से चुनी गई

दिनांक 25 नवंबर 2005 को हम क्वांटास एयरलाइन द्वारा सिडनी से उड़ान भरकर दिल्ली हवाई अड्डे पर उतरे और नोएडा में डॉ. विदुषी के घर की तरफ चल दिए। हमने योजनाओं को अंतिम रूप देने के लिए खुद को 10 दिन का समय दिया। हर चीज़ बहुत तेज़ी से हो रही थी। दो दिन बाद मेरे ससुरजी (रिटायर्ड ग्रुप कैप्टेन के. एम. शर्मा) ने अपने कुछ दोस्तों को ब्रंच पर आमंत्रित किया। उनमें से ज़्यादातर भारतीय वायु सेना के रिटायर्ड अफसर थे। हमारी योजनाएँ सुनकर वे काफी चिंतित हो गए और उनका संदेह उनके चेहरे पर साफ दिखाई दे रहा था। रिटायर्ड ग्रुप कैप्टेन श्री बी. जी. चिटनिस ने पूछा, 'तो आप एक नए शहर में, शून्य से, बिना किसी योजना के अपना नेत्र अस्पताल शुरू करने जा रहे हो?' डॉ. विदुषी और मैं कुर्सियों पर कसमसाने लगे। मैं ज़िंदगी में कभी इतना असहज नहीं रहा था। 'आपको मार्केटिंग की पाँच सूत्रों (पांच पी) पर कार्य करना होगा,' श्री चिटनिस ने कहा। 'जगह यानी अस्पताल (प्लेस), कर्मचारी यानी टीम (पीपल), मरीज़ (पेशेंट), पैसे (प्राइस), प्रचार यानी विज्ञापन (प्रमोशन)।' मैंने अपने नोटपैड की तरफ़ हाथ बढ़ाया। मैंने श्री चिटनिस की सलाह लिख ली, हालाँकि मैं बहुत अक्षम महसूस कर रहा था। लेकिन दूसरा कोई विकल्प नहीं था, इसलिए हमें अपने फटाफट बनी योजना पर अमल करना था। डॉ. विदुषी और मैंने कम से कम दो चीज़ें तय करने का फैसला किया: पैसे और जगह।

मेरे ससुरजी के दोस्त और कई दूसरे लोग यह सोच रहे थे कि हमारे पास पैसों की कमी नहीं होगी, क्योंकि हम विदेश में कई साल तक रहने के बाद भारत लौटे थे। वे यह नहीं जानते थे कि यह हमारे करियर की शुरुआत थी और हम ऑस्ट्रेलिया में फैलोशिप कर रहे थे, जिसमें न्यूनतम वेतन मिलता था। हमारी लगभग सारी कमाई किराये, कॉन्फ्रेंसेज के यात्रा व्यय और ठहरने के ख़र्च, उपकरणों, पुस्तकों, बिजली-पानी और किराने में ख़र्च हो जाती थी। इस सबके बावजूद डॉ. विदुषी और मैं 10 लाख रुपये बचाने में कामयाब हो गए थे। हमने सोचा था कि इससे कुछ समय तक काम चल जाएगा, लेकिन भारत पहुँचने के बाद हमें इस बात का अहसास हुआ कि महँगाई बहुत बढ़ गई थी।

मैं झूठ नहीं बोलूँगा, यह डरावना था

भारत लौटकर हमें नये नेत्र चिकित्सालय की स्थापना करने का महत्वपूर्ण कार्य पूरा करना था। हमारे पास फण्डिंग का अभाव था और समय बहुत कम होने के कारण हम इसकी अच्छी तरह प्लानिंग भी नहीं कर सके। इसलिए हमने महानगरों के बजाय छोटे शहरों की ओर देखना शुरू किया। मुझे अपने पैतृक गाँव मोहना और इसके सबसे क़रीबी शहर की याद आई। मैं चिल्लाया, 'कोटा!' डॉ. विदुषी हैरानी से मेरी तरफ देखने लगीं। *'यह नॉन मेट्रो शहर है, इसलिए कम महँगा है, मोहना से सिर्फ 70 कि.मी. दूर है। हर साल देशभर से हजारों युवा विद्यार्थी डॉक्टर अथवा इंजीनियर बनने के अपने सपनों को साकार करने कोटा पहुंचते हैं। जे.के. फेक्ट्री के बंद होने के बाद यह शहर अपने पैरों पर फिर से खड़ा होकर हार न मानने की अनवरत् प्रेरणा दे रहा है।'* मैं रोमांच के मारे हाँफ रहा था। डॉ. विदुषी मुस्कुरा दीं और इस तरह हमारी जगह निश्चित हो गई। मैंने अपने छोटे भाई डॉ. राजेश पाण्डेय से मिलने का इंतज़ाम किया, जो झालावाड़ में आयुर्वेदिक चिकित्सक हैं। हमने कोटा में जगह देखने की योजना बनाई। मेरे दिमाग़ में 'खानाबदोश जिंदगी' की बात घूमने लगी। जीवन के 36 वर्षों के दौरान मैं नौ शहरों में रह चुका था और अब दसवें शहर में रहने की योजना बना रहा था।

किराये के अस्पताल में शुरुआत

कुछ सप्ताह बाद मेरे भाई ने कोटा के ऑर्थोपीडिक क्लीनिक के बारे में सुना। इसके मालिक डॉ. एम.एल. आहूजा ने दो साल तक अपनी ऑर्थोपीडिक प्रैक्टिस की स्थापना की कोशिश की थी, लेकिन वे इस नई जगह में पूरी तरह

कामयाब नहीं हो पाए थे। इसलिए वे कोटा की नई कॉलोनी इंद्र विहार के अपने नवनिर्मित अस्पताल को किराये पर देने के लिए उत्सुक थे। जगह बेहतरीन थी और यह कोचिंग सेंटर्स के क़रीब था। हमने डॉ. आहूजा के साथ मीटिंग की और 40,000 रुपये मासिक किराये पर हाँ कर दी। जगह खोजने से हमारी जंग ख़त्म नहीं हुई। भारत लौटकर नये चिकित्सालय की स्थापना की यात्रा के दौरान हम दोनों ने अनेकों कठिनाईयों का सामना किया, लेकिन हिम्मत नहीं हारी। ज़्यादातर डॉक्टर अंतत: अपनी निजी प्रैक्टिस डालते हैं, लेकिन यह निर्णय आम तौर पर काफी सोच-विचार और विचार-विमर्श के बाद लिया जाता है। स्वास्थ्य सुविधा एक प्रतिस्पर्धी बाज़ार है और सफल होने से पहले इस क्षेत्र में बहुत से कष्ट उठाने होते हैं। सफल मेडिकल उद्यमी बनने के लिए काफी पैसों की ज़रूरत भी होती है। जब मैं शैक्षणिक यूनिवर्सिटी में काम कर रहा था और नेत्र सर्जरी कर रहा था, तो मेरे मन में कभी ऑपरेटिंग माइक्रोस्कोप या फेकोइमल्सिफायर या लेसिक लेज़र मशीन जैसे उपकरण की क़ीमत की जाँच करने का विचार नहीं आया। जिन नए डॉक्टरों में आदर्शवाद बहुत ज़्यादा होता है और पैसे तथा पारिवारिक समर्थन (जैसे माता या पिता डॉक्टर हों) कम होता है, उनके लिए प्राइवेट प्रैक्टिस में छलाँग लगाना किसी जंगल में घुसने जैसा होता है, जहाँ आपको पता नहीं होता कि सामने क्या आएगा। हो सकता है कि भेड़िये आपको खा जाएँ या हो सकता है कि आपको ओएसिस (मरूभूमि में हरा-भरा स्थान) मिल जाए और आप समृद्ध हो जाएँ। एक ऐसे युग में जहाँ लोग अपना व्यवसाय शुरू करने से पहले गहन शोध करते हैं, विशेषज्ञों से परामर्श लेते हैं, अच्छे-बुरे पहलुओं को तौलते हैं, वहाँ हमने आख़िरी मिनट पर भावनात्मक निर्णय ले लिया था और हम परिस्थितियों से मुकाबला करने की सर्वश्रेष्ठ कोशिश कर रहे थे।

नेत्र मशीनों हेतु 'अप्पासामी' द्वारा दिया अमूल्य सहयोग

हमें नये नेत्र अस्पताल को शुरू करने के लिए किराये की इमारत तो मिल गई थी, लेकिन यह हमारे ख़र्चों का अंत नहीं था। हमें अब भी अस्पताल को सुसज्जित करना था। हम खुशक़िस्मत थे कि हमें विशेषज्ञ ऑपरेशन थिएटर टेक्निशियन (श्री हेमराज मेघवंशी) मिल गए, जिनकी मदद से ऑपरेशन थिएटर (ओ.टी.) तैयार हो गया। लेकिन हमें मशीनों की ज़रूरत थी। इसके लिए हमने अप्पासामी एसोसिएट्स, चेन्नई के श्री मरिअप्पन पिल्लई से मिलने का निर्णय लिया, जो ऑप्थैल्मिक उपकरणों के अग्रणी निर्माता तथा वितरक थे। हमने

उनको बताया कि हम कोटा में ऑफ्थैल्मिक प्रैक्टिस शुरू करना चाहते हैं और वे हमें आवश्यक मशीनें मुहैया कराएँ। श्री पिल्लई ने हमें आश्वस्त किया कि वे ऑफ्थैल्मिक चेयर यूनिट (दो), स्लिट लैंप बायोमाइक्रोस्कोप (दो), ऑटो रिफ्रैक्टोमीटर (कैनन), लेंसोमीटर और हमारे लिए एक डायरेक्ट व एक इनडायरेक्ट ऑफ्थैल्मोस्कोप उपलब्ध करा देंगे। लेकिन इसका कुल ख़र्च लगभग 10 लाख आएगा। हम लोन लेने के लिए बैंक गए, लेकिन बैंक मैनेजर ने हमसे पिछले दो साल के भारतीय टैक्स रिटर्न माँगे, साथ ही संपत्तियाँ हमारे नाम पर होनी चाहिए, ताकि उन्हें गिरवी रखा जा सके। हमारे पास दोनों में से कोई चीज़ नहीं थी, इसलिए बैंक ने हमें लोन नहीं दिया। हमने अप्पासामी के पास लौटकर आग्रह किया कि क्या वे यह पैसा एक साल बाद ले सकते हैं। उन्होंने कहा कि वे हेड ऑफिस से बात करने के बाद बताएँगे। कुछ दिनों बाद श्री पिल्लई ने हमें फोन करके बताया कि उन्होंने हमारा आग्रह स्वीकार कर लिया है। डॉ. विदुषी और मैं खुश हुए कि चलो, अब हम मरीज़ देखना शुरू कर सकते हैं। वर्ष 2017 में मैंने चेन्नई में नेत्र कॉन्फ्रेंस एवं लाइव सर्जरी करने के बाद श्री अप्पासामी से उनके घर जाकर मुलाकात की और उन्हें मुझे एवं देश के अनेकों नए नेत्र चिकित्सकों को अपनी प्रेक्टिस प्रारंभ करने में सहायता देने के लिए हृदय से आभार व्यक्त किया।

अधिकांश काम स्वयं करने पड़ते थे

हमने डॉ. आहूजा की इमारत को किराये पर सिर्फ इसलिए नहीं लिया था, क्योंकि हम ग्राउंडफ़्लोर पर अपना अस्पताल बना सकते थे, बल्कि इसलिए भी लिया था, क्योंकि हम ऊपर की मंज़िल पर रह सकते थे। ग्राउंड फ्लोर पर एक रिसेप्शन, दो ओ.पी.डी. कन्सल्टेशन रूम, चार पलंगों वाला वार्ड, एक छोटा ऑपरेशन थिएटर और ऑपरेटिंग टेबल वाला एक बड़ा ऑपरेशन थिएटर, एक इमरजेंसी रूम, स्पेक्टेकल शॉप और मेडिकल शॉप थी। अब हमारे पास कुछ मशीनें आ गई थीं, इसलिए ग्राउंड फ्लोर अस्पताल जैसी दिखने लगी थी।

लेकिन अभी न्यूनतम आवश्यकताएँ पूरी हुई थीं। हमें फेकोइमल्सीफिकेशन या टाँका-रहित मोतियाबिंद ऑपरेशन करने के लिए एक फेकोइमल्सीफिकेशन मशीन, ऑपरेटिंग माइक्रोस्कोप एवं कृत्रिम लेंस का पावर निकालने के लिए अल्ट्रासाउण्ड ए-स्केन बायोमेट्री मशीनों की सख्त आवश्यकता थी। हम इसका ख़र्च नहीं उठा सकते थे, लेकिन फिर भी हमने जोखिम लिया और इन मशीनों

पर अपनी सारी जमापूँजी खर्च कर दी। हमने दूसरे तरीकों से खर्च में कटौती की। हमने सिर्फ तीन कर्मचारी रखे - ओ.पी.डी. असिस्टेंट, ओ.टी. असिस्टेंट और रिसेप्शनिस्ट। हमारी टीम छोटी थी और सपोर्ट स्टॉफ कम था, इसलिए हमें ज्यादातर काम खुद करने पड़े। ऑप्टोमेट्रिस्ट न होने के कारण डॉ. विदुषी चश्में का नम्बर खुद चेक करती थीं। वे मोतियाबिंद सर्जरी के प्रकरणों के लिए लेंस का पॉवर निकालती थीं और ऑपरेशन थिएटर में स्टाफ को प्रशिक्षित करती थी। अस्पताल के सारे छोटे-मोटे काम करने के पीछे एक गहरा विचार भी था। हम ऑस्ट्रेलिया से लौटे थे, लेकिन हम अपने मरीजों को यह अहसास नहीं कराना चाहते थे कि हम संकोची, कम बोलने वाले या अहंकारी डॉक्टर हैं, जिनसे रोगी अपने मन की बात एवं संभावित सवाल पूछने में झिझकते हैं। हमने अपने सभी मरीज़ों के प्रति दोस्ताना और सहिष्णु बनने का फैसला किया था। जगह तय करने के बाद हमने अपने नये नेत्र अस्पताल का नाम **सुवि** (सुरेश और **विदुषी** के पहले अक्षर) नेत्र चिकित्सालय रखने का निर्णय लिया।

डॉ. विदुषी वन-वुमैन-आर्मी बन गई

विदेश में कार्य करते हुए मुझे बहुत महँगे ऑपरेटिंग माइक्रोस्कोप एवं नवीनतम फेको मशीनों से सर्जरी करने की आदत थी, लेकिन भारत में इन मँहगी मशीनों को खरीदना संभव नहीं था, क्योंकि यह दोनों मशीनों की अनुमानित कीमत एक करोड़ रुपयों से अधिक थी। इसलिए हमने जर्मनी की कार्ल जाईस कम्पनी द्वारा निर्मित लगभग 5 लाख रुपये का एक वन एफ.आर. माइक्रोस्कोप खरीद लिया। मोतियाबिंद ऑपरेशन हेतु मुझे अमेरिका में निर्मित नई सॉवरन काम्पेक्ट फेको मशीन और नए ऑपरेटिंग माइक्रोस्कोप से तालमेल बैठाने में कुछ दिन का समय लगा। अमेरिका एवं ऑस्ट्रेलिया में ऑफ्थैल्मिक असिस्टेंट ज्यादातर नेत्र जाँचें करते थे। यहाँ डॉ. विदुषी लेंस के पॉवर की जाँच कर रही थीं और मैन्युअल केरेटोमीटर का इस्तेमाल करके 'किरेटोमेट्री रीडिंग' भी दर्ज कर रही थीं। मोतियाबिंद के ऑपरेशन हेतु आने वाले प्रत्येक रोगी की विस्तृत नेत्र जाँच करना हमारे प्रोटोकोल का अहम हिस्सा था। हम रेटिना के पूर्ण परीक्षण के लिए मरीजों की आँखों में पुतली फैलाने की दवा डालते थे और फिर रोगी को पूरे विस्तार से बीमारी के बारे एवं ऑपरेशन के बाद होने वाले दृष्टि सुधार, चश्में लगाने की आवश्यकता आदि के बारे में जानकारी देते थे।

विदेशों से भारत आकर एक माह के अंदर नये चिकित्सालय की स्थापना एक अति चुनौतीपूर्ण कार्य था। एडवांस प्लानिंग के बिना इस चुनौतीपूर्ण कार्य

को सर्वश्रेष्ठ तरीके से सम्पन्न करना हमारी विवशता बन चुकी थी। हमारे पास नये अस्पताल की स्थापना हेतु कोई सुदृढ़ वित्तीय योजना भी नहीं थी, एवं बैंकों ने भी हमें बड़ा लोन देने के लिए रुचि नहीं दिखाई। लेकिन हमने तय किया कि हम अपने मरीज़ों का उपचार एवं ऑपरेशन करने के लिए सर्वश्रेष्ठ संभव चिकित्सकीय उपकरणों का उपयोग करेंगे। अब हम अपने रास्ते में आने वाली चुनौतियों के लिए मानसिक रूप से खुद को तैयार कर चुके थे। क्लीनिकल और सर्जिकल काम में तो हम विशेषज्ञ थे, जिनमें हमारे पास बरसों का अंतर्राष्ट्रीय अनुभव था, लेकिन आंतरप्रेन्योरशिप (कारोबारी) मामलों में हम दोनों ही नये थे और हमारे दिमाग में सबसे अहम सवाल यही था: मरीज आएँगे या नहीं आएँगे?

सबक़

- योजना बनाना लाभकारी होता है, लेकिन सर्वश्रेष्ठ योजनाएँ भी कई बार आख़िरी पल पर गड़बड़ा जाती हैं, जैसा लेखक के साथ हुआ। ऐसे में कोई दूसरा होता, तो वह हार मान लेता और वापस ऑस्ट्रेलिया चला जाता, लेकिन लेखक एवं डॉ. विदुषी अपने देशवासियों की सेवा करने का संकल्प ले चुके थे, इसलिए उन्होंने हर चुनौती का मुकाबला करते हुए पूरे मन से काम करने का निर्णय लिया।

- संघर्ष से इंसान मजबूत बनता है। लेखक और डॉ. विदुषी को अपना नया आई हॉस्पिटल शुरू करने में बहुत सारी समस्याएँ आईं, लेकिन उन्होंने अपनी सूझ-बूझ एवं पूरे मन से कार्य करते हुए सफलता एवं आत्मनिर्भरता की एक अनूठी मिसाल पेश की। सच है, संघर्ष से न घबराने वाला इंसान ही अंत में जीत हासिल करता है।

- दिल से निर्णय लेने पर आपको संघर्ष करने की शक्ति मिल जाती है। लेखक ने अंततः कोटा आने का निर्णय अंतरात्मा की आवाज़ पर लिया, क्योंकि यह जगह उनके लिए ख़ास थी। इस निर्णय से उन्हें यह शक्ति मिली कि वे सारे संघर्षों से सफलतापूर्वक निबट पाए।

अध्याय ९

समर्पण में शक्ति होती है

'यदि आपको खुद पर विश्वास है और आपमें समर्पण है और आप कभी कोशिश नहीं छोड़ते हैं, तो आप विजेता बनेंगे। विजय की कीमत बहुत ज़्यादा चुकानी पड़ती है, लेकिन पुरस्कार भी बहुत ज़्यादा मिलते हैं।'

–पॉल ब्राएंट

नववर्ष पर नाइट कॉल

नववर्ष 1 जनवरी 2007 की मध्यरात्रि लगभग एक बजे को सुवि नेत्र चिकित्सालय में एक बुजुर्ग मरीज़ का फोन आया। फोन करने वाले ने हमारे रात्रि स्टॉफ को बताया कि उसकी पत्नी को दोनों आँखों में असहनीय दर्द हो रहा था, जो पेनकिलर लेने के बाद भी कम नहीं हुआ था। उसकी पत्नी आधी रात को दर्द के मारे रोने लगी थी और वह असहाय महसूस कर रहा था। उसने पिछले दिनों कुछ नेत्र चिकित्सकों से भी परामर्श लिया था। उन चिकित्सकों को इस तेज दर्द के सटीक कारण का पता नहीं चल पाया था। उनके अनुसार यह मनोवैज्ञानिक या न्यूरोलॉजिकल दर्द हो सकता है और उन्हें न्यूरोलॉजिस्ट और मनोचिकित्सक को दिखाना चाहिए। बुजुर्ग पति-पत्नी अकेले रहते थे, क्योंकि उनकी दोनों संतानें विदेशों में थीं। रात्रि को लगभग दो बजे मेरे स्टाफ सदस्य ने मुझे फोन किया। मैं उस समय सुधा अस्पताल में था, क्योंकि कुछ घंटे पहले हमारी बेटी इशिता का जन्म हुआ था। मुझे एक बार विचार आया कि मैं उस मरीज को देखने के लिए मना कर दूँ। लेकिन दूसरे क्षण मुझे अपने मिशन स्टेटमेंट कॉम्पिटेंट केयर विद कम्पेशन का ध्यान आया। साथ ही साथ गोस्वामी तुलसीदास द्वारा रचित श्रीरामचरित मानस की यह पंक्तियाँ *'पर हित सरिस धर्म नहिं भाई। पर पीड़ा सम नहिं अधमाई...'* मस्तिष्क में घूमकर मुझे प्रेरित करने लगी। मैं रात को सवा दो बजे सुवि नेत्र चिकित्सालय में आया और उन सज्जन से उनकी पत्नी की नेत्र

समस्या पर बातचीत की। उन्होंने मुझसे पूछा कि क्या मैं उसकी पत्नी को उनके घर देखने आ सकता हूँ, क्योंकि उन्हे डायबिटीज़, स्लिप्ड डिस्क और रयूमेटॉइड आर्थ्राइटिस जैसी बीमारियाँ भी थीं। उन्होंने अपनी पत्नी की समस्या को लेकर कुछ नेत्र चिकित्सकों को फोन किया, परन्तु नववर्ष की मध्य रात्रि के समय रोगी को घर जाकर देखने के लिए उन्हें कोई भी नहीं मिला।

मैंने अपने स्टॉफ के साथ स्कूटर पर उनके घर जाने का फैसला किया और फ्लैशलाइट, प्रोपेराकेन नामक दर्द में राहत देने वाली एनेस्थेटिक आई ड्रॉप, एंटीबायोटिक्स, लुब्रीकेटिंग आई ड्रॉप्स, बैंडेज कॉन्टैक्ट लेंस और फ्लूओरेसीन स्टेन साथ में रख लिए। लगभग 10 कि.मी. की यात्रा के बाद हम स्टेशन के पास स्थित उनके घर पहुँचे। मैंने सुना कि उनकी पत्नी आँख में दर्द के मारे रो रही थीं। मैंने उससे आँखें खोलने को कहा, लेकिन तेज दर्द एवं चुभन की वजह से वह आँखें नहीं खोल पा रही थी। मैंने एनेस्थेटिक आई ड्रॉप की एक-एक बूँद दोनों आँखों में डाल दी। कुछ सेकंड के भीतर ही उसे राहत मिल गई और उन्होंने दोनों आँखें खोल दीं। फ्लूओरेसीन स्टेन से आँखों की जाँच करने पर पता चला कि ड्राई आई (आँख सूखने) की वजह से उसे दोनों आँखों की पारदर्शी पुतली में अनेकों सूक्ष्म जख्म (कॉर्नियल एपिथेलियल डिफेक्ट) एवं कॉर्नियल फिलामेंट बनने के कारण उन्हें दोनों आँखों में चुभन एवं दर्द हो रहा था। मैंने उनकी दोनों आँखों में सावधानी से बैंडेज कॉन्टैक्ट लेंस (बी.सी.एल.) लगा दिए, जिससे उन्हें दर्द एवं चुभन में राहत मिल सकी। मैं दोनों आँखों में लुब्रीकेटिंग एवं एंटीबायोटिक आई ड्रॉप्स डालते रहने की सलाह देकर लौट आया। वह सज्जन अगली सुबह मुझे हृदय से धन्यवाद देने अस्पताल आए और उन्होंने बताया कि उनकी पत्नी आज तीन दिनों बाद बिना दर्द के सो पाई है। मुझे बाद में पता चला कि वे एक हिंदी के प्रतिष्ठित अखबार के पूर्व संपादक थे, जिन्होंने अपने दायरे और मीडिया में मेरी सेवाओं का प्रचार किया।

रोगियों की संतुष्टि पर ज़ोर

दिनांक 5 फरवरी 2006 को सुवि नेत्र चिकित्सालय, कोटा की स्थापना हुई। कार्यक्रम के मुख्य अतिथि श्री ओम बिरला (वर्तमान लोकसभा अध्यक्ष) एवं अध्यक्षता डॉ. राजेन्द्र प्रसाद नेत्र चिकित्सा केन्द्र, ऑल इंडिया इंस्टीट्यूट ऑफ मेडिकल साइंसेज (एम्स), नई दिल्ली के तत्कालीन प्रमुख (चीफ) प्रोफेसर सुप्रियो घोष थे। उद्घाटन समारोह में डॉ. विदुषी एवं मुझे अपने माता-पिता, मित्रों, परिजनों एवं सभी शुभचिंतकों का आशीर्वाद मिल सका। उद्घाटन के बाद हमारे शुरुआती

कुछ सप्ताह नेत्र इमरजेंसी और सामान्य नेत्र रोगियों के उपचार में गुजरे। हमने अपने अस्पताल आने वाले इमरजेंसी केस को कभी वापस नहीं भेजा। देर रात को शहर के अन्य नेत्र चिकित्सकों से परामर्श लेना संभव नहीं हो पाता था, ऐसी स्थिति में यह रोगी इमरजेंसी में हमसे परामर्श एवं उपचार लेते थे। ऐसे अनेकों रोगियों ने हमारे नए अस्पताल का मौखिक प्रचार अपने-अपने प्रभाव क्षेत्र में किया। उद्घाटन के प्रथम सप्ताह में हमारे पास दिन में लगभग 20 नेत्र रोगी आने लगे और हमने सोचा कि शायद हमारी यह योजना काम करने लगी हैं, लेकिन मैं ग़लत था।

फोटो 1. दिनांक 5 फरवरी 2006 को सुवि नेत्र चिकित्सालय, कोटा की स्थापना हुई। कार्यक्रम के मुख्य अतिथि श्री ओम बिरला (वर्तमान लोकसभा अध्यक्ष) एवं अध्यक्षता डॉ. राजेन्द्र प्रसाद नेत्र चिकित्सा केन्द्र, ऑल इंडिया इंस्टीट्यूट ऑफ मेडिकल साइंसेज (एम्स), नई दिल्ली के तत्कालीन प्रमुख (चीफ) प्रोफेसर सुप्रियो घोष थे। इस दौरान डॉ. अमिता बिरला एवं अन्य अतिथि भी उपस्थित थे।

शुरुआत में अनुभवहीनता को अयोग्यता माना जाता है

मार्च 2006 में हमारे सामने एक अवरोध आ गया। उद्घाटन के एक माह बाद मरीज़ों की संख्या काफी कम हो गई। अब एक दिन में पाँच से सात नेत्र रोगी परामर्श हेतु ही आ रहे थे। एक सप्ताह में दो से ज़्यादा ऑपरेशन नहीं हो पाते थे। यही नहीं, मोतियाबिंद की आई.ओ.एल. सर्जरी के लिए मरीज़ हमें कम (आंशिक) भुगतान करता था। कई बार तो उसके पास बस इतने ही पैसे होते थे और कई बार मरीज़ सोचता था कि हम जैसे नए चिकित्सकों को उनसे इतने ही पैसे लेने चाहिए। कुछ रोगियों ने हमें हँसते हुए कहा कि 'अगर मुझे मोतियाबिंद की आई.ओ.एल. सर्जरी के दस हजार रुपये ही देने होते, तो मैं बीस

साल के अनुभवी नेत्र सर्जन के पास जाता।' शुरूआत में रोगियों द्वारा कहे गये यह शब्द हमें चुभते थे, लेकिन मैंने इन बातों का बुरा न मानना सीख लिया। मैं ऐसे मरीज़ों को चुनौती के रूप में स्वीकार करता था और शहर के मशहूर एवं अनुभवी आई सर्जनों की तुलना में ज़्यादा बड़ी लकीर खींचने का अवसर भी मानता था। 'ज़िद करो, दुनिया बदलो' नामक सूत्र के अनुसार मैं यह मानकर चल रहा था कि अंत में मेरे समर्पण और निष्ठा की जीत होगी।

रोगियों की माँग पर खोला ओ.पी.डी. क्लीनिक

इंद्र विहार स्थित सुवि नेत्र चिकित्सालय मुख्य सड़क से आधा किलोमीटर दूर था और देहात एवं कस्बे से आए कुछ मरीज़ शिकायत करते थे कि उन्हें सुवि नेत्र चिकित्सालय को खोजने एवं वहाँ तक पहुँचने में मुश्किल आती है। हाड़ौती के ग्रामीण अंचल के नेत्र रोगी हमारे पास नहीं आ पा रहे थे, इसलिए हमने उनके पास जाने की योजना बनाई। हमने मोबाईल आई केयर यूनिट बस का संचालन मार्च 2006 में आरंभ किया एवं मुख्य सड़क केशवपुरा चौराहा पर ओ.पी.डी. क्लीनिक खोलने का निर्णय लिया। हमने इस स्थान को ऑर्थोपीडिक सर्जन डॉ. नागेश जोशी से किराये पर लिया। अब हमारे दो अस्पताल हो गए थे: डॉ. विदुषी इंद्र विहार स्थित अस्पताल में परामर्श देती थीं और मैं केशवपुरा सर्कल पर ओ.पी.डी. देखता था। सारी नेत्र सर्जरी इंद्र विहार स्थित सुवि नेत्र चिकित्सालय में ही की जाती थीं।

शुभचिंतकों की सलाहें परेशान करती थीं

ऑस्ट्रेलिया में रहते वक़्त मैं सोचता था कि सबसे मुश्किल हिस्सा नेत्र सर्जरी करना था, जो निश्चित रूप से होता है, लेकिन अब मुझे धीरे धीरे यह अहसास होने लगा था कि नये अस्पताल को स्थापित करना एवं चलाना भी कोई आसान काम नहीं था। हमारी परेशानी इसलिए भी बढ़ जाती थी, क्योंकि अनेकों शुभचिंतक हमें बहुत सी मुफ्त सलाहें देते थे। वे इतने विश्वास से राय देते थे कि उनकी बात न मानना मुश्किल था। कुछ शुभचिंतकों ने हमें लॉयन्स क्लब, कोटा द्वारा संचालित नेत्र चिकित्सालय ज्वॉइन करने की सलाह दी एवं कुछ मित्रों ने हमें भारत विकास परिषद, कोटा द्वारा चलाए जाने वाले मशहूर परोपकारी आई हॉस्पिटल्स में शामिल होने की सलाह दी। कुछ मित्रों ने हमसे कहा कि जो भी मोतियाबिंद का मरीज़ हमारे पास भेजें, हम उसे थोड़ी प्रोत्साहन राशि दे दें। हम इन अनैतिक चीज़ों के जाल में नहीं फँसे। हमने निर्णय लिया

कि हम नैतिकता के मार्ग पर चलते रहेंगे, भले ही हमारी प्रगति बहुत धीमी ही क्यों न रहे। हमारी प्रगति सचमुच धीमी थी, क्योंकि मुझे केशवपुरा ओ.पी.डी. से इंद्र विहार के अस्पताल तक सर्जरी करने के लिए बार-बार एक किलोमीटर पैदल चलकर आना पड़ता था। इसमें काफी समय लग जाता था, लेकिन हमारे पास स्कूटर ख़रीदने के पैसे नहीं थे। सौभाग्य से एक रिश्तेदार (श्री राजन दुबे, श्री रवि दुबे) ने हमें अपना पुराना स्कूटर दे दिया। यह दस साल पुराना था, लेकिन मेरे लिए तो यह ईश्वर के वरदान से कम नहीं था।

चमत्कार हो गया... और हम घाटे से उबरने लगे

हमारी पूरी कोशिशों के बावजूद मरीज़ नहीं आ रहे थे, जबकि बिलों का ढेर बढ़ता जा रहा था। पहले छह महीनों में हमने सर्जरी से एक लाख रुपये कमाए और मरीज़ों की ओ.पी.डी. फीस के माध्यम से पच्चीस हजार रुपये। यानी हमारी कुल आमदनी सवा लाख रुपये थी। दूसरी तरफ हमारा कुल ख़र्च दो लाख रुपये था, जिसमें किराया, बिजली-पानी, स्टाफ का वेतन और सफाई तथा रखरखाव जैसे ख़र्च शामिल थे। हम सोच रहे थे कि जीवनशैली के ख़र्च कम करने, डिनर या फिल्मों के लिए बाहर जाना छोड़ने से हम ख़र्च जितना कमा सकते हैं, लेकिन हम बुरी तरह नाकाम रहे थे। मेरे पिताजी और ससुरजी दोनों ने ही आर्थिक मदद देने का प्रस्ताव रखा, लेकिन हमने उनसे कहा कि एक वर्ष बाद हम इस पर चर्चा करेंगे। हमने यह समस्या खुद मोल ली थी और हमें ही इसे सुलझाना था। हर रविवार शाम को डॉ. विदुषी और मैं बहीख़ाते लेकर बैठते थे और पैसों के नए स्रोत खोजने की कोशिश करते थे। लेकिन कोई असली समाधान दिखाई नहीं दे रहा था। तभी एक दिन हमारे बैंक ख़ाते में दो लाख रुपये आ गए। यह चमत्कार जैसा लग रहा था, लेकिन यह चमत्कार ऑस्ट्रेलिया की सरकार ने किया था, जिसने हमें टैक्स रिफण्ड भेजा था। स्रोत चाहे जो हो, हमने राहत की साँस ली।

पैसों की इतनी तंगी थी कि दो वर्षों तक हमने राष्ट्रीय एवं अंतर्राष्ट्रीय नेत्र कॉन्फ्रेन्स में कोटा से बाहर जाने के बारे में सोचा तक नहीं था। ऑस्ट्रेलिया में रहते समय मैं अंतर्राष्ट्रीय नेत्र कॉन्फ्रेन्स में भाग लेने के लिए हर महीने यात्रा करता था, लेकिन नए अस्पताल की स्थापना के आरंभिक दिनों में अब मैं यह नहीं कर सकता था और इससे मैं चिंता में पड़ गया। मेडिकल क्षेत्र में सफल एकेडमिक करियर के साथ मैंने शैक्षणिक क्षेत्र में सक्रिय रहने के लिए कड़ी

मेहनत की थी, जिसके लिए नियमित रूप से राष्ट्रीय और अंतर्राष्ट्रीय मेडिकल कॉन्फ्रेन्सों में शिरकत करना आवश्यक था। मैंने अनेकों राष्ट्रीय एवं अंतर्राष्ट्रीय नेत्र कॉन्फ्रेन्सों में शोध पत्र और क्लीनिकल पेपर्स भी प्रस्तुत किए थे। लेकिन अब मुझे अहसास हुआ कि मुझे प्राथमिकताओं पर ध्यान केंद्रित करना होगा। टैक्स रिफण्ड से हमें काम चालू रखने की मोहलत मिल गई और मैं यह सुनिश्चित करना चाहता था कि इस तरह की ख़तरनाक वित्तीय स्थिति दोबारा कभी सामने न आए।

जब कोचिंग विद्यार्थी हमारे प्रेक्टिस के 'ब्रांड अम्बेसेडर' बने

जब मैं ऑस्ट्रेलिया में था, तो मैंने एक मशहूर पुस्तक पढ़ी, जिसका शीर्षक था, 'पुट युअर कस्टमर्स टु मार्केट युअर बिज़नेस/प्रैक्टिस।' इस पुस्तक का आसान लेकिन गहरा संदेश यह था: हर ग्राहक को असाधारण अनुभव प्रदान करें, ताकि वह आपका ब्रांड एम्बैसेडर बन जाए। बंसल क्लासेस की विद्यार्थी निहारिका घोष के साथ मुझे इस संदेश की सटीकता का अहसास हुआ। पिछले कुछ महीनों से उसे सिर में दर्द हो रहा था। मैंने उसकी जाँच करने पर पाया कि उसकी ऑप्टिक नर्व्ज़ में सूजन (डिस्क ईडिमा) थी। ऑप्टिक नर्व्ज़ और रेटिना को मस्तिष्क का विस्तार माना जाता है, शायद इसीलिए आँखों को मस्तिष्क की खिड़कियाँ भी कहा जाता है। उसने हमें बताया कि वह पिछले नौ महीनों से विटामिन-ए सप्लीमेंट ले रही थी। मैंने डॉ. विदुषी के साथ इस बारे में बातचीत की और हमने यह निदान सोचा कि विटामिन-ए टॉक्सिसिटी के फलस्वरूप यह इंट्राक्रेनियल हाइपरटेंशन हो सकता है। सिर के एम.आर. आई. स्कैन ने हमारे निदान को सही ठहराया और न्यूरोलॉजिस्ट के साथ परामर्श करने के बाद उसे ओरल एसीटाजोलेमाइड दवा दी गई। कुछ दिनों में उसकी तकलीफ कम होने लगी और सिर दर्द ख़त्म हो गया। निहारिका बहुत खुश थी और उसने यह ख़बर पूरे कोचिंग संस्थान में फैला दी। कोटा में कार्य करते समय मुझे निहारिका जैसे कई प्रतिभाशाली युवा कोचिंग विद्यार्थी दिखे, जो अपना करियर बनाने की कोशिश कर रहे थे। वे सभी हमारे अस्पताल के आस-पास चलने वाली कोचिंग क्लासेस में जाते थे और अक्सर आँखों की जाँच या सिर दर्द की वजह से हमारे पास आ जाते थे। वे लंबे घंटों तक पढ़ाई करते थे और कई की आँखों की रोशनी कम थी, जिसके कारण उन्हें क्लास में स्पष्ट दिखाई नहीं देता था।

वर्ष 2006 में 14 मई रविवार को मदर्स डे था। सौलह वर्षीय कोचिंग विद्यार्थी अतुल शर्मा अपनी कोचिंग क्लास से घर लौट रहा था। रात के लगभग नौ बजे थे। वह एक अँधेरी जगह से गुज़र रहा था और अपने परिजनों से मोबाइल फोन पर बात कर रहा था। अचानक कुछ असमाजिक तत्वों ने उसकी आँखों में मिर्ची डालकर उसका मोबाइल छीनने की कोशिश की। हमारी पड़ोसी रश्मि गोयल ने इसे देख लिया, जब वे कार से अपने माता-पिता के साथ वहाँ से गुज़र रही थीं। उन्होंने तुरंत अपनी कार रोककर बदमाशों को ललकारा। वे भाग गए और रश्मि गोयल कोचिंग छात्र अतुल को हमारे अस्पताल में परामर्श एवं उपचार हेतु ले आई। डॉ. विदुषी ने उसका तुरंत उपचार शुरू कर दिया। अतुल की दोनों आँखों में एनेस्थेटिक आई ड्रॉप्स डालने के बाद डॉ. विदुषी ने उसे लुब्रीकेटिंग एवं एंटीबायोटिक आई ड्रॉप्स अपने पास से दी। अतुल दो दिन में ठीक हो गया। जब उसके माता-पिता गोहाटी से कोटा पहुँचे तो उन्होंने डॉ. विदुषी एवं श्रीमती रश्मि गोयल का आभार व्यक्त करते हुए कहा कि मदर्स डे के अवसर पर ईश्वर ने मेरे बेटे की मदद करने के लिए आपको भेजा और आपके द्वारा किए गए सहयोग के लिए हमारे पास शब्द नहीं हैं।

कोटा में देश के कोने-कोने से अनेकों विद्यार्थी डॉक्टर बनने का सुनहरा सपना लेकर नीट कोचिंग हेतु आते हैं। अनेकों कोचिंग विद्यार्थी डॉ. विदुषी और मेरी एम्स, नई दिल्ली एवं पी.जी.आई., चण्डीगढ़ में प्राप्त की गई मेडिकल ट्रेनिंग एवं विदेशों में उच्च प्रशिक्षण की शैक्षणिक योग्यताओं और अनुभव से बहुत प्रभावित थे। ज़्यादातर इस बात पर हैरान थे कि हम भारत क्यों लौटे और वह भी कोटा जैसे छोटे शहर में। डॉ. विदुषी और मैं प्राय: उनसे बात करने और उन्हें प्रोत्साहित करने के लिए समय निकालते थे। धीरे-धीरे कोचिंग विद्यार्थी हमारी प्रेक्टिस के 'ब्रांड एम्बैसेडर' बनते चले गए और हम विद्यार्थियों शहर वासियों एवं कोचिंग फैकल्टी के बीच धीरे धीरे लोकप्रिय होने लगे। हमने अपनी स्टॉफ टीम में ज़्यादा सदस्य भी नियुक्त कर लिए, जो ऑपरेशन हुए मरीज़ों को फोन लगाकर उनकी प्रगति की जानकारी लेते रहते थे। मरीज़ और उनका पूरा परिवार इसकी प्रशंसा भी करने लगे। हमारे मरीज़ों की संख्या एक दिन में 10-15 से बढ़कर 20-30 हो गई। दिनांक 6 फरवरी 2007 को हमने सुवि नेत्र चिकित्सालय के एक वर्ष पूरे होने का जशन मनाया। लेकिन दरअसल हमारे पास जशन मनाने के दो अवसर थे: हमारे अस्पताल की पहली वर्षगाँठ और यह तथ्य कि हम अब घाटे से उबरने लगे थे।

फोटो 2. सुवि नेत्र चिकित्सालय के स्थापना दिवस पर डॉ. सुरेश एवं डॉ. विदुषी रक्तदान अभियान में भाग लेते हुए।

मेरा फोन नंबर सार्वजनिक था

दिसंबर 2005 में भारत लौटने पर मैंने नया मोबाइल नंबर लिया। कुछ वर्षों बाद मेरा मोबाइल नंबर कोटा में आँख संबंधी किसी भी समस्या के लिए सार्वजनिक हो गया। यह एक तरह से अपवाद था, क्योंकि ज़्यादातर डॉक्टर अपना व्यक्तिगत नंबर आम जनता से शेयर नहीं करते हैं, क्योंकि वे मनचाहे समय पर अनावश्यक फोन कॉल्स से बचना चाहते हैं। जब फोन कॉल्स की संख्या बढ़ गई, तो मैंने अपने स्टाफ के सदस्यों को फोन कॉल्स सुनने और जवाब देने का प्रशिक्षण दिया। कई मौकों पर तो हमारे चिकित्सक अथवा टीम के सदस्य कई मील दूर बैठे किसी नेत्र मरीज़ की समस्या को फोन कॉल या वाट्सअप मैसेज के ज़रिये ही सुलझाया करते थे या आई ड्रॉप का नाम बता देते थे। कोविड-19 वैश्विक महामारी के दौरान राजस्थान के हजारों नेत्र रोगियों को हमारी नि:शुल्क सेवाओं से बहुत लाभ हुआ। मैंने और हमारी प्रशिक्षित टीम ने इस दौरान दस हजार से अधिक आँख के मरीज़ों को फोन पर परामर्श दिया।

एक वर्ष निकलने के बाद मैं जानता था कि हाड़ौती क्षेत्र में हमारी नेत्र सेवाओं को लोकप्रिय बनाने हेतु हमें और मेहनत की आवश्यकता थी। कुछ अफवाहें अब भी फैल रही थीं एवं कुछ लोग सोच रहे थे कि हम एक-दो वर्ष में ही अपना कारोबार समेटकर कोटा से वापस विदेश लौट जाएंगे। प्रोफेसर फ्रैंक बिलसन भी यही चाहते थे। उन्हें हमारी शैक्षणिक क्षमताओं पर तो पूरा

भरोसा था, लेकिन शून्य से नए चिकित्सालय की स्थापना एवं संबंधित कारोबारी कौशल (मेडिकल आंतरप्रन्योरशिप) पर उनको विश्वास नहीं था। *ऑस्ट्रेलिया से भारत लौटने से पूर्व जब हम प्रोफेसर फ्रैंक बिलसन और उनकी पत्नी गैल बिलसन से विदा लेने गए थे, तो उन्होंने कहा था, 'ऑल द बेस्ट, विदुषी और सुरेश। मैं तुम्हारे नए काम को आज़माने के लिए तुम्हें एक साल दे रहा हूँ और अगर तुम अपने मिशन में कामयाब न हो पाओ, तो सिडनी आई हॉस्पिटल, ऑस्ट्रेलिया में तुम्हारा दोबारा बहुत स्वागत है और हम एक बार फिर मिलकर काम करेंगे।'* लेकिन इससे भी बढ़कर मुझे प्रोफेसर बिलसन की बताई एक और चीज़ याद थी। उन्होंने मुझे 'सकारात्मक छवि' बनाने का महत्व बताया था। उनकी बात याद करके मैं सोचने लगा कि हम मौखिक प्रचार के आगे जाकर ज़्यादा व्यापक प्रचार कैसे कर सकते हैं और जब मेरी आँखें कमरे में घूमीं, तो मुझे अख़बार दिख गया। हर सुबह मैं भारत के अग्रणी हिंदी अख़बार दैनिक भास्कर एवं राजस्थान पत्रिका पढ़ता था। मैंने सोचा, लोगों तक पहुँचने का यही तरीक़ा है कि हमें अख़बारों के ज़रिये हाड़ौती एवं राजस्थान के लाखों रोगियों तक पहुँचना होगा। इसके बाद मुझे अनेकों अवसर मिलते रहे। जनसाधारण के बीच नेत्र रोगों के प्रति जागरूकता बढ़ाने के लिए डॉ. विदुषी एवं मैंने मिलकर नेत्र रोग एवं उनके उपचार से संबंधित अनेकों लेख लिखे। साथ ही साथ और हमारे द्वारा किए गए उपचार एवं ऑपरेशन से ठीक हुए दुर्लभ नेत्र रोगियों के समाचार भी समाचार पत्रों में नियमित रूप से प्रकाशित होने लगे। समय के साथ पत्रकारों और संपादकों के साथ हमारी विश्वसनीयता बढ़ती गई और अब तक हमारे 100 से अधिक लेख प्रकाशित हो चुकें हैं।

मोबाईल आई केयर यूनिट के माध्यम से हाड़ौती की ग्रामीण अंचल में सेवाएँ

मार्च 2006 में हमने एक मोबाइल आई केयर यूनिट बस शुरू की, जिसका शुभारंभ तत्कालीन जिला कलक्टर श्री निरंजन कुमार द्वारा हरी झंडी दिखाकर किया गया। मोबाईल आई केयर यूनिट बस में ऑटो रिफ्रैक्टोमीटर, स्लिट लैंप और ऑप्टिक काउंटर था, जो चश्मा तैयार करके तुरंत दे सकता था। यह बस हाड़ौती के नज़दीकी कस्बों और गाँवों में जाती थी और इस बस का मुख्य उद्देश्य ग्रामीण अंचलों में नि:शुल्क अथवा कम दरों पर आँखों का सस्ता इलाज उपलब्ध करवाना था। विशेष स्वास्थ्य दिनों जैसे विश्व स्वास्थ्य दिवस, विश्व दृष्टि दिवस, विश्व डायबिटिक दिवस आदि पर मोबाईल आई केयर यूनिट के

माध्यम से राजस्थान एवं मध्यप्रदेश के गाँवों कस्बो में निःशुल्क आई कैंप का भी आयोजन किया। अगर कोई गंभीर नेत्र रोगी मिलता था तो हम मरीज़ से निःशुल्क नेत्र चेकअप एवं उपचार करवाने हेतु सुवि नेत्र चिकित्सालय, कोटा रेफर कर देते थे। धीरे-धीरे हमारे अथक प्रयास मीडिया में प्रकाशित होने लगे और मोबाइल आई केयर यूनिट बस के माध्यम से नेत्र रोगियों में आँखों की बीमारी के प्रति जागरूकता उत्पन्न करने में महती भूमिका अदा की और हमारी सेवाओं की सराहना करते हुए सुवि नेत्र चिकित्सालय को ग्रामीण अंचलों में विश्वसनीय नेत्र अस्पताल का दर्जा मिला।

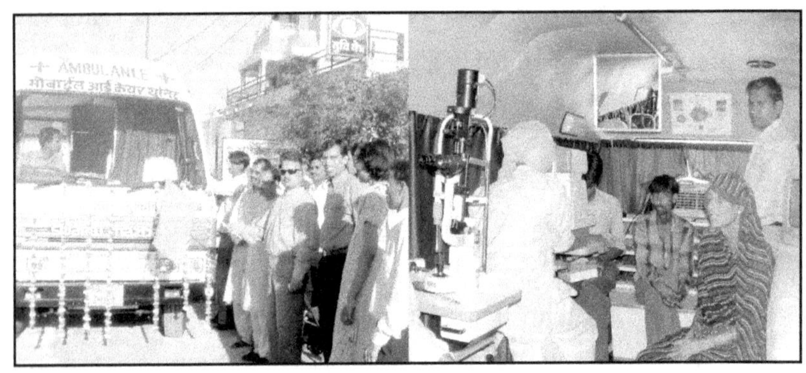

फोटो 3. मार्च 2006 में सुवि नेत्र चिकित्सालय, कोटा द्वारा ग्रामीण अंचलों में नेत्र सेवाएँ देने हेतु मोबाईल आई केयर यूनिट का शुभारंभ तत्कालीन जिला कलक्टर श्री निरंजन आर्य द्वारा हरी झंडी दिखाकर किया गया।

सबक़

- हर एक रोगी को उस समय उपचार उपलब्ध करवायें जब उसे इसकी सख्त आवश्यकता हो। साथ ही प्रत्येक रोगी का उपचार करते समय उसकी आशाओं से बेहतर (एक्सिडिंग द एक्सपेक्टेशन) उपचार देने का हर संभव प्रयत्न करें। यह शुरुआती सफलता का मूल मंत्र है। लेखक ने सुवि नेत्र चिकित्सालय के शुभारम्भ के साथ 24 घंटे की आपातकालीन सेवाएँ शुरू कीं, जिसके फलस्वरूप मरीजों ने उनका मौखिक प्रचार किया। जाहिर है, इससे उन्हें काफी असुविधा हुई, लेकिन इसकी बदौलत वे धीरे-धीरे रोगियों एवं उनके परिजनों के बीच लोकप्रिय होने लगे।

- लीक से हटकर चलें। ज्यादातर डॉक्टर मरीज़ों को अपने व्यक्तिगत फोन नंबर नहीं देते थे, लेकिन लेखक ने अपना व्यक्तिगत सेल फोन नंबर

मरीजों को दिया, ताकि वे उनसे कभी भी संपर्क कर सकें। आपातकालीन स्थिति में उन्होंने फोन पर भी दवाओं का निःशुल्क परामर्श दिया, जिससे उनकी विश्वसनीयता बढ़ गई।

- अवसर न मिलें, तो अवसर बनाएँ। लेखक ने अपने अवसरों को बनाने में कोई कोर-कसर नहीं छोड़ी। उन्होंने अख़बारों का सहारा लेकर जनता तक पहुँच बनाई और जनता को शिक्षित करने के अलावा अपने ब्रांड को मजबूत भी किया। बाकी डॉक्टर अस्पताल चला रहे थे, लेखक ब्रांड बना रहे थे और मरीजों को ब्रांड एम्बैसेडर बना रहे थे। विश्वसनीय ब्रांड बनाने की बदौलत ही लेखक इतने बड़े पैमाने पर सफलता हासिल कर पाए।

अध्याय 10

हर समस्या एक अवसर है

'आत्मविश्वास हो, तो आप वाक़ई कमाल की ऊँचाइयों पर पहुँच सकते हैं।
आत्मविश्वास के बगैर आप सबसे सामान्य उपलब्धियाँ भी हासिल
नहीं कर सकते।'

-जिम लोहर

हर समस्या में संभावना होती है

वर्ष 2014 की बात थी। मुझे चेन्नई में प्रतिष्ठित 'आई.आई.आर.एस. आई. स्वर्ण पदक' से सम्मानित किया गया। यह सम्मान मुझे इंडियन इन्ट्राऑकुलर इम्प्लांट एंड रिफ्रेक्टिव सर्जरी सोसायटी कॉन्फ्रेंस के दौरान तमिलनाडु के राज्यपाल श्री कोनीजेती रोजेहा एवं स्वास्थ्य मंत्री श्री विजय भास्कर द्वारा मोतियाबिंद की सर्जरी, अंतर्राष्ट्रीय स्तर पर शिक्षण और शोध के क्षेत्र में असाधारण काम के लिए दिया गया था। इस अवसर पर मेरी पुस्तक 'द-स्टेट-ऑफ़-आर्ट इन ऑफ्थैल्मिक सर्जरी और वीडियो एटलस' का विमोचन डॉ. मोहन राजन, डॉ. ललित वर्मा, डॉ. कुमार जे. डॉक्टर, डॉ. टी.पी. लहाने, डॉ. किकी आर. मेहता, डॉ. अमर अग्रवाल, डॉ. नौसिर श्रॉफ, एवं डॉ. सुधांक भारती द्वारा किया गया। इस वीडियो एटलस में मैंनें नेत्र सर्जरी की नवीनतम तकनीकों एवं जटिल मोतियाबिन्द रोगियों के ऑपरेशन की विधियों को साझा किया था। मुझे कॉन्फ्रेंस में देश-विदेश से आये अनेकों नेत्र चिकित्सकों द्वारा बधाई भी दी गयी थी। कॉन्फ्रेंस के बाद जब मैं चैन्नई से कोटा लौटा, तो मुझे उपलब्धि का विशेष अहसास था एवं दूसरी बार 'आई. आई.आर.एस.आई. स्वर्ण पदक' मिलने पर मुझे लग रहा था कि मेरी मेहनत आख़िरकार सफल होने लगी है।

फोटो 1. चेन्नई में इन्ट्राऑकुलर इम्प्लांट एंड रिफ्रेक्टिव सोसाइटी, इंडिया (आई.आई. आर.एस.आई.) कॉन्फ्रेंस के दौरान तमिलनाडु के राज्यपाल और स्वास्थ्य मंत्री से इन्ट्राऑकुलर इम्प्लांट एंड रिफ्रेक्टिव सोसाइटी स्वर्ण पदक प्राप्त करते हुए डॉ. सुरेश पाण्डेय। इस दौरान डॉ. अमर अग्रवाल, डॉ. ललित वर्मा एवं देश के अन्य सुप्रसिद्ध नेत्र चिकित्सक भी उपस्थित थे।

फोटो 2. चेन्नई में इंडियन इन्ट्राऑकुलर इम्प्लांट एंड रिफ्रेक्टिव सर्जरी सोसायटी कॉन्फ्रेंस के दौरान मेरी पुस्तक 'द-स्टेट-ऑफ़-आर्ट इन ऑफ्थैल्मिक सर्जरी और वीडियो एटलस' का विमोचन भी देश के सुप्रसिद्ध नेत्र चिकित्सकों द्वारा किया गया। बायें से दायें डॉ. मोहन राजन, डॉ. ललित वर्मा, डॉ. कुमार जे. डॉक्टर, डॉ. टी.पी. लहाने, डॉ. किकी आर. मेहता, डॉ. अमर अग्रवाल, डॉ. नौसिर श्रॉफ, एवं डॉ. सुधांक भारती।

लेकिन मेरी खुशी क्षणिक थी

चैन्नई से कोटा लौटने के अगले ही दिन मुझे वकील का एक नोटिस मिला जिसमें उसने 60 वर्षीय रोगी की आँख की रोशनी कम होने के बारे में कंज्यूमर केस किए जाने की बात लिखी थी। साठ वर्षीय यह रोगी बाराँ के सदर बाजार से आया था। उसकी दोनों आँखों में जन्मजात स्क्लेरोकॉर्निया नामक रोग होने के कारण धुंधलापन था। दोनों आँखों में कालापानी का ऑपरेशन भी हो चुका था और वर्तमान में कालापानी की दवा चल रही थी। आँख की पारदर्शी पुतली में धुंधलापन, कालापानी एवं पर्दे में मायोपिक मेकुलोपैथी होने के साथ साथ उसकी दोनों आँखों में मोतियाबिन्द भी एडवांस स्टेज पर पहुँच गया था। इन सभी नेत्र जटिलताओं के चलते मोतियाबिन्द ऑपरेशन के बाद भी उसकी दृष्टि में वांछित सुधार होना संभव नहीं था। मैंने रोगी और उनके परिजन को विस्तार से समझाया एवं ऑपरेशन के लिए मना कर दिया क्योंकि मोतियाबिंद ऑपरेशन एवं लेंस प्रत्यारोपण होने के बाद विशेष सुधार होने की संभावना नगण्य थी। मैंने उसे अखिल भारतीय आर्युविज्ञान संस्थान (एम्स, नई दिल्ली) जाकर दिखाने की सलाह दी। उसकी आँखों के लिए लुब्रीकेटिंग एवं एंटी-ग्लूकोमा दवा डालने का परामर्श दिया।

कुछ दिनों बाद उपरोक्त रोगी पुन: दिखाने पहुँचे और उन्होंने मोतियाबिंद ऑपरेशन करवाने की बात कही। मैंने उन्हें एक अन्य नेत्र चिकित्सक से भी सलाह लेने के लिए कहा। उन्होंने कुछ दिनों बाद पुन: मुझसे परामर्श लिया एवं ऑपरेशन कराने के लिए पुन: प्रार्थना की। सभी संभावनाएँ एवं जटिलताओं की विस्तार से चर्चा करते हुए मैंने उन्हें बताया कि ऑपरेशन के बाद रोशनी में विशेष सुधार नहीं होगा। उन्होंने इस विशेष स्वीकृति को लिखकर दिया एवं अपने हस्ताक्षर भी किए। मैंने दिनांक 15 जुलाई 2014 को बांई आँख का नेत्र ऑपरेशन फेकोइमल्सीफिकेशन पद्धति से किया एवं हाईड्रोफोबिक एक्रिलिक लेंस का सफल प्रत्यारोपण किया। ऑपरेशन के बाद उनकी बायीं आँख की रोशनी में आंशिक सुधार हुआ एवं उनकी आँख की रोशनी हेंड मूवमेंट क्लोज टू फेस से बढ़कर 3 मीटर तक हो गई। ऑपरेशन के बाद कुछ महीनों तक यही रोशनी चलती रही। लगभग एक वर्ष बाद उन्होंने बिना चिकित्सकीय परामर्श के एंटी-ग्लूकोमा दवाइयों को डालना बंद कर दिया जिसके कारण उनकी आँखों की रोशनी ग्लूकोमा के कारण धीरे धीरे कम होती गई। अपनी नेत्र समस्या को लेकर उन्होंने अन्य नेत्र चिकित्सा विशेषज्ञों से परामर्श लिया जिन्होंने बताया कि

उनकी नेत्र समस्या अनियंत्रित ग्लूकोमा के कारण अब लाइलाज हो चुकी थी। दुखी, निराशा एवं खिन्न मन से वे चिकित्सकों की सलाह लेकर घर बैठ गए। इसी बीच उनके किसी मित्र ने उपचार करने वाले चिकित्सकों पर कंज्यूमर केस करने का सुझाव दिया। उनके सुझाव मानकर उन्होंने उपचार करने वाले चिकित्सकों पर कंज्यूमर केस कर दिया। यह केस लगभग 3 वर्ष तक चला। तत्पश्चात् दोनों पक्षों द्वारा पेश किये गये प्रमाणों के आधार पर कंज्यूमर कोर्ट ने इसे खारिज कर दिया।

इस केस के बाद मैंने अपनी चिकित्सा पद्धति में वाछिंत सुधार किए। मैंने जटिल रोगियों से वीडियो कन्सेंट करना आरंभ कर दिया। ऑपरेशन की जटिलताएं एवं उसके बाद आने वाली रोशनी, ऑपरेशन के बाद होने वाले फोलोअप के बारे में भी हिन्दी भाषा में लिखना आरंभ कर दिया। इसके परिणाम स्वरूप विगत 17 वर्षों में 15 लाख से अधिक ओ.पी.डी. में नेत्र रोगों का उपचार, एक लाख से अधिक सर्जरी करने के पश्चात मेरे कॅरियर में मात्र 3 कंज्यूमर केस वाले रोगी 2010 से 2014 के बीच आएं है। रोगियों के प्रगाढ़ विश्वास एवं सभी जानकारियों के आदान-प्रदान के कारण अधिकांश रोगी हमारे उपचार से संतुष्ट हैं एवं उनका भरोसा हमारी टीम पर कायम है।

हर समस्या से सीखते हुए कार्य प्रणाली में सुधार करने एवं समस्या का समाधान करने का स्वर्णिम अवसर मानने से जीवन में आने वाली प्रत्येक कठिनाई से बहुत कुछ सीखने को मिलता है। इस संदर्भ में एक और महत्वपूर्ण घटना का उल्लेख यहाँ करना चाहूंगा। जुलाई 2014 की बात थी। एक दिन एक मरीज़ एक आई ड्रॉप का वायल लेकर मेरे पास आया, जिसे उसने हमारी इन-हाउस फॉर्मेसी से ख़रीदा था। यह आई ड्रॉप हमारे अस्पताल में कार्यरत एक डॉक्टर ने लिखी थी, जिससे मोतियाबिंद सर्जरी वाले रोगियों को दर्द और आंतरिक सूजन (इनफ्लेमेशन) में राहत मिलती थी। मरीज़ ने मुझसे कहा, 'उत्पादन तिथि पर ग़ौर करें। इस पर नवंबर 2014 लिखा है, जबकि आज 8 जुलाई 2014 है।' मैं स्तब्ध रह गया। मुझे समझ ही नहीं आया कि यह कैसे हो सकता है।

मैंने तुरंत फार्मास्युटिकल कंपनी के वाइस प्रेसिडेंट को फोन करके सारा मामला बताया। फिर मैंने कोटा में कंपनी के अधिकृत स्टॉकिस्ट से हमारे ख़रीदारी के बिल के साथ उस वायल के फोटो ई-मेल पर भेजकर शिकायत दर्ज की। वाइस प्रेसिडेंट ने मुझे आश्वस्त किया कि वे इस मामले की तहक़ीक़ात

करके 24 घंटे के भीतर मुझसे संपर्क करेंगे। फिर स्थानीय प्रतिनिधि मंडल मुझसे मिलने आया और इसने मुझे बताया कि यह मुद्रण की त्रुटि थी। मैंने उनसे पूछा, मुद्रण की त्रुटि आपके सारे परीक्षणों से कैसे गुज़र गई, क्योंकि यह फार्मा कंपनी बहुत प्रतिष्ठित थी। इस ग़लती पर किसी ने ध्यान क्यों नहीं दिया? लेकिन यह सवाल हम पर भी लागू होता था - हमने ध्यान क्यों नहीं दिया था? सच तो यह है कि ज़्यादातर मामलों में फार्मासिस्ट सिर्फ एक्सपायरी डेट पर ध्यान देते हैं और मेरे करियर में पहली बार हमारा ध्यान उत्पादन की तारीख़ की ओर आकर्षित किया गया था। मैंने उनसे विस्तृत स्पष्टीकरण माँगा, जो हमें नहीं मिला।

दो दिन बाद यह खबर विवादास्पद हेडलाइन के साथ स्थानीय मीडिया में छपी। और इसके तुरंत बाद ड्रग इंस्पेक्टर्स हमारे अस्पताल में जाँच करने आ गए। हमने उन्हें हमारे द्वारा दवा को खरीदने के बिल और कंपनी को प्रेषित ई-मेल दिखाई और ईश्वर का शुक्र है कि इससे उन्हें विश्वास हो गया कि इस झमेले में हमारी कोई भूमिका नहीं थी। लेकिन उन्होंने सुझाव दिया कि हम पुलिस स्टेशन जाकर शिकायत दायर कर दें। मैं पुलिस के चक्कर में नहीं पड़ना चाहता था, लेकिन उनके ज़ोर देने पर मैंने एफ.आई.आर. दायर कर दी। इस प्रकरण को तीन दिनों तक मीडिया में सनसनीखेज़ सुर्ख़ियों के साथ उछाला गया और कहा कि आई ड्रॉप्स नक़ली हैं। यह हमारे लिए बहुत तनावपूर्ण समय था। मैं सोचने लगा कि इससे हमारे मरीज़ों और हमारी प्रतिष्ठा दोनों पर विपरीत प्रभाव पड़ेगा। कुछ मरीज़ों को तो चिंता हुई, लेकिन अनेकों रोगियों ने हमें स्वयं आगे आकर बताया कि दवाओं से उन पर कोई विपरीत प्रभाव नहीं पड़ा था।

बहरहाल, क़ानून ने अपना काम शुरू कर दिया था। इस दौरान फॉर्मा कंपनी ने पूरी तहक़ीक़ात की और पाया कि आई ड्रॉप में सचमुच वही तत्व था, जो इस पर लिखा था। कुछ ही महीनों में पूरा मामला ठंडा हो गया। लेकिन इस पूरे समय हमें यह डर सताता रहा कि मरीज़ों का विश्वास न उठ जाए या वे हमें छोड़कर न चले जाएँ। मुझे गहरी चिंता थी कि कहीं इस घटना से हमारी छवि धूमिल न हो जाए। लेकिन शुक्र है कि सच्चाई की जीत हुई और हमारे मरीज़ों का भरोसा बरक़रार रहा। इस घटना से हमने कई सबक़ भी सीखे। पहली बात, हम ज़्यादातर दवाएँ सीधे कंपनी से मँगाने लगे। दूसरे, हमने अपने फार्मासिस्ट को प्रशिक्षित किया कि वह दवा के बॉक्स एवं उसके बिल, बेच

नम्बर, निर्माण तिथि एवं एक्सपायरी डेट आदि की सावधानी से जाँच करें एवं कोई भी भिन्नता होने पर कंपनी को सूचित करें।

हमने पूरी सावधानी से फार्मेसी के साथ-साथ, ओ.पी.डी., ऑपरेशन थियेटर के कार्यों हेतु चेक लिस्ट का अनुसरण किया और नियमित तथा समय-समय पर जाँच कर सुधारात्मक कार्यवाही सुनिश्चित की। यह नेशनल एक्रेडिटेशन बोर्ड फॉर हॉस्पिटल्स एण्ड हैल्थ केयर प्रोवाइडर्स (एन.ए.बी.एच.) एक्रेडिटेशन के दौरान हमारे लिए बहुत उपयोगी बिंदु रहा और इसके आधार पर हम विश्वास के साथ अपने मरीज़ों को बता सकते थे कि हम सावधान और ज़िम्मेदार चिकित्सक हैं। हमने सैकड़ों उदाहरण देखे थे, जहाँ एक अप्रत्याशित घटना की वजह से अस्पताल या डॉक्टरों की प्रतिष्ठा धूमिल हुई। इस घटना ने कई मायनों में हमारी आँखें खोल दीं। मुझे बेहतर और ज़्यादा करने की ज़रूरत महसूस हुई। हम हमेशा डॉक्टर और मरीज़ के बंधन को प्रगाढ़ करने के बारे में सावधान रहे थे, लेकिन इस घटना ने हमें प्रोत्साहित किया कि हम शत-प्रतिशत उत्कृष्टता का लक्ष्य रखें और सर्वश्रेष्ठ अस्पताल बनने के लिए हरसंभव प्रयत्न करें और इसे करने के लिए मुझे मिसाल पेश करनी थी।

मरीज़ को प्रेरित करना सीखें

दिसम्बर 2019 के दौरान एक दिन 50 वर्ष की एक महिला हमारे पास आई। ग्लूकोमा (कालापानी) के कारण उसकी बाईं आँख की रोशनी पूरी तरह से समाप्त हो चुकी थी। ग्लूकोमा एक उच्च इन्ट्राऑकुलर प्रेशर का नेत्र रोग होता है जिससे खोई हुई रोशनी का लौट पाना लगभग असंभव है। दाईं आँख के ग्लूकोमा को तीन एंटी-ग्लूकोमा दवाओं से नियंत्रित किया जा रहा था। लेकिन जब महिला आई, तो मैं देख सकता था कि वह प्रायः दवा डालना चूक जाती है। जब मैंने उससे पूछा, तो उसने शिकायत की कि दवाओं से उसकी आँख लाल हो जाती है और रोशनी बढ़ाने में कोई विशेष फायदा नहीं होता है। मैं समझ गया कि वह दवाओं की महत्ता नहीं समझ पा रही थी, क्योंकि ये दवाएँ विश्वसनीय थीं, जिनसे ग्लूकोमा के नियंत्रण में सहायता मिलती है। यानी वह लापरवाही कर रही थी और उसे यह समझाना महत्वपूर्ण था कि वह दवाएँ डालना न भूले। मेरे स्टाफ के सामने यह दिखाना भी महत्वपूर्ण था कि हर मरीज़ महत्वपूर्ण होता है और हमें उसके उपचार एवं चिकित्सक द्वारा दिये गये दिशा निर्देशों की पालना करना सुनिश्चित करना चाहिए। यह महिला इस बात से असहमत थी कि कालापानी की दवा डालने से उसकी रोशनी सुरक्षित

है अथवा रोशनी में कोई सुधार हुआ है। मैंने मरीज़ से दाहिनी आँखें बंद करने को कहा। दाहिनी आँख बंद करके उसे चलने फिरने, किचन में काम करने, अन्य नित्यकर्म करने का अभ्यास करने को कहा कुछ मिनट बाद महिला बहुत बेचैन हो गई और उसने हार मान ली। उसने कहा, मैं यह नहीं कर सकती। तब मैंने उसे बताया कि अगर वह ग्लूकोमा नियंत्रित करने की दवाएँ अपनी दाहिनी आँख में डालती रहेगी, तो उसकी एकमात्र दाहिनी आँख की रोशनी बची रहेगी एवं उसे पूर्ण अंधकार में दिन नहीं काटने होंगे। मरीज़ समझ गई और मेरा स्टाफ भी समझ गया कि डॉक्टर सिर्फ दवाएँ नहीं लिखते हैं, उन्हें तो पूर्ण उपचार के लिए मरीज़ से बात करनी होती है, समझाना होता है और तसल्ली देनी होती है।

'काईजेन' को अपनायें, फीडबैक को महत्व दें

अप्रैल 2011 में हमने सुवि नेत्र चिकित्सालय के नवनिर्मित परिसर में शिफ्ट किया। हमने बेहतर सेवाएँ देने के लिए *'कॉम्पिटेंट केयर विद कंपेशन'* नामक मिशन स्टेटमेंट का पालन किया। अपने काम को बेहतर बनाने के लिए यह ज़रूरी था कि हम अपने स्टाफ टीम की कार्यक्षमता में निरन्तर सुधार लाने के लिए समय समय पर उन्हें ट्रेनिंग देते रहे। जापानी व्यक्ति इसे 'काईजेन' (अनवरत सुधार) कहते हैं। अस्पताल में आये प्रत्येक मरीज़ के हितों पर पूरा ध्यान देते हुए अस्पताल में उनके पूरे अनुभव को बेहतर से बेहतर बनाते हुए चलना। बचपन में लेख पढ़कर लेखकों को मैं उत्साह से प्रशंसा और समीक्षात्मक सुझावों से परिपूर्ण पत्र लिखा करता था। मैंने सोचा कि क्यों न अस्पताल में भी ऐसा ही सिस्टम शुरू किया जाए? अगर हम मरीज़ों से फीडबैक लें कि हम सेवाओं को कैसे बेहतर बना सकते हैं, तो हमें ऐसी ज़रूरतों का पता लग सकता था, जिन्हें हम पूरा नहीं कर पा रहे थे। हमने हिंदी और अँग्रेज़ी में फीडबैक फॉर्म छपवाकर धीरे-धीरे शुरुआत की, जिनमें दस बिंदु थे, जैसे अस्पताल के बाहर पार्किंग, इंतज़ार में लगने वाला समय, रजिस्ट्रेशन के दौरान रिसेप्शन पर अनुभव, आँखों की जाँच (रिफ्रैक्शन) का अनुभव, डॉक्टर द्वारा देखे जाते समय अनुभव, फार्मेसी में अनुभव, ऑप्टिकल शॉप में अनुभव और कुल संतुष्टि। फॉर्म में सुझाव लिखने के लिए ख़ाली जगह भी थी। सामान्यत: फीडबैक फॉर्म्स का नियमित विश्लेषण नहीं किया जाता, लेकिन हमने किया।

हमने अपने अस्पताल की एक बहुत बड़ी समस्या को पहचाना। जब हमारे मरीज़ों की संख्या बढ़ी, तो इंतज़ार का समय भी बढ़ने लगा। यह समस्या रविवार

या किसी दूसरी छुट्टी के दिन ज़्यादा गंभीर हो जाती थी। रविवार को हमारा अस्पताल आधे दिन का था: सुबह 9 बजे से दोपहर को 2 बजे तक। लेकिन इन पाँच घंटों में हम कई बार 200 से अधिक नेत्र रोगियों एवं 50-60 कोचिंग विद्यार्थियों को देखते थे, क्योंकि कई विद्यार्थी सिर्फ रविवार को ही डॉक्टर को दिखाने आ सकते थे। इस वजह से कई लोगों को एक घंटे तक इंतज़ार करना पड़ता था। हम वेटिंग टाईम कम करने एवं इस समस्या को सुलझाने के लिए बहुत उत्सुक थे, लेकिन मुझे कोई उपाय नहीं सूझ रहा था, क्योंकि चाहे आप कुछ भी कर लें – किसी न किसी को तो इंतज़ार करना ही पड़ेगा। फिर मैंने फीडबैक को देखा, जिसमें आग्रह किया गया था कि रविवार को विद्यार्थियों और बुजुर्गों को प्राथमिकता दी जाए। मैंने इस पर विचार करके निर्णय लिया कि यह किया जा सकता है। इस फीडबैक के आधार पर हमने पूरे अस्पताल के स्टाफ को प्रशिक्षित किया कि वे रविवार या छुट्टी के दिन विद्यार्थियों और बुजुर्ग मरीज़ों से कम से कम इंतज़ार कराएँ। इस क़दम की न सिर्फ विद्यार्थी समुदाय में व्यापक प्रशंसा हुई, बल्कि कोटा के कोचिंग सेंटर्स ने भी इसकी सराहना की। उस दिन मैं समझ गया कि सफलतापूर्वक अस्पताल चलाने के लिए कार्य निपुणता और विनम्रता दोनों की समान ज़रूरत होती है, जहाँ आपको स्टॉफ सदस्यों एवं रोगियों द्वारा दिये गये सुझावों को अपनाते हुए प्रोएक्टिव तरीक़े से काम करना चाहिए।

अविश्वास करने वालों से न चिढ़ें

एक दिन सोशियोलॉजी के एक अधेड़ प्रोफेसर सुंदर लाल सोमानी हमारे पास आए, जिन्हें अत्यधिक कठोर मोतियाबिंद था। उन्होंने अजमेर, अहमदाबाद आदि शहरों में नेत्र चिकित्सकों से परामर्श लिया उन्होंने बताया कि अत्यधिक कठोर मोतियाबिंद होने के कारण उनका फेको पद्धति से ऑपरेशन संभव नहीं होगा। उनका ऑपरेशन स्मॉल-इंसीजन-कैटेरेक्ट-सर्जरी (एस.आई.सी.एस.) अथवा एक्स्ट्रा-केप्सूलर-कैटेरेक्ट-एक्सट्रेक्शन पद्धति से होगा।

सुवि नेत्र चिकित्सालय एवं लेसिक सर्जरी सेंटर कोटा में उनकी दोनों आँखों का टॉपिकल फेको पद्धति से मोतियाबिंद ऑपरेशन एवं इंट्राओक्युलर लेंस प्रत्यारोपण संपन्न हुआ, जिसके बेहतरीन परिणाम मिले। कुछ साल बाद वे दोबारा हमारे यहाँ आए और उन्होंने हमें बताया कि उनकी दाहिनी आँख के सामने उन्हें काले काले धब्बे (फ्लोटर्स) दिख रहे हैं। उस समय विज़िटिंग रेटिना विशेषज्ञ डॉ. गुंजन प्रकाश, आगरा से हमारे अस्पताल में रेटिना परामर्श

एवं ऑपरेशन हेतु आते थे। वे डॉ. आर.पी सेंटर, एम्स, नई दिल्ली में डॉ. खिदुषी के जूनियर थे। डॉ. गुंजन प्रकाश ने उनकी जाँच करके बताया कि उन्हें एक आँख के रेटिना में हॉर्स-शू टियर (एच.एस.टी.) है, जिसे सील करने के लिए तुरंत रेटिनल लेज़र करना होगा, ताकि रेटिनल पृथक्करण (रेटिनल डिटैचमेंट) का जोखिम कम हो सके। हॉर्स-शू टियर रेटिना में एक ख़ास तरह का दोष होता है, जो रेटिना के पृथक्करण का कारण बन सकता है और जिससे आँख की रोशनी भी जा सकती है। एक बार जब रेटिनल डिटैचमेंट हो जाता है, तो उसका उपचार सिर्फ ऑपरेशन से होता है और रोशनी लौटने की संभावना रेटिना की स्थिति पर निर्भर करती है। डॉ. प्रकाश और मैंने मरीज़ को उसकी आँख की स्थिति के बारे में विस्तार से बताया कि लेज़र से रेटिना का इलाज क्यों ज़रूरी है और लेज़र नहीं कराने पर क्या-क्या जोखिम हैं। लेकिन बहुत से सवाल पूछने के बाद मरीज़ ने हमें बताया कि विज़िटिंग डॉक्टर कोई न कोई कमी निकालकर एक दिन की विजिट के दौरान पैसे कमाना चाहते हैं, इसलिए उन्हें विश्वास नहीं था कि उन्हें इस उपचार की ज़रूरत है। उनके अनुसार दोनों आँखों में 6/6 रोशनी थी और वे तो मात्र काले धब्बे के निराकरण हेतु नेत्र अस्पताल आये थे। यह एक तरह से हमारा अपमान था, ख़ास तौर पर इसलिए क्योंकि हमें अपने काम और योग्यताओं पर तो गर्व था ही, साथ ही हमने शत-प्रतिशत नैतिकता का लक्ष्य बनाया था और हम हमेशा हर मरीज़ को वही सलाह देते थे, जो उसके सर्वश्रेष्ठ हित में होती थी।

लेकिन मुझे यह अहसास भी हुआ कि रेटिनल लेज़र कराने का निर्णय मरीज़ों के लिए बहुत डरावना और मुश्किल हो सकता है। मैंने मुस्कुराकर सलाह दी कि वे किसी दूसरे रेटिना विशेषज्ञ को दिखाकर पुष्टि कर सकते हैं। वे कुछ सप्ताह बाद हमारे पास आए और हमें बताया कि उनकी आँखों की रोशनी अभी भी बिलकुल ठीक है एवं उन्हें (उनकी सोच के अनुसार) स्पष्ट रूप से उपचार की ज़रूरत नहीं थी। कुछ महीनों बाद वे फिर से हमारे पास आए, क्योंकि अब उनकी दाहिनी आँख से अचानक दिखाई देना बंद हो गया। हम तुरंत समझ गए कि उनका रेटिनल डिटैचमेंट हो गया है। हमने खुद को 'हमने आपको पहले ही बताया था' वाली बात कहने से रोका। इसके बजाय हमने उनसे कहा कि उन्हें तुरंत ऑपरेशन की ज़रूरत है। उन्होंने सुवि नेत्र चिकित्सालय कोटा में डॉ. अभिषेक कोठारी द्वारा सफलतापूर्वक

विट्रियो-रेटिनल सर्जरी कराई और ऑपरेशन के बाद उनकी दाहिनी आँख की रोशनी काफी हद तक लौट आई।

मैं अक्सर इस घटना के बारे में सोचता हूँ – सिर्फ इसलिए नहीं, क्योंकि मैं खुद को सही साबित करना चाहता हूँ, बल्कि इसलिए भी क्योंकि मैं जानता हूँ कि विश्वास दुर्लभतर है। महत्वपूर्ण यह है कि मरीज़ को नीचा दिखाने या बहस करने की कोशिश न की जाए, बल्कि अपने निदान (डायग्नोसिस) का पूरा दस्तावेज़ीकरण (डाक्यूमेंटेशन) किया जाए और अपनी सलाह को विस्तार से लिखा जाए। रोगी की पूरी तकलीफ सहानुभूतिपूर्वक सुनना एवं दयालुता (कम्पेशन) के साथ उपचार करना महत्वपूर्ण है और चूँकि हम ऐसा ही करते थे, इसलिए मरीज़ को अन्य चिकित्सक से नेत्र ऑपरेशन करवाने के बाद भी हमसे परामर्श लेना इतना आरामदेह लगता था कि वह लौटकर हमारे पास आता था। इसी से मरीज़ों का विश्वास बनता है, उनका तनाव शांत होता है, इलाज के बेहतर परिणाम मिलते हैं, और चिकित्सक के रोगी से संबंध प्रगाढ़ होते हैं।

सबक़

- जीवन के हर क्षेत्र में आने वाली समस्याओं से घबरायें नहीं। समस्याओं को सीखने का एक स्वर्णिम अवसर मानते हुए उनसे निरंतर सीखते चलें। लेखक ने तीन दशकों के मेडिकल करियर के दौरान आयी अनेकों समस्याओं को सीखने का स्वर्णिम अवसर मानकर अपनी एवं समूचे टीम की कार्य पद्धति में अनवरत सुधार किया।

- फीडबैक का विश्लेषण अनिवार्य है। रोगियों से फीडबैक आपको बताता है कि आप कहाँ सफल हो रहे हैं और आपसे कहाँ चूक हो रही है। अपनी शक्तियों को बेहतर बनाते जाएँ और अपनी कमज़ोरियों को दूर करते जाएँ। यही सफलता का मूल मंत्र होना चाहिए। लेखक ने रविवार को विद्यार्थियों और बुजुर्गों को प्राथमिकता देकर अपने मरीज़ों की समस्या को दूर किया।

- मरीज़ को समझाने की पूरी कोशिश करें। डॉक्टर की कोशिश यह होनी चाहिए कि मरीज उस पर विश्वास करे, क्योंकि तभी मरीज़ उसकी सलाह को पूरी तरह मानेगा। इसीलिए लेखक की तरह नवाचारी तरीकों से मरीजों को प्रेरित करना महत्वपूर्ण होता है, क्योंकि विश्वास ही ब्रांड की बुनियाद है।

अध्याय 11

पहले नंबर पर रहें

'कल्पना ही सब कुछ है। यह जीवन के आने वाले आकर्षणों का पूर्व-दर्शन है।'

-अल्बर्ट आइंस्टाइन

चश्मे को कमज़ोरी माना जाता है

वर्ष 1988 में मैं दीवाली पर घर गया था। मेडिकल कॉलेज की पढ़ाई, लैब वर्क और क्लीनिकल असाइनमेंट से दूर... कुछ ब्रेक लेकर अपने माता-पिता और परिजनों से मिलने एवं उनके साथ दीपावली पर्व मनाने हेतु मैं आतुरता से प्रतीक्षा कर रहा था। लक्ष्मी पूजन के दो दिनों बाद मैं माँ के साथ कुछ रिश्तेदारों से मिलने गया। जैसे ही हम उनके घर पहुँचे, मुझ पर एक कटाक्ष किया। मौसीजी ने मेरे चश्मे को देखकर कहा, *'तुम्हारी आँखें 20 साल की उम्र में ही कमज़ोर हो गईं? मेरी तरफ देखो, मेरी उम्र 64 साल है, लेकिन मेरी आँखों की रोशनी बहुत अच्छी और मैं बिना चश्मे लगाये अखबार पढ़ती हूँ।'* मौसीजी जानती थीं कि मैं नेत्र रोग विज्ञान (ऑफ्थैल्मोलॉजी) पढ़ना चाहता था और इसी कारण वे शायद मुझसे कटाक्ष करते हुए बोल रही थीं। *'अगर तुम अपनी खुद की आँखें ठीक नहीं कर सकते, तो दूसरों की कैसे ठीक करोगे?'* उनकी बात सुनकर मैं स्तब्ध रह गया। मैंने कभी सोचा भी नहीं था कि मेरे चश्मा लगाने के कारण मेरी योग्यताओं पर शक किया जाएगा।

मुझे तुरंत डॉ. जोस इग्नेशियो बैरेकर मोनर की कहानी याद आ गई। स्पेन में चिकित्सा करते समय डॉ. बैरेकर नेत्र ऑपरेशन की नई तकनीकों के प्रयोग करने के लिए उत्सुक रहते थे। 1930 के दशक में ही उन्होंने दर्शा दिया था कि उनके लिए सबसे बड़ी चुनौती कॉर्निया आँख की पारदर्शी पुतली के आकार में बदलाव करके रिफ्रेक्टिव त्रुटियों (दृष्टि दोषों) को सही करना था। उन्हें

विश्वास था कि कॉर्निया का कर्वेचर (आकार) आँख की डायोप्ट्रिक शक्ति में महत्वपूर्ण भूमिका निभाता था। लेकिन उनके सहकर्मी यह मानकर चल रहे थे कि मायोपिया या नियर साइटेडनेस कोई बीमारी है, जिसे सुधारने की ज़रूरत थी। ऐसी आँखों को स्वस्थ माना जाता था और डॉक्टर सिर्फ चश्मा लगाने की सलाह देकर बात खत्म कर देते थे। *डॉ. बैरेकर और मेरी मौसीजी में एक समानता थी: उन दोनों को ही चश्मा पसंद नहीं था।*

डॉ. बैरेकर का तर्क था कि अगर शरीर का कोई हिस्सा सही से काम नहीं कर रहा है, तो उसे ठीक करने की ज़रूरत है। वे चश्मे को इलाज नहीं, कामचलाऊ उपाय मानते थे, इसलिए उन्होंने लोगों को चश्मे से आज़ादी दिलाने का अभियान छेड़ दिया। कॉर्निया के ऑपरेशन से फेरबदल करने की वजह से ही अंततः लेसिक उपचार संभव हुए। लेकिन तब लेसिक नहीं था। जब मेरी मौसीजी की टिप्पणी की कड़वाहट कम हुई, तो मैंने अपने अंदर के डॉ. बैरेकर को जाग्रत किया। मैंने खुद से वादा किया कि उन्हीं की तरह मैं सबसे नवीनतम उपकरणों और आधुनिकतम तकनीकों पर काम करूँगा, ताकि नेत्र उपचारों की राह प्रशस्त हो सके। मुझे चश्मा पसंद था और मुझे यह आरामदेह लगता था। लेकिन कई लोग इसे कमज़ोरी की निशानी मानते थे और मेरे सामने यह स्पष्ट हो गया कि इस सामाजिक मान्यता को दूर करने के लिए बहुत काम करना बाकी था। चश्मे से छुटकारा पाने के लिए व्याकुल लोग नवीनतम शल्य तकनीकों के सहारे ऐसा कर सकते हैं और जो ऐसा नहीं करना चाहते, वे चश्मा पहनना जारी रख सकते हैं। चश्मा लगाना या नहीं लगाना यह व्यक्ति का अपना निर्णय है। डॉक्टर बनने के बाद भी मुझसे प्रायः यह सवाल पूछा जाता है कि मैं आँख का डॉक्टर होने के बावजूद चश्मा क्यों पहनता हूँ? मैं इसलिए पहनता था, ताकि लोग समझ जाएँ कि चश्मा पहनने में कुछ भी ग़लत नहीं है। लेकिन यह मेरा विकल्प है। अगर मरीज़ अपने चश्मे से छुटकारा पाना चाहता है, तो मैं उसे इसके लिए सर्वश्रेष्ठ उपचार देने को तैयार था।

चश्मा पहनकर परसों शादी नहीं करूँगी

एक दिन एक अधेड़ पति-पत्नी, एवं उनकी बेटी हड़बड़ी में मुझसे मिलने आए। रात के 8 बजे थे और मेरा कोई दूसरा अपॉइंटमेंट नहीं था, इसलिए मैंने उन्हें देख लिया। दम्पत्ति ने कहा कि परसों उनकी बेटी की शादी है। मैं चकरा रहा था कि वे मुझे अपनी बेटी की शादी के बारे में क्यों बता रहे हैं। उनकी बेटी ने मुझसे कहा, 'लेकिन वह चश्मा पहनकर शादी नहीं करना चाहती।'

स्थिति की गंभीरता के बावजूद मैं हँस दिया, क्योंकि यह काफी आम समस्या थी। मरीज़ अक्सर हमारे पास कॉन्टैक्ट लेंस ख़रीदने या अपनी आँख की रोशनी सही कराने आते थे, इसलिए नहीं क्योंकि वे ऐसा करना चाहते थे, बल्कि इसलिए क्योंकि समाज उनसे ऐसी अपेक्षा करता था। बहुत सी युवतियाँ अपनी आँखों की रोशनी सही कराने मेरे पास आ चुकी थीं, क्योंकि उन्हें संभावित वर और ससुराल वालों के तानों का डर सताता था। जब कोई लड़का और उसका परिवार शादी के बंधन में बँधने के लिए लड़की देखने के लिए उनके घर जाता है, तो वरिष्ठ महिला सदस्य संभावित लड़की का बहुत सावधानी से निरीक्षण करती हैं और लड़की चश्मा लगाती है, बहुत दुबली है, आँखों के नीचे काला है... जैसी टिप्पणियाँ करती हैं। *समाज में कुछ लोग मजाक में चश्मा लगाने वालों को 'चश्मिश' या 'चार आँखों वाला' भी कहकर कटाक्ष करते हैं।*

मैंने युवती एवं उसके माता-पिता को बैठाया और उनसे कहा कि वे चिंता न करें, क्योंकि चश्मा बहुत सामान्य चीज़ हो गया है और इसे कमज़ोरी नहीं समझा जाता है। मैंने होने वाली दुल्हन से कहा कि वह समाज के अनुमोदन की चिंता करना छोड़ दे। मैंने उससे कहा, 'समाज हम सभी से मिलकर बनता है और हम लोगों की मानसिकता बदल सकते हैं।' लेकिन वे पक्का फैसला करके आए थे, इसलिए मेरी कही बात का कोई असर नहीं हुआ। मैं आख़िरकार बोला, 'ठीक है।' मैंने युवती से पूछा कि क्या वह शादी में कॉन्टैक्ट लेंस पहनना चाहेगी। उसने हाँ कर दी। मैंने लेंस ऑर्डर किए और अपने स्टाफ से उसे प्रशिक्षण देने को कहा कि उनका इस्तेमाल कैसे करना है। स्टॉफ ने उसे बता दिया कि सोने से पहले कॉन्टैक्ट लेंस उतारना ज़रूरी है। संकट टल गया और परिवार वाले खुशी-खुशी चले गए।

सावधानी हटी, दुर्घटना घटी

कुछ सप्ताह बाद वही युवती लौटकर फिर से हमारे अस्पताल में परामर्श हेतु आई। उसने शादी वाले दिन कॉन्टैक्ट लेंस पहने थे, लेकिन कुछ घंटों के बाद उसका दायाँ लेंस आंख से निकालते समय फर्श पर गिरकर खो गया। युवती दहशत में आ गई कि कहीं उसकी बायीं आँख का कॉन्टैक्ट लेंस भी न खो जाए, इसलिए वह उसे दिन-रात पहने रही। परिणाम यह हुआ कि उसे केंद्र में कॉर्नियल इन्फैक्शन और कॉर्नियल वैस्कुलेराइज़ेशन हो गया। उसकी आँख में अल्सर हो गए थे। चार सप्ताह के इलाज के बाद ही उसकी आँख बच पाई। इतने बरसों में मैंने काफी सारे ऐसे मामले देखे हैं, जिनसे प्रमाणित होता है कि

मरीज़ को सावधानी बताना और सही परामर्श देना महत्वपूर्ण होता है, लेकिन कई बार, कुछ दुर्घटनाऐं सर्वश्रेष्ठ प्रयासों के बावजूद भी घट सकती हैं।

लेसिक लेज़र सर्जरी की शुरूआत

लेसिक लेज़र रिफ्रेक्टिव सर्जरी की माँग बहुत ज़्यादा है और कई बार इसके पीछे उचित कारण होते हैं: कुछ लोगों का पेशा आँखों की आदर्श रोशनी पर निर्भर होता है। इसी वजह से बरसों तक चश्मा पहनने के बाद मैं भी लेसिक को आज़माने के लिए प्रोत्साहित हुआ। मुझे लग रहा था कि इससे मुझे सर्जरी करते समय काफी फायदा हो सकता है। मई 2000 की बात थी। मैं एक अन्तर्राष्ट्रीय ऑफ्थैल्मिक कॉन्फ्रेंस में आमंत्रित वक्ता के रूप में ब्राज़ील में बेलो हॉरिजोन्टे गया था। वहाँ मैं दिग्गज लेसिक सर्जन डॉ. फर्नान्डो कैनकैडो ट्रिनडेड से मिला। उन्होंने मुझे अपने आई इंस्टीट्यूट में सभी नवीनतम मशीनें दिखाई। लेसिक ऑपरेशन थिएटर दिखाते समय उन्होंने मुझसे मेरे चश्मे का पॉवर पूछा। मैंने माइनस 4 डायोप्टर बता दिया और उन्होंने मुझे आश्वस्त किया कि उन्होंने कई डॉक्टरों को चश्मे से छुटकारा दिलाया है और वे लेसिक से मेरे रिफ्रेक्टिव दोष को भी सही कर सकते हैं। लेकिन मेरी आँखों की जाँच करने पर उन्हें पता चला कि मेरे चश्मे का नम्बर बदला है इसलिए मुझे कुछ माह और इंतजार करना होगा। मैंने ऐसे अनेकों रोगियों को देखा जिनके कॉर्निया की मोटाई 500 माइक्रोन या उससे भी कम थी। इतने पतले कॉर्निया में लेसिक लेज़र रिफ्रेक्टिव सर्जरी करना लगभग असंभव था। मैंने सोचा कि ऐसे लाखों लोग होंगे, जो पतले कॉर्निया की वजह से चश्मे से छुटकारा नहीं पा सकते, इसलिए मैं नए आविष्कारों पर पैनी नज़र रखने लगा। इस सपने को साकार करने में मुझे लगभग एक दशक का समय लग गया।

वर्ष 2011 में हमने कोटा में अमेरिका से आयातित नासा अनुमोदित विजक्स कस्टम्व्यू लेसिक लेज़र रिफ्रेक्टिव सर्जरी की शुरुआत की। इसका उद्घाटन 15 अगस्त 2011 को यू.डी.एच. मंत्री श्री शांति कुमार धारीवाल ने किया था। कार्यक्रम की अध्यक्षता डॉ. आर.पी. सेन्टर, एम्स नई दिल्ली के भूतपूर्व डॉ. सुभाष एम. बिथारिया ने की थी। लेसिक लेजर मशीन, किरेटोम, वेव स्कैन आदि मशीनों की क़ीमत लगभग 3.5 करोड़ रुपये थी, लेकिन यह समय की माँग थी। हमने लेसिक सर्जरी के साथ राजस्थान में उस समय कम प्रचलित कई तकनीकों का उपयोग नेत्र रोगियों के उपचार हेतु किया जैसे फैकिक लेंस इम्प्लांटेशन, पिगीबैक लेंस इम्प्लांटेशन, ज़ेप्टो नैनोपल्स टेक्नोलॉजी आदि।

फोटो 1. दिनांक 15 अगस्त 2011 को राजस्थान सरकार के स्वायत्त शासन एवं गृह मंत्री श्री शांति कुमार धारीवाल ने सुवि नेत्र चिकित्सालय कोटा में अमेरिका से आयातित नासा प्रमाणित विजेक्स लेसिक लेजर रिफ्रेक्टिव सर्जरी मशीन का उद्घाटन किया। इस अवसर पर डॉ. आर.पी. सेन्टर, एम्स, नई दिल्ली के प्रोफेसर सुभाष बिथारिया, महापौर डॉ. रत्ना जैन, यू.आई.टी. चैयरमेन श्री रविन्द्र त्यागी भी उपस्थित थे।

फोटो 2. दिनांक 15 अगस्त 2011 को सुवि नेत्र चिकित्सालय कोटा में लेसिक लेंजर रिफ्रेक्टिव सर्जरी हेतु नवीनतम विजेक्स लेसिक लेजर मशीन के उद्घाटन समारोह के दौरान उपस्थित यू.डी.एच. मंत्री श्री शांति कुमार धारीवाल एवं डॉ. आर.पी. सेन्टर, एम्स, नई दिल्ली के प्रोफेसर सुभाष बिथारिया। श्री शांति कुमार धारीवाल ने प्रोफेसर सुभाष बिथारिया को स्मृति चिन्ह देकर सम्मानित किया।

फैकिक लेंस पतले कॉर्निया में कारगर है: भारत का प्रथम टोरिक फैकिक लेंस प्रत्यारोपण

फैकिक लेंस का आविष्कार मुझे ख़ास पसंद आया था, क्योंकि यह पतले कॉर्निया वाले मरीज़ों में माईनस चश्में के नम्बर वाली उच्च रिफ्रेक्टिव त्रुटियों को सही कर सकता था। मैंने लेसिक लेजर पद्धति की सफलता देखी थी और अब फैकिक लेंस के आविष्कार के बाद मैं फैकिक लेंस के ज़रिये भी वही स्पष्ट दृष्टि प्रदान करना चाहता था। कोटा की 22 वर्षीय हर्षा बाँठिया के साथ मुझे इसका पहला अवसर मिला। हर्षा बी. टेक फाइनल इयर की छात्रा थी, जिसे बचपन से ही हाई मायोपिया था। उसके चश्मे का पॉवर माइनस 7.5 डायोप्टर था और माइनस 2.5 का डायोप्टर का तिरछा नम्बर था। हर्षा बहुत अच्छी बॉस्केटबॉल प्लेयर थी। उसे खेलते समय चश्मा लगाने में उलझन होती थी और अब वह बिना चश्मा लगाये स्पष्ट देखना चाहती थी। उसने कोटा, जयपुर और इंदौर के कई नेत्र विशेषज्ञों को दिखाया, लेकिन चश्मे से छुटकारा नहीं मिला। लेसिक लेज़र रिफ्रेक्टिव सर्जरी संभव नहीं थी, क्योंकि उसका कॉर्निया पतला था। सुवि नेत्र चिकित्सालय, कोटा में परामर्श हेतु आने पर डॉ. विदुषी एवं मैंने उसकी आँखों की विस्तार से जाँच की और हमनें उसे सबसे नवीनतम उपलब्ध विकल्प का सुझाव दिया: 'टोरिक इम्प्लांटेबल फैकिक कॉन्टैक्ट लेंस'। दिनांक 11 नवम्बर 2011 को केयर ग्रुप, गुजरात द्वारा निर्मित भारत का प्रथम टोरिक इम्प्लांटेबल फैकिक लेंस का सफल प्रत्यारोपण हर्षा की दाहिनी आँख में किया गया। उसके दो दिन बाद बायीं आँख का ऑपरेशन एवं टोरिक इम्प्लांटेबल फैकिक लेंस का सफल प्रत्यारोपण संपन्न हुआ। सफल ऑपरेशन के बाद हर्षा की दोनों आँखों की रोशनी शत प्रतिशत लौट आयी और हर्षा को सुखद आश्चर्य हुआ जब उसने बास्केट बॉल में अपनी टीम का राष्ट्रीय स्तर पर सफल नेतृत्व कर उत्कृष्ट प्रदर्शन किया। हर्षा का ऑपरेशन काफी बड़ी बात थी। वे ऐसे इम्प्लांट वाली भारत की पहली मरीज़ थीं और वे भारत में केयर ग्रुप के द्वारा निर्मित आई.पी.सी.एल. कहे जाने वाले टोरिक फैकिक लेंस का इस्तेमाल करने वाली पहली मरीज़ भी थीं। चंद मिनटों के ऑपरेशन के बाद ही हर्षा की दोनों आँखों की रोशनी बिना चश्मा पहने 6/5 हो गई।

काकीनाड़ा (आंध्र प्रदेश) से कोटा की यात्रा

जुलाई 2011 में 28 वर्षीय सॉफ्टवेयर इंजीनियर श्रीधर गोपाल काकीनाड़ा से कई घंटों की यात्रा कर कोटा पहुँचे। वे दक्षिण भारत के कई प्रतिष्ठित आई

इंस्टीट्यूट्स में दिखा चुके थे, लेकिन चश्मे से छुटकारा पाने में कामयाब नहीं हुए थे। यू-ट्यूब पर हमारे वीडियो देखने के बाद वे कोटा आए। उनके चश्मे का पॉवर दोनों आँखों में बहुत ज़्यादा था। इतने ऊँचे पॉवर में स्टार आई.सी.एल. (इम्पांटेबल कॉलिमर लेंस) उपलब्ध नहीं थे। उनकी दोनों आँखो की विस्तार से जाँच करने के बाद हमने मायोपिया को सही करने के लिए टोरिक इम्प्लांटेबल कॉन्टैक्ट लेंस लगाने की सोची। पहले हमने उनकी बाईं आँख में टोरिक इम्प्लांटेबल कॉन्टैक्ट लेंस का प्रत्यारोपण किया और फिर दाईं आँख में, जिसके बाद उनकी आँखों की रोशनी पूरी तरह लौट आई। उस समय फैकिक लेंस महँगे होते थे और दोनों आँखों के लिए लगभग दो हजार अमेरिकी डॉलर ख़र्च हो जाते थे। लेकिन मैं जानता था कि इस लागत को कम करना संभव है, इसलिए मैंने वडोदरा में आई.ओ.एल. निर्माता केयर ग्रुप से कहा कि वे फैकिक लेंस को भारत में बनाना शुरू करें एवं स्टार आई.सी.एल. लेंस की तुलना में किफायती बनायें। उन्होंने कम खर्च में दोनों आँखों के टोरिक फैकिक लेंस बनाने में कामयाबी हासिल की।

कोटा. सुवि नेत्र चिकित्सालय एवं लेसिक लेजर सेन्टर में आंध्रप्रदेश के काकीनाडा निवासी 28 वर्षीय सॉफ्टवेयर इंजीनियर श्रीधर गोपाल की दोनों आंखों का ऑपरेशन कर आईपीसीएल प्रत्यारोपण कर माइनस 23 नम्बर का मोटा चश्मा हटाया गया। डॉ. सुरेश पाण्डेय एवं डॉ. विदुषी पाण्डेय ने बताया कि श्रीधर की दोनों आंखों की जांच कर मोटे चश्मे से छुटकारा दिलाने एवं नजर में सर्वश्रेष्ठ गुणवत्ता के लिए केयर ग्रुप के टोरिक आईपीसीएल प्रत्यारोपण का सुझाव दिया। 27 फरवरी को उनकी बायीं आंख में -23.00 नम्बर (-2.50 नम्बर का सिलेण्ड्रिकल नम्बर) तथा 9 मार्च को दाहिनी आंख में -22.50 नम्बर एवं (-2.50 नम्बर का सिलेण्ड्रिकल नम्बर) का टोरिक 'आईपीसीएल' का सफल प्रत्यारोपण किया। अब यह बिना चश्मा लगाए स्पष्ट देख रहे हैं। उसे कम्प्यूटर पर काम करने में भी कोई परेशानी नहीं है।

patrika Sun, 15 March 2015
epaper.patrika.com/c/4739228

फोटो 3. काकीनाडा से कोटा पहुँचे इंजीनियर की सर्जरी के समाचार को प्रमुख समाचार पत्रों ने प्रमुखता से प्रकाशित किया।

विश्वभर में पहली बार पाँच महीने की बालिका के मोतियाबिंद ऑपरेशन हेतु ज़ेप्टो नैनोपल्स टेक्नोलॉजी का उपयोग

यह पहली बार नहीं था, जब हम विश्व स्तरीय सर्वश्रेष्ठ नेत्र तकनीकों एवं आविष्कारों को कोटा लाए थे। पाँच महीने की बालिका यान्हवी शुक्ला दोनों आँखों में जन्मजात मोतियाबिंद से पीड़ित थीं। उसके पिता भाभा एटॉमिक रिसर्च सेंटर, मुंबई में इंजीनियर थे और माँ होम्योपैथिक डॉक्टर थीं। मुंबई के कुछ नेत्र चिकित्सकों ने उन्हें बताया कि यान्हवी के दस साल की होने के बाद ही उसे कृत्रिम लेंस लगाया जा सकता है। उसके पिता विक्रम शुक्ला ने हमारे अस्पताल

में मोतियाबिंद का ऑपरेशन और टोरिक लेंस इम्प्लांटेशन कराया था। उन्होंने मई 2017 में फोन करके मुझसे पूछा कि क्या वे अपनी बेटी को मोतियाबिंद के ऑपरेशन करवाने हेतु मुम्बई से कोटा आ सकते हैं। हमारी हाँ के बाद पति-पत्नी कोटा आए। मैंने, डॉ. विदुषी ने बच्ची की अच्छी तरह जाँच की और हमने दोनों आँखों में मोतियाबिंद का ऑपरेशन आई.ओ.एल. के साथ करने का निर्णय लिया। एक साल से कम उम्र बच्चों में कैप्सूलोरहेक्सिस करना बहुत चुनौती पूर्ण होता है, क्योंकि छोटे बच्चों में एंटीरियर लेंस कैप्सूल बहुत लचीला होता है और स्क्लेरल रिजिडिटी कम होती है। मैंने अमेरिका में निर्मित 'ज़ेप्टो नैनोपल्स टेक्नोलॉजी' का इस्तेमाल पाँच माह के बच्चे में कैप्सूलोरहेक्सिस करने के लिए विश्वभर में पहली बार किया। इस दुर्लभ सर्जिकल वीडियो को अन्तर्राष्ट्रीय स्तर पर नेत्र विशेषज्ञों द्वारा सराहा गया। यह शोध नेत्र जर्नल्स में भी प्रकाशित किया गया। दोनों आँखों के ऑपरेशन के बाद बच्ची की आँखों की रोशनी लौट आई। पाँच माह की बालिका यान्हवी ऑपरेशन से पहले माता-पिता एवं अन्य बच्चों के साथ खेल नहीं पाती थी। ऑपरेशन के बाद अब वह बचपन का पूरा आनंद ले रही है और उसके माता-पिता की खुशी का ठिकाना नहीं है।

बच्चों में मोतियाबिंद नामक विषय मेरे हृदय के बहुत करीब है। इस विषय पर मैंने थीसिस भी पूरी की थी और इस विषय पर कई शोधपत्र प्रकाशित करने के अलावा डॉ. एम. एडवर्ड विल्सन और डॉ. रूपल एच. त्रिवेदी के साथ मिलकर पीडिएट्रिक कैटेरेक्ट सर्जरी नामक पुस्तक भी लिखी है जिसे '*लिपिनकोट विलियम्स एण्ड विलकिन्स*' नामक सुप्रसिद्ध मेडिकल प्रकाशक ने प्रकाशित किया है। इसलिए मैं एक वर्ष या उससे छोटे बच्चों में मोतियाबिंद ऑपरेशन करने के लिए पूरी तरह सही चिकित्सक था।

कोटा ने रचा कीर्तिमानः टोरिक मल्टीफोकल लेंस का प्रथम प्रत्यारोपण

मुंबई के 58 वर्षीय रेलवे इंजीनियर प्रवीण भटनागर को पाँच सालों से बाई आँख से कम दिख रहा था। आँखों के लैन्स में मोतियाबिन्द हो चुका था, लेकिन उन्हें इसके साथ कॉर्नियल एस्टिगमैटिज्म भी था और वे चश्मे से छुटकारा पाने करने के लिए प्रयासरत थे। दोनों आंखों की विस्तार से जाँच के बाद मैंने ए.एम.ओ. टेक्निस मल्टीफोकल टोरिक इंट्राओक्युलर लेंस लगवाने का सुझाव दिया। देश में पहली बार यह लेंस कोटा शहर में लगाया जा रहा था – और महानगरों के मुक़ाबले काफी कम लागत में। इसके बाद प्रवीण की आँखों की रोशनी लगभग आदर्श हो गई।

पिछले सत्रह वर्षों के दौरान हमने एवं हमारी सशक्त टीम ने पन्द्रह लाख से ज़्यादा मरीज़ों का सफलतापूर्वक इलाज किया है और आँखों के एक लाख से ज़्यादा नेत्र ऑपरेशन किए हैं। हर दिन अस्पताल में हम 'काम्पेटेंट केयर विद कम्पेशन' (करुणा के साथ सक्षम परवाह) के अपने मिशन स्टेटमेंट (सूत्रवाक्य) का अनुसरण करते हैं। लेकिन इस सफलता का श्रेय मैं अकेला नहीं ले सकता। असली हीरो तो डॉ. विदुषी, मेरी टीम के सभी चिकित्सकगण एवं टीम सदस्य हैं, जिनके बिना मैं एक भी दिन काम करने की कल्पना नहीं कर सकता।

सबक़

- रोगियों की इच्छा का सम्मान करें। लेखक को व्यक्तिगत तौर पर चश्मे से कोई दिक़्क़त नहीं थी, इसलिए वे मरीज़ों को समझाते थे कि चश्मा सामान्य है। इसके बावजूद जब मरीज़ चश्मा उतारने पर ज़ोर देते थे, तो लेखक कॉन्टैक्ट लेंस के माध्यम से अथवा लेसिक लेजर सर्जरी अथवा फैकिक लेंस प्रत्यारोपण करके उनकी इच्छा का सम्मान करते थे।

- सर्वश्रेष्ठ तकनीकों एवं उत्कृष्टता में निवेश करें। लेखक आधुनिक मशीनों और तकनीकों को पहली बार कोटा (भारत) में इसलिए लाए, क्योंकि वे शत-प्रतिशत उत्कृष्टता चाहते थे, हालाँकि इसके लिए उन्हें बहुत बड़े निवेश करने पड़े। याद रहे कि विदेशों से आयातित नई मशीनें बहुत महँगी आती हैं, एवं इन महँगी मशीनों के रखरखाव (सी.एम.सी.) में काफी ख़र्च आता है। लेकिन लेखक अपने पास आने वाले प्रत्येक नेत्ररोगी का विश्वस्तरीय एवं सर्वश्रेष्ठ नेत्र उपचार करना चाहते थे और इसके लिए हर संभव क़ीमत चुकाने के लिए तैयार थे।

- रोगियों के हित में काम करें। लेखक ने आर्थिक रूप से कमजोर रोगियों को लाभान्वित करने एवं उनके लिए भी सर्वश्रेष्ठ नेत्र उपचार उपलब्ध करवाने हेतु भारतीय लेंस निर्माताओं को किफायती प्रीमियम लेंस एवं स्वदेशी फैकिक लेंस निर्मित करने का सुझाव दिया। लेखक ने किफायती प्रीमियम लेंस एवं स्वदेशी फैकिक लेंस प्रत्यारोपण का अनुभव नेत्र कॉन्फ्रेंस, सोशल मीडिया एवं यू-ट्यूब के माध्यम से विश्वभर में साझा किया। इस महत्वपूर्ण पहल की वजह से स्वदेशी किफायती प्रीमियम लेंस एवं स्वदेशी फैकिक लेंस प्रत्यारोपण विश्वभर के चिकित्सकों द्वारा किया गया एवं लाखों रोगियों को नई रोशनी मिली।

अध्याय 12

अच्छी टीम अलीबाबा के ख़ज़ाने जैसी होती है

'स्व-निर्मित इंसान जैसी कोई चीज़ नहीं होती। आप दूसरों की मदद से ही अपने लक्ष्यों तक पहुँच सकते हैं।'

-जॉर्ज शिन

हमारा स्टाफ सांता क्लॉज़ बना

क्रिसमस 2006 की बात है। मेरे स्टाफ सदस्य अनिरुद्ध शर्मा ने ख़बर पढ़ी कि कोटा की एक झुग्गी बस्ती में अनिल नाम का लगभग अंधा बच्चा रहता है। बच्चे का मानसिक विकास भी अवरुद्ध था और उसे स्कूल भी नहीं भेजा गया था। उसके पिता शराबी थे और माँ दैनिक मज़दूरी करती थी। उसे घर पर अपने बेटे को छोड़कर जाना पड़ता था, इसलिए वह उसे ताले में बंद कर जाती थी या लोहे की जंज़ीरों से बाँध जाती थी। एक दिन पड़ोसियों को इसके बारे में पता चला और यह ख़बर 'बेड़ियों से बंध गया मासूम' नामक सनसनीखेज़ हेडलाइन के साथ छप गई, लेकिन अनिरुद्ध का ध्यान इस बात पर गया कि बच्चे की दोनों आँखों की रोशनी बहुत कम थी। अनिरुद्ध ने मुझसे पूछा कि क्या हम मदद कर सकते हैं और मैं तुरंत सहमत हो गया। अनिरुद्ध जाकर माँ-बेटे दोनों को अस्पताल ले आया। मैंने उसकी आँखों की जाँच करने पर पाया कि उसकी दोनों आँखों में पूरा मोतियाबिंद है। हमने बाल विशेषज्ञ से जाँच कराने की सलाह दी और इलाज के बाद उसकी हालत सुधर गई, इसलिए कुछ दिनों बाद हमने मोतियाबिंद का ऑपरेशन करके दोनों आँखों में कृत्रिम लेंस लगा दिया। बच्चे की ज़िंदगी का कायापलट हो गया और वह स्कूल जाने लगा। अनिरुद्ध शर्मा वाकई उस क्रिसमस पर उस बच्चे के लिए सांता क्लॉज़ से कम नहीं था।

सुवि नेत्र चिकित्सालय, कोटा को आरम्भ हुए दो वर्ष हो गए थे। हमारे अस्पताल में अब हर दिन 10 नहीं, लगभग 200 मरीज आने लगे थे। लेकिन 2006 में डॉ. विदुषी और मैं सिर्फ उद्यमी (आंतरप्रेन्योर) ही नहीं थे, बल्कि अपनी बेटी इशिता के माता-पिता भी थे। इशिता ने हमारे जीवन को प्यार और हँसी से भर दिया, लेकिन उसने मुझे पिता और डॉक्टर की भूमिका तथा जिम्मेदारियों के बारे में अनुभवी बना दिया। जीवन में पहली बार मैं मार्गदर्शक बनने की स्थिति में था और मैं इस अवसर का अधिकतम लाभ लेना चाहता था।

सुवि नेत्र चिकित्सालय एवं लेसिक लेजर सेंटर, कोटा में विगत 17 वर्षों में हमें बेहतरीन चिकित्सकों एवं स्टॉफ सदस्यों का सहयोग मिलता रहा है। इसे हमारा सौभाग्य कहना चाहिए कि हमारी टीम के अधिकांश सदस्य लंबे समय से हमारे साथ जुड़े हैं और निरंतर आत्मसुधार एवं आत्मपरिष्कार करते हुए सेवाएँ दे रहे हैं। हमारी टीम के महत्वपूर्ण स्तंभ एवं सुवि नेत्र चिकित्सालय परिवार के सदस्य हैं: श्रीमती संध्या सुमन, सुश्री गौरी रेवानी (रिसेप्शन टीम), श्री अरुण गौतम, श्री ऐश्वर्य शर्मा, श्री कुलदीप गुर्जर, श्री रामावतार शर्मा, श्री पुनीत सेन, श्री सत्यप्रकाश शर्मा, श्रीमती शीना सैयद (ऑप्टोमेट्रिस्ट), श्री विनोद जैन (अकाउन्टेन्ट), श्री भूपेन्द्र सोनी (ऑफिस कॉर्डिनेटर), सुश्री रंजना राठौड़ (ऑफिस स्टाफ), श्री गोविंद शर्मा, श्री संदीप शर्मा, श्री बजरंग मेघवाल, श्री यशवंत बैरवा, श्री कपिल चौबदार, श्री दीपक मालव, श्री मोनू बैरवा (ऑपरेशन थियेटर स्टॉफ), श्रीमती रोशनी सिंह (काउन्सलर), श्री राजेश गुप्ता, श्री जगदीश पासवान (लाइव सर्जरी टीम), श्रीकांत शर्मा, श्री देवराज सुमन, श्री भूपेन्द्र गौतम, श्री विनोद वर्मा, श्री विष्णु शर्मा, श्री रमेश चन्द पोटर, श्रीमती पल्लवी अग्रवाल, श्री नरेन्द्र मेघवाल, श्री रामवतार योगी, (ओ.पी.डी. असिस्टेंट), श्री हरिशंकर प्रजापति, श्रीमति अनिता गुर्जर, सुश्री तानिया गेहिजा (आर.जी.एच.एस. टीम), श्री प्रवीण मालव (फार्मेसी), श्री विष्णु राठौर (बिल्डिंग सुपरवाईजर), श्रीमती अनोख, श्रीमती सीमा, श्रीमती सुगना, श्रीमती सुनिता (हाउस कीपिंग टीम), श्री हरिओम शर्मा, श्री दीपक नागर, (डिजिटल टीम), श्री ओमेश राठौर (नाईट स्टॉफ) हैं।

टीम बनाना महत्वपूर्ण होता है

हमारे अस्पताल ने यह सुनिश्चित किया कि मरीजों की सेवाओं और सर्वश्रेष्ठ तकनीक के मामले में कोई समझौता न हो। काम बढ़ने के साथ हम नई मशीनें ख़रीदते रहे, ताकि मरीज़ों को सर्वश्रेष्ठ उपचार मिल सके। जब

मरीज ज्यादा आने लगे, तो हमने अपने साथ सुयोग्य स्टाफ सदस्यों को नियुक्त कर लिया। मैंने सिम्फनी ऑर्केस्ट्रा और खेल टीमों को देखकर सफल टीमवर्क के बारे में सीखा था। सिम्फनी में सभी उत्कृष्ट संगीतकार सटीकता से अपनी भूमिकाएँ निभाते हैं। ऐसा इसलिए है, क्योंकि उनकी विजन समान होती है। कंडक्टर कोई संगीत नहीं बजाता है, लेकिन वह दूसरों को निर्देशित करके संगीत को विजन के अनुरूप बनाता है। मुझे अहसास हुआ कि अस्पताल को चलाना भी सिम्फनी का संचालन करने जैसा ही था। डॉक्टरों के प्रोत्साहन और समन्वय के जरिये ही अंततः हम स्वप्न को हासिल कर सकते हैं। हालाँकि सर्वश्रेष्ठ डॉक्टरों और स्टाफ को नियुक्त करना एक महत्वपूर्ण कदम है, लेकिन मैंने सीखा कि ऐसे सदस्यों को नियुक्त करना ज्यादा महत्वपूर्ण है, जो मिलकर काम करें और सर्वश्रेष्ठ प्रदर्शन के लिए एक-दूसरे को प्रोत्साहित करें। व्यक्तिगत प्रदर्शन तो उत्कृष्ट होना ही चाहिए, लेकिन ध्यान टीम की उपलब्धियों पर केंद्रित होना चाहिए।

फोटो 1. नववर्ष के अवसर पर सुवि नेत्र चिकित्सालय परिवार के सदस्य।

हमारी सफलता के आधार स्तंभ

सर्वश्रेष्ठ प्रदर्शन करने वाले सुयोग्य स्टाफ सदस्यों की वजह से ही अस्पताल वह बन पाया, जो आज यह है। शैक्षणिक डिग्रियों के आधार पर लोगों को नियुक्त करना आसान होता है, लेकिन किसी ऐसे व्यक्ति को नियुक्त करना हमेशा बेहतर होता है, जिसमें जोश हो, जुनून हो, सीखने की भूख हो और जो उद्देश्यपूर्ण जीवन जीने के लिए उत्सुक हो। जब लोग अपने उद्देश्य को जान जाते हैं, तो उनके जीवन का कायाकल्प हो जाता है। जैसा विक्टर फ्रैंकल

ने अपनी पुस्तक मैन्स सर्च फॉर मीनिंग में लिखा है, 'अर्थ और उद्देश्य की खोज करना ही मनुष्य की सबसे गहरी इच्छा है।' हमने अस्पताल में ऐसी ही संस्कृति बनाई है-जहाँ टीम एक-दूसरे को सहारा दे, अच्छी तरह प्रशिक्षित हो, अपेक्षाओं को समझती हो और यह जानती हो कि हम सभी एक ही उद्देश्य की दिशा में काम कर रहे हैं। जब हमारी टीम बढ़ रही थी, तो हमने यह सुनिश्चित किया कि सुयोग्य स्टाफ सदस्यों के पास सकल योजना के ढाँचे के भीतर अपने दम पर महत्वपूर्ण निर्णय लेने का अधिकार हो। इससे हमारे स्टाफ का विश्वास बढ़ा। इससे वे कार्यकुशलता से काम कर पाए और अपने काम में ज्यादा सृजनात्मकता और पहल शक्ति दिखा पाए। बहुत बार नियोक्ता अपने स्टाफ से बहुत सारी उम्मीदें करता है, लेकिन उन्हें बदले में बहुत कम देता है। हमने अपने स्टाफ की अपेक्षाओं पर ध्यान दिया और यथोचित पुरस्कारों के अलावा लचीला और अनुकूलनशील कामकाजी परिवेश भी दिया। शायद इसीलिए जब भी हमारे सामने चुनौतीपूर्ण स्थिति आई, तो हमारी टीम दृढ़ और अटल मानसिकता से उसका सामना करने के लिए तैयार थी।

नया अस्पताल बनाने की कोशिश

तीन साल तक अस्पताल चलाने के बाद हमें विश्वास हो गया कि रोगियों का आना जारी रहेगा और हम कोटा में अपना स्थायी अस्पताल बना सकते हैं। डॉ. विदुषी और मैंने अपनी खुद की इमारत खड़ी करने का निर्णय लिया। हम प्लॉट की तलाश करते रहे। लेकिन ज़्यादातर प्लॉट हमारे बजट के बाहर थे, क्योंकि हम 40 बाय 90 से ज्यादा बड़े प्लॉट का खर्च नहीं उठा सकते थे। आख़िरकार, हमें तलवंडी इलाके में एक प्लॉट दिख गया। यह हमारी इंद्र विहार वाली जगह से सिर्फ आधा किलोमीटर दूर था। प्लॉट पर एक छोटा मकान भी बना था, लेकिन मकान और प्लॉट दोनों ही बिकाऊ थे। फिर भी एक समस्या थी। मकान टी जंक्शन पर स्थित था और इस पर 13 का अशुभ अंक लिखा था। कई ख़रीदारों ने इस प्लॉट के बारे में सोचा था, लेकिन जब उन्हें टी जंक्शन और 13 नंबर वाली बात पता चली, तो उन्होंने वास्तु दोष की वजह से इसे नहीं ख़रीदा।

हम इन अंधविश्वासों को नहीं मानते थे। मालिक खुश था कि उसका प्लॉट युवा डॉक्टर ख़रीद रहे हैं। इस बार सब कुछ ठीक से हुआ, क्योंकि हमारी बैलेंस शीट और इनकम टैक्स रिटर्न सही थे और बैंक हमें लागत का 75 प्रतिशत लोन देने के लिए तैयार हो गया। हमने मई 2009 में ज़मीन ख़रीद ली और छह महीने बाद निर्माण कार्य शुरू हो गया।

फोटो 2. सुवि नेत्र चिकित्सालय कोटा के नवनिर्मित भवन के निर्माण हेतु भूमि पूजन एवं चिकित्सालय की तैयार हुई बिल्डिंग।

इमारत दिसंबर 2010 तक पूरी तरह तैयार होनी थी, लेकिन दिसंबर आने के बावजूद प्रोजेक्ट ख़त्म होने के आस-पास भी नहीं था। हर दिन मैं कॉन्ट्रैक्टर को निर्देश देता था कि वह जल्दी काम पूरा करे। एक दिन वह प्रोजेक्ट छोड़कर चला गया। हम सदमे में आ गए। हमने बिल्डिंग बनाने के लिए लोन लिया था और दूसरा लोन मिलना असंभव था। हमने पूरी कोशिश की, लेकिन दूसरा कोई कॉन्ट्रैक्टर बचा काम पूरा करने के लिए तैयार नहीं हुआ। हमें समझ में नहीं आ रहा था कि हम क्या करें। स्थिति इसलिए और ज़्यादा ख़राब हो गई कि कॉन्ट्रैक्टर ने भुगतान न करने के लिए हमें एक क़ानूनी नोटिस भेज दिया, हालाँकि उसे हमने काम के अनुसार पूरा भुगतान किया था। उसने हमें चेतावनी दी कि वह इमारत को ज़ब्त करवा देगा। हमने क़ानूनी नोटिसों का जवाब दिया और अगले क़दमों के बारे में वकीलों से सलाह ली। मुझे बताया गया कि ज़ब्ती से बचने के लिए हमें यह दिखाना होगा कि हम उस इमारत में रह रहे हैं। इस तरह अप्रैल 2011 में मैं उस आधी-अधूरी इमारत में पहुँच गया। बिजली-पानी की व्यवस्था तो थी, लेकिन पंखे या चालू टॉयलेट नहीं थे।

डॉ. विदुषी और मैंने एक योजना बनाई। हमने अपने स्टाफ के दो महत्वपूर्ण सदस्यों को निर्माण कार्य का प्रभारी बना दिया। हमने उन्हें यह ज़िम्मेदारी सौंपी कि वे विश्वसनीय मज़दूर खोजकर काम पूरा कराएँ। डॉ. विदुषी ने अगले क़दमों की योजना बनाई और उनके काम की निगरानी की जैसे फ्लोर टाइल्स लगाना, फाल्स सीलिंग, पानी का कनेक्शन, पुताई आदि। मैं मरीज़ों के ऑपरेशन और उनकी संतुष्टि पर पूरी तरह केंद्रित रहा। दोनों काम पूरे करने के लिए संकल्पवान थे। वे सब सुबह 8 बजे इमारत में पहुँच जाते थे और रात

को 8 बजे तक रुकते थे। तीन कष्टकारी महीनों के बाद इमारत आख़िरकार तैयार हो गई।

दृढ़ता से मिली सफलता

हमने जुलाई 2011 में अपने नए अस्पताल का लोकार्पण किया और मरीज़ों की भीड़ लग गई। पूरे राजस्थान में वाइरल कंजंक्टिवाइटिस फैल गया था। हमारा एक पुराना मरीज़ भी इलाज के लिए वहाँ आया। वह उन लोगों में से एक था, जिन्होंने हमें टी जंक्शन और वास्तु दोष के कुप्रभाव के बारे में चेतावनी दी थी। उसने चारों तरफ देखते हुए कहा, 'वाह, ऐसा लगता है, जैसे रिवर्स टी प्रभाव पड़ गया है।' इमारत अभी पूरी नहीं हुई थी, लेकिन रिसेप्शन मरीज़ों से भरा हुआ था। हमारी टीम के महत्वपूर्ण सदस्य दरअसल हमारी रीढ़ थे। उन्होंने हमें बताया, 'चिंता न करें, हम बाक़ी का काम पूरा करवा देंगे।' डॉ. विदुषी उनकी मार्गदर्शक के रूप में बहुत गर्व महसूस कर रही थीं, जिन्होंने अनवरत सीखते हुए एवं अपनी प्रतिभा का परिष्कार कर अपने आप को बड़ी जिम्मेदारी के लिए तैयार किया। जब मैं पलटकर देखता हूँ, तो मुझे अहसास होता है कि हमारे अस्पताल की सफलता हमारी टीम के मेहनती और जोशीले सदस्यों की वजह से है। हमने निश्चित रूप से कई प्रक्रियाएँ शुरू की, जैसे नवीनतम प्रौद्योगिकी लाना और सर्वश्रेष्ठ सर्जिकल पद्धतियों का इस्तेमाल करना, लेकिन हमारी टीम के सदस्यों व लीडर्स के समर्पण के बिना हम इतनी दूर तक नहीं आ सकते थे।

टीम को प्रेरित करने के स्वर्णिम सूत्र

अँधेरे को मिटाने एवं दृष्टिबाधित रोगियों की आँखों में रंगों के उजाले भरने का काम एक सशक्त टीम के बिना असंभव है। अस्पताल में खुशनुमा एवं उत्साहपूर्ण वातावरण होना टीम की बेहतरीन उत्पादकता के लिए अति आवश्यक है। टीम को प्रेरित करने के लिए निरंतर ट्रेनिंग के साथ-साथ सेल्फ डवलपमेन्ट के अवसर देना अति आवश्यक है। प्रत्येक स्टाफ सदस्य की अपनी-अपनी स्ट्रेन्थ एवं अपनी-अपनी सीमाएं होती है। हमें स्ट्रेन्थ का ध्यान रखते हुए प्रत्येक स्टाफ सदस्य को उनकी रूचि के अनुसार कार्य सौंपना है। टीम को प्रेरित करने एवं टीम के सफल समय प्रबंधन के लिए पाँच 'डी' *डिलीट, डेलिगेट, डेफर इट, डू इट, डिसीप्लीन* बहुत महत्वपूर्ण हैं।

सबक

- जोश और जुनून महत्वपूर्ण होता है। जब लेखक ने स्टाफ सदस्यों को आरंभिक अवस्था में अपने यहाँ नियुक्त किया, तो वे नहीं जानते थे कि निरंतर सीखने एवं सुधार की काईज़न जापानी विधि को अपनाते हुए आगे चलकर वे उनकी टीम के कितने महत्वपूर्ण सदस्य बन जाएँगे। उन लोगों के पास चिकित्सा के क्षेत्र में न कोई अनुभव था, न ही डिग्री, लेकिन उनमें काम करने का जोश और सीखने का जुनून था। और इसी वजह से वे उतने सफल कर्मचारी बन पाए, जितने कि वे हैं।

- असाधारण चुनौती में असाधारण टीम की ज़रूरत होती है। सामान्य स्थिति में साधारण टीम से काम चल सकता है, लेकिन असाधारण चुनौती के समय असाधारण टीम की ज़रूरत होती है। जब लेखक के सामने अधूरे अस्पताल को पूरा कराने की चुनौती आई, तो डॉ. विदुषी ने अपनी टीम की मदद से इसे पूरा करने की ज़िम्मेदारी सँभाली, जबकि लेखक सर्जरी और इलाज पर ध्यान केंद्रित करते रहे।

- भाग्य भी साहसी का साथ देता है। लेखक का नया अस्पताल जब बन रहा था, तो लोग अंधविश्वास के कारण इसकी असफलता तय मान रहे थे, लेकिन उन्होंने साहस के साथ काम किया और विपरीत परिस्थितियों में भी हार नहीं मानी। भाग्य ने भी उनका साथ दिया, क्योंकि जब उनका अस्पताल बनकर तैयार हुआ, उसी समय राजस्थान में कंजंक्टिवाइटिस फैल गया, जिससे उनके अस्पताल में मरीज़ों की क़तारें लगने लगीं।

अध्याय 13

डर के आगे जीत है

'सफल और असफल व्यक्ति के बीच का फर्क प्राय: इंसान की बेहतर योग्यता या विचारों का नहीं होता, बल्कि अपने विचारों पर दाँव लगाने, सुनियोजित जोखिम लेने और काम करने का साहस होता है।'

—मैक्सवेल माल्ट्ज़

आई माइक्रो-सर्जरी का विश्व कीर्तिमान

नागदा (मध्यप्रदेश) निवासी 58 वर्षीय श्रीमती लता अग्रवाल को मोटापे और दूसरी समस्याओं के कारण कमर (पीठ) के बल लेटने में काफी मुश्किल आती थी। 2009 में उनकी नेत्र ज्योति बहुत क्षीण हो गई। उन्होंने इंदौर, अहमदाबाद, दिल्ली और चेन्नई में नेत्र विशेषज्ञों से सलाह ली लेकिन ऑपरेशन थियेटर में पीठ के बल लेटने में असमर्थ होने के कारण कोई नेत्र सर्जन उनका ऑपरेशन करने के लिए तैयार नहीं हुआ। लताजी ऑपरेशन टेबल पर पीठ के बल सीधे नहीं लेट सकती थीं। लगभग पाँच साल बीत गए और उनका मोतियाबिंद पक गया। अब उनकी दोनों आँखों की रोशनी पूरी तरह चली गई थी। उन्होंने इंदौर, चेन्नई और अहमदाबाद जैसे कई शहरों में एक दर्जन से ज़्यादा नेत्र विशेषज्ञों को दिखाया, लेकिन चूँकि वे ऑपरेशन टेबल पर सीधे नहीं लेट सकती थीं, इसलिए डॉक्टरों ने मोतियाबिंद सर्जरी करने से साफ इंकार कर दिया। एक दिन लताजी मेरे बारे में सुनकर सुवि नेत्र चिकित्सालय एवं लेसिक लेज़र सेंटर, कोटा आई। मैंने उनकी आँखों की जाँच की और अपनी टीम सदस्यों से सुझाव लेकर इस चुनौतीपूर्ण ऑपरेशन को पूरा करने का निश्चय किया। मैं मरीज को ऑपरेशन थिएटर में ले गया और उन्हें प्लास्टिक की कुर्सी पर बैठा दिया। उनके पैरों को

सहारा देने के लिए प्लास्टिक की एक और कुर्सी रख दी गई। मैंने लताजी को कुर्सी पर बैठाकर उनकी बाईं आँख की फेकोइमल्सीफिकेशन सर्जरी की। रोगी की सिटिंग (बैठी) अवस्था में किये जाने के कारण यह फेकोइमल्सीफिकेशन सर्जरी बहुत चुनौतीपूर्ण थी, लेकिन मैंने इसको करने से पहले अपनी टीम के साथ पूर्वाभ्यास (मॉक-ड्रिल) किया एवं संभावित खतरों एवं जटिलताओं को ध्यान में रखते हुए ये चुनौती स्वीकार की। मैंने सफलतापूर्वक पके हुए सफेद मोतियाबिंद को टॉपिकल फेकोइमल्सीफिकेशन पद्धति से निकाल कर उनकी आँख में टेक्निस मल्टीफोकल आई.ओ.एल. का सफल प्रत्यारोपण किया। लगभग दस मिनट में सम्पूर्ण सर्जरी सम्पन्न हो गई। यह संभवत: विश्व में पहली बार था, जब किसी बैठे हुए मरीज़ का फेकोइमल्सीफिकेशन और मल्टीफोकल आई.ओ.एल. इम्प्लांटेशन किया गया था। सफल ऑपरेशन के बाद दूर और पास की दृष्टि बिना चश्मे के ही आदर्श (6/6, N6) हो गई। (वीडियो लिंक : https://www.youtube.com/watch?v=kjb0XVVpajM½A और यह एक ऐसे नेत्र सर्जन ने किया, जिससे यह कहा गया था कि उसके पास ऑपरेशन वाला हाथ (सर्जिकल हैंड) और श्री डाइमेंशनल (थ्री-डी) दृष्टि नहीं है।)

नहीं लेट सकती थी मरीज, कुर्सी पर की सर्जरी

सफलता | ओटी में 10 मिनट में मल्टीफोकल लैंस लगाया, अपनी तरह का पहला मामला

भास्कर न्यूज | कोटा

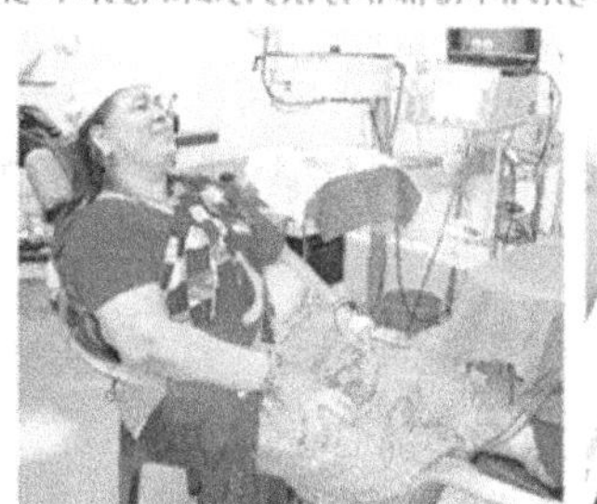
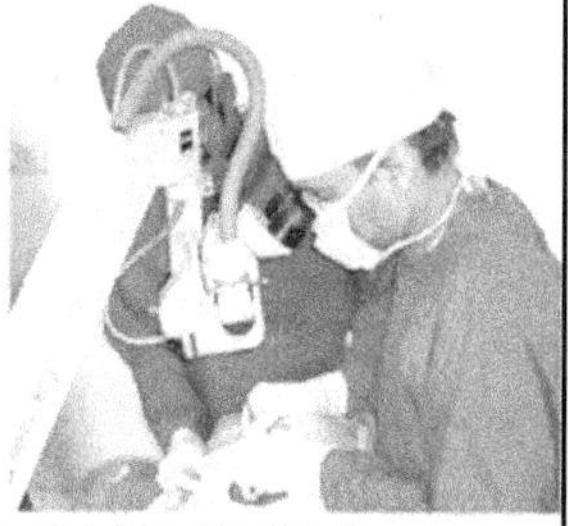

58 साल की लता अग्रवाल। मोटापे, हृदय रोग और फेफड़ों की बीमारी से पीड़ित। ऑपरेशन टेबल पर सीधे लेटने में असमर्थ होने से मोतियाबिंद का ऑपरेशन कराना चुनौतीपूर्ण था। उज्जैन, इंदौर, अहमदाबाद, चेन्नई के डॉक्टर्स ने मना कर दिया तो नागदा (मप्र) से कोटा में आकर दिखाया। यहां के नेत्र सर्जन ने उनको प्लास्टिक की कुर्सी पर बैठाकर ऑपरेशन करने से पहले मॉकड्रिल किया। नेत्र सर्जन डॉ.एस के पांडेय ने दावा किया कि इस सर्जरी के लाइव वीडियो को यू-ट्यूब पर साझा किया तो दुनियाभर के नेत्र सर्जन ने इसे दुर्लभ बताया। ये इस लाइव सर्जरी को बोस्टन में अमेरिकन सोसायटी ऑफ कैटरेक्ट व रिफ्रेक्टिव सर्जरी के अंतरराष्ट्रीय महाधिवेशन में प्रस्तुत करेंगे।

प्लास्टिक की कुर्सी पर सपोर्ट से बैठी मरीज। इसके बाद 10 मिनट में डॉक्टरों ने सर्जरी कर दी।

10 मिनट ऐसे चला ऑपरेशन

• रोगी को प्लास्टिक की कुर्सी पर बैठाया, सामने एक कुर्सी रखकर दोनों पैरों को सीधे रखा। कुर्सी के पीछे हेड रेस्ट और बैक सपोर्ट लगाकर सिर को स्थिर किया। फिर आंखों में टॉपिकल एनेस्थिसिया देकर सुन्न किया। • नेत्र सर्जन ने खड़े रहकर ऑपरेशन माइक्रोस्कोप व फेको मशीन के फुट स्विच को पैरों से संभाला। • विश्व इतिहास में बिना टांके और बिना पट्टी बांधे 10 मिनट कुर्सी पर बैठकर उनकी एक आंख की मोतियाबिंद सर्जरी कर मल्टीफोकल लैंस प्रत्यारोपित कर दिया। • ऑपरेशन के तुरंत बाद उनकी रोशनी 100 फीसदी लौट आई। अब वे बिना चश्मा लगाए देख सकती है।

फोटों 1. दैनिक भास्कर के सभी संस्करणों में सुवि नेत्र चिकित्सालय, कोटा में प्लास्टिक की कुर्सी पर बैठाकर फेको सर्जरी करने एवं मल्टीफोकल लेंस का सफल प्रत्यारोपण करने से संबंधित प्रकाशित समाचार।

लेफ्ट हेंडेड आई सर्जन : माइक्रो-सर्जरी सीखने का संघर्ष

नेत्र चिकित्सक को आँखों के माइक्रो-सर्जिकल ऑपरेशन की योग्यताओं को सीखने एवं निपुणता प्राप्ता करने से ज़्यादा चुनौतीपूर्ण कुछ नहीं है। जैसे फेकोइमल्सिफिकेशन के दौरान सूक्ष्म औज़ारों को आँख के एंटिरियर चेम्बर नामक 3.5 मि.मी. की छोटी सी जगह में उपयोग करने की योग्यता, दोनों हाथों और दोनों पैरों का इस्तेमाल करने की सर्जिकल योग्यता और आदर्श सटीकता हासिल करने के लिए हाथ और आँख का पूर्ण समन्वय। फेकोइमल्सीफिकेशन करते समय सर्जन को फेको हैंडपीस को पकड़ने के लिए अपने मुख्य हाथ (डोमीनेंट हैंड) का इस्तेमाल करने की ज़रूरत होती है। आपको अपने दूसरे हाथ में चॉपर अथवा (सैकण्ड इंस्ट्रूमेंट) पकड़ना पड़ता है। सर्जन को ऑपरेटिंग माइक्रोस्कोप को आँख पर सटीक फोकस करने के लिए एक पैर के इस्तेमाल की ज़रूरत होती है और दूसरा पैर फेको मशीन के फुटस्विच को दबाकर (पोजिशन वन, टू, एवं थ्री पर ले जाने) का काम करता है। जैसी कल्पना की जा सकती है, आँख बहुत छोटा (2.5 से.मी.) अंग है और ज़रा सी भी चूक या ग़लत गतिविधि के कारण आँख की पारदर्शी पुतली (कॉर्निया) अथवा पोस्टीरियर कैप्सूल नामक आँख के नाजुक हिस्सों को स्थायी नुक़सान हो सकता है और मरीज़ दृष्टिबाधित अथवा अंधा तक हो सकता है।

प्रशिक्षु नेत्र चिकित्सक के लिए यह संसार की सबसे मुश्किल कार चलाने जैसा होता है। अगर यह दाएँ हाथ वाले डॉक्टरों के लिए चुनौतीपूर्ण है, तो मुझ जैसे बाएँ हाथ वाले लेफ्ट हेंडेड व्यक्ति के लिए तो इसे असंभव ही मानें। मेरे ज़्यादातर वरिष्ठ डॉक्टर दाएँ हाथ से नेत्र सर्जरी करते थे, इसलिए अगर मुझे सीखना था, तो मुझे दाएँ हाथ वाले व्यक्ति के ऑपरेशन के तरीक़ों की नक़ल करनी थी, जो सीखने वाले युवा नेत्र सर्जन के लिए अति चुनौतीपूर्ण था। आँखों की माइक्रो-सर्जरी वाले अधिकांश औज़ार (माइक्रो-सर्जिकल इंस्ट्रूमेन्ट्स) दाएँ हाथ वाले नेत्र सर्जनों की सुविधा के लिए बनाए गए थे। यह एक ऐसे संसार में पहुँचने जैसा था, जहाँ कोई आपकी भाषा न बोलता हो।

पी.जी.आई.एम.ई.आर., चण्डीगढ़ में ट्रेनिंग के आरंभिक दिनों के दौरान एक दिन मुझे इमरजेंसी कॉर्नियल ट्रांसप्लांटेशन ऑपरेशन को असिस्ट करने के लिए बुलाया गया। जाड़े की रात थी और बाहर ठण्डी हवाएँ चल रही थीं। मध्यरात्रि को कॉर्निया यूनिट के प्रमुख प्रोफेसर जगजीत सिंह सैनी कॉर्निया ट्रांसप्लांट कर रहे थे। रोगी की सफेद अपारदर्शी रोगग्रस्त कॉर्निया को हटाकर

पारदर्शी कॉर्निया लगा दिया गया। ग्राफ्ट को स्थिर रखने के लिए 10-0 नायलॉन के महीन टाँके लगाए गये थे। टाँकों की गाँठ बाँधने के बाद प्रोफेसर सैनी ने मुझसे कहा कि मैं नायलॉन के टाँके काट दूँ। यह टाँके इंसान के बाल से भी ज़्यादा महीन थे, इसलिए सामान्य आँख से इसे देखना लगभग असंभव था। यह कॉर्निया के ट्रांसप्लांटेशन में मदद करने का मेरा पहला मौक़ा था। मैंने ऑपरेटिंग माइक्रोस्कोप की साइड ट्यूब से देखकर टाँके को काटने की कोशिश की। मैं सटीक तरीके से टाँके काटने में असफल रहा क्योंकि किसी ने भी मुझे नहीं बताया था कि ऑपरेटिंग माइक्रोस्कोप का कैसे इस्तेमाल करना है या आई. पी.डी. (इंटरप्यूपिलरी डिस्टेंस) को कैसे एडजस्ट करना है। डॉ. सैनी ने तीखे स्वर में कहा, 'डॉ. सुरेश, आप टाँका काटते समय सिर्फ अंदाज़ा लगा रहे हो, आप दोनों आँखों से ऑपरेटिंग माइक्रोस्कोप में देखकर अच्छी तरह से टाँको को काटो।' मैं हैरान रह गया। 'कल अपनी आँखों के रिफ्रेक्शन एवं बाईनाकुलर विजन की जाँच करवाना और यह सुनिश्चित करना कि तुम्हारी दृष्टि बिलकुल परफेक्ट हो जिससे असिस्ट करते समय तुम्हारे पास एक प्रतिशत भी अंदाजा न रहे, बल्कि 100 प्रतिशत सटीकता रहे।' मैं डॉ. सैनी को कोई जवाब नहीं दे पाया, बल्कि मूर्ति की तरह खड़ा रह गया।

लेकिन प्रोफेसर सैनी दयालु इंसान थे। ऑपरेशन पूरा करने के बाद उन्होंने मुझे ऑपरेटिंग माइक्रोस्कोप का इस्तेमाल करने, आई.पी.डी. (इंटरप्यूपिलरी डिस्टेंस) एडजस्ट करना सिखाया। प्रोफेसर सैनी ने विशेषज्ञ सर्जन के पाँच महत्वपूर्ण गुण मुझे बताए- पहला: लेडीज फिंगर (महिला की अँगुलियाँ जो कोमलता से स्पर्श करें, जेन्टल हैण्डलिंग), दूसरा: लॉयन्स हार्ट (तुरंत निर्णय लेने एवं कार्य करने के लिए शेर जैसा साहसी हृदय), तीसरा: ईगल्स आई (बाज जैसी पैनी नजर), चौथा: हॉर्सेज लेग (घोड़े जैसे पैर, यानी खड़े रहने का असाधारण स्टैमिना और पाँचवा: केमल्स बैली (ऊँट का पेट यानी भोजन और पानी के बिना ऑपरेशन पूरा करने की योग्यता)। इस विस्तृत स्पष्टीकरण के बावजूद प्रोफेसर सैनी के शब्द हथौड़े की तरह पड़े थे। लेकिन मैंने वही किया, जो मैंने हमेशा किया था, मैं बेहतर बनने में जुटा रहा।

पी.जी.आई. चण्डीगढ़ में 1995-1997 के दौरान एडवांस्ड आई सेन्टर की स्थापना नहीं हुई थी एवं उस समय नेत्र रोग विभाग का कार्य नेहरू अस्पताल के एक फ्लोर में संपन्न होता था। नेत्र रोग विभागाध्यक्ष प्रोफेसर आमोद गुप्ता के सशक्त मार्गदर्शन में समूचे विभाग में कार्य कर रहे रेज़ीडेंट्स की टीचिंग, केस

प्रजेंटेशन, ग्रांड राउण्ड, जर्नल क्लब, स्टॉफ क्लीनिकल मीटिंग, सेमीनार आदि में सभी की उपस्थिति अनिवार्य होती थी। उस समय प्रोफेसर आमोद गुप्ता के नेतृत्व में एडवांस्ड आई सेंटर बनाने की रूपरेखा बनाई जा रही थी। नेत्र रोग विभाग में रेज़ीडेंसी करते समय मुझे उत्तर भारत से परामर्श अथवा ऑपरेशन करवाने आने वाले सामान्य एवं जटिल नेत्र रोगियों को देखने एवं शानदार एकेडमिक ट्रेनिंग प्राप्त करने का सौभाग्य, सुअवसर मिला। स्थानाभाव के कारण हमारे समय में नेत्र रोग विभाग सर्जिकल अनुभव (एक्सपोजर) सीमित था एवं एम.एस. की डिग्री प्राप्त करने के बाद भी मैंने लगभग दस मोतियाबिंद ऑपरेशन एवं लेंस प्रत्यारोपण सर्जरी की थी। मुझे इस कमी का एहसास बराबर रहा एवं एम.एस. डिग्री प्राप्त करने के पश्चात् मैं नेत्र माइक्रो-सर्जरी में अपने आप को प्रशिक्षित कर दक्ष करना चाहता था।

मरीज़ ने मुझे डाँट दिया

दरअसल मुझे अपनी सर्जिकल योग्यताएँ तराशने का मौक़ा तब तक नहीं मिला, जब तक कि मैं अमेरिका नहीं पहुँचा। वहाँ हर शनिवार व रविवार (वीक-एंड) के दौरान मैं प्रोफेसर डेविड एप्पल के केंद्र की वेट-लैब में पोस्टमॉर्टम आँखों पर नेत्र 'माइक्रो-सर्जरी' का अभ्यास करता था। मेरा नेत्र 'माइक्रो-सर्जरी' का अनुभव धीरे-धीरे बढ़ने लगा। सिडनी आई हॉस्पिटल में मैं मोतियाबिंद ऑपरेशन ब्लॉक (लोकल एनेस्थिसिया) में एनेस्थेटिस्ट की उपस्थिति में करता था। यह रोगी एवं सर्जन दोनो के लिए सुविधाजनक था। डॉ. एंथनी जे. मलूफ ने टॉपिकल एनेस्थिसिया में ऑपरेशन करने की विधि बताते हुए प्रथम केस करने को कहा। मुझे वह समय याद है, जब मैंने उनके मार्गदर्शन में सिडनी के वेस्टमीड हॉस्पिटल में अपनी पहली मोतियाबिंद सर्जरी टॉपिकल एनेस्थिसिया में की थी। डॉ. मलूफ को उस रोगी की बायीं आँख का ऑपरेशन करने में पन्द्रह मिनट का समय लगा था। मोतियाबिंद कठोर होने के कारण दाहिनी आँख की मुझे सर्जरी करने में लगभग 40 मिनट का समय लगा। मरीज़ ने सुना कि डॉ. मलूफ हर क़दम पर रोगी को रोशनी में देखने के लिए बोल रहे थे और मुझे भी मार्गदर्शन दे रहे थे। जब ऑपरेशन पूरा हो गया और मैंने ऑपरेशन के लिए उपयोग किये गये कपड़े (सर्जिकल ड्रेप) खोले, तो मरीज़ का गुस्सा देखने लायक़ था। उसने कहा, 'डॉक्टर, आपको ऑपरेशन में पौन घंटा क्यों लग गया? आप टॉपिकल एनेस्थिसिया में फेको ऑपरेशन करना नहीं जानते क्या? आपने यह ऑपरेशन मेरी आँखों से क्यों सीखा?' 'ऑस्ट्रेलिया

में दूसरे मरीज़ों की आँखों से मत सीखना,' उसने कहा। 'तुम बहुत ख़राब और बुरे सर्जन हो और कभी डॉ. मलूफ़ जितने तेज़ नहीं बन पाओगे।'

मैं अपमानित महसूस करने लगा। ऑपरेशन के बाद चेंजिंग रूम में मेरी आँखें डबडबाने लगीं और धीरे-धीरे मेरे अंदर यह अहसास होने लगा कि शायद मैं कभी कुशल आई सर्जन नहीं बन पाऊँगा। मैंने ऑपरेशन थियेटर की टीम के साथ कॉफी पीने की योजना को कंसल किया। जब मैंने कपड़े बदल लिए, तो डॉ. मलूफ़ ने मुझे कॉफी पीने के लिए बुलाकर सांत्वना देते हुए कहा कि 'ऐसी घटनाओं से कभी हताश मत होना।' उन्होंने मुझे याद दिलाया कि सिडनी आई हॉस्पिटल और वेस्टमीड हॉस्पिटल्स, ऑस्ट्रेलिया के प्रशिक्षण अस्पताल हैं। यहाँ सभी मरीज़ों की कैटेरेक्ट आई.ओ.एल. सर्जरी नि:शुल्क की जाती है और लगभग हर सर्जरी रेज़िडेंट तथा फैलो करते हैं। सभी मरीज़ों की तरह ही इस मरीज़ को भी पहले से बता दिया गया था कि रेज़िडेंट या फैलो मोतियाबिंद का ऑपरेशन करेंगे। अगर उन्हें यह ठीक नहीं लगता, तो वे किसी प्राइवेट क्लीनिक में ऑपरेशन हेतु जा सकते हैं। हममें से हर सर्जन जीवन में ऐसे कठिन दौर से गुज़रा है। तुम्हें इसे चुनौती की तरह लेना चाहिए और खुद से वादा करना चाहिए कि तुम उसे ग़लत साबित करोगे और संसार के सबसे अच्छे आई सर्जन्स में से एक बनोगे।'

सर्वश्रेष्ठ आई सर्जन बनने का संकल्प

डॉ. एंथनी जे. मलूफ द्वारा दिये गये प्रोत्साहन के बहुमूल्य शब्दों ने मेरी दुख की भावना दबाने में मदद की। फिर भी मैं कई दिनों तक इस घटना को याद करता रहा। एक बार फिर मैं नेत्र माइक्रो-सर्जरी का अभ्यास करने वेट-लैब में पहुँच गया जहाँ डॉ. एंथनी मलूफ ने मुझे मेरी ग़लतियाँ बताई। उन्होंने एक बार मुझसे कहा था कि जब मैं लगभग एक सौ आँखों की सर्जरी कर लूँगा, तो मेरी गति बढ़ जाएगी। उन्होंने समझाया था, फेको सर्जरी करना विमान उड़ाने या कार चलाने जैसा होता है। तुम जितना ज़्यादा अभ्यास करोगे, उतने ही बेहतर सर्जन बनोगे। इस सुझाव से प्रोत्साहित होकर मैंने सर्वश्रेष्ठ आई सर्जन बनने को अपने जीवन का मिशन बना लिया। मैंने इसे अपनी डायरी में लिख ख़िया और दीवार पर भी लिखकर चिपका लिया: डॉ. सुरेश पाण्डेय, सर्वश्रेष्ठ आई सर्जन। मैं इसे हर दिन पढ़ता था, ताकि मुझे आगे बढ़ने और संसार के सर्वश्रेष्ठ आई सर्जन्स में एक बनने का सपना हमेशा याद रहे।

दोनों हाथों से माइक्रो-सर्जरी सीखने का प्रयास

इस राह में कई सर्जनों ने मेरी बहुत सहायता की। सिडनी आई हॉस्पिटल में मेरे मार्गदर्शक डॉ. ई. जॉन मिल्वरटन ने सुझाव दिया कि मैं हर सर्जरी की रिकॉर्डिंग करूँ और वीडियो देखकर ग़लतियाँ पकड़ूँ तथा सीखूँ। मैंने उनकी सलाह पर अमल किया और अपने सभी नेत्र ऑपरेशनों के वीडियो रिकॉर्ड करने लगा। लगन और सकारात्मक कथनों के साथ मेरी सर्जिकल योग्यताएँ धीरे-धीरे बेहतर होने लगीं। मैं चिंतन-मनन करता रहा। जैसा ग़ौर गोपाल दास ने लिखा है, 'नियमित रूप से ठहरकर अपने जीवन के बारे में सोचते रहें। कृतज्ञता का अभ्यास करने के लिए पॉज़ बटन दबाना आपके जीवन में इसे स्थिर बनाने का तरीक़ा है।' एक दिन मैंने ग़ौर किया कि डॉ. मिल्वरटन दाई आँख की सर्जरी दाएँ हाथ से और बाई आँख की सर्जरी बाएँ हाथ से कर रहे थे। यह देखकर मैं चकरा गया। दूसरे दिन डॉ. मिल्वरटन ने अपने बाएँ हाथ से ड्रॉइंग की। मैंने उनसे पूछा कि वे बाएँ हाथ से ड्रॉइंग कैसे कर सकते हैं। डॉ. मिल्वरटन ने जवाब दिया, 'मैं बचपन में बाएँ हाथ का उपयोग करता था। मेरे शिक्षकों ने मुझे दाएँ हाथ का उपयोग करने के लिए प्रेरित किया। वे कभी-कभी बाएँ हाथ का इस्तेमाल बंद कराने के लिए इस पर अक्सर छड़ी भी मारते थे। लेकिन मेरा बायाँ हाथ अब भी सक्रिय है।'

मैं भी बाएँ हाथ से लिखता था और मैंने डॉ. मिल्वरटन से पूछा कि मैं दोनों हाथों से सर्जरी कैसे कर सकता हूँ? उन्होंने सुझाव दिया कि मैं ब्रश करने और गोले आदि बनाने के लिए अपने दाहिने हाथ का इस्तेमाल शुरू कर दूँ। मुझे हर शुक्रवार को ट्रेन से वेस्टमीड हॉस्पिटल जाने में 45 मिनट लगते थे और इस ख़ाली समय में मैं दाएँ हाथ से गोले और त्रिकोण खींचता था और अपना नाम लिखता था। एक महीने के भीतर मैं अपने दाएँ हाथ से सर्जरी की कुछ स्टेप्स करने लगा। अंततः मैंनें दोनों हाथों से आई सर्जरी (एम्बीडेक्सटस) करने की दिशा में महत्वपूर्ण प्रगति कर ली। लेकिन मेरी योग्यताओं में रातों-रात सुधार नहीं हुआ था। मैंने ऑस्ट्रेलिया में दो साल गुज़ारे और 1,200 छोटी-बड़ी सर्जरी की थीं, जिनमें फेकोइमल्सिफिकेशन, लेसिक लेज़र रिफ्रेक्टिव सर्जरी, कॉर्नियल ट्रांसप्लांटेशन आदि शामिल थे। मुझे मोतियाबिंद सर्जरी की अपनी योग्यताओं में विश्वास होने लगा। मैं भारत लौटने के लिए तैयार था, लेकिन इससे भी ज़्यादा महत्वपूर्ण बात, मैं अपनी योग्यताएँ कम आत्मविश्वास वाले डॉक्टरों को सिखाने के लिए भी तैयार था, जो सोचते थे कि वे ऐसा कभी नहीं कर पाएँगे।

फोटो 2. सिडनी आई हॉस्पिटल में मेरे सर्जिकल गुरु एवं मार्गदर्शक डॉ. ई. जॉन मिल्वरटन ने सुझाव दिया कि मैं हर नेत्र सर्जरी की रिकॉर्डिंग करूँ और वीडियो देखकर ग़लतियाँ पकड़ूँ तथा सीखूँ। मैंने उनकी सलाह पर अमल किया और अपने सभी नेत्र ऑपरेशनों के वीडियो रिकॉर्ड करने लगा। मैंने डॉ. मिल्वरटन से पूछा कि मैं दोनों हाथों से सर्जरी कैसे कर सकता हूँ? उन्होंने सुझाव दिया कि मैं ब्रश करने और गोले व त्रिकोण बनाने के लिए अपने दाहिने हाथ का इस्तेमाल शुरू कर दूँ। ख़ाली समय में मैं दाएँ हाथ से गोले और त्रिकोण खींचता था और अपना नाम लिखता था। एक महीने के भीतर मैं अपने दाएँ हाथ से सर्जरी की कुछ चीज़ें करने लगा और अंततः दोनों हाथों से आई सर्जरी करने की दिशा में महत्वपूर्ण प्रगति कर ली।

सर्जरी का एसिड टेस्ट

सिडनी में मेरे मेंटर प्रोफेसर फ्रैंक बिलसन हमेशा इस बात पर ज़ोर देते थे: अच्छे सर्जन जानते हैं कि ऑपरेशन कैसे करना है, बेहतर सर्जन जानते हैं कि ऑपरेशन कब करना है और सर्वश्रेष्ठ सर्जन जानते हैं कि ऑपरेशन कब नहीं करना है। प्रोफेसर बिलसन ने विश्वभर से पहुँचे नेत्र चिकित्सकों को प्रशिक्षित किया एवं वे अपने पास आये प्रत्येक फैलो को सर्जरी करते समय आँख की सूक्ष्म संरचनाओं का सम्मान (टिश्यू रेसपेक्ट) करने की बात पर बहुत जोर देते थे। मेडिकल इमरजेंसी में जान बचाने के लिए चिकित्सक इमरजेंसी ऑपरेशन करने का निर्णय लेते है लेकिन रूटीन ऑपरेशनों में वांछित परिणाम पाने के लिए बुद्धिमत्ता, अनुभव, धैर्य और सावधानी की ज़रूरत होती है। ऑपरेशन के लाभ इतने ज़्यादा होने चाहिए कि डॉक्टर द्वारा किये गये इंटरवेंशन से होने वाले संभावित नुकसान फायदों की तुलना में बहुत कम हो।

सबक़

- समस्या पर नहीं, समाधान पर ध्यान केंद्रित करें। डॉक्टर मरीज़ को अपनी टेबल पर लेटाकर नेत्र ऑपरेशन करते हैं, इसलिए वे ऐसे मरीज़ का ऑपरेशन नहीं कर रहे थे, जो पीठ के बल लेट न सकता हो। लेखक ने नवाचार वाला समाधान सोचा और इस बात पर ध्यान केंद्रित किया कि वे यह काम कैसे कर सकते हैं। अंततः इसी कारण वे वहाँ सफल हुए, जहाँ दूसरे डॉक्टर असफल रहे थे।

- अभ्यास आदर्श बनाता है। यह न भूलें कि हर महारथी शुरुआत में नौसिखिया था और बार-बार अभ्यास करके ही उसने महारत हासिल की है। लेखक ने भी लगातार अभ्यास करके अपनी सर्जरी की कला को तराशा, जब तक कि वे परिपूर्ण नहीं बन गए।

- सीखते रहें। लेखक हर मिलने वाले से सीखने की तलाश करते हैं। इसीलिए जब उन्होंने डॉ. ई. जॉन मिल्वरटन को दोनों हाथों का इस्तेमाल करते देखा, तो उन्होंने इसका तरीक़ा पूछा और फिर मिलने वाली सलाह पर अमल किया, जब तक कि वे यह खुद करने में सक्षम नहीं हो गए। अगर आप सफल बनना चाहते हैं, तो आपको सफल व्यक्तियों से सीखते रहना चाहिए और खुद को बेहतर बनाते रहना चाहिए।

अध्याय 14

मार्गदर्शन में अपार शक्ति होती है

'अगर मेरे मार्गदर्शक नहीं होते, मैं आज यहाँ नहीं होती।'

-इंदिरा नूयी

हमारा यू-ट्यूब चैनल

मुझे हमेशा से पढ़ाने व सिखाने में रुचि थी। वरिष्ठ मेडिकल विद्यार्थी के रूप में मैं कोर्स वर्क में अपने जूनियर्स की मदद करता था। मेडिकल कॉलेज में इंटर्नशिप के दौरान मैंने प्री.पी.जी परीक्षा हेतु डॉ. एम.एस. भाटिया की पुस्तक में अनेकों मल्टीपल चॉईस प्रश्न बनाकर भेजे थे, जिन्हें डॉक्टर भाटिया ने अपनी पुस्तक में सम्मिलित किया था एवं मेरा नाम कन्ट्रीब्यूटर्स के रूप में सम्मिलित किया गया था।

वर्ष 1998 से 2005 के बीच में मैं अमेरिका और ऑस्ट्रेलिया में राष्ट्रीय एवं अंतर्राष्ट्रीय नेत्र महाधिवेशनों में नियमित शोधपत्र प्रस्तुत करता था, लेकिन भारत लौटने के बाद मैं उद्यमिता (आंतरप्रेन्योरशिप एवं मेडिकल प्रेक्टिस) में व्यस्त हो गया। मैं अस्पताल के प्रबंधन में इतना व्यस्त रहता था कि मेरे पास पढ़ने, अध्ययन करने या किसी मेडिकल कॉन्फ्रेंसेज में शिरकत करने का समय ही नहीं रहता था। मुझे अहसास हुआ कि मैं कोई महत्वपूर्ण चीज़ चूक रहा हूँ। जब मैंने बैठकर सोचा, तो मुझे जवाब मिल गया। मैं अपना ज्ञान अपने साथियों से शेयर नहीं कर पा रहा था। अगर मैं यात्रा करके मेडिकल कॉन्फ्रेंसेज में नहीं जा सकता, तो मुझे अपने ज्ञान का लाभ दूसरों को देने का तरीक़ा खोजना था। जवाब यू-ट्यूब चैनल के रूप में सामने आया। मैंने वर्ष 2010 में अपना स्वयं का यू-ट्यूब चैनल बनाया। धीरे-धीरे मेरे सर्जिकल वीडियो संसार भर के आई सर्जन देखने लगे और आज इस चैनल पर 350 से ज़्यादा वीडियो हैं, जिन्हें दो लाख से ज्यादा डॉक्टर देख चुके हैं। वर्ष 2010 में मैंने अपने यू-ट्यूब चैनल पर टोरिक आई.ओ.एल. इम्प्लांटेशन

पर पहला वीडियो अपलोड किया। इस वीडियो को 11,000 से ज्यादा नेत्र सर्जनों ने देखा, जिसमें मैंने टोरिक आई.ओ.एल. इम्प्लांटेशन के रहस्य बताए थे। उस समय टोरिक लेंस भारत में नया आया था और कॉर्नियल एस्टिगमैटिज्म वाले मोतियाबिंद सर्जरी वाले मरीज़ों के लिए इसकी सलाह दी जाती थी। हमने यह शैक्षणिक वीडियो अमेरिकन एकेडमी ऑफ़ ऑफ्थैल्मोलॉजी, अमेरिकन सोसायटी ऑफ़ कैटरेक्ट एंड रिफ्रेक्टिव सर्जरी और आई-ट्यूब में भी डाल दिया, जहाँ यह 'एडिटर्स चॉइस' बन गया। पहले वीडियो को इतनी ज़बरदस्त प्रतिक्रिया मिली कि मेरा मन रम गया। इसके बाद डॉ. विदुषी और मैंने कई वीडियो रिकॉर्ड किए और प्रतिक्रिया पूरी तरह अनपेक्षित थी।

विदेशी डॉक्टर ने भारत आकर हमसे मार्गदर्शन लिया

हमारा यू-ट्यूब चैनल शुरू करने के बाद मुझे अजरबैजान के डॉ. मुबारिज कहारमानोव का ई-मेल मिला। उन्होंने पूछा कि क्या वे कोटा आकर हमें ऑपरेशन करते देख सकते हैं। मैंने पहले कभी किसी डॉक्टर की मेज़बानी नहीं की थी, लेकिन मैंने सोचा, क्यों नहीं। मैंने उन्हें आमंत्रित कर लिया और वे हमारे यहाँ आने वाले पहले विदेशी डॉक्टर बन गए। डॉ. मुबारिज के पास शिक्षा तो थी, लेकिन अनुभव नहीं था। उन्होंने मुझसे कहा, 'डॉ. पाण्डेय, मैं पिछले तीन सालों से आपको सोशल मीडिया पर देख रहा हूँ। मैं शून्य से शिखर तक की आपकी यात्रा से प्रभावित हूँ। मुझे आपके और डॉ. विदुषी के बारे में सबसे अच्छी बात यह लगी कि आप अपनी सफलता के गुर युवा ऑफ्थैल्मिक सर्जन्स को बता देते हो। क्या आप मुझे अपनी सफलता के रहस्य बता सकते हैं?'

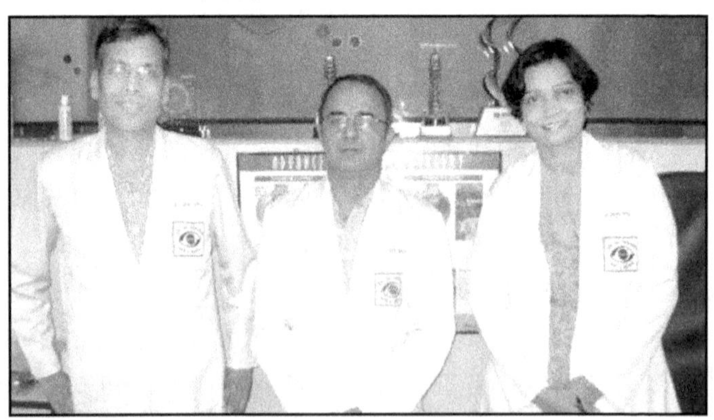

फोटो 1. अजरबैजान के डॉ. मुबारिज कहारमानोव कोटा में दो सप्ताह के लिए विजिटिंग फैलो के रूप में ट्रेनिंग हेतु सुवि नेत्र चिकित्सालय, कोटा आये।

डॉ. मुबारिज ने मुझे बताया कि ज़्यादातर डॉक्टर सर्वश्रेष्ठ परंपराएँ सीखने के लिए प्रख्यात संस्थाओं और विश्वविद्यालयों में जाते हैं, लेकिन चिकित्सकीय उद्यमिता किसी पाठ्यक्रम में नहीं पढ़ाई जाती। यह सुनकर मुझे अहसास हुआ कि मैं नेत्र जगत में यह बड़ा योगदान दे सकता था। मैं अपनी कहानी संसार के उन लोगों को बता सकता था, जो नेत्र चिकित्सा के किफायती (इकोनॉमिक) और कार्यकुशल (एफिशिएंट) मॉडल के बारे में सीखना चाहते थे। डॉ. मुबारिज एक ऑफ्थैल्मिक सेंटर खोलना चाहते थे और मैं इस काम में उनकी मदद कर सकता था। वे हाई वॉल्यूम आई सर्जरी का मॉडल देखना चाहते थे, जहाँ सारी सर्जरी किफ़ायती और कार्यकुशल तरीक़े से की जाएँ। और फिर वे उद्यमिता के नट-बोल्ट सीखना चाहते थे: क्लीनिक कैसे शुरू करें? टीम कैसे बनाएँ? मरीज़ों का आधार कैसे बनाएँ?

डॉ. मुबारिज ने पहले तो हमें सर्जरी करते देखा, फिर उन्होंने डॉ. विदुषी के सहयोगी बनकर सर्जरी में मदद की। इसके बाद मैंने उन्हें सफल प्रैक्टिस के छह गुर सिखाए: उपलब्ध रहें (अवेलेबल), अच्छा व्यवहार करें (बिहेवियर), परवाह करें (केयर), सक्षम बनें (कॉम्पिटेंट), और करुण रहें (काईण्डनेस), सर्वश्रेष्ठ संभव सेवाएँ दें (द बेस्ट पॉसिबल सर्विसेज), मरीज़ों की अपेक्षा से आगे तक जाएँ (एक्सीडिंग द एक्सपेक्टशन) और सेवाओं को बेहतर बनाने के लिए मरीज़ों से सुझाव (फीडबैक) लें। डॉ. मुबारिज के अजरबैजान से कोटा आने की ख़बर स्थानीय पत्रकारों को लग गई और यह इंटरनेट तथा सोशल मीडिया के बढ़ते प्रभाव का प्रमाण था। विदेशी डॉक्टर ऐसी जगह कैसे आ सकता था, जहाँ हवाई अड्डा तक न हो? अब डॉ. मुबारिज ने बाको, अजरबैजान में अपना खुद का नेत्र अस्पताल शुरू किया है, जो बहुत अच्छा चल रहा है। वे निरंतर संपर्क में रहते हैं और अपनी सफलता का काफी श्रेय हमारे मार्गदर्शन को देते हैं।

अभ्यास से ही हुनर आता है

हम राजस्थान में पहले केंद्र थे, जिसने किटारोज़ ड्राई एंड वेट-लैब किट्स हासिल कीं, जो नेत्र चिकित्सकों द्वारा फेकोइमल्सीफिकेशन पद्धति सीखने हेतु नवाचारी प्रशिक्षण का साधन है और डॉ. विदुषी शर्मा को विशेष प्रिय है। इससे वेट-लैब में प्रैक्टिस कर सर्जिकल स्किल्स सीखीं जाती हैं। डॉ. विदुषी का मानना है कि इस क्रांतिकारी शिक्षण साधन की मदद से लगातार अभ्यास करके

नेत्र सर्जरी के हुनर को तराशा जा सकता है। विश्वभर से साठ से अधिक नेत्र विशेषज्ञ सुवि नेत्र चिकित्सालय एवं लेसिक लेजर सेंटर कोटा आकर किटारोज़ ड्राई एंड वेट-लैब ट्रेनिंग किट का इस्तेमाल करके फेकोइमल्सिफिकेशन में प्रशिक्षण हासिल कर चुके हैं।

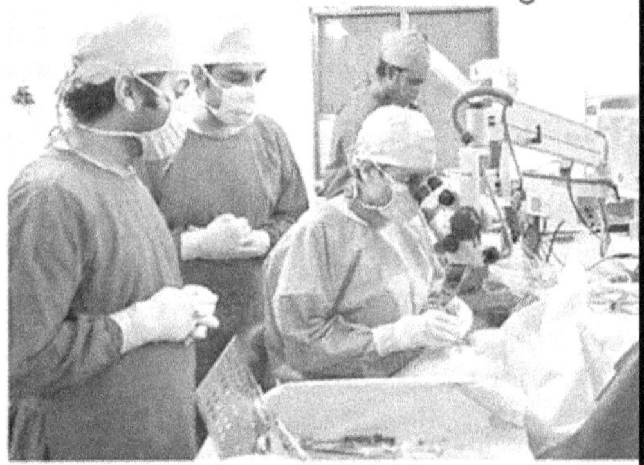

अरब देशों से कोटा में सीखने आ रहे हैं आंखों के ऑपरेशन

सोशल नेटवर्क के जरिए दुनियाभर से नेत्र विशेषज्ञों को कोटा से जोड़कर मेडिकल टूरिज्म प्रमोट करने का प्रयास, कोटा आने को वीजा बनवा रहे हैं खाड़ी के देशों के युवा सर्जन

भास्कर न्यूज़ | कोटा

मेडिकल की पढ़ाई कराते-कराते शहर ने अब मेडिकल टूरिज्म की दिशा में भी पहल की है। अरब देशों से नेत्र विशेषज्ञ यहां एडवांस सर्जरी सीखने आ रहे हैं। दुबई, यमन, पाकिस्तान, सऊदी अरब, मस्कट, आबूधाबी आदि के नेत्र सर्जन यहां एडवांस सर्जरी सीखने के लिए यहां रहे हैं। उन्होंने यहां आने के लिए वीजा के लिए आबेदन कर दिया है।

कोटा में 10 दिन की ट्रेनिंग ले चुके अजरबेजान डॉ. मुबारिज ने बताया कि अमेरिका, कनाडा व ऑस्ट्रेलिया के प्रमुख इंस्टीट्यूट में नेत्र सर्जरी की एडवांस ट्रेनिंग लेने पर लाखों रुपए खर्चा आता है। इन देशों में हेंड-ऑन सर्जिकल ट्रेनिंग मिलना बहुत मुश्किल होता है। यहां यह ट्रेनिंग निशुल्क मिलने से सिर्फ आने-जाने का खर्च ही उठाना पड़ेगा। यहां पर वे सुवि नेत्र अस्पताल में ट्रेनिंग ले रहे हैं। संस्थान के डायरेक्टर डॉ. सुरेश पांडेय के अनुसार शहर में मेडिकल टूरिज्म को प्रमोट करने के लिए हमने एडवांस सर्जरी की निशुल्क ट्रेनिंग देने का तय किया है। फेसबुक व यू-ट्यूब पर इसे दुनियाभर में अच्छा रिस्पांस मिल रहा है। 12 नेत्र सर्जन आना चाहते हैं। विमानसेवा चलने के बाद बड़ा फायदा मिल सकता है।

सऊदी अरब से आए डॉक्टर थियेटर में डॉ. पांडे के साथ ऑपरेशन करते।

क्या सीख रहे हैं यहां

युवा नेत्र सर्जन यहां नासूर के लिए डीसीआर ऑपरेशन, टॉपिकल माइक्रो फेको सर्जरी, सूचरलेस टेरीजियम सर्जरी थिंड राफ्ट (बिना टांके वाला नाखून का ऑपरेशन), लेसिक लेजर रिफ्रेक्टिव सर्जरी द्वारा चश्मा हटाना, पलकों की विकृतियों का ट्रीटमेंट, एलर्जी में सुपरस्टार्स इंजेक्शन लगाव, रेटिना के लिए लेजर, अवास्टिन इंजेक्शन, पर्दे की जटिल सर्जरी आदि की एडवांस तकनीक सीखने आए हैं।

ये भी आना चाहते हैं कोटा

- उक्रेन के डॉ. सामन अकरम स्वयं जन्मजात मूंदी आंखों से पीड़ित है। उन्होंने यू-ट्यूब पर नेत्र सर्जन डॉ. विदुषी पांडेय द्वारा की गई लाइव सर्जरी देखकर अपना ऑपरेशन कोटा में कराने का निश्चय कर लिया।
- सऊदी अरब की किंग फेजल यूनिवर्सिटी में कार्यरत डॉ. अफहद अल्ख्यादी और डॉ. तालिया अहमद मोतियाबिंद ऑपरेशन व लेंस प्रत्यारोपण की पद्धति सीखने आना चाहते हैं। वीजा मिलने का इंतजार है।
- यमन के डॉ. रविंत बेग नाखून ऑपरेशन की एडवांस तकनीक की ट्रेनिंग के लिए कोटा आना चाहते हैं। वीजा का आवेदन कर चुके हैं।

फोटो 2. दैनिक भास्कर समाचार पत्र में सुवि नेत्र चिकित्सालय कोटा में अन्तर्राष्ट्रीय नेत्र चिकित्सकों की विजिट एवं ट्रेनिंग संबंधित समाचार प्रकाशित हुआ।

अमेरिकी सर्जन ने मोतियाबिंद की बारीकियाँ सीखीं

एक दिन अमेरिका के ऑस्टिन, टैक्सस की आई सर्जन डॉ. लिंडा का फोन आया। मैं हैरान था कि अमेरिका की सर्जन कोटा आकर हमसे सीखना चाहती हैं। डॉ. लिंडा ने हमारे कई सर्जिकल वीडियोज़ देखे थे और वे हमारी सर्जिकल योग्यताओं से बहुत प्रभावित थीं। वे ख़ास तौर पर एक चीज़ से कुंठित थीं: अति कठोर (डेंस) मोतियाबिंद के गहन ऑपरेशन करना। वे छोटे चीरे वाली मोतियाबिंद सर्जरी सीखना चाहती थीं और जटिल फेकोइमल्सिफिकेशन सर्जरी की योग्यताओं को निखारना चाहती थीं। छोटे चीरे वाली सर्जरी मशीनों पर निर्भर नहीं होती और किफायती होती है, इसलिए यह विकासशील देशों में फेकोइमल्सीफिकेशन से ज़्यादा लोकप्रिय है। डॉ. लिंडा कोटा आकर यही सीखना चाहती थीं। हमारे यहाँ आने के बाद उन्होंने जो सीखा, उसकी मदद से वे विकासशील देशों में मोतियाबिंद वाले हज़ारों लोगों की सहायता कर चुकी हैं। वे नेपाल से लेकर ईथोपिया, घाना और क्यूबा तक नेकी का यह काम कर चुकी हैं, जिससे मुझे हर दिन गर्व का अहसास होता है।

फोटो 3. डॉ. क्लेयर शिमट (यू.एस.ए.) और डॉ. रोमन ग्रेमिगर (स्विट्जरलैंड) ने सुवि नेत्र चिकित्सालय कोटा में डॉ. विदुषी और डॉ. सुरेश पाण्डेय से दो सप्ताह नेत्र प्रशिक्षण लिया। दोनों नेत्र चिकित्सकों ने भारत की हाई वॉल्युम नेत्र चिकित्सा पद्धति का अनुभव लिया।

आँखों की सर्जरी कराने कोटा आए इराकी नेत्र सर्जन

कुर्दिस्तान, इराक के नेत्र सर्जन डॉ. समान अकरम को आँखों की एक दुर्लभ बीमारी थी जिसे मेडिकल भाषा में 'ब्लेकफारोफाइमोसिस टोसिस सिन्ड्रोम' कहा जाता है। उनके मरीज़ पूछते थे, 'डॉ. अकरम, आपकी पलकें हमेशा मुँदी क्यों रहती हैं? क्या आप नींद में हैं? क्या आप कोई नशा करते हैं?' एक मरीज़ ने तो कह दिया, 'मेरी आँखों की जाँच करने से पहले अपनी आँखें ठीक कराएँ।' उन्होंने यूक्रेन में सर्जरी कराई, लेकिन समस्या कुछ समय बाद फिर से प्रकट हो गई। इराक या यूक्रेन में ऑक्यूलोप्लास्टिक सर्जन ज्यादा नहीं थे और यूरोप या अमेरिका में इलाज बहुत महँगा था।

डॉ. अकरम किसी किफायती इलाज की तलाश में थे। एक दिन इंटरनेट पर उन्होंने डॉ. विदुषी का एक वीडियो देख लिया। यह उसी बीमारी पर था, जो उन्हें थी। उन्होंने फेसबुक मैसेंजर पर हमसे संपर्क किया और अपनी केस हिस्ट्री ई-मेल पर भेज दी। उस समय वे सफलेमानिया (इराक) में एक आई हॉस्पिटल में काम कर रहे थे। उन्होंने बगदाद से जयपुर की हवाई उड़ान पकड़ी और फिर ट्रेन से कोटा आकर सुवि आई हॉस्पिटल के गेस्ट रूम में रुके। दिनांक 24 मई 2013 को डॉ. विदुषी ने उनकी स्लिंग सर्जरी की। उन्होंने झूलती आँखों को सही करने के लिए विशेष टाँकों का इस्तेमाल किया। लगभग 100 मिनट में सर्जरी पूरी हो गई थी। अगले दिन पलक पर थोड़ी सूजन थी, लेकिन आँखें अच्छी तरह से खुल गई थीं। डॉ. अकरम आइने में देखकर चिल्लाए, 'वाह, मुझे यकीन नहीं हो रहा है। मेरी दुआएँ क़बूल हो गईं।' उन्होंने हमारा बहुत शुक्रिया अदा किया। लेकिन उन्हें इस बात से और हैरानी हुई, जब हमने उनकी सर्जरी के पैसे नहीं लिए। उनकी आँखों में आँसू आ गए।

डॉ. समान अकरम ने कोटा के कोचिंग संस्थानों में जाकर कोचिंग विद्यार्थियों से नेत्र सर्जन बनने का संघर्ष साझा किया। उन्होंनें कभी हार नहीं मानने की सीख देते हुए कोचिंग विद्यार्थियों को लक्ष्य प्राप्ति के लिए अनवरत् संघर्ष करने की प्रेरणा दी। उनकी यात्रा को कोटा के दो प्रमुख समाचार-पत्रों में प्रकाशित किया।

फोटो 4. मई 2013 में कुर्दिस्तान, इराक के नेत्र सर्जन डॉ. समान अकरम ने सुवि नेत्र चिकित्सालय कोटा में दो सप्ताह का नेत्र प्रशिक्षण भी लिया। डॉ. अकरम ने सुवि नेत्र चिकित्सालय, कोटा में डॉ. विदुषी द्वारा अपनी पलकों की स्लिंग सर्जरी करवायी।

सार्क कॉन्फ्रेंस कराची (पाकिस्तान) से आमंत्रण

जब मैं यू-ट्यूब, आई-ट्यूब, फेसबुक और अन्य सोशल मीडिया प्लेटफॉर्म्स पर मुश्किल प्रकरणों के वीडियो डालता रहा, तो मुझे कॉन्फ्रेंसेज में शिरकत करने और लाइव सर्जरी करने के कई आमंत्रण मिलने लगे। मुझे कराची, पाकिस्तान में 18 से 21 अगस्त 2016 में आयोजित होने वाली सार्क एकेडमी ऑफ ऑफ्थैल्मोलॉजी के प्रोफेसर तारिक अजीज का आमंत्रण मिला।

जब मेरे बोलने की बारी आई, तो मेरे परिचय में कराची के प्रोफेसर सलीम मेहर ने कहा, 'मैंने यू-ट्यूब पर डॉ. पाण्डेय का वीडियो देखा। ऑपरेशन टेबल पर पीठ के बल लेटने में असमर्थ रोगी की कुर्सी पर बैठाकर फेकोइमल्सीफिकेशन सर्जरी करना बेहद चुनौतीपूर्ण होता है, लेकिन डॉ. पाण्डेय ने यह काम कर दिया। डॉ. पाण्डेय हमेशा जटिल से जटिल ऑपरेशन करने की हिम्मत रखते हैं। आज से मैं डॉ. पाण्डेय को डॉ. पंगा कहूँगा।' सभी लोग हँस पड़े।

मार्गदर्शन का मेरा सिलसिला जारी रहा। जब मैं कॉन्फ्रेंसेज में शिरकत नहीं कर पाता था, तो कुछ डॉक्टर मुझे ई-मेल भेजकर सलाह लेते थे और कोटा आते रहते थे। और यह सब इसलिए शुरू हुआ, क्योंकि मैं यू-ट्यूब पर पूरी

निष्ठा से वीडियो अपलोड करता रहा। यह अविश्वसनीय था। वर्ष 2022 तक आँख की माइक्रो-सर्जरी में एडवांस्ड ट्रेनिंग लेने के लिए अजरबैजान, सऊदी अरब, इराक, आयरलैंड और पूरे भारत के 100 से ज़्यादा आई सर्जन सुवि नेत्र चिकित्सालय, कोटा आ चुके हैं। वे न सिर्फ अपनी योग्यताओं को तराशना चाहते थे, बल्कि यह भी समझना चाहते थे कि हमने अपना अस्पताल कैसे बनाया और चलाया।

फोटो 5 : कराची, पाकिस्तान में आयोजित 'साउथ एशियन एसोसिएशन फॉर रीजनल कोर्पोरेशन' (एस.ए.आर.आर.सी.) कान्फ्रेंस के दौरान पुरस्कार प्राप्त करते हुए डॉ. सुरेश पाण्डेय।

अमन की रोशनी : कराची से कोटा तक का चिकित्सा पर्यटन

फहीमउद्दीन सॉफ्टवेयर इंजीनियर थे और कराची में ऑर्थोपीडिक एंड मेडिकल इंस्टीट्यूट में काम कर रहे थे। 40 वर्ष की उम्र में उन्हें मोतियाबिंद हो गया। वे उस समय उपलब्ध एक ख़ास (टेक्निस) मल्टीफोकल आई.ओ.एल. चाहते थे, जो उस वक़्त (जुलाई 2012 में) पाकिस्तान में उपलब्ध नहीं था।

उन्होंने हमारी यू-ट्यूब चैनल पर में टेक्निस मल्टीफोकल लेंस (आई.ओ.एल.) की खोज की और उन्हें कई वीडियो मिले, जो मैंनें इस आई.ओ.एल. को लगाने पर पोस्ट किए थे। उन्होंने सोशल मीडिया पर हमसे संपर्क किया और यह तय किया कि वे सर्जरी कराने भारत आएँगे।

फहीमउद्दीन मेडिकल वीज़ा पर भारत (कोटा) आए। दिनांक 9 जुलाई 2012 को उनकी बायीं आँख का एवं दिनांक 11 जुलाई 2012 को दाहिनी आँख का मोतियाबिंद ऑपरेशन सुवि नेत्र चिकित्सालय एवं लेसिक लेजर सेन्टर, कोटा में डॉ. सुरेश पाण्डेय द्वारा किया गया। उनकी अपनी पसंद का टेक्निस मल्टीफोकल आई.ओ.एल. उनकी दोनों आँखों में प्रत्यारोपित किया गया। ऑपरेशन के बाद उनकी आँखों की रोशनी शत प्रतिशत लौट आई। उन्हें एहसास हुआ जैसे बचपन की रोशनी लौट आयी है। उन्होंने ऑपरेशन के तुरंत बाद रोहित शेट्टी द्वारा निर्देशित अभिषेक बच्चन, अजय देवगन, अमिताभ बच्चन की एक फिल्म (बोल बच्चन) थिएटर में देख डाली। ऑपरेशन के बाद चश्मे के बिना दूर और पास की नज़र बेहतरीन थी, जिससे वे बहुत खुश थे। स्थानीय अख़बारों एवं टी. वी. चैनल्स में कराची से कोटा की उनकी इस यात्रा के बारे में अनेकों ख़बरें प्रकाशित हुई और इस अवसर पर 'अमन की रोशनी' कार्यक्रम आयोजित किया गया।

कराची के इंजीनियर ने कोटा में कराया ऑपरेशन

मेडिकल टूरिज्म | यू-ट्यूब से जानकारी मिली तो कोटा आकर कराई सर्जरी

अरविंद | कोटा

फहीमउद्दीन

कोटा में मेडिकल टूरिज्म डवलप होने की नई किरण दिखाई दी है। कराची के एक सॉफ्टवेयर इंजीनियर ने यहां आकर आंखों का सफल ऑपरेशन कराया है। कराची के ऑर्थोपेडिक व मेडिकल इंस्टीट्यूट में असिस्टेंट जनरल मैनेजर फहीमउद्दीन (40) को 5 साल से दोनों आंखों में मोतियाबिंद व मायोपिया (पोस्टीरियर पोलर लेंटीकुलर ओपेसिटी) की तकलीफ थी, जिससे उन्हें कम दिखने लगा था। चश्मा हटाने के लिए उन्हें अत्याधुनिक टेक्निस मल्टी फोकल लैंस की जरूरत थी, जो पाकिस्तान में उपलब्ध नहीं थी।

इंटरनेट पर जब वे इस लैंस की जानकारी सर्च कर रहे थे तो यू-ट्यूब पर सुवि नेत्र चिकित्सालय द्वारा मरीजों में 'टेक्निस मल्टी फोकल लैंस' प्रत्यारोपण के लाइव वीडियो देखे। सिंगापुर या अमेरिका में इस सर्जरी की लागत 1.50 लाख रुपए (3 हजार डॉलर) थी।

फहीम यहां के नेत्र सर्जन डॉ. सुरेश पांडेय से डेढ़ साल से फोन पर निरंतर संपर्क कर रहे थे। डॉ. पांडेय ने उनसे यहां ऑपरेशन खर्च नहीं लेने का भरोसा दिलाया। इसके बाद वीजा बनने के लिए कड़ी पूछताछ व काफी समय लगा। 9 तथा 12 जुलाई को उनकी दोनों आंखों के ऑपरेशन करके लैंस प्रत्यारोपित किए गए, जिससे 100 फीसदी रोशनी लौट आई।

»**जैसे बचपन की रोशनी लौट आई:** फहीम ने भास्कर को बताया कि वे बहुत खुश हैं, ऐसा महसूस हो रहा है जैसे बचपन की रोशनी लौट आई हो। परिवार वाले यहां आने की इजाजत नहीं दे रहे थे, लेकिन हिम्मत जुटाकर यहां आ गए। यहां सिंगापुर, कराची, दिल्ली या मुंबई से बहुत कम खर्च में अच्छी सर्जरी हो गई। उनके साथ आए तौकीर बुखारी ने कहा, हमें यहां सभी का अच्छा सहयोग मिला।

मेडिकल टूरिज्म में उम्मीद

» हार्ट सर्जरी के लिए विदेशों से मरीज मेट्रो शहरों में आते रहते हैं, लेकिन कोटा जैसे छोटे शहर में मेडिकल टूरिज्म बढ़ाने के लिए निशुल्क सर्जरी की है। यहां अत्याधुनिक लैंस प्रत्यारोपण कराने पर मेट्रो सिटी से एक चौथाई खर्च आता है।

-डॉ. सुरेश पांडेय, नेत्र सर्जन

फोटो 6. जुलाई 2012 में सुवि नेत्र चिकित्सालय, कोटा में किये गये टेक्निस मल्टीफोकल लेंस प्रत्यारोपण का वीडियो यू-ट्यूब पर देखकर कराची (पाकिस्तान) से कोटा पँहुचे श्री फहीमउद्दीन के नेत्र ऑपरेशन का समाचार दैनिक भास्कर एवं अन्य सभी मीडिया ने प्रमुखता से प्रकाशित किया।

फोटो 7. दिनांक 19 जुलाई 2012 को सुवि नेत्र चिकित्सालय कोटा कॉन्फ्रेंस हॉल में आयोजित 'अमन की रोशनी' नामक कार्यक्रम में उपस्थित ब्रह्मकुमारी दिविशा, महापौर डॉ. रत्ना जैन, आई. जी. पुलिस कोटा श्री अमृत कलश, शहर काजी श्री अनवर अहमद, कराची से कोटा पँहुचे श्री फहीमउद्दीन, श्री तोकिर बुखारी, डॉ. सुरेश पाण्डेय एवं डॉ. विदुषी शर्मा।

सबक़

- सिखाना आदर्श बनाता है। किसी ने कहा है किसी विषय में आदर्श बनने का तरीक़ा उसे दूसरों को सिखाना है, क्योंकि सिखाने से पहले आपको अपनी योग्यताओं को आदर्श बनाना होता है, तभी आप दूसरों को सिखा सकते हैं। लेखक ने सर्जरी की योग्यताएँ सिखाने के लिए यू-ट्यूब चैनल का सहारा लिया, जो इतना लोकप्रिय हुआ कि विदेशों से सर्जन उनसे सीखने आने लगे।

- युवाओं को मार्गदर्शन दें। युवा ही कल का भविष्य हैं, इसलिए उन्हें मार्गदर्शन देने का विशेष ध्यान रखना चाहिए, ताकि भावी पीढ़ी ज़्यादा प्रगतिशील बने और पुरानी पीढ़ी के अनुभवों से लाभ ले। लेखक ने उदारता से युवा पीढ़ी को प्रशिक्षित किया है, न सिर्फ प्रत्यक्ष रूप से, बल्कि वीडियो के माध्यम से पूरे संसार को।

- हर व्यक्ति सिखा सकता है। लेखक ने सफल नेत्र सर्जरी के गुर सिखाए, उन्होंने उद्यमिता के गुर सिखाए और बड़े पैमाने पर सर्जरी की बारीकियाँ सिखाई। आप चाहे जिस क्षेत्र में हों, आप भी दूसरों को बहुत कुछ सिखा सकते हैं।

अध्याय 15

कोटा के कोचिंग विद्यार्थियों का विश्वास

'हमारे पीछे और आगे जो है, वे उसकी तुलना में बहुत छोटे हैं, जो हमारे भीतर है।'

– इमर्सन

वर्ष 2017 में दैनिक भास्कर, कोटा ने 'लिव पॉज़िटिव कैम्पेन' चलाया, जिसमें डॉ. विदुषी और मुझे कोटा के प्रसिद्ध कोचिंग सेंटर्स में प्रेरक व्याख्यान देने के लिए आमंत्रित किया गया। हमने कोटा के प्रमुख कोचिंग संस्थानों: एलन करियर इंस्टीट्यूट, वाइब्रेंट एकेडमी, आकाश कोचिंग इंस्टीट्यूट, करियर प्वाइंट, रेजोनेंस, सर्वोत्तम करियर इंस्टीट्यूट, बिट्रीक्स कोचिंग संस्थानों में जाकर कोचिंग विद्यार्थियों से संवाद किया एवं टाईम मेनेजमेंट के स्वर्णिम सूत्र पावर प्वाइंट प्रजेंटेशन के माध्यम से साझा किये। हमारा पहला व्याख्यान सर्वोत्तम करियर इंस्टीट्यूट में था, जो डॉक्टर बनने के इच्छुक विद्यार्थियों को तैयारी करवाता था।

फोटो 1. डॉ. विदुषी शर्मा एवं डॉ. सुरेश पाण्डेय कोटा कोचिंग छात्रों के बीच सफलता के स्वर्णिम सूत्र साझा करते हुए।

टाइम मैनेजमेंट ही सफलता का मूलमंत्र, लक्ष्य के लिए तय करें डेडलाइन

फोटो नं. 2 लिव पॉजिटिव कैंपेन के दौरान कोचिंग विद्यार्थियों से सफलता के सूत्र साझा करते डॉ. सुरेश पाण्डेय।

'टीवी और इंटरनेट का सीमित उपयोग करें'

फोटो 3. लिव पॉजिटिव कैंपेन के दौरान कोचिंग विद्यार्थियों से सफलता के सुत्र साझा करती डॉ. विदुषी शर्मा।

जब हम जनवरी 2006 में कोटा आए थे, तो हमें उस समय अहसास भी नहीं था कि चंबल के किनारे बसे इस शहर में हमें हजारों कोचिंग विद्यार्थियों से मिलने का, संवाद करने का सुअवसर मिल सकेगा। हमारे लेक्चर के बाद विद्यार्थियों ने तालियाँ बजाकर हमारा उत्साह वर्धन किया। कई विद्यार्थियों ने डॉ. विदुषी और मुझसे सफल चिकित्सक बनने का सीक्रेट पूछा। कुछ उत्साहित कोचिंग विद्यार्थियों ने ऑटोग्राफ भी लिए। कोटा में लगभग दो लाख कोचिंग

विद्यार्थी समूचे देशभर से डॉक्टर अथवा इंजीनियर बनने की प्रवेश परीक्षाओं की तैयारी करने यहाँ आते हैं। दुनियाभर में सबसे अधिक फिजिक्स, केमिस्ट्री एवं मेथ्स के इक्वेशन कोटा में सॉल्व किये जाते हैं। देशभर से अपने सपनों को साकार करने आये दो लाख विद्यार्थियों को बुलाने वाला यह शहर कभी नहीं सोता नहीं है और नीट, आई.आई.टी./जे.ई.ई. एस्पिरेन्ट्स यहाँ अपने लक्ष्य की प्राप्ति के लिए प्रयासरत रहते हैं।

कोटा स्टोन, कोटा कचौड़ी, कोटा डोरिया (साड़ी) से भारत भर में विख्यात यह शहर कोचिंग विद्यार्थियों की सबसे बड़ी पसन्द कैसे बना?

कोटा शहर में कोचिंग की शुरूआत कैसे हुई?

कैसे राजस्थान का कानपुर कहा जाने वाला यह औद्योगिक नगर उद्योग बंद होने के बाद फिर से अपने पैरों पर खड़ा हो सका?

मेरे मन में ऐसे अनेकों सवाल कौंध रहे थे। मैंने इस बारे में कोचिंग संचालकों से भी बातचीत की।

मैंने मन ही मन उस महामानव को प्रणाम किया जो भले ही स्वयं अपने पैरो पर खड़े होने में असमर्थ थे लेकिन उनके प्रयासों से उद्योग बंद होने के बाद आर्थिक रूप से धराशायी हुआ कोटा शहर फिर से अपने सशक्त पैरों पर खड़ा हो सका और लाखों प्रतिभाशाली विद्यार्थियों को अपनी ओर आकर्षित कर 'शिक्षा की काशी' की उपाधि प्राप्त करने का गौरव हांसिल किया। जिन्होंने कोटा कोचिंग की नींव रखी थी वे थे स्वर्गीय श्री विनोद कुमार बंसल।

श्री वी.के. बंसल सर की आई सर्जरी

दिनांक 25 मार्च 2006 को 58 वर्षीय श्रीमती अरूणा गुप्ता मुझसे परामर्श लेने आईं। उनको वेट एज-रिलेटेड मेकुलर डिजनरेशन था जिसके लिए मैंने उनकी आँखों में एंटीवेजएफ इंजेक्शन लगाया। उन्होंने मुझे बताया कि वे वी.के. बंसल सर की सगी साली हैं। मैंने कहा कि मैंने बंसल सर के बारे में बहुत सुना है और मैं उनसे मिलना चाहता हूँ। अगले दिन रविवार को सुबह-सुबह वी.के. बंसल सर का फोन आया और उन्होंने मुझे फोन पर कहा 'डॉ. पाण्डेय आपने मुझसे मिलने की इच्छा रखी है, आज सण्डे है, आइए हम साथ नाश्ता करते हैं।' यह मेरे लिए सुखद आश्चर्य था, हालाँकि उस दिन मैं नेत्र शिविर के चलते उनसे नहीं मिल पाया। मैं उनसे कुछ समय बाद मिला, जब वे अपने मोतियांबिद की सर्जरी और लेंस प्रत्यारोपण करवाने हेतु सुवि नेत्र चिकित्सालय एवं लेसिक

लेजर सेन्टर, कोटा आए। उनकी मोतियाबिंद सर्जरी बहुत अच्छी तरह से संपन्न हुई और मुझे उनके बारे में जानने का सुअवसर मिला। उन्होंने बताया कि बचपन में किस तरह उन्होंने लालटेन की मंद रोशनी में पढ़ाई की थी (जो मैंने भी की थी)। बनारस हिंदू यूनिवर्सिटी से इंजिनियरिंग उत्तीर्ण कर वे नये सपने लेकर जे. के. फैक्ट्री कोटा में कार्यरत थे। मात्र दो वर्षों बाद 'मस्कुलर डिस्ट्रॉफी' नामक लाइलाज बीमारी के कारण वे चलने फिरने में असमर्थ होने लगे और उनका जीवन व्हीलचेयर के माध्यम से घर की चार दीवारी में सीमित होने लगा।

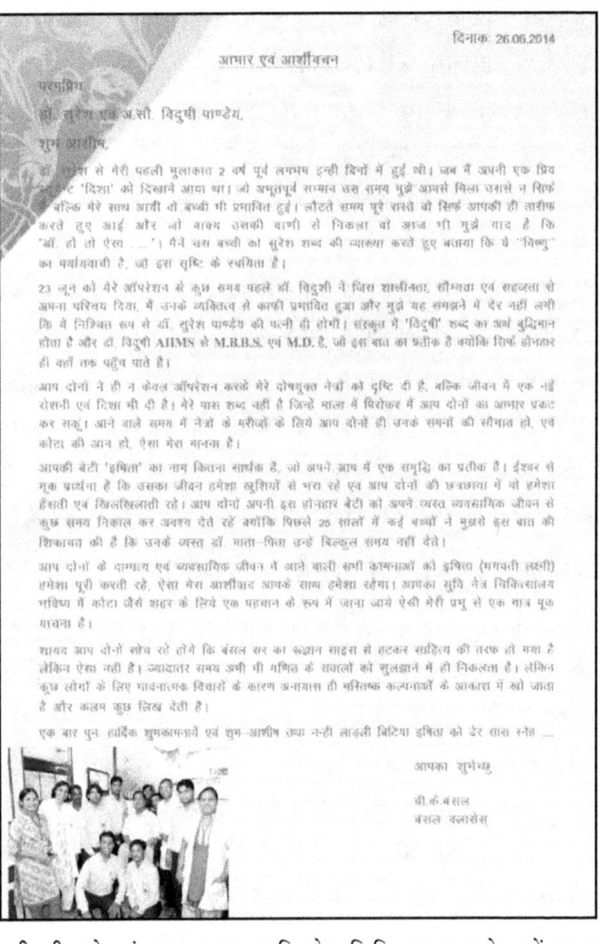

दिनांक: 26.06.2014

आभार एवं आशीर्वचन

परमप्रिय

डॉ. सुरेश एवं अ.सौ. विदुषी पाण्डेय,

शुभ आशीष,

डॉ. सुरेश से मेरी पहली मुलाकात 2 वर्ष पूर्व लगभग इन्हीं दिनों में हुई थी। जब मैं अपनी एक प्रिय कृति 'दिशा' को दिखाने आया था। जो अभूतपूर्व सम्मान उस समय मुझे आपसे मिला उससे न सिर्फ बल्कि मेरे साथ आयी वो बच्ची भी प्रभावित हुई। लौटते समय पूरे रास्ते वो सिर्फ आपकी ही तारीफ करते हुए आई और जो वाक्य उसकी वाणी से निकला वो आज भी मुझे याद है कि 'डॉ. हो तो ऐसा ...'। मैंने उस बच्ची को सुरेश शब्द की व्याख्या करते हुए बताया कि ये 'विष्णु' का पर्यायवाची है, जो इस सृष्टि के रचयिता है।

23 जून को मेरे ऑपरेशन से कुछ समय पहले डॉ. विदुषी ने जिस शालीनता, सौम्यता एवं सहजता से अपना परिचय दिया, मैं उनके व्यक्तित्व से काफी प्रभावित हुआ और मुझे यह समझने में देर नहीं लगी कि ये निश्चित रूप से डॉ. सुरेश पाण्डेय की पत्नी ही होंगी। संस्कृत में 'विदुषी' शब्द का अर्थ बुद्धिमान होता है और डॉ. विदुषी AIIMS से M.B.B.S. एवं M.D. है, जो इस बात का प्रतीक है क्योंकि सिर्फ होनहार ही वहाँ तक पहुँच पाते है।

आप दोनों ने ही न केवल ऑपरेशन करके मेरे दोषयुक्त नेत्रों को दृष्टि दी है, बल्कि जीवन में एक नई रोशनी एवं दिशा भी दी है। मेरे पास शब्द नहीं है जिन्हें माला में पिरोकर मैं आप दोनों का आभार प्रकट कर सकूं। आने वाले समय में नेत्रों के मरीजों के लिये आप दोनों ही उनके सपनों की सीमा हो, एवं कोटा की जान हो, ऐसा मेरा मानना है।

आपकी बेटी 'इप्सित' का नाम कितना सार्थक है, जो अपने आप में एक समृद्धि का प्रतीक है। ईश्वर से मूक प्रार्थना है कि उसका जीवन हमेशा खुशियों से भरा रहे एवं आप दोनों की छत्रछाया में वो हमेशा हँसती एवं खिलखिलाती रहे। आप दोनों अपनी इस होनहार बेटी को अपने व्यस्त व्यवसायिक जीवन से कुछ समय निकाल कर अवश्य देते रहें क्योंकि पिछले 26 सालों में कई बच्चों ने मुझसे इस बात की शिकायत की है कि उनके व्यस्त डॉ. माता-पिता उन्हें बिल्कुल समय नहीं देते।

आप दोनों के दाम्पत्य एवं व्यवसायिक जीवन में आने वाली सभी कठिनाइयों को इप्सिता (भगवती लक्ष्मी) हमेशा पूरी करती रहे, ऐसा मेरा आशीर्वाद आपके साथ हमेशा रहेगा। आपका सुवि नेत्र चिकित्सालय भविष्य में कोटा जैसे शहर के लिये एक पहचान के रूप में जाना जाये ऐसी मेरी प्रभु से एक मात्र मूक याचना है।

शायद आप दोनों सोच रहे होंगे कि बंसल सर का रुझान साइंस से हटकर साहित्य की तरफ ही गया है लेकिन ऐसा नहीं है। ज्यादातर समय अभी भी गणित के सवालों को सुलझाने में ही निकलता है। लेकिन कुछ लोगों के लिए गद्नात्मक विचारों के कारण अनायास ही मस्तिष्क कल्पनाओं के आकाश में खो जाता है और कलम कुछ लिख देती है।

एक बार पुन: हार्दिक शुभकामनायें एवं शुभ-आशीष तथा नन्ही लाड़ली बिटिया इप्सिता को ढेर सारा स्नेह ...

आपका शुभेच्छु

वी. के. बंसल
बंसल क्लासेस

फोटो 4. श्री वी. के. बंसल सर द्वारा सुवि नेत्र चिकित्सालय कोटा में सम्पन्न सफल नेत्र ऑपरेशन के बाद डॉ. विदुषी एवं डॉ. सुरेश पाण्डेय को दिया गया आभार एवं आशीर्वचन पत्र।

श्री विनोद कुमार बंसल सर ने अपनी दृढ़ इच्छा शक्ति, अदम्य साहस, ज़िद और जुनून से मार्ग में आने वाली प्रत्येक चुनौती का डटकर सामना किया और स्वयं खड़े होने में असमर्थ होते हुए भी समूचे कोटा शहर को आर्थिक रूप से अपने पैरों पर खड़ा कर दिया। दोनों आँखों के सफल नेत्र ऑपरेशन के पश्चात् मुझे एवं डॉ. विदुषी को बंसल सर से अनेकों बार मिलने का सुअवसर मिला। उन्होंने दिनांक 26 जून 2014 को हमारी सेवाओं के प्रति आभार व्यक्त करते हुए एक आभार पत्र भी सौंपा जो अब भी हमें उत्कृष्ट सेवाएँ देने के लिए अनवरत प्रेरित करता रहता है।

एक ख़ास विद्यार्थी तुहिन डे से मुलाकात

दिनांक 11 जून 2018 को मुझे एलन करियर इंस्टीट्यूट के डायरेक्टर श्री राजेश माहेश्वरी का फोन आया कि मैं उनके ख़ास विद्यार्थी तुहिन डे की आँख की जाँच करूँ। हमने उसकी आँखों की जाँच की और बहुत कुछ सीखा। तुहिन के ऑर्थो ग्रायरोसिस मल्टीप्लेक्स कन्जेनाईटा (ए.एम.सी.) जन्मजात गंभीर रोग था जिसके कारण उसके जोड़ बचपन से ही सख़्त थे। वह 90 प्रतिशत विकलांग था एवं मुँह से पेन पकड़कर लिखता था। उसका जीवन व्हीलचेयर के माध्यम से गतिमान था। तुहिन की लगभग 12 बार जटिल ऑपरेशन हो चुके थे और अनेकों बार उसके माता-पिता ने उसके बचने की उम्मीद भी छोड़ दी थी। स्टील के फौलादी हौसलों सी दृढ़ इच्छाशक्ति के आगे तुहिन ने हार नहीं मानकर जीवन में आने वाली प्रत्येक कठिनाई का डटकर मुकाबला किया। 2020 में तुहिन ने जे.ई.ई. की परीक्षा उत्तीर्ण कर ली। यह संकल्प और समर्पण की शक्ति है। तुहिन स्टीफ़न हॉकिंग जैसा भौतिक शास्त्री बनना चाहता है।

दूध का जला छाछ भी फूँक-फूँक कर पीता है

कोचिंग छात्र विक्रम शुक्ला की भोपाल में छह साल की उम्र में बायीं आँख की मोतियाबिंद सर्जरी हुई और कृत्रिम लेंस प्रत्यारोपण किया गया। दुर्भाग्य से उनकी आँख की रोशनी में ज़्यादा सुधार नहीं हुआ। ख़राब दृष्टि के अलावा सर्जरी के बाद बाई आँख में दर्द और लाली की समस्या रहने लगी। उन्हें दूसरी आँख खोने का डर था, इसलिए बहुत कम रोशनी के बावजूद वह एक आँख से पढ़ते रहे। वर्ष 2006 में 17 साल की उम्र में वह आई.आई.टी./जे.ई.ई. परीक्षा की तैयारी करने के लिए कोटा आये। नेत्र परामर्श के दौरान मुझे उन्होंने बताया कि वह आई.आई.टी./जे.ई.ई. परीक्षा में चयनित होने के बाद ही मोतियाबिंद की

सर्जरी कराएंगे। मैंने उसे समझाया कि वे दाई आँख की मोतियाबिंद सर्जरी करा सकतें हैं, ताकि वह अच्छी तरह पढ़ सके, लेकिन बाई आँख में हुए दुष्परिणाम की वजह से वे सर्जरी से भयभीत थे। उनकी बहन उसकी किताबों से ज़ोर-ज़ोर से पढ़ती थी और वह मन ही मन दोहराते थे। कभी-कभी वे किताब को अपनी आँख के बहुत पास रख लेते थे और तेज़ रोशनी में पढ़ने के लिए आवर्धक लेंस (मेग्निफाईंग ग्लास) का इस्तेमाल करते थे। आख़िरकार उनकी कड़ी मेहनत रंग लाई और उन्होंने आई.आई.टी. मुंबई में बी-टेक पूरा किया। वर्तमान में वे भाभा एटॉमिक रिसर्च सेंटर, मुंबई में कार्यरत् हैं। उन्हें हम पर इतना विश्वास था कि वे अपनी (एवं कुछ वर्षों बाद अपनी बेटी की) मोतियाबिंद की सर्जरी कराने मुम्बई से कोटा आये। दाई आँख में उनकी टोरिक आई.ओ.एल. सर्जरी बहुत सफल रही। श्री विक्रम शुक्ला की कहानी बताती है कि संकल्पवान एवं चिकित्सक पर विश्वास करने वाले व्यक्ति के लिए कुछ भी असंभव नहीं है। मैंने यह भी सीखा कि सबसे विपरीत स्थितियों में भी उम्मीद का दामन नहीं छोड़ना चाहिए।

सबक़

- विश्वास जगाएँ। विद्यार्थी स्वभाव से संकोची प्रवृत्ति के होते हैं। लेखक ने मिलनसारिता दिखाकर उनके संकोच को दूर किया और उनकी समस्याओं को दूर किया। टीन-एजर्स के मनोविज्ञान को बखूबी समझते हुए लेखक ने बड़ी सहजता से उनका विश्वास जीता, जिसमें समय लगता है।

- विपरीत परिस्थितियों में भी हिम्मत न हारें। लेखक ने जब कोटा में अस्पताल शुरू किया था, तब कोचिंग उद्योग शहर में उतना ज़्यादा नहीं फैला था और यह एक सामान्य छोटा शहर था। लेकिन उन्होंने हिम्मत नहीं हारी और वे मनोयोग तथा कर्मठता से अपने काम में जुटे रहे, जिसकी बदौलत विश्वभर के अनेकों नेत्र चिकित्सक प्रशिक्षण हेतु कोटा पहुँचें। इन सभी प्रयासों से कोटा की ख्याति नेत्र चिकित्सा क्षेत्र में विश्व स्तर तक पहुँची।

- कृतज्ञ बनें। लेखक चाहें, तो अपनी उपलब्धियों पर बहुत गर्व कर सकते हैं। लेकिन सादा जीवन, उच्च विचार के मार्ग पर चलने वाले लेखक ईश्वर के साथ-साथ अपने मरीज़ों के भी बहुत कृतज्ञ हैं कि उन्होंने उन्हें मानव सेवा करने का अवसर दिया।

अध्याय 16

कैसे मजबूत हो डॉक्टर और मरीज के बीच विश्वास का सम्बंध?

'एक डॉक्टर ही होता है, जो रोते हुए आये हुए को हँसाते हुए भेजता है!'

–अज्ञात

बदलते परिवेश में चिकित्सक एवं रोगी सम्बंध

मई 2021 रविवार का दिन था। मैंने समाचार पत्रों में आसाम के तिनसुखिया में डॉ. निलादरी शाह की पीट-पीट कर हत्या कर दी गई नामक दुःखद समाचार पढ़ा। डॉ. निलादरी शाह पिछले 30 वर्षों से अधिक समय से चाय के बागानों में रोगियों की अनवरत सेवा कर रहे थे। उनके साथ की गई मारपीट की घटना समूचे देश में बहुत तेजी से फैली एवं चिकित्सकों में इस घटना के प्रति गहरा आक्रोश फैल गया। इस घटना का मानसिक प्रभाव प्रायः हर चिकित्सक पर पड़ा एवं चिकित्सा ग्रुप्स में चिकित्सकों को रोगी एवं उनके परिजनों के द्वारा की जाने वाली हिंसा से सावधान रहते हुए अपना कार्य पूरी सावधानी के साथ करने का संकल्प लिया। चिकित्सकों के साथ मारपीट होने एवं अस्पताल में होने वाली तोड़-फोड़ जैसी घटनाओं से चिकित्सकगण भी अपनी चिकित्सा प्रणाली पर आमूलचूल परिवर्तन करने लगे हैं। इमरजेंसी होने पर रात्रि समय चिकित्सक अब रोगी को देखने में हिचकिचाता है एवं जरा भी जटिलता उत्पन्न होने पर रोगी को महानगरों के बड़े अस्पतालों में रेफर कर देता है। यदि कोई रोगी सिरदर्द जैसी आम समस्या को लेकर चिकित्सक के पास आता है तो चिकित्सक उसका कम्प्यूटराईज्ड टोमोग्राफी (सी.टी.) स्केन, मेग्नेटिक रेजोनेंस ईमेजिंग (एम.आर.आई.) स्केन जैसे टेस्ट लिख देते हैं। क्योकि रोगी आजकल चिकित्सक के ऊपर विश्वास नहीं करता एवं कुछ भी खामी निकलने पर चिकित्सक पर दोषारोपण करना काफी सामान्य हो चुका है।

आज से चार दशक पहले मेरे दादाजी के समय चिकित्सा विज्ञान में विशेष टेस्ट एवं उपचार उपलब्ध नहीं थे। लेकिन डॉक्टर्स एवं रोगी का सम्बंध उस समय प्रगाढ़ था। विगत दो दशकों में मेडिकल साइंस ने आमूलचूल प्रगति की है, लेकिन विभिन्न तरह की जाँचें उपलब्ध होने के कारण किसी भी बीमारी को चंद सैकंडों में पकड़ा जा सकता है। मनुष्य की औसत आयु 40 वर्ष से बढ़कर 70 वर्ष हो चुकी है। चिकित्सा सुविधाओं का देश के कस्बों एवं गाँव में विस्तार हो रहा है एवं दक्ष चिकित्सकों की उपलब्धता बढ़ रही है। चिकित्सा सुविधा के बढ़ते रोगियों के उपचार के रास्ते खुल रहे है। लेकिन आज चिकित्सक एवं रोगी के संबंध कमजोर होते जा रहें हैं। चिकित्सा सुविधाएँ कंज्यूमर प्रोटक्शन एक्ट के अधीन आ चुकी हैं। चिकित्सक कंज्यूमर केसों से बचने के लिए 'डिफेन्सिव मेडिसिन' को अपनाने लगे हैं। डिफेन्सिव मेडिसिन का अर्थ है रोगी की हर एक जाँच करवाना जिससे कि कोई बीमारी छूट ना पाए। कंज्यूमर प्रोटक्शन एक्ट एवं डिफेन्सिव मेडिसन दुधारी तलवार है। जहाँ एक ओर इन्हें अपनाने से रोगी की बीमारी का पता चलने में आसानी होती है, वही दूसरी ओर रोगी पर इसका आर्थिक भार पड़ता है। रोगी चिकित्सक पर अनाप-शनाप टेस्ट करने का आरोप लगाता है वहीं दूसरी ओर चिकित्सक को हर क्षण कोई बीमारी छूट जाने का भय हमेशा सताता रहता है। यह स्थिति समाज में चिकित्सक एवं रोगी के लिए अच्छी नहीं है एवं इस प्रकार के नए कानून आने से चिकित्सक एवं रोगी के सम्बंध कमजोर होते चले जा रहे हैं।

अनावश्यक मेडिकल टेस्ट और महँगी चिकित्सा

एक और आरोप चिकित्सकों पर लगाया जाता है कि वे अनावश्यक टेस्ट करवाते हैं एवं एलोपैथिक चिकित्सा काफी महँगी होती जा रही है। चिकित्सक भी उसी समाज से आते हैं जिस समाज से सी.ए., एडवोकेट, आर्किटेक्ट आदि प्रोफेशनल्स आते है। समाज में भ्रष्टाचार, नैतिकता का पतन, रिश्वतखोरी प्राय हर वर्ग में बढ़ती जा रही है। राजनेताओं से लेकर पुलिस प्रशासन, नगर निगम, इनकम टेक्स, अन्य सरकारी संस्थान में भ्रष्टाचार दीमक के समान देश की जड़ों को खोखला कर रहा है। समाचार पत्रों के माध्यम से एन्टीकरप्शन ब्यूरो द्वारा मारे गये छापे एवं गिरफ्तार किए गए सरकारी कर्मचारियों के समाचार प्राय रोजाना पढ़ने को मिलते हैं लेकिन भ्रष्टाचार रुकने का नाम नहीं लेता। इन पंक्तियों के माध्यम से लेखक भ्रष्टाचार, नैतिकता के पतन को जायज़ नहीं ठहरा रहा, वरन् समाज में हो रहा नैतिकता का पतन एवं फैली हुई मानसिकता की बात

की जा रही है। समाज में आज भी चिकित्सक एवं शिक्षक का स्थान समाज में सर्वाधिक विश्वास किए जाने वाले वर्ग में आता है।

कोई भी चिकित्सक जानबूझकर रोगी की चिकित्सा अथवा ऑपरेशन में लापरवाही नहीं करता है एवं उसे बचाने का सर्वश्रेष्ठ प्रयास करता है। सर्वश्रेष्ठ ऑपरेशन एवं उपचार के बाद रोगी का बचना या मृत्यु को प्राप्त होना चिकित्सक के हाथ में नहीं है। जीवन एवं मृत्यु केवल ईश्वर के हाथ में है जिसे चिकित्सक अपने हाथ में नहीं ले सकता है। नकारात्मक चर्चा एवं सनसनीखेज बातों को फैलाने के बढ़ते प्रचलन के कारण समाज एवं मीडिया में चिकित्सकों की लापरवाही अथवा अन्य जटिलताओं के समाचार बढ़ा-चढ़ाकर प्रकाशित किए जाते हैं। राजनेता, मीडिया हाउस, एन.जी.ओ., सभी पब्लिक के साथ हैं एवं इनकी सहानूभूति जनसाधारण के साथ है क्योंकि चिकित्सक बहुत बड़ा वोट बैंक नहीं है एवं चिकित्सक आपस में संगठित भी नहीं हैं। वोट बैंक का अभाव एवं आपसी संगठन में तालमेल के कारण चिकित्सकों पर नित नए कानून लादे जा रहे हैं जिसके कारण चिकित्सा पद्धति जटिल एवं महँगी हो रही है। इन कानून के चलते छोटे शहरों में सेवा देने वाले सोलो चिकित्सक अपने पेशे में घुटन महसूस कर रहे हैं।

स्वास्थ्य के प्रति सजगता का अभाव

देश के अधिकांश व्यक्तियों में स्वस्थ जीवनशैली जीने एवं लाइफ-स्टाइल बीमारियों से बचने हेतु सजगता का अभाव है। जागरूकता के अभाव में लाखों नागरिक हर वर्ष मधुमेह, उच्च रक्तचाप, हृदयरोग, कैंसर आदि बीमारियों की चपेट में आ जाते हैं। 'प्रिवेंशन इज बेटर देन क्योर' नामक सूत्र के अनुसार वर्ष में दो बार शारीरिक परीक्षण, नियमित व्यायाम, उचित खानपान एवं स्वस्थ जीवन-शैली अपनाकर अनेकों बीमारियों को काफी हद तक रोका या नियंत्रित किया जा सकता है। पब्लिक हैल्थ फाउण्डेशन ऑफ इण्डिया के द्वारा किये गए अध्ययन के अनुसार प्रति वर्ष 5.5 करोड़ भारतीय चिकित्सा खर्चों के कारण आर्थिक बोझ के चलते गरीब हो जाते है।

सफेद कोट वाले सैनिक

समूचे विश्व ने पिछले दो वर्षों के दौरान कोरोना वैश्विक महामारी का सामना किया है। डॉक्टर्स, पैरामेडिकल स्टाफ, नर्सिंग कर्मचारी, सफाई कर्मचारी एवं पुलिस प्रशासन ने कोरोना वॉरियर्स के रूप में इस महामारी का अग्रिम

पंक्ति में खड़े होकर डटकर मुकाबला किया है। कोविड-19 वैश्विक महामारी से लड़ते हुए देशभर में 3000 से अधिक चिकित्सक कोविड-19 से संक्रमित होकर अपने प्राणों की आहुति दे चुके हैं। कोविड-19 वैश्विक महामारी ने समूचे विश्व में चिकित्सा सेवाओं की आवश्यकता एवं उपयोगिता के महत्व से जन-जन को अवगत करवाया है। एक अदृश्य विषाणु के प्रकोप से दुनियाभर के 210 से अधिक देश बेबस एवं लाचार प्रतीत हुये। दिसम्बर 2022 में चीन में बढ़ते हुए कोविड-19 रोगियों के कारण समस्त विश्व चिंतित है। वैक्सीन से एवं अन्य सावधानियों के बाद भी कुछ देशों में कोविड-19 वैश्विक महामारी का प्रकोप अभी भी जारी है।

सबसे विश्वसनीय प्रोफेशन

ग्लोबल ट्रस्टवर्थी इंडेक्स में प्रकाशित सर्वे के अनुसार डॉक्टर्स आज भी विश्व भर में सबसे विश्वसनीय प्रोफेशनल्स माने जाते हैं। सुश्रुत एवं चरक के समय से ही चिकित्सकों को 'हीलर' या 'धरती के भगवान' की संज्ञा दी जाती रही है क्योंकि देश के लाखों डॉक्टर्स दिन-रात एक कर रोगियों को आपातकालीन सेवा देकर उनके प्राणों की रक्षा करते रहे हैं। डॉक्टर भी उसी समाज से आते हैं जिस समाज से वकील, इंजीनियर्स, चार्टर्ड अकाउटेंट, आर्किटेक्ट जैसे अनेकों प्रोफेशनल आते हैं जिनकी कार्य प्रणाली बदलते परिवेश में शत प्रतिशत ईमानदारी पर ही टिकी होनी वास्तविक धरातल पर बेहद मुश्किल है। फिर केवल डॉक्टर्स पर दोषारोपण करते हुए समूचे चिकित्सक समुदाय को कटघरे में खड़ा करना क्या पूरी तरह से सही है?

डॉक्टरों और मरीजों के बीच विश्वास का रिश्ता

आज दुनियाभर और खास तौर से भारतवर्ष में डॉक्टरों और मरीजों के बीच विश्वास का रिश्ता काफी कमजोर होता जा रहा है। जिसके परिणाम अस्पतालों में चिकित्सकों के साथ आये दिन होने वाली मारपीट, तोड़-फोड़ के रूप में हो रहे हैं। मरीजों को शिकायत है कि डॉक्टर अक्सर अभिमानी, बेरुखे व स्वकेन्द्रित होते हैं, जटिल मेडिकल शब्दों का प्रयोग कर मरीज को भ्रमित (कन्फ्यूज) करते हैं, मरीजों की तकलीफ सुनने के लिए उचित समय नहीं देते एवं उपचार हेतु मोटी फीस लेते हैं। वहीं डॉक्टरों को लगता है कि मरीज बीमारी व इलाज के बारे में पूरी तरह नहीं समझते हुए भी डॉक्टरों को बात-बात पर दोष देते हैं, कम्प्यूटर-इंटरनेट (डॉ. गूगल), मित्रों के माध्यम से

प्राप्त की आधी-अधूरी जानकारी के आधार पर डॉक्टर पर हावी होने का प्रयास करते हैं, अपनी बीमारी के प्रति अपनी जिम्मेदारी को न समझते हुए डॉक्टरों को शक व अविश्वास से देखते हैं।

हालाँकि विश्वास की कमी, संदेहपूर्ण रवैया व नैतिकता के गिरते स्तर समाज के हर हिस्से को प्रभावित कर रहे हैं, परन्तु अक्सर ऐसी घटनायें अविश्वास एवं गलतफहमी के कारण होती हैं। आज भी अन्य पेशों की तुलना में लोग डॉक्टरों पर ज्यादा भरोसा करते हैं और हर इंसान को डॉक्टरों की जरूरत भी पड़ती है इसलिए यह बहुत जरूरी है कि डॉक्टरों और मरीजों के बीच परस्पर विश्वास का रिश्ता हो।

डॉक्टरों पर आरोप लगाने से पहले मरीजों को सोचना होगा कि :-

- अच्छे से अच्छा डॉक्टर भी संसार में ईश्वर का नाम लेकर लोगों की तकलीफ कम कर सकता है, पर कभी भगवान नहीं बन सकता कि जीवन और मृत्यु का फैसला उसके हाथों में आ जाए। डॉक्टर अपनी पढ़ाई व अनुभव के आधार पर चिकित्सा विज्ञान में उपलब्ध अच्छे से अच्छा इलाज कर सकता है, पर इस इलाज का परिणाम हमेशा उसके हाथ में नहीं होता। सदियों से गीता के ज्ञान पर चलने वाले हमारे देश में यह समझना कठिन बात नहीं है।

- अनेक डॉक्टर दिन-रात कड़ी मेहनत कर असंख्य मरीजों को अपने इलाज से ठीक करते हैं व जानलेवा बीमारियों से निजात दिलाते हैं। परन्तु एक गंभीर रोगी के उपचार या ऑपरेशन में परिणाम अनुकूल न आने पर उत्तेजित परिजन डॉक्टरों पर आरोप लगाते हैं व कभी-कभी दुर्व्यवहार पर उतारू हो जाते हैं। यह नकारात्मक सोच केवल डॉक्टरों तक ही सीमित नहीं है, हम समाज में हर बुरे और गलत काम को ही देखते हैं, प्रमुखता से मीडिया में दिखाते हैं, पर अच्छे काम के प्रति उदासीन रहते हैं।

- एक आम आरोप जो डॉक्टरों पर लगाया जाता है कि वे उपचार, ऑपरेशन करने हेतु पैसे बहुत लेते हैं। यह अत्यंत दुर्भाग्यपूर्ण है कि भारत की गरीब जनता महँगे होते जा रहे निजी चिकित्सकों से उपचार नहीं करवा पाती, परन्तु जो मेडिकल टेक्नॉलोजी, मशीनें या जीवन रक्षक दवाइयाँ विदेश में निर्मित होती हैं, उनका मूल्य स्वाभाविक रूप से भारत में अत्यधिक लगता है। इसके लिए समाज को स्वास्थ्य बीमा और वैकल्पिक चिकित्सा जैसे आयुर्वेद आदि को विकसित करना होगा।

- अस्पताल में भर्ती अपने किसी आत्मज की मौत होने पर दुख होना स्वाभाविक है, पर क्या यह दुख अस्पतालों में तोड़-फोड़ करने, या डॉक्टरों के साथ दुर्व्यवहार करने से ही शांत होगा? आज हालत यह होती जा रही है कि निजी अस्पताल गंभीर केस को सरकारी अस्पताल में भेज देते हैं। यह सिर्फ सुविधाओं के अभाव में नहीं बल्कि इसलिए कि महँगे इलाज जैसे गहन चिकित्सा इकाई (आई.सी.यू.) आदि में भर्ती करने के बाद भी मरीज का बचना मुश्किल हो तो मुसीबत कौन लें? जरा सोचिए आई.सी.यू. में मरीज तभी भर्ती होता है जब उसकी हालत नाजुक हो। यदि इसी तरह सरकारी चिकित्सक भी दुर्व्यवहार, मारपीट के डर से गंभीर मरीजों का इलाज करने से कतराने लगे तो इन रोगियों का क्या होगा?

- अक्सर सरकारी अस्पतालों व यहाँ कार्यरत सरकारी चिकित्सकों की भरपूर निंदा की जाती है परन्तु क्या चरमराती हुई व्यवस्था, चारों तरफ फैली गंदगी, उदासीन कर्मचारी, खराब पड़ी मशीनें, मरीजों का सैलाब, निजी चिकित्सालयों द्वारा ठुकराए गए गंभीर मरीज, राजनीतिक दखल, सुविधाओं का अभाव, सीमित बजट, क्या इन सब के लिए डॉक्टर जिम्मेदार है या ऐसी परिस्थितियों में भी यथासंभव काम करने के लिए सरकारी चिकित्सकों की प्रशंसा की जानी चाहिए। कोरोना वायरस वैश्विक महामारी के दौरान सरकारी चिकित्सकों, पैरामेडिकल नर्सिंग स्टाफ एवं सरकारी मशीनरी में जिस प्रकार से अपने प्राणों की बाज़ी लगाकर रोगियों की सेवा की है, उसकी प्रशंसा भी की जानी चाहिए।

साथ ही डॉक्टरों को भी सोचना होगा कि :-

- चिकित्सा केवल बीमारी की दवा लिखना या ऑपरेशन करना नहीं, बल्कि इंसान को उसकी तकलीफ से राहत देना है। इसलिए मरीजों से संवेदना रखना, उनकी पूरी बात ध्यान देकर सुनना और मधुर बोलना भी डॉक्टरी दिनचर्या का हिस्सा होना चाहिए।

- हो सकता है आप सरकारी चिकित्सक हैं और आप पूरी व्यवस्था से परेशान हैं, उस पर आपको लगता है कि आपसे कम योग्य कोई निजी चिकित्सक आपसे कहीं अधिक पैसा व नाम कमा रहा है, परन्तु याद रखें कि आपके पास आने वाला गरीब मरीज आप से कहीं अधिक परेशान है।

- अपने आपको श्रेष्ठ सिद्ध करने के लिए कुछ डॉक्टर दूसरे डॉक्टरों द्वारा किये गये उपचार, ऑपरेशन में कमियाँ निकालने लगते हैं। याद रखें दूसरों की बुराई करने वाले डॉक्टर अपना ही नहीं, बल्कि सारे डॉक्टरी समाज का नाम बदनाम करते हैं और मरीजों में सभी डॉक्टरों के प्रति संदेह जगाते हैं। डॉक्टर समाज को साथ बैठकर कुछ ऐसा नुस्खा निकालना होगा कि डॉक्टरों के बीच बढ़ती हुई प्रतिस्पर्धा कहीं पूरे पेशे के लिए मुसीबत न बन जाए।

आज जरूरत है कि डॉक्टर आत्म-विश्लेषण करें और स्वयं को मरीज की जगह रख कर देखें। साथ ही मरीज व समाज डॉक्टरों की मजबूरियों को समझें और ऐसे लोगों से दूर रहें जो हर चीज़ को शक व संदेह के चश्मे से देखते हों। कहते हैं कि अच्छा डॉक्टर वह है जिसे देखकर, बातचीत कर मरीज की आधी बीमारी दूर हो जाए और इसके लिए परस्पर विश्वास को बनाये रखना अत्यंत आवश्यक है।

भारत मेडिकल ट्यूरिज्म में उभरता विकल्प

भारत की सस्ती, श्रेष्ठ एवं वर्ल्ड क्लास चिकित्सा पद्धति एवं दक्ष चिकित्सकों द्वारा दी गई चिकित्सा सुविधाओं को विश्वभर में सराहा जा रहा है जिसके फलस्वरूप भारत अपना नाम मेडिकल टूरिज्म के क्षेत्र में शीर्ष पाँच पसंदीदा देशों में दर्ज करा चुका है। भारत देश की लगभग 80 प्रतिशत जनता को इमरजेंसी एवं सामान्य चिकित्सा सुविधाएँ निजी चिकित्सकों एवं निजी अस्पतालों द्वारा दी जा रही हैं। भारत के सबसे महँगे निजी अस्पतालों में भी विकसित देशों की तुलना में चिकित्सा खर्च लगभग एक चौथाई है। भारत की सस्ती, श्रेष्ठ एवं वर्ल्ड क्लास चिकित्सा पद्धति एवं दक्ष चिकित्सकों द्वारा दी गई चिकित्सा सुविधाओं को विश्वभर में सराहा जा रहा है जिसके कारण आज विकसित देशों के रोगी भारत अपना इलाज कराने के लिए पहुँच रहे हैं।

डॉक्टरों/अस्पतालों में बढ़ रही हिंसा, कारण एवं समाधान

पिछले दिनों देश के नेताओं द्वारा चिकित्सकों को लुटेरा, हत्यारा आदि शब्दों से संबोधित कर हतोत्साहित करने के अनेकों समाचार प्रकाशित हुए हैं। देशभर में चिकित्सकों/अस्पतालों में मरणासन्न रोगी की जान नहीं बचा पाने पर मारपीट करने की अनेकों घटनाएँ भी सामने आई हैं। इन घटनाओं को रोकने के लिए अविलम्ब प्रयास करने होंगे। इस प्रकार की घटनाओं से देश के चिकित्सकों

का मनोबल टूटेगा और डॉक्टर रोगी के संबंधों के बीच दरार बढ़ेगी। निजी अस्पताल एवं उनमें कार्य कर रहे चिकित्सक यदि अपनी कार्यकुशलता एवं आंतरप्रेन्योरशिप से बेहतर कार्य कर रहे हैं तो उनकी प्रशंसा की जानी चाहिए। युवा निजी चिकित्सकों द्वारा नए नए अस्पताल खोलकर देश में रहकर देश की जनता के लिए अनवरत सेवाएँ दी जा रही हैं एवं उनके द्वारा देश के हजारों युवाओं को रोजगार भी दिया जा रहा है। देश के कस्बों एवं छोटे शहरों में उपलब्ध निजी अस्पतालों द्वारा इमरजेंसी सेवाएँ 24 घंटे अनवरत दी जा रही हैं जिसके कारण देश के सरकारी अस्पतालों पर बोझ कम हो रहा है।

स्वास्थ्य के प्रति जागरूकता का अभाव

हमारे देश की सत्तर प्रतिशत जनता गाँवों में निवास करती है जहाँ बेहतर चिकित्सा सुविधाएँ उपलब्ध नहीं हैं। शहरों में जहाँ हॉस्पिटल एवं डॉक्टर्स उपलब्ध हैं वहाँ जनता में हैल्थ के प्रति पूरी जागरूकता नहीं है इसीलिए कई बार देखा गया है कि जब बीमारी बढ़ते-बढ़ते एडवांस या लाइलाज श्रेणी में आ जाती है तब उनको इलाज करवाने की आवश्यकता समझ में आती है। हार्ट डिजीज़, डायबिटीज एवं हाइपरटेंशन आदि रोगों में हमारा भारत देश विश्व के अन्य देशों को पीछे छोड़ते हुए नंबर वन पोजिशन पर पहुँचता जा रहा है। डायबिटीज, हाइपरटेंशन की एलोपैथिक दवाओं को बन्द करवाकर वैकल्पिक दवाओं का बढ़ता उपयोग, योग गुरुओं की बिजनेस सफलता के साथ साथ आम आदमी की सामाजिक प्रतिष्ठा का रूप लेता जा रहा है। अज्ञानता वश जब बीमारी के बढ़ते-बढ़ते इसके कारण जटिलताएँ (कॉम्प्लिकेशन) उत्पन्न होते हैं तो मजबूरन हम एलोपैथी की शरण में जाकर प्राइवेट अस्पताल में भर्ती होना पसन्द करते हैं।

आई.सी.यू. में डॉक्टर भगवान के समान प्रतीत होता है, वार्ड में शिफ्ट करने पर वह इंसान हो जाता है एवं डिस्चार्ज के समय प्राइवेट अस्पताल के बिल को चुकाते समय डॉक्टर या अस्पताल प्रशासन एक डाकू, लुटेरा प्रतीत होता है। मौत के मुँह से बचा कर नई जिंदगी देने के बाद भी अस्पताल का कुछ हजार का बिल आदि चुकाने में आर्थिक रूप से धनी एवं सम्पन्न व्यक्ति भी डिस्काउंट करने की सिफ़ारिश करते देखे जा सकते हैं। कुछ अति सम्पन्न व्यक्ति अपने बच्चों की शादी में करोड़ों रुपए खर्च कर सकते है, लेकिन उन्हें स्वास्थ्य पर खर्च करना धन की बर्बादी प्रतीत होती है। समय के साथ-साथ धीरे-धीरे हमारी सोच भी बीमार होती जा रही है शायद इसीलिए डॉक्टर्स को लुटेरे, सफेद कोट

में हत्यारे आदि संबोधन देना भी अब आम होता जा रहा है, जैसा कि राजस्थान के सम्मानित मुख्यमंत्री जी का समाचार निजी अस्पतालों ने लूट मचा रखी है, कुछ दिनों पहले प्रमुख हिंदी के अखबार की सुर्खियाँ बना था।

देश की कुल जी.डी.पी. का 5 प्रतिशत बजट स्वास्थ्य के लिए

देश में कोविड-19 वैश्विक महामारी का तांडव सभी ने अपनी आँखों से देखा है। मधुमेह, मोटापा उच्च रक्तचाप जैसी लाइफ-स्टाइल बीमारियों में भारत का स्थान विश्वभर में सबसे अग्रणी होता जा रहा है। देश की सरकारों को रोड साईड एक्सीडेंट, संक्रमित रोगों एवं अन्य लाइफस्टाइल बीमारियों को रोकने के लिए ठोस कदम उठाने होंगे। देश की 140 करोड़ जनता को बेहतरीन स्वास्थ्य सेवाएँ देने के लिए देश की कुल जी.डी.पी. का 5 प्रतिशत बजट स्वास्थ्य के लिए आवंटित करना होगा।

डॉक्टर्स का सम्मान एवं स्वाभिमान कैसे बढ़े?

डॉक्टर्स का सोसायटी में कम होते सम्मान को देखते हुए आने वाले दस वर्षों के बाद आज नीट को क्रैक करके मेडिकल कॉलेज में प्रवेश लेने वाले मेधावी मेडिकल छात्रों का भविष्य उज्ज्वल होगा, यह कहा नहीं जा सकता। एम.बी.बी.एस. में एडमिशन के बाद मेडिकल कॉलेज में पाँच वर्ष का कोर्स, एक वर्ष की इंटर्नशिप, तीन वर्षों का पी.जी. कोर्स, उसके बाद तीन वर्षों तक डी.एम. या एम.सी.एच. की डिग्री, कुल 12 वर्ष का लम्बा समय एक वनवास से कम नहीं है। बारह वर्षों की कठिन साधना के बाद कम से कम पाँच वर्षों तक डॉक्टर्स को कड़ी मेहनत करनी होती है जब लगभग 35 वर्ष की आयु के लगभग उनकी समाज, सोसाइटी में कुछ कुछ पहचान बनने लगती है। हर चिकित्सक अपने पास आए रोगी का इलाज या ऑपरेशन पूरी निष्ठा के साथ करता है। परंतु उपचार के बाद बीमारी का आउटकम या रिजल्ट कुछ रोगियों में अप्रत्याशित भी आ सकता है। पूरा प्रयास करने के बाद भी ऑपरेशन सफल नहीं होने, बीमारी ठीक नहीं होने के अनेकों कारण हो सकते हैं। किसी भी गंभीर बीमारी के इलाज करते समय, अथवा अति जटिल ऑपरेशन करते समय यदि रोगी को बचाना संभव नहीं हो सके तो जनसाधारण की संशय भरी मानसिकता हमेशा डॉक्टर्स को ही दोषी मानती है। पिछले कुछ वर्षों से देश में डॉक्टर्स पर होने वाली हिंसा, अस्पतालों में होने वाली तोड़-फोड़, डॉक्टर्स को लुटेरे, हत्यारे, बेरहम जैसे शब्दों के संबोधन के साथ समाचार पत्रों में हेडलाइन के रूप में

प्रकाशित होती है। डॉक्टर्स हमेशा से ही राजनेताओं के सॉफ्ट टारगेट रहे हैं क्योंकि 'भय बिन होय न प्रीत गोसाई' नामक सूत्र के अनुसार वे आपकी जान बचाने में मदद करते हैं उनके पास आपको डराने-धमकाने, आपका नुकसान करने की क्षमता नहीं है।

देश के युवा चिकित्सकों का पलायन (ब्रेन-ड्रेन) कैसे रुके?

कोरोना काल-खण्ड में देश के सरकारी एवं निजी चिकित्सकों ने जिस प्रकार से अपनी जान की बाजी लगाकर देश को कोरोना वैश्विक महामारी से लड़ने में अपना योगदान दिया उसकी भी प्रशंसा की जानी चाहिए। यदि चिकित्सकों को लुटेरा, हत्यारा आदि शब्दों से संबोधित कर हतोत्साहित करने एवं अस्पतालों में मरणासन्न रोगी की जान नहीं बचा पाने पर मारपीट करने की अनेकों घटनाओं का यही क्रम चलता रहा तो वह दिन दूर नहीं जब देश के युवा चिकित्सकों का पलायन (ब्रेनड्रेन), अमेरिका, ऑस्ट्रेलिया, ब्रिटेन जैसे देशों में बढ़ जाएगा और युवा चिकित्सक मेडिकल क्षेत्र में आने से पहले हजार बार सोचेंगें।

कोरोना काल-खण्ड से सबक लेते हुए देश को चलाने वाली सरकारें एवं देश की जनता हैल्थ, हाइजीन, हॉस्पिटल को प्रायोरिटी में रख कर जागरूकता बढ़ाते हुए स्वस्थ जीवन जीने का सबक लें। देश की सरकार हैल्थ केयर पर जी.डी.पी. का एक प्रतिशत नहीं वरन् पाँच प्रतिशत तक खर्च करें। सरकारी अस्पतालों का इंफ्रास्ट्रक्चर एवं मेन पॉवर सुदृढ़ बनाते हुए चिकित्सको को सरकारी नौकरियों में बेहतरीन इंफ्रास्ट्रक्चर एवं अच्छी तनख्वाह दी जावे जिससे सरकारी अस्पतालों में डॉक्टरों को प्रॉमिसिंग करियर का मार्ग प्रशस्त हो सके। इन पंक्तियों के लिखे जाते समय राज्य सरकार द्वारा 'राईट टू हेल्थ बिल' दिनांक 21 मार्च, 2023 को राजस्थान विधानसभा में पारित कर दिया गया है। इस बिल का राज्य भर के चिकित्सकों द्वारा प्रबल विरोध किया जा रहा है। इस प्रकार के नये कानूनों से चिकित्सकों को हाई क्वालिटी चिकित्सा कार्य करने में कठिनाई होगी एवं चिकित्सक-रोगी के बीच विश्वास की कड़ी कमजोर होगी।

सबक:

- आज चिकित्सक एवं रोगी के संबंध कमजोर होते जा रहे हैं। चिकित्सा सुविधाएँ कंज्यूमर प्रोटेक्शन एक्ट के अधीन आ चुकी हैं। कंज्यूमर केसों से बचने के लिए वे डिफेन्सिव मेडिसिन को अपनाने लगे हैं। डिफेन्सिव

मेडिसिन का अर्थ है रोगी की हर एक जाँच करवाना जिससे की कोई बीमारी छूट ना पाएँ। कंज्यूमर प्रोटक्शन एक्ट एवं डिफेन्सिव मेडिसन दुधारी तलवार है।

- डॉक्टरों पर आरोप लगाने से पहले मरीजों को सोचना होगा कि अच्छे से अच्छा डॉक्टर भी संसार में ईश्वर का नाम लेकर लोगों की तकलीफ कम कर सकता है, पर कभी भगवान नहीं बन सकता कि जीवन और मृत्यु का फैसला उसके हाथों में आ जाए। डॉक्टर अपनी पढ़ाई व अनुभव के आधार पर चिकित्सा विज्ञान में उपलब्ध अच्छे से अच्छा इलाज कर सकता है, पर इस इलाज का परिणाम हमेंशा उसके हाथ में नहीं होता।

- चिकित्सा केवल बीमारी की दवा लिखना या ऑपरेशन करना नहीं, बल्कि इंसान को उसकी तकलीफ से राहत देना है। इसलिए मरीजों से संवेदना रखना, उनकी पूरी बात ध्यान देकर सुनना और मधुर बोलना भी डॉक्टरी दिनचर्या का हिस्सा होना चाहिए।

- कोरोना काल-खण्ड से सबक लेते हुए देश को चलाने वाली सरकारें एवं देश की जनता हैल्थ, हाइजीन, हॉस्पिटल को प्रायोरिटी में रख कर जागरूकता बढ़ाते हुए स्वस्थ जीवन जीने का सबक लें। देश की सरकार हैल्थ केयर पर जी.डी.पी. का एक प्रतिशत नहीं वरन् पाँच प्रतिशत तक खर्च करें। सरकारी अस्पतालों का इंफ्रास्ट्रक्चर एवं मेन पॉवर सुदृढ़ बनाते हुए चिकित्सकों को सरकारी नौकरियों में बेहतरीन इंफ्रास्ट्रक्चर एवं अच्छी तनख्वाह दी जावे जिससे सरकारी अस्पतालों में डॉक्टरों को प्रोमिसिंग करियर का मार्ग प्रशस्त हो सके।

अध्याय 17

हीलिंग द हीलर्स: चिकित्सकों में बढ़ती आत्महत्या, कारण एवं समाधान

'कभी हार मत मानो।'

-विंस्टन चर्चिल

मेडिकल कॉलेज, जबलपुर में अध्ययन के दौरान मेरा निवास प्रथम हॉस्टल के कमरा नंबर 91 में था। मेरे कमरे के सामने मुझसे एक साल सीनियर चिकित्सक रहते थे जो उस समय जनरल मेडिसिन में रेज़िडेन्सी कर रहे थे। उन्होंने 1992 के अंत में एक हीरो होण्डा मोटरसाइकिल खरीदी। हम सभी उनके साथ उनसे मजाक किया करते थे कि आजकल वे अपने मित्रों के साथ सण्डे को अपनी नई मोटर साइकिल लेकर नर्मदा नदी के किनारे भेड़ाघाट या तिलवारा घाट घूमने निकल जाते हैं। मई 1993 की बात है, एक रात लगभग दस बजे वे मेरे कमरे में आए और उन्होंने मुझसे 'मिलर्स एनेस्थीसिया' (निश्चेतना विज्ञान) की नामक पुस्तक मांगी। मैंने उनसे कहा कि मेरे पास 'मिलर्स एनेस्थीसिया' की किताब नहीं है। इसके बाद उन्होंने एनेस्थीसिया के रेज़िडेन्ट डॉक्टर से एनेस्थीसिया की पुस्तक ली। अगले दिन सुबह रविवार का दिन था। वे प्रात: जल्दी उठ जाते थे, लेकिन उस दिन रविवार को दोपहर बारह बजे तक उनका कमरा अंदर से बंद था। हम लोगों ने उनका दरवाजा खटखटाया, जब उन्होंने दस्तक का जवाब नहीं दिया तो मैंने और मेरे सहयोगी ने खिड़की से झाँका तो हमने देखा कि वे अपने बिस्तर पर अचेत पड़े थे। हमने पुलिस को फोन किया, पुलिस ने हॉस्टल पहुँचकर दरवाजा तोड़ दिया। उन्हें तुरंत कॉर्डियो-पल्मोनरी-रिससिटेशन (सी.पी.आर.) दिया गया। परन्तु आधे घण्टे सी. पी. आर. के प्रयास पुन: जीवन लौटाने में सफल नहीं हो सके। उनके पास से सुसाईड नोट मिला जिसमें उन्होंने मेडिसिन विभाग में रेज़िडेंसी करते समय बढ़ते तनाव से हार मानते हुए अपनी

जीवन लीला समाप्त करने की बात लिखी। उन्होंने बेहोशी का विशेष इंजेक्शन लगाकर आत्महत्या कर ली। इस दुःखद घटना से पूरे कॉलेज में हर कोई स्तब्ध रह गया एवं उनके असमय आत्महत्या कर लेने का दुःख उनके माता-पिता, परिजनों एवं समस्त मेडिकल कॉलेज के मित्रों को रहा।

मेडिकल प्रोफेशन एवं आत्महत्याः 'पब्लिक हेल्थ क्राइसिस'

दिनांक 29 मार्च 2022 को राजस्थान के दौसा जिले के लालसोट कस्बे में कुशल महिला रोग विशेषज्ञ डॉ. अर्चना शर्मा द्वारा की गई आत्महत्या की खबर प्रिंट एवं सोशल मीडिया में तेजी से वायरल हुई। सभी चिकित्सक इस खबर को पढ़कर बहुत व्यथित एवं आक्रोशित हुए। देशभर में पेनडाउन स्ट्राइक एवं चिकित्सक आंदोलन इण्डियन मेडिकल एसोसिएशन एवं अन्य चिकित्सा संस्थाओं द्वारा किया गया। डॉ. अर्चना शर्मा की आत्महत्या सभ्य समाज के माथे पर कलंक है एवं सोसायटी को आत्म अवलोकन, आत्मनिरीक्षण करवाने वाली है। इससे पहले सवाई मानसिंह मेडिकल कॉलेज, जयपुर में कार्य कर रही मेडिसिन की रेजिडेन्ट डॉ. अनु अग्रवाल द्वारा सुसाइड कर लेने का समाचार सोशल मीडिया के माध्यम से साझा किया गया था। केरल के आर्थोपेडिक सर्जन डॉ. अनूप कृष्णा द्वारा की गई आत्महत्या का समाचार भी सोशल मीडिया एवं समाचार पत्रों की सुर्खियाँ बना था। इन समाचारों ने चिकित्सकों में व्याप्त आत्महत्या की समस्या के बारे में नयी बहस छेड़ी है। विश्व स्वास्थ्य संगठन के अनुसार अमेरिका में प्रतिदिन एक चिकित्सक आत्महत्या कर लेता है। हर वर्ष अमेरिका में लगभग 400 डॉक्टर्स आत्महत्या कर लेते है। महिला चिकित्सकों को पुरुषों की तुलना में आत्महत्या का प्रयास करने का अधिक जोखिम होता है। डॉक्टरों में आत्महत्या एक 'पब्लिक हेल्थ क्राइसिस' मानी गई है। मेडिकल प्रोफेशन से जुड़े जितने भी चिकित्सक आत्महत्या करते हैं उनमें सबसे अधिक आत्महत्या करने वालों में एनेस्थिसिया (निश्चेतना विशेषज्ञ), मानसिक रोग विशेषज्ञ एवं स्त्री रोग विशेषज्ञ शामिल है।

रेजिडेन्ट चिकित्सकों में काम का बढ़ता बोझ

मेडिकल कॉलेज अस्पतालों के इमरजेंसी विभागों में पोस्टेड कई रेजिडेन्ट डॉक्टर्स 24 घंटे नहीं बल्कि 48 घंटे या उससे भी अधिक समय गंभीर एवं मरणासन्न रोगियों को बचाने में लगा देते है। सप्ताह भर में बिना ब्रेक लिए 80 घंटे से भी अधिक काम करना रेजिडेन्ट चिकित्सकों के लिए कोई नई बात

नहीं हैं। लंबे समय तक बिना ब्रेक लिए, ब्रेड, बिस्किट खाकर, आधी अधूरी नींद लेकर अस्पतालों में गंभीर बीमारियों से पीड़ित रोगियों के लिए ड्यूटी देना मानसिक क्षेत्र में भारी तनाव उत्पन्न करते है, जो गंभीर अवसाद या कभी कभी आत्महत्या का कारण बन सकते है।

क्यों बढ़ रही है रेज़िडेन्ट डॉक्टर्स में आत्महत्या?

मेडिकल कालेज अस्पताल में रोगियों के अत्यधिक क्लीनिकल कार्यभार के बीच रेज़िडेन्ट्स चिकित्सकों को पोस्ट ग्रेजुएट परीक्षा की तैयारी करने, पढ़ने, थीसिस (शोध) लिखने और सेमिनार या अन्य एकेडमिक एक्टिविटीज के लिए प्रजेंटशन बनाने के लिए समय निकालना मुश्किल हो जाता है। सरकारी अस्पतालों में नर्सिंग एवं अन्य सहायक स्टाफ की कमी के चलते रेज़िडेन्ट डॉक्टरों को रोगियों के खून के नमूने निकालने से लेकर, स्ट्रेचर खींचने, सेम्पल की रिपोर्ट लेकर आने आदि काम भी ट्रेनी चिकित्सकों को नियमित रूप से करने पड़ते हैं। उचित सुरक्षाकर्मियों के अभाव में उन्हें गंभीर रूप से पीड़ित रोगियों की जान नहीं बचा पाने पर उनके परिजनों द्वारा हिंसा, अपमान एवं मारपीट आदि घटनाओं का शिकार भी होना पडता है।

कोविड-19 वैश्विक महामारी एवं चिकित्सा व्यवस्था

विश्वभर के चिकित्साकर्मी, नर्सिंग एवं पेरामेडिकल स्टॉफ विगत तीन वर्षों से कोविड-19 नामक अदृश्य शत्रु से मुकाबला कर रहे हैं। भारत में 3000 से अधिक चिकित्सक एवं अनेकों पेरामेडिकल स्टाफ, नर्सिंगकर्मी कोविड-19 वैश्विक महामारी से संघर्ष करते हुए अपने प्राणों की आहुति दे चुके हैं।

कोविड-19 वैश्विक महामारी ने हाइजिन, हैल्थ बजट, हॉस्पिटल एवं हेल्थकेयर पॉलिसी पर सभी का ध्यान आकर्षित किया है। भारत में चिकित्सा सुविधाओं को दिया जाने वाला कम बजट (जी.डी.पी. का लगभग 1 प्रतिशत), मेडिकल कॉलेज, सरकारी अस्पतालों में मरीजों का निरंतर बढ़ता दबाव, चिकित्सा सुविधाओं का अभाव एवं चिकित्सकों के प्रति रोगियों एवं उनके परिजनों द्वारा किया गया हिंसक व्यवहार आदि घटनाएँ रेज़िडेन्ट चिकित्सकों के मन:क्षेत्र में भारी तनाव उत्पन्न करती हैं जो निराशा, अवसाद एवं मायूसी को जन्म देती हैं। कोविड-19 वैश्विक महामारी के दौरान पी.पी.ई. किट पहनकर बिना ब्रेक लिए ड्यूटी के लंबे घंटे एवं कोविड-19 वैश्विक महामारी के कारण असमय संक्रमित होकर बीमार पड़ने के खतरों से उत्पन्न हुई निराशा के

कारण भी रेज़िडेन्ट डॉक्टर्स में आत्महत्या की घटनाएँ बढ़ी हैं। इंडियन मेडिकल एसोसिएशन द्वारा किए गए अध्ययन के अनुसार इस समय रेज़िडेन्ट डॉक्टर्स में अवसाद एवं डिप्रेशन के अनेकों मामले सामने आए है।

समाधानः रेज़िडेंट्स चिकित्सकों में कैसे रुके आत्महत्या?

रेज़िडेंट्स चिकित्सकों में आत्महत्या, अवसाद, निराशा को रोकने के लिए सरकार को हेल्थ पॉलिसी पर ध्यान देते हुए मेडिकल कॉलेज अस्पतालों का कायाकल्प करना होगा। कोविड-19 वैश्विक महामारी से सबक लेते हुए सरकार द्वारा अविलम्ब जी.डी.पी. का 3 से 5 प्रतिशत स्वास्थ्य सेवाओं में खर्च किया जाए। मेडिकल कॉलेज, सरकारी अस्पतालों की लचर व्यवस्थाओं को फिर से दुरुस्त किया जाए। रेज़िडेन्ट डॉक्टर्स की ड्यूटी के घंटे निर्धारित किए जाए। अस्पतालों में होने वाली तोड़-फोड़ एवं मरीजों अथवा तीमारदारों द्वारा रेज़िडेंट्स चिकित्सकों के प्रति हिंसा, मारपीट की घटनाएं रोकने के लिए सख्त कानून बने एवं दोषियों को गैरजमानती धाराओं में मुकदमा दर्ज कर सजा दी जाए, जिससे युवा चिकित्सकों का मनोबल नहीं टूटे। रेज़िडेन्ट डॉक्टर्स की सभी समस्याओं के निराकरण और काउंसलिंग के लिए मेडिकल कॉलेज में पृथक् अनुभाग होना चाहिए। राज्य व केन्द्र सरकारें रेज़िडेन्ट डॉक्टर्स की परिवेदनाओं के लिए इंटरनेट पर पोर्टल बना सकती हैं। रेज़िडेन्ट का कार्यभार कम करके अस्पताल में तथा मेडिकल कॉलेज हॉस्टल में आधारभूत ढाँचा उपलब्ध करवाकर रेज़िडेन्ट डॉक्टर्स के पठन-पाठन की उचित व्यवस्था करके उनकी समस्याओं के निराकरण पर ध्यान नहीं दिया तो रेज़िडेन्ट डॉक्टरों की आत्महत्या का सिलसिला नहीं रुकेगा।

रेज़िडेंट चिकित्सक सुसाइडः देश के लिए अपूरणीय क्षति

एक एम.बी.बी.एस. चिकित्सक को तैयार होने में 6 वर्ष का समय लगता है। यदि स्पेशलाइजेशन अथवा सुपर-स्पेशलाइजेशन का समय भी जोड़ा जाए तो यह समय बढ़कर 9 से 12 वर्ष हो जाता है। 'कोविड-19' वैश्विक महामारी के चलते यदि एक भी चिकित्सक आत्महत्या करता है तो यह देश के लिए अपूरणीय क्षति है। आज जरूरत इस बात की है कि सरकार, स्वास्थ्य विभाग, नेशनल मेडिकल कमीशन, इण्डियन मेडिकल एसोसिएशन, एवं अन्य चिकित्सा संगठन युवा चिकित्सकों में बढ़ रही आत्महत्या की घटनाओं को रोकने के लिए आवश्यक कदम उठाएँ जिससे इन घटनाओं की पुनरावृत्ति नहीं हो।

कोचिंग विद्यार्थियों में अवसाद एवं आत्महत्या: समस्या एवं समाधान

हर वर्ष लगभग दो लाख कोचिंग विद्यार्थी आई.आई.टी./नीट मेडिकल की प्रतियोगी परीक्षाओं में सफलता का सपना संजोये 'शिक्षा की काशी' कहे जाने वाले शहर कोटा पहुँचते हैं। इनमें से चयनित होने वाले विद्यार्थियों की संख्या लगभग 5 प्रतिशत है। कुछ विद्यार्थी इस तरुणावस्था के दौरान अवसाद (डिप्रेशन), हीनभावना, आत्महत्या जैसे विचार, ड्रग एडिक्शन जैसी बुराइयों की चपेट में आ जाते हैं। पिछले पाँच वर्षों में बाहर से पढ़ने आने वाले 136 विद्यार्थियों ने अपनी जीवन लीला समाप्त कर ली। इन पंक्तियों के लिखते समय वर्ष 2022 में कोटा में 15 कोचिंग विद्यार्थियों ने तनाव में आकर आत्महत्या कर ली।

इंजीनियरिंग और मेडिकल विद्यार्थियों के लिए उनके माता-पिता कोटा एक बहुत बड़ी उम्मीद लेकर भेजते हैं। अधिकांश विद्यार्थी अपने लक्ष्य की प्राप्ति को लेकर सुदृढ़ मानसिकता बनाकर अपने आप को तैयार करते हैं। अपवाद स्वरूप कुछ विद्यार्थी कोटा आकर कोचिंग द्वारा दिये गये दिशा निर्देशों, अनुशासन एवं स्टडी शेड्यूल का पालन करने में अपने आपको असक्षम मानते हुए मानसिक रूप से हार मान लेते हैं। ऐसे विद्यार्थियों में प्रतियोगी परीक्षाओं के अध्ययन के दबाव को मानसिक रूप से सहन करने की शक्ति कम होती जाती है। यह मानसिक दबाव उनमें अवसाद एवं तनाव की उत्पत्ति कर देता है। बढ़ते अवसाद के जीवन के अन्तिम चरण तक पहुँच जाते हैं जहाँ उन्हें जीवन गहन निराशामय लगता है एवं सफलता के हर रास्ते बंद नजर आते हैं। कोचिंग विद्यार्थियों में आत्महत्या करने का मुख्य कारण अवसाद एवं तनाव है। प्रतियोगी परीक्षाओं में खराब प्रदर्शन, पीयर प्रेशर, वर्क-लाइफ़ बैलेन्स का अभाव एवं माता-पिता, परिजनों, शुभचिंतकों द्वारा नीट अथवा आई.आई.टी. परीक्षा में चयनित होने की उम्मीदें आदि अनेकों कारण विद्यार्थियों के मन:क्षेत्र में तनाव, निराशा पैदा करते हैं।

वर्ष 2018 में प्रधानमंत्री श्री नरेन्द्र मोदी द्वारा लिखित पुस्तक 'एक्जाम वॉरियर्स' विशेष चर्चा में रही। इस पुस्तक के माध्यम से प्रधानमंत्री ने देश की युवा पीढ़ी को परीक्षाओं के दौरान चिंतित न होने, पूरे मनोयोग से अध्ययन करते हुए परीक्षा को एक उत्सव के रूप में स्वीकार करते हुए परीक्षा देने की महत्वपूर्ण बात लिखी। देशभर में कोचिंग छात्रों के माध्यम से अपनी अलग पहचान बनाने वाले 'शिक्षा की काशी' कहे जाने वाले कोटा शहर के विद्यार्थियों के लिए यह सीख अति उपयोगी है। डॉ. विदुषी शर्मा ने कोचिंग विद्यार्थियों को प्रेरित करने एवं अवसाद रोकने हेतु 'मेरी किताब मेरी दोस्त' नामक पुस्तक लिखी है। इस

पुस्तक में लेखिका ने कोचिंग विद्यार्थियों हेतु जीवन में समग्र विकास के अनेकों स्वर्णिम सूत्र साझा किये हैं।

फोटो 1. दैनिक भास्कर में डॉ. विदुषी शर्मा द्वारा कोचिंग विद्यार्थियों को प्रेरित करने एवं अवसाद रोकने हेतु 'मेरी किताब मेरी दोस्त' नामक पुस्तक का समाचार।

फोटो 2. कोचिंग विद्यार्थियों को प्रेरणा देने के लिए डॉ. विदुषी शर्मा द्वारा लिखित 'मेरी किताब मेरी दोस्त' नामक पुस्तक का विमोचन समारोह अगस्त 2017 को सुवि नेत्र चिकित्सालय कॉन्फ्रेंस हॉल में सम्पन्न हुआ। इस अवसर पर श्री गोविन्द माहेश्वरी (निदेशक एलन करियर, कोटा), डॉ. ए.क्यू. खान (पूर्व निदेशक, राजस्थान स्वास्थ्य सेवाएँ जयपुर), प्रोफेसर प्रमोद तिवारी (पूर्व अधीक्षक जे.के. लॉन अस्पताल, कोटा), प्रोफेसर गिरीश वर्मा (पूर्व प्रिंसिपल मेडिकल कॉलेज, कोटा), श्री रोहित गुप्ता (जिला कलक्टर, कोटा), श्री राजेश माहेश्वरी (निदेशक एलन करियर, कोटा), श्री नितिन विजय (निदेशक मोशन करियर इंस्टिट्यूट), डॉ. विदुषी शर्मा, डॉ. सुरेश पाण्डेय। श्री वी.के. बंसल (निदेशक बंसल क्लासेज, कोटा) भी इस अवसर पर उपस्थित थे।

कैसे करें अवसाद पर नियंत्रण?

विद्यार्थियो को अवसाद पर नियंत्रण करने के लिए माता-पिता, सहपाठियों एवं परिजनों, कोचिंग संस्थानों की भूमिका प्रमुख है। माता-पिता अपने बच्चों को उनकी रुचि के अनुसार करियर बनाने की प्रेरणा दें। बच्चों की इच्छा के विपरीत उन्हें इंजीनियर अथवा डॉक्टर बनाने के लिए जोर न डालें। कोचिंग संस्थान विद्यार्थियों को सप्ताह में एक बार योग प्राणायाम एवं मेडिटेशन के माध्यम से उन्हें शारीरिक व मानसिक रूप से तनावमुक्त होने में सहायता करें। हर सप्ताह में एक दिन का ब्रेक देकर विद्यार्थियों को खुशनुमा जिंदगी जीने के लिए प्रेरित करें।

कोचिंग विद्यार्थियों के लिए मन की बात

यदि आप एम.बी.बी.एस./आई.आई.टी/जे.ई.ई में चयनित होते हैं, तो आप स्पष्ट रूप से अपने माता-पिता को गौरवान्वित करते हैं, लेकिन चयन नहीं होने का मतलब यह नहीं है कि आप जीवन में असफल हैं। ऐसे कई अन्य पेशे हैं जिनमें आप उत्कृष्ट प्रदर्शन कर सकते हैं। उदाहरण के तौर पर डॉ. ए.पी.जे. अब्दुल कलाम एक न्यूरो सर्जन नहीं थे, स्टीव जॉब्स एक आईआईटियन नहीं थे, हमारे प्रधानमंत्री भी सर्जन नहीं हैं, हाँलांकि उन्होंने कुछ 'सर्जिकल स्ट्राईक' सफलतापूर्वक निर्देशित की थीं।

आपके माता-पिता आपके एम.बी.बी.एस. अथवा आई.आई.टी. में चयन से अधिक आपको प्यार करते हैं। वे चाहते हैं कि आप किसी प्रवेश परीक्षा में ही नहीं वरन् जीवन में उत्कृष्टता प्राप्त करें, एवं सफल होकर जीवन को खुशहाली से जी सकें। नीट परीक्षा में चयनित होकर चिकित्सा पेशे में एम.बी.बी.एस. हेतु प्रवेश ले पाना सबसे पहली सीढ़ी है। एम.बी.बी.एस. की पाँच साल की पढ़ाई के बाद आपको तीन से छ: वर्ष विशेषज्ञ, सुपर विशेषज्ञ आदि बनने के लिए लगाने होंगे। संक्षेप में यह आठ से ग्यारह वर्ष की कठिन साधना है। यदि आपकी गहरी रुचि चिकित्सक बनने में है तो आप चुनौतियों से मुकाबला करते हुए मेडिकल शिक्षा के इस लम्बे समय को पार कर सकते हैं। यदि आपकी गहरी रुचि चिकित्सक बनने में नहीं है तो यह लम्बा समय आपको तनाव पीड़ित बनाते हुए अवसादग्रस्त कर सकता है। सभी पेशों का अपना महत्व और सम्मान होता है। कर्म करना ही श्रेष्ठ है। यह इस बात पर निर्भर करता है कि आप इसका अनुसरण कैसे करते हैं, आपका जुनून मायने रखता है।

डिप्रेशन एवं अवसाद एक मानसिक बीमारी है जिसका इलाज संभव है। यह मुख्य रूप से हमारे मानसिक दबाव, तनाव आदि के कारण होता है जो हमारे मस्तिष्क में हमारे न्यूरोट्रांसमीटर के संतुलन में व्यवधान कर देता है, यह एक वैज्ञानिक तथ्य है। आप जो कुछ भी करते हैं उसमें आत्मविश्वास रखें। किसी भी प्रतिकूल परिस्थिति से हतोत्साहित न हों। एक परीक्षा आपकी प्रतिभा का न्याय नहीं कर सकती है और नीट अथवा आई.आई.टी. प्रवेश परीक्षा आपके जीवन का अंत नहीं है। यदि आप चिकित्सक अथवा आईआईटियन बन जाते हैं तो अच्छी बात है। यदि आप का चयन इसके लिए नहीं होता है तो निराश न हो, क्योंकि ईश्वर ने आपके लिए कुछ बहुत अच्छा सोचकर रखा है। इसी भावना के साथ असफलता को स्वीकार करते चलें एवं सफल होने का प्रयास नहीं छोड़ें।

सबक:

- मेडिकल कालेज अस्पतालों के इमरजेंसी विभागों में पोस्टेड कई रेज़िडेन्ट डॉक्टर्स 24 घंटे या उससे भी अधिक समय गंभीर एवं मरणासन्न रोगियों को बचाने में लगा देते हैं। सप्ताह भर में बिना ब्रेक लिए 80 घंटे से भी अधिक समय तक बिना ब्रेक लिए, ब्रेड, बिस्किट खाकर, आधी अधूरी नींद लेकर अस्पतालों में गंभीर बीमारियों से पीडित रोगियों के लिए ड्यूटी देना मानसिक रूप से भारी तनाव उत्पन्न करते हैं, जो गंभीर अवसाद या कभी कभी आत्महत्या के कारण बन सकते हैं।

- रेज़िडेंट्स चिकित्सकों में आत्महत्या अवसाद-निराशा को रोकने के लिए सरकार को हेल्थ पॉलिसी पर ध्यान देते हुए मेडिकल कॉलेज अस्पतालों का कायाकल्प करना होगा। रेज़िडेन्ट डॉक्टर्स की ड्यूटी निर्धारित की जाए। अस्पतालों में होने वाली तोड़-फोड़ एवं मरीजों अथवा तीमारदारों द्वारा रेज़िडेंट्स चिकित्सकों के प्रति हिंसा, मारपीट की घटनाएँ रोकने के लिए सख्त कानून बने एवं दोषियों को गैरजमानती धाराओं में मुकदमा दर्ज कर सजा दी जाए, जिससे युवा चिकित्सकों का मनोबल नहीं टूटे।

- कोचिंग विद्यार्थी यदि एम.बी.बी.एस./आई.आई.टी/जे.ई.ई में चयनित होते हैं, तो आप स्पष्ट रूप से अपने माता-पिता को गौरवान्वित करते हैं, लेकिन चयन नहीं होने का मतलब यह नहीं है कि आप जीवन में असफल हैं। ऐसे कई अन्य पेशे है जिनमें आप उत्कृष्ट प्रदर्शन कर सकते हैं।

- डॉ. विदुषी ने कोचिंग विद्यार्थियों को प्रेरित करने एवं अवसाद रोकने हेतु 'मेरी किताब मेरी दोस्त' नामक पुस्तक लिखी एवं इस पुस्तक में कोचिंग विद्यार्थियों हेतु जीवन में समग्र विकास के अनेकों स्वर्णिम सूत्र साझा किये। कोचिंग विद्यार्थी यदि चयन परीक्षा में सफल होकर चिकित्सक अथवा आईआईटियन बन जाते हैं तो अच्छी बात है। यदि आप का चयन इसके लिए नहीं होता है, तो यह और भी अच्छी बात है क्योंकि ईश्वर ने आपके लिए कुछ बहुत अच्छा सोचकर रखा है इसी भावना के साथ असफलता को स्वीकार करते चलें एवं सफल होने का प्रयास नहीं छोड़ें।

अध्याय 18
मेरी दिनचर्या, मेरी इकिगाई,
ऊर्जा का रहस्य

'कोई भी चीज़ संसार में लगन की जगह नहीं ले सकती। योग्यता भी नहीं, क्योंकि असफल योग्य व्यक्तियों में ज़्यादा आम कुछ नहीं है। प्रतिभा भी नहीं, क्योंकि असफल जीनियस भी सामान्य चीज़ हैं। शिक्षा भी नहीं, क्योंकि संसार शिक्षित आवाराओं से भरा है। लगन और संकल्प ही सर्वशक्तिमान हैं।'

—कैल्विन कूलिज

आपकी ऊर्जा का राज़ क्या है?

हर महीने के प्रथम मंगलवार को मैं अपने फार्मा कलीग्स से मिलता हूँ। लगभग साठ मेडिकल रिप्रज़ेन्टेटिव्ज़ मुझसे मिलने आते हैं और नेत्र चिकित्सा के क्षेत्र में नवीनतम प्रॉडक्ट्स की जानकारी देते हैं। ये बैठकें रात को 8.30 बजे शुरू होती हैं और अनेकों बार आधी रात तक चलती हैं। मैं ज़्यादातर वक़्त खड़ा रहता हूँ। मेरे बारे में आपस में चर्चा कर मेरी ऊर्जा के स्रोत के बारे में सवाल करते हैं। कुछ मेरे मुँह पर कह देते हैं, 'आपकी ऊर्जा का स्तर हमेशा बरक़रार रहता है, चाहे दिन का कोई भी समय हो। दिन भर में 100 से ज़्यादा मरीज़ देखने और 10-20 आँखों की सर्जरी करने के बाद भी आपके चेहरे पर थकान नहीं दिखती है।' कई बार जब मैं जवाब देता हूँ कि गहरी रुचि, जुनून एवं पेशन ही मेरी ऊर्जा का रहस्य है, तो लोगों को यक़ीन नहीं होता। यह सच है। क्या कोई माँ अपने बच्चों की परवाह करते-करते थकती है? मैं अपने काम के हर पल का आनंद लेता हूँ - इसे जापानी 'इकिगाई', पेशन और जीवन का उद्देश्य कहते हैं।

'इकिगाई' अपने पैशन की खोज करने के बारे में है। 'इकिगाई' के माध्यम से हमें अपने आप से पूछना है, मैं किसमें अच्छा हूँ? मुझे किसके पैसे मिलते

हैं? संसार को इस वक़्त किस चीज़ की ज़रूरत है? मैं किस चीज़ से प्रेम करता हूँ? इन प्रश्नों का संतोषजनक जवाब आपको प्रभावी ढंग से बता देगा कि आप कौन हैं और आपका पैशन अथवा जुनून क्या है। मैं दो कार्यों के बारे में हमेशा से जोशीला (पैशनेट) रहा हूँ: अपने मरीज़ों को दृष्टि संबंधी सर्वश्रेष्ठ परिणाम देना और उन्हें संतुष्ट एवं प्रसन्न देखना। यह नेत्र सर्जन के रूप में मेरी 28 वर्षीय यात्रा के हर दिन मेरे लिए कारगर रहा है।

मेरी दिनचर्या, मेरी इकिगाई एवं ऊर्जा का रहस्य

मैं सुबह लगभग पाँच से साढ़े पाँच बजे के बीच उठ जाता हूँ और छ: बजे साईकिल चलाने निकल जाता हूँ। एक घंटे के वर्कआउट के बाद मैं 7 बजे लौटता हूँ। साइकिल चलाने से मुझे दिन शुरू करने के लिए ऊर्जा का भंडार मिलता है। नियमित व्यायाम किसी भी क्षेत्र में महान प्रदर्शन करने वालों की अनिवार्य आदत है। पी.जी.आई.एम.ई.आर., चण्डीगढ़ के समय से मेरे खाने-पीने की आदतें काफी तय हैं। मैं भारी नाश्ता करता हूँ, हल्का लंच लेता हूँ और उससे भी ज़्यादा हल्का डिनर लेता हूँ। पूरे दिन मैं पर्याप्त पानी पीता हूँ, जिससे मेरी ऊर्जा का स्तर क़ायम रहता है। मैं फल और सलाद भी नियमित खाता हूँ। लेकिन कई बार मुझसे चूक भी हो जाती है, जैसी कि महामारी के शुरुआती दिनों में हो गई थी। वर्ष 2020 में मेरा बी.पी. 130/90 हो गया था और मेरी फास्टिंग ब्लड शुगर 110 एम.जी. निकली थी। मैंने नमक कम कर दिया और नियमित व्यायाम पर ध्यान दिया। कुछ ही हफ्तों में दोनों चीज़ें सामान्य हो गई। जैसा आधुनिक चिकित्सा पद्धति के जनक हिप्पोक्रेटीज़ ने कहा है, 'लेट फूड दाय मेडिसिन' यानी आहार ही चिकित्सा है। अगर इंसान आहार, खान-पान की आदतों और नींद पर ध्यान दे और नियमित व्यायाम करे, तो वह हाइपरटेंशन, डायबिटीज़ और अन्य ज़्यादातर जीवनशैली संबंधी रोगों से उबर सकता है।

सुवि नेत्र चिकित्सालय, कोटा में मेरा दिन सुबह 9 बजे शुरू होता है। सबसे पहले मैं ऑपरेशन के बाद वाले मरीज़ों को देखता हूँ। कोविड-19 महामारी से पहले मैं हर दिन सोमवार से शनिवार तक 150 से 180 ओ.पी.डी. केस देखता था और 15 से 18 सर्जरी करता था, जो सर्दियों में कई बार 20 से 30 तक हो जाती थीं। मैं आमतौर पर हल्का लंच लेने के बाद ऑपरेशन करता हूँ, जिनमें से ज़्यादातर मोतियाबिंद के होते हैं। सर्जरी के बाद मैं शाम को 5 से 7 बजे तक ओ.पी.डी. देखता हूँ और इसके बाद मैं अपनी बेटी और पत्नी के साथ समय बिताने के लिए घर लौट जाता हूँ, रात्रि 10.30 तक मैं बिस्तर पर होता हूँ।

अगस्त 2022 में मैंने अपना 54वाँ जन्मदिन मनाया। मैंने अपने जीवन का लेखा-जोखा लेते हुए नेत्र चिकित्सक के रूप में अपनी भूमिका एवं उद्यमी यात्रा पर विचार किया, जो आसान तो नहीं थी, लेकिन बहुत संतुष्टिदायक थी। सुपर-स्पेशलिटी ऑफ्थैल्मोलॉजिकल सेवाओं और पूर्ण सहायक सेवाओं के साथ हमारा संस्थान अत्याधुनिक नेत्र चिकित्सा केंद्रों में से एक बन चुका है। हमने 15 लाख से ज़्यादा रोगियों के जीवन को स्पर्श किया था। हमने एक लाख से ज़्यादा नेत्र सर्जरी और लेज़र प्रोसीजर किए हैं। हमने 500 से ज़्यादा मुफ्त नेत्र परीक्षण शिविर और स्कूल परीक्षण कार्यक्रम किए हैं। पिछले 17 वर्षों के दौरान डॉ. विदुषी और मैंने 100 से ज़्यादा व्याख्यान दिए हैं, 150 शोधपत्र प्रकाशित किए हैं और 350 से ज़्यादा वीडियो पोस्ट किए हैं। लेकिन हमारी सफलता हमसे जुड़े लोगों के कारण है, जो हमारे साथ काम करते हैं और हमें सहयोग देते हैं और इस संबंध में मैं यह कहने में नहीं हिचकता हूँ कि हमारी टीम सर्वश्रेष्ठ है।

साइकिल चलाना, मेरा जुनून

जब हौसले कम हों, जब दिन में अँधेरा दिखाई दे, जब काम नीरस हो जाए, जब आशा मुश्किल से ही सार्थक लगने लगे, बस एक साइकिल पर चढ़ो और सड़क पर घूमने के लिए निकल जाओ, बिना कुछ सोचे-समझे उस सवारी के बारे में जो तुम ले रहे हो। - सर आर्थर कोनन डॉयल

फोटो 1. प्रात: काल सूर्य उदय के दौरान साइक्लिंग करते डॉ. सुरेश पाण्डेय।

मैंने डॉ. अशोक मूंदड़ा, डॉ. भरत सिंह शेखावत एवं डॉ. दिनेश मित्तल की प्रेरणा से साइकिल चलाना शुरू किया। मैं हर हफ्ते सोशल मीडिया पर एक प्रेरक उद्धरण पोस्ट करता हूँ। इसे हजारों मरीजों, सहकर्मियों और दोस्तों ने पसंद किया। कई फार्मास्युटिकल सहयोगी इन पोस्ट से प्रेरित थे, खासकर जब उन्होंने देखा कि मैं इतना व्यस्त होने के बावजूद साइकिल चलाने के लिए समय निकाल सकता हूँ। मुझे एक 'फिटनेस फ्रीक' और अपने स्वास्थ्य के प्रति उत्साही एवं जुनूनी माना जाने लगा और इसने कई दोस्तों और सहकर्मियों को प्रेरित किया। साइकिलिंग ने मुझे व्यस्त जीवनचर्या से एक ब्रेक भी दिया। *सुप्रसिद्ध अमेरिकन कार्टूनिस्ट चार्ल्स एम. शुल्ज के अनुसार 'जीवन 10 गति वाली साइकिल की तरह है और हममें से अधिकांश के पास ऐसे गियर हैं जिनका हम कभी उपयोग नहीं करते हैं।'*

कई वैज्ञानिक प्रमाण हैं कि साइकिल चलाना (या कोई व्यायाम) हमें खुश करता है। अमेरिकन कॉलेज ऑफ स्पोर्ट्स मेडिसिन के 2010 के एक अध्ययन से पता चला है कि सिर्फ 30 मिनट का व्यायाम सत्र आपके मूड को बढ़ावा दे सकता है और अवसाद को कम कर सकता है। यह मस्तिष्क में रसायनों के बढ़े हुए उत्पादन के कारण आता है जो आपको खुश रखने में मदद करते हैं, जैसे सेरोटोनिन, डोपामाइन और फेनिलथाइलामाइन। इतना ही नहीं, व्यायाम मस्तिष्क में नेचुरल एंटीडिप्रशेंट हार्मोन स्रावित करता है जो मस्तिष्क को रक्त और आक्सीजन की आपूर्ति में वृद्धि करता है, शक्तिशाली मूड–बढ़ाने वाले एंडोर्फिन का स्तर बढ़ाता है।

मैं बचपन में एक बीमार, कमजोर बच्चा था। मुझे सूखा रोग, नवजात पीलिया की कई समस्याएं थीं। पी.जी.आई.एम.ई.आर. चण्डीगढ़ में एक इकोकार्डियोग्राफी के बाद मुझे वेंट्रिकुलर सेप्टल डिफेक्ट या वी.एस.डी. होने का भी पता चला। मेरे शिक्षकों ने हमें खेल और शारीरिक गतिविधि का महत्व सिखाया। मैंने खो-खो, कबड्डी, सतोलिया आदि जैसे स्कूली खेलों में भाग लेना शुरू कर दिया। मैं बचपन में स्कूल जाने के लिए हर दिन पाँच किमी पैदल चलता और स्वस्थ आदतों का पालन करना पसंद था। मैंने व्यायाम के लिए सबसे उल्लेखनीय सबक तब सीखा जब मैं पी.जी.आई.एम.ई.आर., चण्डीगढ़ में चयनित हुआ। ओल्ड डॉक्टर्स हॉस्टल में रहते हुए मैं डॉ. राकेश जिंदल, डॉ. धीरज कामरा और डॉ. निशित भारद्वाज से मिला। तीनों प्रतिभाशाली

चिकित्सक उदयपुर के रविन्द्र नाथ टैगोर मेडिकल कॉलेज से शिक्षा प्राप्त कर चंडीगढ आये थे। डॉ. राकेश जिंदल मेडिसिन विभाग में एवं डॉ. निशित, डॉ. धीरज सर्जरी विभाग में रेज़ीडेंसी कर रहे थे। डॉ. निशित पी.जी.आई.एम.ई.आर. चण्डीगढ़ परिसर में स्थित ओल्ड डॉक्टर्स हॉस्टल में हर सुबह एक घंटे तक जिम में व्यायाम करते थे। उनकी फिटनेस एवं फिटनेस के प्रति जुनून देखकर हर चिकित्सक व्यायाम करने के लिए प्रेरित होता था। अमेरिका में कार्य करते समय हर रविवार को हम साथी मिलकर फुटबॉल या गोल्फ खेलते थे। यह व्यायाम हमें पूरे सप्ताह तरोताजा रखता था।

फोटो 2. अमेरिका में 'वर्क हार्ड, प्ले हार्ड' नामक सूत्र के अनुसार हम हफ्ते में छ दिन पूरे मन से कार्य करते थे एवं रविवार को हम सभी सहपाठी मिलकर सोकर (फुटबॉल) या गोल्फ भी खेलने जाते थे।

अमेरिका एवं ऑस्ट्रेलिया में कार्य करते समय मैंनें वहां के निवासियों (विशेषकर महिलाओं एवं किशोरों) में एक्सरसाइज करने का जुनून देखा। युनिवर्सिटी में कार्यरत् सुप्रसिद्ध प्रोफेसर भी साइकिल चलाकर अपने घर से वर्क-प्लेस आते थे। भारत में व्यायाम के प्रति महिलाओं एवं किशोरों में गहरी उदासीनता है। स्मार्टफोन के बढ़ते प्रचलन से प्राय: हर व्यक्ति सोशल मीडिया के चक्रव्यूह में फंसा महसूस करता है। स्मार्टफोन के अति उपयोग के कारण रात्रि में देर से सोना एवं सुबह देरी से उठना देश के युवाओं की आदत बनती जा रही है। सुबह देर से उठने के कारण आज देश के लाखों किशोर

एक्सरसाइज एवं व्यायाम से कोसों दूर होते जा रहे है। एक्सरसाइज के अभाव में देश के नवयुवकों की स्लीप पैटर्न प्रभावित हो रहा है जिससे वे अपने दिन के समय का पूरी तरह से सदुपयोग करने में असमर्थ अनुभव कर रहे हैं।

विगत चार वर्षों से मैं प्राय: रोज रोज सुबह साइकिल चलाता हूँ और इससे मैं पूरे दिन फिट और ऊर्जावान रहता हूँ। कई उद्यमियों की जीवनी पढ़ने के बाद मैंने सीखा कि काम करने के लिए व्यायाम उनके जीवन का सबसे महत्वपूर्ण हिस्सा था। मैं यह कहने में विश्वास करता हूँ कि रोकथाम इलाज से बेहतर है।

आपकी किचन आपको खुश, स्वस्थ और ऊर्जावान रखने का महत्वपूर्ण स्थान है। मैं हमेशा हल्का खाना लेता हूँ और चीनी और नमक का सेवन कम से कम करता हूँ। मैं खूब पानी पीता हूँ, भारी नाश्ता और दोपहर का हल्का भोजन करता हूँ और ढेर सारे फल और सब्जियाँ खाता हूँ। मैं अपने दिन की शुरुआत व्यायाम (साइकिल चलाना) से करता हूँ जो मुझे ऊर्जावान बनाए रखता है और दिन में 12 से 14 घंटे कड़ी मेहनत करने के लिए एक सतत ऊर्जा एवं सुदृढ़ सहनशक्ति प्रदान करता है।

फोटो 3. कोटा के हैंगिंग ब्रिज पर साइक्लिंग के दौरान डॉ. सुरेश पाण्डेय, डॉ. बी.एस. शेखावत, डॉ. अशोक मूंदडा एवं अन्य साइक्लिस्ट।

अवचेतन मस्तिष्क की अद्भुत शक्ति

हमारा जीवन हमारे विचारों का दर्पण है। लाइफ इज मैनिफेस्ट स्टेशन ऑफ अवर थॉट्स। यह सच है हम जैसा सोचते हैं वैसा ही बनते हैं। रोज हमारे मन में 60 से 70 हजार थॉट्स आते हैं और इनमें ज्यादातर नकारात्मक विचार

(नेगेटिव थॉट्स) ही होते हैं। हमारी सोच का हमारे शरीर के हर एक भाग पर, हर एक सेल पर बहुत गहरा असर पड़ता है। पाजिटिव एफॉर्मेशंस ऐसे खुद को कहे जाने वाले शक्तिशाली मंत्र है जो हमारे सबकॉन्सस माइंड, हमारे अवचेतन मन को पूरी तरह से बदलने की ताकत रखते हैं।

मार्च 2019 के दौरान अन्तर्राष्ट्रीय नेत्र कॉन्फ्रेंस में भाग लेने हेतु मैं आमंत्रित वक्ता के रूप में मॉस्को में गया था। वहाँ डॉक्टरों के एक समूह की तस्वीरें लेते समय मैंनें घुटनों के बल बैठकर उनकी फोटो क्लिक की थी। कुछ समय बाद मुझे घुटने में दर्द एवं सूजन होने लगी। मैंने मॉस्को में ऑर्थोपेडिक सर्जन से परामर्श लिया। उन्होंने इसे नी ज्वाइंट हेमेटोमा बताया। इसे ड्रेन करने के लिए सर्जरी का सुझाव दिया। एक अन्य आर्थोपेडिक सर्जन ने मुझे कंजरवेटिव उपचार जारी रखने के लिए कहा और कहा कि हेमेटोमा अवशोषित हो जाएगा। मैंने कंजरवेटिव उपचार का पालन किया। मैंने क्वाड्रीसेप्स एक्सरसाइज का पालन किया और धीरे-धीरे दर्द में सुधार देखा। मैंने नियमित रूप से फिजियोथेरेपी ली और अपने अवचेतन मन को भी प्रशिक्षित किया एवं सकारात्मक परिणाम पाये।

सबक़

- सारा खेल ऊर्जा का है! जीवन में आप कुछ भी हासिल करना चाहें, उसके लिए आपको ऊर्जा की ज़रूरत पड़ती है। लेखक को साइकिल चलाने से ऊर्जा मिलती है, बाक़ी लोगों को किसी दूसरी चीज़ से मिलती होगी, लेकिन आपको यह अवश्य खोजना चाहिए कि आपको किस व्यायाम से ऊर्जा मिलती है, क्योंकि ऊर्जा होने पर ही आप अपने काम को आदर्श तरीक़े से कर पाएँगे।

- मनचाहा काम करेंगे, तो थकान नहीं होगी। लेखक सुबह से शाम तक वही काम करते हैं, जो उन्हें विशेष प्रिय है। वे दिन-रात मरीज़ों की आँखों का इलाज और सर्जरी करते हैं। यह भी उनके ऊर्जावान रहने और कभी न थकने का रहस्य है।

- अनियमित दिनचर्या, असंतुलित आहार ज़्यादातर बीमारियों के कारणों में से एक है। आहार सर्वश्रेष्ठ चिकित्सा है। लेखक का अनुभव बताता है कि जीवनशैली संबंधी ज़्यादातर बीमारियों को संतुलित आहार से काफी हद तक नियंत्रित किया जा सकता है।

अध्याय 19

मैं निमित्त मात्र हूँ!

'प्राय: ईश्वर हमारे जीवन में एक दरवाज़ा बंद करता है, ताकि वह बाद में दूसरा दरवाज़ा खोल सके, जिसमें से वह हमें ले जाना चाहता है।'

— कैथरीन मार्शल

जब ईश्वर ने मुझे कानपुर के किडनैपर्स से बचाया

मई 1976 की बात है। मैंने पाँचवीं की परीक्षा पास की थी और मैं गर्मी की छुट्टियों में अपने मामाजी के लड़के की शादी में जाने के लिए कानपुर जा रहा था। अपनी माँ, बहन और दादाजी के साथ कोटा से ट्रेन में बैठा और हम शाम को 5 बजे आगरा पहुँच गए। तीन घंटे बाद हम रात को 8 बजे आगरा से कानपुर जाने वाली ट्रेन में चढ़े। तब भाप के इंजन होते थे और खिड़कियों में लोहे की छड़ें नहीं होती थीं। अगली सुबह 5.30 पर ट्रेन कानपुर आउटर पर रुक गई। मैं खिड़की के पास सो रहा था और अचानक मुझे खुद पर किसी चीज़ का अहसास हुआ। मैं तुरंत जाग गया और देखा कि कोई खिड़की के भीतर हाथ डालकर मुझे बाहर खींचने की कोशिश कर रहा था। मैं इतना स्तब्ध था कि प्रतिक्रिया नहीं कर सकता था। मेरे दादाजी सामने वाली बर्थ पर सो रहे थे। अचानक वे नीचे मुड़े और मुझे बाहर खींचे जाते हुए देखकर चिल्लाए। जो व्यक्ति मेरा अपहरण करना चाहता था, वह कुछ ही सेकंड में दौड़कर रफ़ूचक्कर हो गया। ईश्वर की कृपा से मैं बच गया। मुझे बाद में पता चला कि कानपुर के अपराधी छोटे बच्चों का अपहरण करके उनका अंगभंग करते थे और उनसे भीख मँगवाते थे। यह सुनकर मेरे मन में दादाजी के प्रति सम्मान और बढ़ गया। आज भी उस घटना को याद करके रोंगटे खड़े हो जाते हैं, क्योंकि अगर वे मुझे नहीं बचाते, तो मैं 'बाल भिखारी' बन गया होता।

प्रतीकात्मक फोटो 1. मेरी प्रथम ट्रेन यात्रा के दौरान में खिड़की के पास बैठा था एवं कानपुर सैन्ट्रल से पहले सिग्नल नहीं मिलने के कारण ट्रेन रुकी हुई थी। उस समय खिड़की में लोहे की ग्रिल नहीं लगी होती थीं। किसी अपहरणकर्ता ने मुझे ट्रेन की खिड़की में हाथ डालकर पकड़कर खींचकर बाहर निकालने की असफल कौशिश की। मेरे दादाजी के टोकने पर वह भाग खड़ा हुआ।

अमेरिका में गंभीर कार एक्सीडेन्ट के बाद मेरा दूसरा जीवन

दिनांक 08 सितम्बर 2002 की बात थी। उस दिन रविवार था और मैं सूखी आँख (ड्राई आई) के रोगों पर एक पुस्तक पूरी करने में जुटा था। इसे छह महीने बाद शिकागो में होने वाले अमेरिकन एकेडमी ऑफ़ ऑफ्थैल्मोलॉजी में लॉन्च किया जाने वाला था। मैंने कुछ समय पहले ही 7,000 अमेरिकी डॉलर में सेकंड हैंड टोयोटा कोरोला कार ख़रीदी थी। उस रविवार को मैं कुछ साथियों के साथ हमारे साथी चिकित्सक के घर पर आयोजित लंच कार्यक्रम में सम्मिलित होने के लिए कार से जा रहा था। लंच के बाद मुझे सिर दर्द हो रहा था, इसलिए मैंने पेनकिलर गोली खाई और लौटने लगा। पेनकिलर गोली पर स्पष्ट चेतावनी *इसे खाने के बाद खुमारी आ सकती है,* लिखी होने पर भी इस पर मेरा ध्यान नहीं गया। लंच के बाद की खुमारी और पेनकिलर का संयुक्त असर कुछ इस तरह हुआ कि आधे घंटे तक कार चलाने के बाद कुछ सेकंड के लिए मेरी आँख खुली हुई थीं लेकिन मस्तिष्क की सक्रियता निरंतर कम होती जा रही थी। इस अवस्था को 'हाईवे हिप्नोसिस' भी कहा जाता है। अचानक मुझे संभवत: मात्र कुछ सैकण्ड के लिए झपकी सी महसूस हुई। मेरा पैर एक्सीलरेटर पर था

और कार की गति लगभग 80 मील प्रति घंटे थी। मेरी कार सड़क किनारे के एक खंभे से टकराई और फिर एक पेड़ से टकरा गई। कार का एयरबैग खुल गया और मुझे केबिन में एक असामान्य गंध आई। मेरी कार का अगला हिस्सा बुरी तरह क्षतिग्रस्त हो चुका था, लेकिन सौभाग्यवश मुझे खरोंच तक नहीं आई थी। मुझे बचाने वाली इमरजेंसी टीम की एक नर्स मुझसे कहने लगी। 'आप खुशकिस्मत हो! ईश्वर ने तुम्हें बचाया है! इतनी ख़तरनाक दुर्घटना के बाद भी तुम्हें खरोंच तक नहीं आई है!' मैंने सीटबैल्ट लगा रखी थी। मुझे एम्बुलेंस से यूनिवर्सिटी ऑफ यूटाह मेडिकल हॉस्पिटल में भर्ती करवाया गया। जहाँ मेरे शरीर का पूरा परीक्षण हुआ, जिसमें सी.टी. (कम्प्यूटराइज्ड टोमोग्राफी) स्कैन भी शामिल था, लेकिन हर चीज़ सामान्य थी। मुझे 24 घंटे बाद अस्पताल से डिस्चार्ज कर दिया गया।

फोटो 2. दिनांक 08 सितम्बर 2002 को सॉल्टलेक सिटी, अमेरिका में हुई कार दुर्घटना के फोटोग्राफ। मैंने सीटबेल्ट लगा रखी थी ओर ईश्वर की कृपा से मुझे खरोंच तक नहीं आई। इस एक्सिडेंट के बाद जीवन में सेफ ड्राईविंग, सीटबेल्ट एवं साउण्ड स्लीप का संकल्प लिया।

सौभाग्य से मेरी जान कई बार ईश्वरीय सत्ता द्वारा बचाई गई है। जब मैं कमज़ोर शिशु था, तो डॉक्टरों ने जान बचाई थी। मेरे दादाजी ने मेरे अपहरण या जान लेने के प्रयास को विफल करके मुझे बचाया। और फिर एक घातक सड़क दुर्घटना में मेरी जान बची। जब मैं इन सारी घटनाओं के बारे में सोचता हूँ, तो मुझे लगता है कि ईश्वर ने मुझे किसी ख़ास उद्देश्य से बचाया है। शायद इसलिए कि मैं मानव जाति की सेवा कर सकूँ, हर एक की मदद कर सकूँ, हर दिन। आत्मवत् सर्व भूतेषु।

मानव निमित्त मात्र है

ये चमत्कार मेरे जीवन में क्यों हुए? क्या पता? शायद इसलिए, क्योंकि ईश्वर मुझसे मानव सेवा कराना चाहते थे! यही वह सर्वश्रेष्ठ स्पष्टीकरण है जो मैं दे सकता हूँ। मैं बचपन से ही आध्यात्मिक प्रवृत्ति का रहा हूँ और मुझे ईश्वरीय सत्ता पर पूरा विश्वास है। जब श्रीराम शर्मा आचार्य का देहावसान हुआ, उस समय मैं पूज्य गुरुदेव को श्रद्धांजलि देने के लिए दिनांक एक अक्टूबर 1990 में हरिद्वार गया। उस दौरान मैं एम.बी.बी.एस. फाइनल इयर का मेडिकल स्टूडेंट था। मैंने अपनी आँखों से देखा था कि पूज्य गुरुदेव ने किस तरह करोड़ों लोगों को सादा जीवन, उच्च विचार के मार्ग का अनुसरण करने के लिए प्रेरित किया था। उन्होंने पूरे वैदिक वाड्.मय का सरल हिंदी में अनुवाद किया था और जीवन के सभी पहलुओं पर 3,200 से अधिक ज्ञानवर्धक पुस्तकें लिखी थीं। मैं बचपन से ही गुरुदेव की पुस्तकें पढ़ता रहा हूँ और आध्यात्मिकता के वैज्ञानिक स्वरूप के सशक्त प्रतिपादन का प्रशंसक रहा हूँ।

दिनांक 2 जून 1990 को गुरुदेव के अनंत यात्रा पर निकल जाने के कुछ महीनों बाद मैंने वंदनीय माताजी से कहा कि मैं शांतिकुंज हरिद्वार में जीवनदानी बनना चाहता हूँ। उन्होंने मुझसे कहा कि मैं उनके दामाद डॉ. प्रणव पंड्या से बात करूँ। डॉ. पंड्या ने मुझसे कहा कि मुझे पहले एम.एस. ऑफ्थैल्मोलॉजी पूरी करनी चाहिए, ताकि मैं दृष्टिहीनों को रोशनी लौटाने में मदद कर सकूँ। एम.एस. करने के बाद मैंने गुरुदेव की बेटी श्रीमती शैलबाला पंड्या से दोबारा जीवनदानी बनने की इच्छा पर बात की। उन्होंने सलाह दी कि ईश्वर ने नेत्र सर्जन के रूप में मुझे यह ख़ास भूमिका दी है, इसलिए मुझे इसे पूरी योग्यता, समर्पण और निष्ठा से निभाना चाहिए, क्योंकि सुयोग्य नेत्र सर्जन बनकर मैं बहुत से रोगियों के जीवन में अंधकार हटाकर रोशनी लौटाने में सहायता कर सकता हूँ। उन्होंने मुझसे कहा कि मैं ईश्वर का ध्यान करते हुए नेत्र सर्जन के रूप में

कर्मयोगी बनकर अपने पास आये प्रत्येक रोगी का संवेदनापूर्वक उपचार करता रहूँ। जैसा श्रीकृष्ण ने महाभारत में अर्जुन से कहा था: *'कर्मण्येवाधिकारस्ते मा फलेषु कदाचन। मा कर्मफलहेतुर्भुर्मा ते संगोऽस्त्वकर्मणि।'*

अपने जीवन में गीता एवं अन्य आध्यात्मिक पुस्तकों को नियमित रूप में पढ़ते हुए मुझे यह दृढ़ विश्वास होता गया कि हम में से प्रत्येक व्यक्ति को ईश्वर ने मानव शरीर के रूप में बहुमूल्य उपलब्धि देकर इस विश्व वसुधा को सुन्दर बनाने के लिए भेजा है। एक नेत्र चिकित्सक के रूप में मेरी भूमिका निमित्त मात्र है। मैं जिस आई.ओ.एल. (कृत्रिम लेंस) का उपयोग करता हूँ, जिसका आविष्कार दूसरों ने किया है। मैं जिन मशीनों से सर्जरी करता हूँ, उन्हें दूसरों ने बनाया है। मैं अपने मरीज़ों को जो सहायक दवाएँ देता हूँ, उन्हें दूसरों ने बनाया है। मैं अकेला नहीं हूँ मेरी टीम पूरे समर्पण भाव से मेरे साथ है और उनके बिना मेरी सफलता संभव नहीं थी। कोई भी व्यक्ति संसार में अकेला सफल नहीं होता और उसकी सफलता के लिए ईश्वर की असीम अनुकम्पा, माता-पिता एवं शुभचिंतकों का आशीर्वाद, परिजनों एवं सहयोगियों का बहुमूल्य सहयोग होना अति आवश्यक है।

मुझे अपनी उपलब्धियों पर व्यक्तिगत गर्व नहीं है, बल्कि यह गहन संतोष है कि मुझे ईश्वर की विशेष अनुकृपा, अपने माता-पिता एवं शुभचिंतकों का आशीर्वाद मिल सका जिससे मैं वह ज़रिया या निमित्त बना, जिससे लाखों रोगियों को नेत्र ज्योति लौटाने के महत्वपूर्ण कार्य में अपनी भूमिका निभाने का मुझे सौभाग्य, सुयोग मिल सका। मेरा प्रयास रहेगा कि मैं ईश्वर को ध्यान में रखकर अपने जीवन के मिशन को पूरा करने में जुटा रहूँ, जैसा मैं इसे समझता हूँ: नेत्र रोगों का इलाज करना, अनेकों युवा डॉक्टरों को मार्गदर्शन व सलाह देना, सैकड़ों मेडिकल विद्यार्थियों को प्रोत्साहन देना और सबको अपनी मिसाल से प्रेरित करना।

मैं वही करना चाहता हूँ, जिसकी सलाह स्वामी विवेकानंद ने दी थी: उठो, जागो और तब तक मत रुको, जब तक कि तुम लक्ष्य हासिल न कर लो।

सबक:

- मानव जीवन ईश्वर द्वारा दिया गया बहुमूल्य उपहार है। जीवन क्षण भंगुर है अत: जीवन के प्रत्येक क्षण, प्रत्येक पल का पूरी तरह सदुपयोग कर पूरे उत्साह के साथ जीवन जीने की कला सीखते हुए अपना कार्य सम्पन्न करते रहना चाहिए।

- लेखक बचपन में दादाजी की सतर्कता के कारण बच्चे चुराने वाले गिरोह से बाल बाल बचा। उसके बाद अमेरिका में हुई सड़क दुर्घटना में सीट बेल्ट लगाने एवं ईश्वरीय अनुकम्पा से बचा पाना संभव हो सका।

- एक नेत्र चिकित्सक के रूप में लेखक की भूमिका निमित्त मात्र है। लेखक जिस आई.ओ.एल. (कृत्रिम लेंस) का उपयोग करते हैं, जिसका आविष्कार दूसरों ने किया है। वे जिन मशीनों से सर्जरी करते हैं, उन्हें दूसरों ने बनाया है। वे अकेले नहीं हैं, उनकी टीम पूरे समर्पण भाव से उनके साथ है और उनके बिना उनकी सफलता संभव नहीं थी।

- लेखक के अनुसार कोई भी व्यक्ति संसार में अकेला सफल नहीं होता और उसकी सफलता के लिए ईश्वर की असीम अनुकम्पा, माता-पिता एवं शुभचिंतकों का आशीर्वाद, परिजनों एवं सहयोगियों का बहुमूल्य सहयोग होना अति आवश्यक है।

अध्याय 20

अंतिम यात्रा की कल्पना

मृत्यु का विश्लेषण भयभीत होने के लिए नहीं बल्कि इस अनमोल जीवन की सराहना करने के लिए है।

– दलाई लामा

दिनांक 19 अगस्त 2019 को सुबह करीब 10 बजे मेरे पूज्य पिता श्री कामेश्वर प्रसाद पाण्डेय अपनी पेंशन संबंधी औपचारिकताएँ पूरी करने रावतभाटा जा रहे थे। वह अपने पूर्व कार्यस्थल पर जाने और अपने दोस्तों से मिलने के इच्छुक थे। सवेरे के लगभग 10 बजे थे, जब पिताजी हमारे स्टाॅफ श्री गोविंद शर्मा द्वारा कार निकालने के लिए गेट के पास कुर्सी पर बैठकर इंतजार कर रहे थे, उसी समय वे अचानक होश खो बैठे। यह देखकर मेरे स्टाॅफ सदस्य दौड़ता हुआ मुझे बुलाने आए। मैं फौरन बाबूजी की तरफ दौड़ा। हमने तुरन्त उन्हें कोटा हार्ट इंस्टीट्यूट की गहन चिकित्सा इकाई (इंटेंसिव केयर यूनिट) में भर्ती कराया। सिर के कम्प्यूटरीकृत टोमोग्राफी (सी.टी.) स्कैन से उनके मस्तिष्क के बड़े पैमाने पर इंट्राक्रेनियल रक्तस्राव का पता चला। उनकी हालत लगातार बिगड़ती गई और सांस लेने में परेशानी होने के कारण बहुत जल्द उन्हें वेंटिलेटर पर रखा गया। मस्तिष्क में इकठ्ठे हुए रक्त को बाहर निकालने के लिए उनकी 'क्रेनियोटॉमी' नामक एक आपातकालीन सर्जरी सुप्रसिद्ध न्यूरो-सर्जन डॉ. दीपक वाधवा द्वारा की गई। लेकिन चिकित्सकों द्वारा किए गए कोई भी प्रयास सफल नहीं हो सके और दुर्भाग्यवश लगभग 36 घंटे के बाद 20 अगस्त 2019 को वे अनंत यात्रा पर निकल गए।

हमें विश्वास नहीं हो रहा था कि वह पूरी तरह से स्वस्थ होने के बावजूद वे अचानक महाप्रयाण कर जायेंगे। हम 20 अगस्त 2019 को रात 11 बजे उनके पार्थिव शरीर को घर ले आए और उनके कमरे में रख दिया। जैसे ही हम

उनके पास बैठे, पूरी रात जागते रहे, मैंने उनके जीवन, उनके योगदान, उनके काम और उनकी अंतिम यात्रा की कल्पना की। मैंने अपनी अंतिम यात्रा की भी कल्पना की। सुविख्यात लेखक रॉबिन शर्मा के शब्द मेरे दिमाग में आए, 'जब तुम मरोगे तो कौन रोएगा?' मेरे पिता ने मुझसे कई बार कहा, 'बेटा, जब तुम पैदा हुए थे, तब रोते थे, पर दुनिया आनंदित होती थी। अपना जीवन इस तरह जियो कि जब तुम मरो तो दुनिया दुख मनाए जबकि तुम खुशी मनाओ।' मेरे पिताजी का जीवन मेरे मस्तिष्क में एक फिल्म की तरह प्रतिबिम्बित होने लगा। मैंने इस बात पर ध्यान दिया कि कैसे उन्होंने अपने चार बच्चों को गंभीर वित्तीय एवं अनेकों अन्य चुनौतियों के बावजूद सर्वोत्तम शिक्षा प्रदान करने के लिए दृढ़ संकल्प किया था। उन्होंने हमेशा हमें जीवन में शिक्षा के माध्यम से आगे बढ़ने हेतु अनवरत प्रेरित किया। वे एक उत्साही पाठक थे और प्रेरणादायी पुस्तकों को जीवन्त देव प्रतिमाएँ मानते हुए उन्हें पढ़ते थे।

पिताजी की शोक सभा के दौरान उनके मित्रों ने उनके साथ बिताए पलों को साझा किया। उनके संस्मरण सुनाते हुए उन्होंने शोक सभा में उपस्थित परिजनों को बताया कि मेरे पिताजी को अपने चारों बच्चों पर गर्व था। उन्होंने अनेकों प्रतिकूलताओं का सामना करते हुए बच्चों की शिक्षा पर सबसे अधिक ध्यान दिया और वे अपने चारों बच्चों की प्रतिभा से संतुष्ट एवं प्रसन्न थे।

मेरे पिताजी मुझे आँखों का डॉक्टर बनना चाहते थे और क्योंकि उनका स्वयं चिकित्सक बनने का सपना अधूरा रह गया था। मेरे पिताजी सादा जीवन उच्च विचार पर विश्वास करते हुए स्वस्थ्य जीवन-शैली अपनाते हुए 'प्रिवेंशन इज बेटर देन क्योर' पर विश्वास करते थे। कुछ वर्षों पहले उनकी दोनों आँखों में मोतियाबिन्द होने के कारण उन्हें दिखाई देना कम हो गया था। मैंने अनेकों प्रयासों के बाद मैं उन्हें ऑपरेशन करवाने हेतु सहमत कर सका। मैंने उनकी दोनों आँखों का मोतियाबिंद ऑपरेशन किया और एल्कॉन एक्रिसोफ रिस्टोर मल्टीफोकल लेंस प्रत्यारोपित करने के बाद उन्हें दूर व पास का स्पष्ट दिखाई देने लगा था। ऑपरेशन के बाद लौट आई स्पष्ट दृष्टि से वे चमत्कृत अनुभव कर रहे थे और बिना चश्मा लगा समाचार पत्र एवं पुस्तकें पढ़ने में समर्थ हो चुके थे। पूज्य पिताजी की जीवन यात्रा मेरे लिए अतिप्रेरणादायी थी। चारों भाई-बहिनों में वे मुझे सबसे आज्ञाकारी मानते थे और मैं उनका सबसे प्रिय बालक था। वे मुझे नेत्र चिकित्सक बनाकर हजारों रोगियों के जीवन में प्रकाश भरने के लिए कार्य करवाना चाहते थे। मैंने उनके सपनों को पूरा करने के लिए कड़ी मेहनत की और सफल चिकित्सक बनने के लिए हर संभव प्रयास

किया। मेरे दादाजी मेरी प्रेरणा थे और मेरे पिता ने उस प्रेरणा को सही दिशा में ले जाने के लिए वह सब कुछ किया जो वह कर सकते थे। मेरे पिता अक्सर अपने शरीर को एक मेडिकल कॉलेज को दान करने की इच्छा व्यक्त करते थे। लेकिन आवश्यक फॉर्म पर हस्ताक्षर करने से पहले ही उनका निधन हो गया। बाबूजी ने मुझे अपनी कॉर्निया दान करने की इच्छा के बारे में भी बताया। उन्होंने अपने नेत्रदान (कॉर्निया डोनेशन) की शपथ ली थी और उनकी इच्छा के अनुसार हमने उनकी आँखें दान कर दीं।

फोटो 1. पूज्य पिताजी श्री कामेश्वर प्रसाद पाण्डेय के दिनांक 20 अगस्त 2019 अनन्त यात्रा पर निकलने के बाद सभी परिजनों, शुभचिंतकों द्वारा श्रद्धांजलि दी गई। उनके द्वारा नेत्रदान करने के संकल्प को नेत्रदान कर पूरा किया गया।

फोटो 2. पूज्य पिताजी श्री कामेश्वर प्रसाद पाण्डेय के दिनांक 20 अगस्त 2019 को अनन्त यात्रा पर निकलने के बाद श्रद्धांजलि माननीय श्री ओम बिरला (लोकसभा स्पीकर) द्वारा भी दी गई।

फोटो 3. पूज्य पिताजी श्री कामेश्वर प्रसाद पाण्डेय की पावन स्मृति में कान्यकुब्ज सभा, कोटा द्वारा परिसर में वृक्षारोपण भी किया गया।

फोटो 4. दिनांक 28 अगस्त 2022 को आयोजित नेत्रदानी परिजन सम्मान समारोह के दौरान मेरी पूज्य माताजी श्रीमती माया देवी पाण्डेय का सम्मान श्री प्रसन्न कुमार खमेसरा (आई.जी. पुलिस), डॉ. कृष्ण कुमार कंजोलिया (अध्यक्ष राजस्थान नेत्र सोसाइटी), डॉ. विजय सरदाना (प्रिंसिपल मेडिकल कॉलेज कोटा), श्री राजेश बिरला, श्री गोविन्द राम मित्तल, डॉ. जगदीश सोनी (चीफ मेडिकल एंड हैल्थ ऑफिसर), डॉ. अशोक मीणा आदि द्वारा किया गया।

जब मैं उस पीड़ादायक रात में अन्य परिजनों के साथ उनके पार्थिव शरीर के पास में बैठा, तो मुझे अपने अंतिम दिनों में उनके द्वारा महसूस की गई महान उपलब्धि की भावना याद आई। उनके चार बच्चे अच्छी तरह से अपना-अपना कार्य कर रहे हैं। उनकी आशा-अपेक्षा से बेहतर प्रदर्शन कर रहे हैं। मैंने यह भी सोचा कि क्या मेरा सपना पूरा होगा? क्या मैं अपने अंतिम दिनों में उतना ही संतुष्ट रहूँगा? क्या मैं अपनी सीमाओं या अपनी कमियों को दूर कर पाऊंगा? मुझे अभी लंबा सफ़र तय करना था। एक उद्यमी और सुवि नेत्र चिकित्सालय एवं लेसिक लेजर सेंटर, कोटा के निदेशक के रूप में, डॉ. विदुषी और मुझे एक गहन रूप से परिपूर्ण यात्रा शुरू करने का अवसर मिला है - एक जो नौकरी से इनकार करने के बाद शुरू हुई थी। इसने मुझे सिखाया कि पेशेवर या व्यक्तिगत रूप से शिकायत करने के लिए जीवन बहुत छोटा है। मेरे पिताजी को मेरे दादाजी से विरासत में बहुत कुछ नहीं मिला। यह एक दु:खद बात हो सकती थी, लेकिन उनका मानना था कि उनके बच्चे इतना अच्छा करेंगे कि दूसरों को विरासत में मिली संपत्ति हमारी सफलता की तुलना में कम हो जाएगी। वे कहते थे 'मैंने अपने चार बच्चों को कठिन और प्रतिकूल परिस्थितियों में पांडवों की तरह पाला, उन्होंने उत्कृष्ट प्रदर्शन किया है।' प्रतिकूल परिस्थितियों में उन्होंने अपने सभी बच्चों को पैरों पर खड़े होकर आत्मनिर्भर बनने की अनवरत प्रेरणा दी, जिसके फलस्वरूप दीदीजी श्रीमती ऊषा पाण्डेय सरकारी अध्यापिका बन सकी, दोनों अनुज डॉ. राजेश कुमार पाण्डेय एवं डॉ. दिनेश कुमार पाण्डेय सरकारी आयुर्वेद चिकित्सक हैं।

पिताजी के द्वारा सिखाए गए जीवन मूल्यों ने मेरे जीवन का सशक्त मार्गदर्शन किया एवं कठिन से कठिन परिस्थितियों में भी हार नहीं मानने का अनवरत हौसला प्रदान किया। जीवन उतार-चढ़ाव, धूप-छाँव, सुख और दु:ख का मिश्रण है। जीवन में आने वाली कोई भी चुनौती एवं परिस्थिति शत-प्रतिशत निश्चित नहीं होती है। हमें वर्तमान एवं भविष्य को लेकर हमेशा अपने स्वविवेक से कठिन फैसले लेने होते हैं। वर्ष 2005 के अंत में ऑस्ट्रेलिया से भारत लौटकर डॉ. विदुषी और मैं हैदराबाद के प्रतिष्ठित नेत्र संस्थान को ज्वॉइन कर अपना करियर शुरू करने वाले थे। अंतिम समय में हमने अपने निर्णय को बदलते हुए हैदराबाद स्थित विश्व विख्यात नेत्र संस्थान में कार्य करने की योजना को स्थगित करते हुए कोटा में नए सिरे से कार्य करते हुए सुवि नेत्र चिकित्सालय की स्थापना करने का कार्य किया। कार्य में

आने वाली अनेकों चुनौतियों, बाधाओं एवं परेशानियों ने किसी विशेष तैयारी से आरम्भ की गई हमारी आंतरप्रन्योर की इस यात्रा को रोचक बना दिया। हमें इस यात्रा से बहुत कुछ सीखने को मिला। आज लगभग 18 वर्ष बाद की घटना को याद करते हुए, मैं नई यात्रा शुरू करने में मदद के लिए प्रोफेसर रवि थॉमस का आभारी हूँ।

माँ की ममतामयी स्मृतियाँ

इस पुस्तक को प्रकाशन के लिए भेजते समय मेरी माँ श्रीमती माया देवी पाण्डेय को 29 जनवरी, 2023 को ब्रेन स्ट्रोक (थैलेमिक ब्लीडिंग) हुआ। वह होश खो बैठीं और उन्हें कोटा हार्ट इंस्टीट्यूट में गहन चिकित्सा इकाई (आई.सी.यू.) में भर्ती कराया गया एवं दिनांक 28 फरवरी को डिस्चार्ज कर घर भेज दिया गया। दिनांक 6 अप्रैल को हनुमान जयंती (चैत्र माह के शुक्ल पक्ष की पूर्णिमा) के अवसर पर सवेरे चार बजे वे अनंत यात्रा पर निकल गईं। वह बहुत स्नेही माँ थीं। मैं पिछले दस वर्षों से लगभग हर दिन उनका आशीर्वाद लेते हुए मैं स्वयं को बहुत भाग्यशाली मानता हूँ। मैंने अपनी पत्नी डॉ. विदुषी को भी मुझे भारत लौटने के लिए राजी करने के लिए धन्यवाद दिया क्योंकि इससे मुझे एक दशक तक माता-पिता का आशीर्वाद लेने का अवसर मिला। भारत लौटने पर मेरी सबसे बड़ी उपलब्धि न केवल देश के इस हिस्से में लाखों नेत्र रोगियों की सेवा करने का अवसर मिला। इसके साथ ही मुझे अपने माता-पिता की सेवा-सुश्रुषा भी करने का सौभाग्य मिला। मुझे हर दिन माता-पिता का आशीर्वाद मिला।

मेरी माताजी का जन्म 7 मई, 1945 को छीपाबड़ौद में हुआ। उनके पिता (स्वर्गीय श्री बृज भूषण लाल तिवारी) एक स्कूल शिक्षक और आयुर्वेदिक चिकित्सक थे। अपनी शिक्षा के बाद, वह लड़कियों को प्रेरित करने के लिए एक स्कूल टीचर भी बनना चाहती थीं। ग्राम प्रधान (स्वर्गीय श्री किशन लाल गुप्ता) द्वारा कई बार हमारे गाँव मोहना में माताजी को एक सरकारी शिक्षिका बनने के प्रस्ताव के साथ उनसे संपर्क किया गया था। इस प्रस्ताव के लिए मेरी दादीजी ने सहमति नहीं दी क्योंकि वे उस समय प्रचलित रूढ़िवादी परंपराओं के अनुसार अपनी बहू को किसी भी नौकरी के लिए घर से बाहर नहीं जाने की परम्परा पर विश्वास करती थीं। मेरी दादीजी की मृत्यु के बाद घर का पूरा माहौल बदल गया एवं 1977-80 के दौर में पारिवारिक विवाद एवं कटुता से भरे वातावरण और अनेकों परेशानियों के दौरान हमने माताजी को अनेकों बार

निराश, उदास और दुखी होते देखा। मेरी माँ को सरकारी नौकरी नहीं कर पाने का बहुत अफसोस रहा। उन्होंने न केवल बचपन में अपने सभी बच्चों को शिक्षा के साथ संस्कार दिए। मेरे पिता को बच्चों के उच्च अध्ययन के लिए गाँव छोड़ने के लिए राजी किया और हमें सभी नकारात्मकता से दूर रखना सुनिश्चित किया। कठिन से कठिन परिस्थितियों में भी उन्होंने हमें कभी हार न मानने वाले रवैया अपनाया। मेरे पिता के अंतर्मुखी स्वभाव के कारण कई बार उन्होंने पिता और माता दोनों की भूमिका निभाई। माँ ने हमें प्रोत्साहित किया कि हम अपने मरीजों पर मुस्कान लाएँ जो नेत्र समस्या के साथ हमारे पास उपचार हेतु आए थे। माताजी ने नेत्रदान को संकल्प पत्र भरा था एवं उनकी इच्छानुसार उनके महाप्रयाण के बाद उनका नेत्रदान किया गया।

फोटो 5 पूज्य माताजी श्रीमती माया देवी पाण्डेय के नेत्रदान के संकल्प को पूरा करते हुए उनके नेत्र दान किए गए। दिनांक 8 अप्रैल 2023 को आयोजित श्रद्धांजली सभा के दौरान आई बैंक सोसायटी ऑफ राजस्थान कोटा चौप्टर के अध्यक्ष डॉ के. के. कंजोलिया द्वारा नेत्र दान प्रशस्ति पत्र परिजनों को प्रदान किया गया।

हम में से प्रत्येक ने अपने माता-पिता, करीबी परिवार के सदस्यों और दोस्तों को खोते हुए देखा है। *जीवन में मृत्यु ही एकमात्र निश्चितता है।* यह याद रखना कि मैं भी अन्तत: अनन्त यात्रा पर निकल जाऊंगा, जीवन को पूरे आनन्द के साथ जीते हुये सुख-दुख में समभाव रखते हुए जीवन के प्रत्येक क्षण का उपयोग करना मुझे सिखाता है। जीवन की छोटी-बड़ी अपेक्षाएँ, गर्व, शर्मिंदगी या असफलता का डर- ये सभी मृत्यु के सामने छोटी एवं महत्वहीन प्रतीत

होती हैं। जब मैं रोज सोने से पहले 'हर रात मृत्यु एवं सवेरे जागने पर हर दिन एक नए जन्म' की कल्पना करता हूँ, तो मुझे ईश्वर द्वारा प्रदत्त सुर-दुर्लभ इस छोटे से जीवन के महत्वपूर्ण कार्यों को पूरा करने की ऊर्जा मिलती है। अपनी यात्रा-विफलताओं, उपलब्धियों, सीमाओं को दुनिया के साथ साझा करते हुये लाखों प्रिय पाठकों, कोचिंग एवं मेडिकल विद्यार्थियों, डॉक्टरों को लक्ष्य प्राप्ति हेतु प्रेरित करना ही इस पुस्तक को लिखने का मेरा प्रमुख उद्देश्य रहा है।

सबक:

- 'कबिरा जब हम जन्मे जगत में जग हँसे हम रोएँ, ऐसी करनी कर चलो हम हँसे जग रोएँ' नामक सूत्र के अनुसार हमें अपने जीवन का उपयोग उन कार्यों को करने में लगाना चाहिए जिनसे हमें सच्ची खुशी मिलती है।

- जीवन में मृत्यु ही एकमात्र निश्चितता है। हम में से प्रत्येक ने अपने करीबी परिवार के सदस्यों और दोस्तों को खोते हुए देखा है। लेखक ने अपनी मृत्यु की कल्पना करते हुए लिखा है कि हम सभी को जीवन के प्रत्येक क्षण का सद्उपयोग करते हुए एक विरासत छोड़ने के बारे में पूरी तरह जागरूक होना चाहिए।

- लेखक की इस पुस्तक का उद्देश्य है: अपनी जीवन यात्रा-में आई विफलताओं, उपलब्धियों, सीमाओं को दुनिया के साथ साझा करते हुए पाठकों को जीवन में आगे बढ़ते रहते की प्रेरणा देना एवं स्वामी विवेकानंद द्वारा बताए गए प्रेरक सूत्र ('उठो, जागो और तब तक मत रुको जब तक आप लक्ष्य प्राप्त नहीं कर लेते') के अनुसार आगे बढ़ते रहना।

अध्याय 21

समाज को वापस देना और
एक विरासत छोड़ना

परोपकारी और सामाजिक योगदान हमेशा मेरे अभ्यास के केंद्र में रहे हैं। मैं लगातार कुछ ऐसे व्यक्तित्वों द्वारा पीछे छोड़ी गई विरासतों से प्रेरित रहा हूँ, जिनसे मुझे सीखने का सौभाग्य मिला है। यहाँ कुछ ऐसे विराट व्यक्तित्वों का भी उल्लेख है। दिनांक 30 मार्च 1996 को, डॉ. गुल्लापल्ली नागेश्वर राव ने पी.जी.आई.एम.ई.आर., चण्डीगढ़ में इंटरनेशनल एसोसिएशन ऑफ कॉन्टैक्ट लेंस एजुकेटर्स की एक कॉन्फ्रेंस में अतिथि वक्ता के रूप में भाग लिया। प्रोफेसर जगजीत सिंह सैनी ने डॉ. गुल्लापल्ली नागेश्वर राव का परिचय कराया। डॉ. राव रोचेस्टर विश्वविद्यालय, रोचेस्टर, अमेरिका में एसोसिएट प्रोफेसर के रूप में काम कर रहे थे। वर्ष 1984 में वे अपने सपनों को साकार करने हेतु भारत लौट आये एवं उन्होंने हैदराबाद में एल.वी. प्रसाद आई इंस्टीट्यूट की स्थापना की। हममें से हर कोई यह जानने के लिए बहुत उत्सुक था कि किस बात ने उन्हें अपने अमेरिका के शानदार एकेडमिक करियर को छोड़ने और शून्य से शुरुआत करने के लिए भारत लौटने के लिए प्रेरित किया।

अगले दिन डॉ. राव से मिलते समय मैंने उनसे यह सवाल किया। उन्होंने मुस्कुराते हुए जवाब दिया कि यह बदलाव लाने की क्षमता (मेकिंग ए डिफरेन्स अथवा एम.ए.डी.) है। भारत में दुनिया के सबसे ज्यादा नेत्रहीन/दृष्टिबाधित रोगी हैं और ऐसे करोड़ों नेत्र रोगियों को दृष्टि लौटाने के लिए उनके जैसे हजारों नेत्र चिकित्सकों की सेवाओं की सख्त जरूरत है। उन्होंने संस्थान की स्थापना कैसे हुई, इसकी कहानी भी साझा की। प्रसिद्ध भारतीय फिल्म निर्माता श्री अक्किनेनी लक्ष्मी वारा प्रसाद राव, जिन्हें एल.वी. प्रसाद के नाम से जाना जाता था, ने अपनी ब्लॉकबस्टर फिल्म 'एक दूजे के लिए' के मुनाफे का

एक हिस्सा निवेश करने का फैसला किया। उन्होंने अत्याधुनिक नेत्र संस्थान की स्थापना के लिए एक करोड़ रुपये और पाँच एकड़ भूमि 'हैदराबाद रिसर्च फाउण्डेशन' को दान की। इस सम्मान को देखते हुए संस्थान के बोर्ड ने संस्थान का नाम एल.वी. प्रसाद के नाम पर रखने का फैसला किया। उनके बेटे श्री रमेश प्रसाद, प्रसाद फिल्म प्रयोगशालाओं के प्रबंध निदेशक, एल.वी. प्रसाद आई इंस्टीट्यूट के संस्थापक ट्रस्टी हैं और डॉ. राव के साथ हैदराबाद आई इंस्टीट्यूट के गवर्निंग बोर्ड के सबसे लंबे समय तक सेवा करने वाले सदस्य हैं। अपनी स्थापना के बाद से, एल.वी. प्रसाद आई इंस्टीट्यूट का उद्देश्य समाज के सभी वर्गों को समान और कुशल नेत्र देखभाल प्रदान करना रहा है। एल.वी. प्रसाद आई इंस्टीट्यूट ने लगभग 2 करोड़ 38 लाख नेत्र रोगियों का उपचार किया है। जिनमें से 50 प्रतिशत से अधिक पूरी तरह से निःशुल्क हैं। संस्थान ने भारत और विदेशों से 5,000 से अधिक नेत्र चिकित्सकों और 10,000 नेत्र सहायकों को प्रशिक्षित किया। यह एक सशक्त उदाहरण है कि कैसे समाज में योगदान एक बड़ा अंतर ला सकता है।

मैं एल.वी. प्रसाद आई इंस्टीट्यूट के उदाहरण से बहुत प्रेरित हुआ। डॉ. जी. एन. राव. अमेरिका के एक प्रतिष्ठित विश्वविद्यालय की आरामदायक जीवन-शैली को छोड़कर, अपने सुविधा क्षेत्र (कम्फर्ट जोन) से बाहर आकर, भारत लौटकर एक सशक्त बदलाव लाना चाहते थे और समाज को कुछ वापस देना चाहते थे। एल.वी. प्रसाद आई इंस्टीट्यूट के माध्यम से भारत एवं विश्वभर के जिज्ञासु नेत्र शल्य चिकित्सकों को प्रशिक्षण देने और गरीबी रेखा से नीचे के रोगियों को मुफ्त (अथवा रियायती दरों पर) नेत्र उपचार प्रदान करने का अति महत्वपूर्ण कार्य सम्पन्न हुआ। मैं बचपन से ही समाज में सकारात्मक योगदान देने वाले लोगों से बहुत प्रभावित था। मैं भी एक डॉक्टर बनना चाहता था जो कई मोर्चों पर काम करे। एक मरहम लगाने वाला, जो उपचार के माध्यम से रोगियों को ठीक कर सकता है, एक समाज सुधारक, एक फिटनेस फ्रीक, पर्यावरण के प्रति जागरूक, एक प्रेरक, एक परोपकारी और एक पारिवारिक व्यक्ति। एक नेत्र सर्जन के रूप में मेरे काम ने मुझे इसे हासिल करने में काफी हद तक मदद की।

कसीसों में ग्रुप कैप्टन (सेवानिवृत्त) के.एम. शर्मा द्वारा आरंभ स्वर्गीय श्री मुसद्दी लाल भारद्वाज छात्रवृत्ति

मेरे ससुरजी ने अपने ही गाँव कसीसों में अपने दिवंगत पिता श्री मुसद्दी लाल भारद्वाज की पावन स्मृति में छात्रवृत्ति की शुरुआत की। वह हर साल

स्कूली बच्चों को छात्रवृत्ति बांटने जाते थे। उन्होंने आर्थिक रूप से कमजोर बच्चों को पढ़ाई में बेहतर अध्ययन करने के लिए भी प्रेरित किया। अलीगढ़ मुस्लिम विश्वविद्यालय में अध्ययन के दौरान उन्होंने गंभीर वित्तीय संकट का सामना किया। उन्होंने अपनी शिक्षा एवं भरण-पोषण करने के लिए एक-एक पैसा बचाया, यहाँ तक कि एक सौ रुपये प्रतिमाह के बदले में हर शाम कुछ छात्रों को पढ़ाते भी थे। मुझे उनके साथ स्कूल के वार्षिक समारोह और छात्रवृत्ति वितरण कार्यक्रम में भाग लेने के लिए अलीगढ़ जिले में स्थित कसीसों गाँव जाने का अवसर मिला। डॉ. विदुषी ने अपने माता-पिता की 50वीं वैवाहिक वर्षगाँठ के अवसर पर आयोजित कार्यक्रम में डोक्यूमेंट्री तैयार की एवं उनके द्वारा किए गए संघर्षों की यादें मेरे मन में ताजा हुई। वैवाहिक वर्षगाँठ के दौरान ग्रुप कैप्टन (सेवानिवृत्त) के.एम. शर्मा ने दोनो हाथ ऊपर उठाकर सभी मेहमानों को अलविदा कहा। समारोह के मात्र दो माह के बाद वे 17 मई 2017 को हम सभी को अलविदा कहते हुए अनन्त यात्रा पर निकल गये। मैंने उनके बचपन के दौरान के संघर्षों को याद किया और कैसे वह विद्यार्थियों को पढ़ने के लिए प्रोत्साहित करने एवं प्रतिभाशाली विद्यार्थियों को छात्रवृत्ति देने के लिए हर साल में एक बार अपने गाँव कसीसों की यात्रा करते थे।

फोटो 1. दिनांक 21 मार्च 2017 को ग्रुप केप्टन (रिटायर्ड) श्री के. एम. शर्मा, श्रीमती सुधा शर्मा का अपनी 50वीं वैवाहिक वर्षगाँठ मनाने के दौरान लिया गया चित्र। कार्यक्रम के मात्र दो माह के बाद 17 मई 2017 को वे हम सभी को अलविदा कहते हुए अनन्त यात्रा पर निकल गये।

बेघर को मिला 'अपना घर'

यह नए साल की शुरुआत थी, 2 जनवरी 2016 को, डॉ. विदुषी और मैं सड़क मार्ग से जयपुर से कोटा लौट रहे थे। रास्ते में, बारिश शुरू होते ही हमने अपने वाहन को धीमा कर दिया। कोटा पहुँचने से करीब 40 किमी पहले हमें सड़क किनारे एक बेघर महिला नजर आई। वह बहुत कमजोर लग रही थी, एवं सर्दी के कारण वह ठिठुर रही थी। हमने अपने वाहन को रोक दिया और उसकी मदद करने के लिए, हमने अपने कर्मचारियों को पानी, भोजन और कुछ गर्म कपड़े लेकर मौके पर पहुँचने के लिए बुलाया। हमारे कर्मचारी पैंतालीस मिनट के बाद उसके पास पहुँचकर उसे गर्म कपड़े और खाना दिया। शायद, वह मनोरोग की मरीज थी और राहगीरों द्वारा उसे जो भी खाना दिया जाता था, उस पर जीवित रहती थी। यह सर्दियों का समय था और शीत लहर चल रही थी। हमने मदर टेरेसा होम, 'अपना घर' और अन्य आश्रय गृहों को कुछ फोन कॉल किए।

हमें यह देखकर सुखद आश्चर्य हुआ मात्र एक घंटे में 'अपना घर' की टीम मौके पर पहुँच गई और उस महिला को 'अपना घर' में भर्ती कराया गया। अगले दिन उसकी मेडिकल जाँच हुई तो पता चला कि वह गर्भवती है। वीक-एण्ड में जब हम 'अपना घर' गए तो हम प्रभावित हुए कि वही महिला अपने बाल धोने, नए कपड़े पहनने, नहाने और अपने घावों पर मरहम लगाने के बाद काफ़ी बेहतर दिख रही थी। डॉ. सी. एस. सुशील (जो नियमित रूप से उसका उपचार कर रहे थे) ने हमें बताया कि वह मानसिक बीमारी (शिजोफ्रेनिया) से पीड़ित थी और एंटीसाइकोटिक दवाओं के इलाज के बाद सुधार दिखा था। कुछ हफ्तों के बाद, उसने एक लड़के को जन्म दिया। 'अपना घर' में पिछले कुछ महीनों से जच्चा-बच्चा दोनों खुशी-खुशी रह रहे हैं।

इस घटना ने हमारे मन पर गहरा प्रभाव छोड़ा। डॉ. विदुषी और मैं 'अपना घर' द्वारा प्रदान की जाने वाली त्वरित सेवाओं से बहुत प्रभावित हुए। हम दोनों ने उनके संगठन के आजीवन सदस्य बनने का फैसला किया। हमने 'अपना घर' के निवासियों के साथ अपना जन्मदिन, शादी की सालगिरह और अपने परिवार के सदस्यों की जन्म और पुण्यतिथि मनाना शुरू किया। मैं 'अपना घर' की संस्थापकों की कहानी जानने के लिए बहुत उत्सुक था और हमने इन सेवाओं को चलाने के लिए संस्थापकों से मिलने और किसी तरह से मदद करने का फैसला किया।

'अपना घर' की कहानी

वर्ष 2000 में डॉ. बृज मोहन भारद्वाज और डॉ. माधुरी भारद्वाज ने राजस्थान के भरतपुर जिले के बझेरा गाँव में 'अपना घर' आश्रम की स्थापना की। आज, बेघरों के लिए बने इस घर में 5,000 से अधिक लोग काम करते हैं। डॉ. भारद्वाज के साथ चर्चा करते हुए कि कैसे वे 'अपना घर' शुरू करने के लिए प्रेरित हुए, उन्होंने हमें एक कहानी सुनाई।

अपने बचपन में, उन्हें उत्तर प्रदेश के अलीगढ़ के अपने पैतृक गाँव सहरोई में 'चिरंजी बाबा' नाम के एक व्यक्ति रहते थे। चिरंजी बाबा ने शादी नहीं की थी और गाँव में अकेले रहते थे। वह सब के पशुओं को चराते थे और बदले में गाँव वाले उन्हें खाना देते थे। एक बार जब वे गिरकर घायल हो गये तो मदद के लिए कोई गाँव वाला नहीं आया। एक महीने के बाद वे अनन्त यात्रा पर निकल गये।

डॉ. भारद्वाज को चिरंजी बाबा की मृत्यु ने झकझोर दिया। उनकी बेचेनी धीरे-धीरे बीमारों की मदद करने और जीवन बचाने में सक्षम होने के दृढ़ संकल्प में बदल गई। डॉ. माधुरी कक्षा नवीं में थीं जब उनकी डॉ. भारद्वाज से मित्रता हुई। वे प्रतिदिन बस में अपने गाँव से अलीगढ़ जाते थे। उन दोनों ने मिलकर जरूरतमंदों की मदद करने के लिए समर्पित एक सार्थक जीवन जीने के अपने साझा सपने के बारे में योजना बनाई। डॉ. बृज मोहन व डॉ. माधुरी ने 8 दिसंबर 1993 को विवाह किया, साथ ही वे दोनों अपने सपने पर काम करने के लिए तैयार हो गए। उन्होंने संतान नहीं करने का फैसला भी लिया क्योंकि वे अपनी सारी ऊर्जा बीमारों और बेघरों की देखभाल में लगाना चाहते थे। वे दोनों सड़कों पर पड़े बेघर एवं बीमार लोगों को 'अपना घर' ले आए। आज 'अपना घर' हर उस व्यक्ति को शरण देता है जिसे चिकित्सा सहायता की आवश्यकता होती है, चाहे वह बच्चा हो, या वयस्क हो अथवा अपनों से प्रताड़ित वृद्ध नागरिक। 'अपना घर' में आने वाले प्रत्येक व्यक्ति को प्रभु जी (भगवान) के रूप में माना जाता है। पिछले पाँच वर्षों की अवधि में उन्होंने 103 ऐसी महिलाओं को भर्ती किया है जो 'अपना घर' में प्रवेश के समय गर्भवती थीं। उनमें से कई मानसिक रूप से विक्षिप्त थीं, बोल या सुन नहीं सकती थीं और आमतौर पर सड़कों पर भीख माँगती थे। उनमें से कुछ के साथ बलात्कार किया गया था और उनके परिवारों द्वारा छोड़ दिया गया था। डॉ. माधुरी और डॉ. बी.एम. भारद्वाज ने वास्तव में कमजोर लोगों की मदद करने

के लिए एक नेक रास्ता चुना है और वे मेरे और हजारों अन्य लोगों के लिए एक सार्थक जीवन जीने की प्रेरणा बने हुए हैं। हमने परिवार के छोटे बच्चों के जन्मदिन 'अपना घर' के निवासी 'प्रभुजी' के बीच मनाने के दौरान ईश्वर के प्रति कृतज्ञ भाव का अनुभव किया। वर्तमान परिपेक्ष्य में मैं बच्चों को अपने माता-पिता से अनेकों अपेक्षाएं होती है। इन अपेक्षाओं के पूरा न हो पाने पर बच्चे माता-पिता के प्रति विरोधी एवं विद्रोही प्रवृत्ति के होने लगते हैं। 'अपना घर' में निवास कर रहे विमन्दित व्यक्तियों के साथ बच्चे अपना जन्म दिवस मनाकर वे ईश्वर द्वारा दिये गए सभी अनुदानों के लिए कृतज्ञ भाव का अनुभव और प्रगाढ़ता से कर पाते हैं।

मेरी सासूजी श्रीमती सुधा शर्मा ने ससुरजी ग्रुप कैप्टन (सेवानिवृत्त) के.एम. शर्मा की पावन स्मृति में कोटा स्थित 'अपना घर आश्रम' में एक कमरा बनाने के लिए पाँच लाख रुपये का भी दान दिया। उन्होंने आर्य समाज, नोएडा द्वारा संचालित 'आर्ष कन्या गुरुकुल वेद धाम' के लिए भी अनुदान दिया, जिसका उद्घाटन 12 अगस्त 2018 को किया गया।

फोटो 2 : श्रीमती सुधा शर्मा ने ग्रुप कैप्टन (सेवानिवृत्त) स्वर्गीय के. एम. शर्मा की पावन स्मृति में कोटा स्थित 'अपना घर आश्रम' में एक कमरा बनाने के लिए 5 लाख रूपये का भी दान दिया। ग्रुप कैप्टन (सेवानिवृत्त) स्वर्गीय के. एम. शर्मा की पुण्यतिथि 19 मई 2019 को इस कमरे का लोकार्पण करते हुए डॉ. विदुषी एवं डॉ. सुरेश पाण्डेय।

फोटो 3. श्रीमती सुधा शर्मा ने ग्रुप कैप्टन (सेवानिवृत्त) स्वर्गीय के. एम. शर्मा की पावन स्मृति में आर्य समाज नोएडा द्वारा संचालित 'आर्ष कन्या गुरुकुल वेद धाम' के लिए भी अनुदान दिया। जिसका उद्घाटन 12 अगस्त 2018 को किया गया।

निर्धन बालिका को सशक्त बनाना

दिसंबर 2011 की बात है, उन्नीस वर्षीय बालिका को हमारे एक मरीज ने हमसे मिलवाया था। वह उत्तर प्रदेश के अलीगढ़ के पास एक गाँव से आई थी। उसके पिता रसोइया थे और कोटा की एक मैस में काम करते थे। उसका आठ सदस्यों का पूरा परिवार एक छोटे से कमरे में रहता था। वह स्कूली बच्चों को पढ़ा रही थी और परिवार के आर्थिक सहयोग के लिए कड़ी मेहनत कर रही थी। उसने अपनी कक्षा 11 प्रथम श्रेणी से उत्तीर्ण की और विज्ञान में स्नातक करना चाहती थी और एक शिक्षिका बनना चाहती थी, क्योंकि शिक्षण उसका जुनून था।

दुर्भाग्यवश अपने माता-पिता की स्वास्थ्य संबंधी समस्याओं के परिणामस्वरूप आर्थिक संकट के कारण, वह अपनी फीस का भुगतान करने में असमर्थ थी, इसलिए वह कक्षा 11 के बाद अपनी पढ़ाई जारी नहीं रख सकी। उसने बिना कोई शुल्क लिए पूरे साल परिवार के सदस्यों के लिए खाना पकाने और अपने खाली समय में गरीब बच्चों को पढ़ाने में लगा दिया। उसके माता-पिता उसे शिक्षित करने के इच्छुक नहीं थे क्योंकि वह एक लड़की (पराया धन) थी और वैसे भी उसकी शादी के बाद वह अपने ससुराल चली जाएगी। जब डॉ. विदुषी को उसके बारे में पता चला, तो उन्होंने तुरंत उसकी

फीस का भुगतान किया और उसकी बी.एस.सी. प्रथम वर्ष की पढ़ाई फिर से शुरू करने के लिए आर्थिक सहयोग किया।

बालिका ने हमारी बेटी इशिता को भी पढ़ाना शुरू किया। वह हर छोटे से छोटे काम को बखूबी करती हैं। मेरे सास-ससुरजी बालिका को अपनी पोती की तरह मानते रहे एवं वे हमेशा बालिकाओं को सशक्त बनाने में विश्वास करते हैं, जैसा कि उन्होंने अपनी इकलौती पुत्री डॉ. विदुषी को सशक्त बनाया। उसने बी.एससी. में सर्वाधिक अंक प्राप्त किये साथ ही इस उपलब्धि के लिए उसे 'गोल्ड मेडल' से भी नवाजा गया। उन्होंने शानदार अंकों के साथ एम.एस.सी. (बोटनी) पूरा किया। तत्पश्चात् उन्होंने कोटा के एक नामी कोचिंग संस्थान (वाइब्रेंट एकेडमी) में पढ़ाना शुरू किया। दिसंबर 2020 में उसका विवाह संपन्न हुआ और अब खुशी-खुशी परिवार की जिम्मेदारी उठा रही है, साथ ही आर्थिक रूप से कमजोर बच्चों को पढ़ा रही है और प्रेरित कर रही है।

आदर्श विद्या मंदिर स्कूल का उद्घाटन : स्वर्गीय श्री कामेश्वर प्रसाद पाण्डेय पुस्तकालय

दिनांक 14 मार्च 2022 को मुझे मोहना के पास एकलिंगपुरा में आदर्श विद्या मंदिर स्कूल के उद्घाटन के लिए आमंत्रित किया गया था। मैंने निमंत्रण स्वीकार किया और कार्यक्रम में भाग लिया। यह मेरे लिए एक भावनात्मक क्षण था, मुख्य अतिथि के रूप में मेरे अपने गाँव मोहना के पास स्थित एकलिंगपुरा नामक गाँव की यात्रा करना, जहाँ मैंने पढ़ाई की थी। आदर्श विद्या मंदिर स्कूल के बच्चों द्वारा प्रस्तुत सांस्कृतिक कार्यक्रम से मैं प्रभावित हुआ। मैंने पुस्तकालय शुरू करने के लिए स्कूल को रुपये 1.5 लाख का अनुदान देकर अपना छोटा सा योगदान देने का फैसला किया। आदर्श विद्या मंदिर स्कूल ने पुस्तकालय का नाम मेरे पिता स्वर्गीय श्री कामेश्वर प्रसाद पाण्डेय के नाम पर रखने का सुझाव दिया, क्योंकि मेरे पिता अपनी किताबों को अपनी सबसे मूल्यवान संपत्ति मानते थे। मुख्य अतिथि के रूप में अपने भाषण में मैंने पैंतीस साल पहले एक छात्र के रूप में अपनी यात्रा को याद किया एवं सभी विद्यार्थियों को आगे बढ़ते रहने की प्रेरणा दी। मुझे जनवरी 2018 में आदर्श विद्या मंदिर झालरबावड़ी के लोकार्पण समारोह में मुख्य अतिथि के रूप में भाग लेने का सुअवसर मिला। कार्यक्रम की अध्यक्षता श्री राजेन्द्र कुमार द्विवेदी ने की।

फोटो 4. आदर्श विद्या मंदिर स्कूल के उद्घाटन समारोह में मुख्य अतिथि
डॉ. सुरेश पाण्डेय का स्वागत करते हुए श्री राजेन्द्र कुमार द्विवेदी, श्री योगेन्द्र गुप्ता
एवं श्री राधेश्याम गुप्ता।

दो हजार निर्धन नेत्र रोगियों का निःशुल्क ऑपरेशनः माँ और बच्ची को मिला दृष्टि का उपहार

पिछले सत्रह वर्षों के दौरान, सुवि नेत्र चिकित्सालय, कोटा की टीम ने आर्थिक रूप से बहुत कमजोर जरूरतमंद लोगों के लिए 2,000 से अधिक नेत्र शल्य चिकित्सा निःशुल्क की है। मैं एक अट्ठाईस वर्षीय महिला (बनासी देवी) और उसकी चार साल की बेटी (टीना कुमारी) की कहानी साझा करना चाहता हूँ, दोनों मोतियाबिंद से बेवजह अंधे हो गए थे। महिला की कम उम्र में शादी कर दी गई थी और उसकी इकलौती बच्ची जन्मजात मोतियाबिंद से पीड़ित थी। मोतियाबिंद सर्जरी पूरे भारत में अनेकों निःशुल्क नेत्र शिविरों में की जाती हैं, लेकिन जन्मजात मोतियाबिंद होने, जागरूकता की कमी, अशिक्षा और खराब सामाजिक आर्थिक स्थिति, के चलते उनका ऑपरेशन संभव नहीं हो सका। बनासी देवी और उसकी इकलौती संतान टीना ने बहुत कम दृष्टि के साथ अपना जीवन जारी रखा, दृष्टि की कमी के कारण दैनिक गतिविधियों को करने में असमर्थ थे और धीरे-धीरे वे अपनी झोपड़ी तक ही सीमित हो गए।

मैं दिसंबर 2012 में एक नेत्र जाँच शिविर के दौरान कोटा से लगभग 40 किलोमीटर दूर गढ़ेपान में चंबल फर्टिलाइजर एंड केमिकल लिमिटेड के परिसर में गया था। कोटा लौटते समय, मुझे ग्राम सरपंच द्वारा अनुरोध किया गया कि यदि मैं झोपड़ी में उनके साथ चलकर एक माँ और बच्ची की जाँच कर सकता हूँ। मैंने उनके अनुरोध को स्वीकार किया और उनकी झोंपड़ी में गया और मोतियाबिंद के कारण माँ एवं बेटी को लगभग पूरी तरह से अंधा देखकर चौंक गया! परिवार बेहद गरीब और अनपढ़ था और उन्हें मोतियाबिंद की सर्जरी

के लिए राजी करना एक चुनौती थी। उनकी हालत देखकर, मैंने और समय बर्बाद न करने का फैसला किया, विस्तृत जाँच के लिए उन्हें अपनी कार में बैठाकर सुवि नेत्र चिकित्सालय कोटा ले आया। संपूर्ण नेत्र जाँच के बाद मैंने बिना किसी शुल्क के उन दोनों का मोतियाबिन्द ऑपरेशन एवं लेंस प्रत्यारोपण किया। छोटी पुतली, जोनुलर कमजोरी और पहले से मौजूद पोस्टीरियर कैप्सूल दोष के कारण सर्जरी काफी कठिन एवं चुनौतीपूर्ण थी, लेकिन ऑपरेशन के बाद दोनों की दृष्टि में महत्वपूर्ण सुधार हुआ और सुंदर संसार देखने के बाद उनकी खुशी का ठिकाना नहीं रहा।

टीना अब पंद्रह वर्ष की हो गई है और आठवीं कक्षा में पढ़ रही है। टीना भविष्य में स्कूल टीचर बनना चाहती हैं और निर्धन छात्राओं को नि:शुल्क पढ़ाना चाहती हैं। यह माँ और बच्ची दोनों के लिए एक जीवन बदलने वाला अनुभव था और माँ ने मुझसे पूछा कि क्या वे रक्षाबंधन त्योहार के उपलक्ष्य में, मेरी कलाई पर राखी (पवित्र धागा) बाँध सकती हैं। उनके इस भावनात्मक अनुरोध को मैंने स्वीकार कर लिया और वे पिछले दस वर्षों से हर साल हमें राखी बाँधने और आभार व्यक्त करने के लिए आ रही हैं। मेरे लिए यह भी एक जीवन बदलने वाला अनुभव था कि रोगी और उसकी बेटी को उनकी झोपड़ी (दृष्टि की समस्या के कारण) तक सीमित कर दिया गया था और उनकी आँखों की सर्जरी के बाद उनके जीवन में जो सकारात्मक बदलाव देखा गया था, उसे देखा।

कॉर्निया प्रत्यारोपण द्वारा हुई तीन वर्षीया बालिका की दुनिया रोशन

आई बैंक सोसायटी ऑफ राजस्थान कोटा चैप्टर के सहयोग से हमनें 'नेत्रदान महादान' जागरूकता फैलाने हेतु डॉ. के.के. कंजोलिया के मार्गदर्शन में कोटा संभाग में 50 से अधिक जागरूकता कार्यक्रम संपन्न किए एवं हजारों व्यक्तियों को नेत्रदान की मुहिम से जोड़ा। हाड़ौती के क्षेत्र में नेत्रदान लेने का पुण्य काम आई बैंक सोसायटी ऑफ राजस्थान कोटा चैप्टर एवं डॉ. कुलवन्त गौड़ द्वारा संचालित शाईन इण्डिया फाण्डेशन द्वारा किया जा रहा है। मेरे पिताजी एवं माताजी ने भी नेत्रदान का संकल्प पत्र भरा था। उन दोनों की इच्छा के अनुसार उनके महाप्रयाण के दौरान आई बैंक सोसायटी राजस्थान कोटा चैप्टर के टेक्निशियन श्री टिंकू ओझा द्वारा उनका नेत्रदान लिया गया। पूज्य पिताजी की प्रेरणा से सुवि नेत्र चिकित्सालय, कोटा में 2015 में 'किरेटोप्लास्टी सेन्टर' प्रारम्भ किया गया। विगत आठ वर्षों में सौ से अधिक कॉर्नियल ब्लाइंडनेस से ग्रसित दृष्टिबाधित रोगियों को कॉर्निया प्रत्यारोपण द्वारा नई रोशनी मिली है। इस

संदर्भ में तीन वर्षीय बालिका किरण की अंधेरे से लड़ने की मार्मिक कहानी मुझे अनवरत प्रेरणा देती रहती है। बच्ची की माँ ममता सेन के अनुसार एक वर्ष की आयु में बालिका को तेज बुखार (मस्तिष्क ज्वर) आया था, जिसके दौरान उसकी आँखों में सूखापन आ जाने से उसकी आंखों का कॉर्निया (पारदर्शी पुतली) सफेद हो चुका था तथा उसे दिखना बन्द हो गया था। बालिका की आंखों में उजाला भरने हेतु उसकी आंखों का अपारदर्शी कॉर्निया को हटाकर कॉर्निया प्रत्यारोपण ऑपरेशन करना आवश्यक था। दुर्भाग्यवश किरण के पिता की सड़क दुर्घटना में आकस्मिक मृत्यु हो जाने के बाद परिवार की आर्थिक स्थिति बहुत कमजोर होने के कारण बालिका की माँ अपनी मासूम बच्ची का कॉर्निया प्रत्यारोपण नामक ऑपरेशन नहीं करवा पा रही थी। बालिका की माँ उसे पढ़ा लिखा कर शिक्षिका बनाना चाहती थी लेकिन माँ के इस सपने को पूरा करने के लिए बालिका की नेत्र ज्योति लौटाई जानी जरूरी थी।

अपने परिचितों की सलाह पर नवम्बर 2015 को बालिका किरण को लेकर उसकी माँ सुवि नेत्र चिकित्सालय कोटा पहुँची, जहां चिकित्सकों ने गहनता से उसकी दोनों आँखों का परीक्षण किया। किरण की आंखों की रोशनी लौटाने हेतु उसकी माँ को कॉर्निया प्रत्यारोपण करवाने की सलाह दी। बेबी किरण के लिए उच्च क्वालिटी का कॉर्निया, आई बैंक सोसायटी ऑफ राजस्थान के सहयोग से उपलब्ध कराया गया। दिनांक 2 दिसम्बर 2015 को तीन वर्षीय किरण की बायीं आंख का सफल कॉर्निया प्रत्यारोपण सुवि नेत्र चिकित्सालय कोटा में कॉर्निया सर्जन डॉ. भारती आहूजा चावला द्वारा पूर्णतः निःशुल्क किया गया। कॉर्निया प्रत्यारोपण के सफल ऑपरेशन के बाद किरण की अंधेरी दुनिया रोशन हुई। उसकी माँ अब किरण को शिक्षिका बनाकर अंधेरे के बीच आशा की किरण फैलाकर अपनी बालिका का नाम सार्थक करना चाहती है।

मेडिकल संस्थाओं के माध्यम से स्वास्थ्य संदेश

मुझे सौभाग्यवश इण्डियन मेडिकल एसोसिएशन कोटा शाखा, स्वास्थ्य सेवा संगठन कोटा, कोटा डिविजन नेत्र सोसायटी, राजस्थान ऑप्थेल्मोलॉजिकल सोसायटी, आई बैंक ऑफ सोसायटी ऑफ राजस्थान, कोटा चैप्टर आदि के अध्यक्ष, सचिव अथवा अन्य पदाधिकारी के रूप में कार्य करने का अवसर मिला है। *'पहला सुख निरोगी काया'* नामक सूत्र के अनुसार हमने सभी अन्य संस्थाओं के साथ मिलकर कोटा की जनता को स्वास्थ्य के प्रति जागरूक करने का अथक प्रयास किया। विश्व स्वास्थ्य दिवस, विश्व तम्बाकू निषेध

दिवस, विश्व दृष्टि दिवस, नेत्रदान पखवाड़ा, विश्व ग्लूकोमा सप्ताह, विश्व किरेटोकोनस दिवस, विश्व हृदय दिवस, विश्व कैंसर दिवस, विश्व मधुमेह दिवस, विश्व एड्स दिवस, विश्व साइकिल दिवस आदि महत्वपूर्ण दिवसों के आयोजनों में सभी संस्थाओं की भागीदारी निभाते हुए जन साधारण को अपने स्वास्थ्य की पूरी जिम्मेदारी लेने का सशक्त संदेश दिया। इण्डियन मेडिकल एसोसिएशन कोटा शाखा द्वारा किए गए उल्लेखनीय कार्यों हेतु कोटा शाखा हेतु आई.एम.ए. के राष्ट्रीय अध्यक्ष पद्मश्री डॉ. के.के. अग्रवाल द्वारा आई.एम.ए. स्थापना दिवस (दिनांक 7 जनवरी 2017) के अवसर पर एम्स, नई दिल्ली में डॉ. टी.सी. आचार्य एवं मुझे 'आउटस्टेण्डिंग कम्यूनिटी सर्विस अवार्ड' से नवाज़ा गया। आई.एम.ए. के राष्ट्रीय अध्यक्ष द्वारा मिले सम्मान से हमें सोसायटी में स्वास्थ्य जागरूकता बढ़ाने की दिशा में नई ऊर्जा से कार्य करने की प्रेरणा मिली।

फोटो 5. इण्डियन मेडिकल ऐसोसिएशन के राष्ट्रीय अध्यक्ष डॉ. के.के. अग्रवाल द्वारा आई.एम.ए. फाउण्डेशन दिवस के अवसर पर एम्स, नई दिल्ली में दिनांक 7 जनवरी 2017 को आयोजित कार्यक्रम में आई.एम.ए. कोटा के अध्यक्ष डॉ. टी.सी. आचार्य एवं सचिव डॉ. सुरेश पाण्डेय को सम्मानित करते हुए।

साइक्लिंग के साथ सुबह का प्रेरक संदेश

मैंने पाँच साल पहले साइकिल चलाना शुरू किया था। मैंने एक सोशल मीडिया पेज 'मॉर्निंग मोटिवेशनल मैसेजेज विद साइकिलिंग' बनाया है, जो एक लाख से ज्यादा लोगों को पर्यावरण को बचाने और साइकिल चलाने के माध्यम से स्वस्थ जीवन शैली अपनाने के लिए प्रेरित करने से जुड़ा है। मैंने इस पेज पर एक सौ से ज्यादा मोटिवेशनल वीडियो शेयर किए हैं। ये वीडियो स्वास्थ्य, खुशी और स्वस्थ आदतों के बारे में प्रेरित करते हैं। मेरे हजारों रोगियों, उनके परिवार के सदस्यों और फार्मा सहयोगियों ने इन वीडियो को देखने के बाद मुझे धन्यवाद दिया कि इन संदेशों के माध्यम से उन्होंने स्वस्थ जीवन जीने के लिए एक्सरसाइज, हेल्दी हेबिट्स को अपनाया एवं अपने अन्य परिजनों को भी प्रेरित किया।

फोटो 6. सूर्य उदय के दौरान साइक्लिंग करते हुए डॉ. सुरेश पाण्डेय।

तंबाकू और शराब की लत छोड़ने में मदद

वर्ष 1980-90 के दौरान में जबलपुर शहर के मोहनलाल हरगोविंद दास द्वारा निर्मित 'सात नंबर शेर छाप बीड़ी' एवं 'शेर छाप दंत मंजन' पूरे देशभर में विख्यात थी। महाकौशल क्षेत्र में बीड़ी पीने वालों की संख्या लाखों में थी। अनेकों रोगी बीड़ी पीने, तंबाकू युक्त लाल दंत मंजन के सेवन के कारण होने वाले दुष्प्रभावों से पीड़ित होकर कैंसर, सांस के रोग एवं अपंगता के शिकार हो जाते थे। मेडिकल विद्यार्थी के रूप में मेडिकल कॉलेज जबलपुर में अध्ययन करते समय मैंने बीड़ी पीने वाले अनेकों रोगी देखे थे जिन्हें 'बुर्जर डिज़ीज़' नामक गंभीर व्याधि होने के कारण उनके पैरों को काटना पड़ा था। मैंने मेडिकल कॉलेज में अध्ययन करते समय हजारों रोगियों एवं

उनके परिजनों को बीड़ी, तम्बाकू, शराब आदि व्यसन छोड़ने का संकल्प दिलाया। नेत्र सर्जन के रूप में सेवाएं देते हुए सत्रह वर्षों के दौरान मैंने अनेकों रोगियों को नशे के दुष्परिणाम स्वरूप कैंसर जैसे गंभीर रोगों से पीड़ित होते देखा है। हमने हर वर्ष 'तम्बाकू निषेध दिवस' मनाकर समाज में सशक्त संदेश दिया है एवं अपने पास आए रोगियों एवं उनके परिजनों से तम्बाकू, धूम्रपान एवं शराब पीने की लत आदि बुरी आदतों को छोड़ने के लिए प्रेरित किया है, क्योंकि यह रोगियों के स्वास्थ्य के लिए हानिकारक है। हमने अब तक 3,000 से अधिक रोगियों को तंबाकू और शराब छोड़ने में मदद की है।

आपकी कहानी सबसे बड़ी विरासत है

जैसा कि सुप्रसिद्ध लेखक शैनन एल. एल्डर लिखते हैं, अपना नाम दिलों पर उकेरें, कब्रों पर नहीं। एक विरासत दूसरों के दिमाग में और उनके द्वारा आपके बारे में साझा की जाने वाली कहानियों में उकेरी जाती है। हम में से कुछ स्टीफन कोवे के मृत्यु शैय्या अभ्यास (डेथ बेड एक्सरसाईज) से परिचित हैं। वह पाठक से अपने स्वयं के अंतिम संस्कार की कल्पना करने के लिए कहते थे। फिर तब उन्हें अपने आप से इस तरह के प्रश्न पूछने चाहिए कि मेरे अंतिम संस्कार में कौन-कौन साथ होंगे? मेरी श्रद्धांजलि सभा में वे मेरे बारे में क्या याद करेंगे? वे मेरे साथ कौन से सकारात्मक गुण जोड़ेंगे? वे मेरा वर्णन कैसे कर रहे हैं?

जैसा कि सुप्रसिद्ध लेखक स्टीव सेंट ने उल्लेख किया है, आपकी कहानी सबसे बड़ी विरासत है जिसे आप अपने दोस्तों के लिए छोड़ेंगे। यह सबसे लंबे समय तक चलने वाली विरासत है जिसे आप अपने उत्तराधिकारियों के लिए छोड़ेंगे।' एक नेत्र चिकित्सक के रूप कार्य करते हुए मुझे 55 वर्ष के इस अल्प जीवन से अति संतोष का अनुभव होता है। 'साइक्लिंग के साथ सकारात्मक संदेश' नामक मुहिम के साथ साइक्लिंग करते हुए मुझे अनेकों व्यक्तियों को नियमित एक्सरसाईज के लिए समय निकालते हुए फिटनेस फ्रीक बनने हेतु प्रेरित करने में सफलता मिली। मोटिवेशनल वक्ता के रूप में सोशल मीडिया (फेसबुक, यू-ट्यूब, इंस्टाग्राम एवं ट्विटर) पर डाले गए हमारे सैकड़ों वीडियो संदेशों ने विश्व भर में अनेकों व्यक्तियों के जीवन में निराशा को दूर कर आशा के दीप जलाने में सहायता की है। लेखक के रूप में अनेकों मेडिकल पुस्तकों, के लेखन एवं संपादन का सौभाग्य, सुयोग मुझे मिला। देश-विदेश के

अनेकों नए चिकित्सकों ने फोन अथवा ई-मेल के माध्यम से मुझे मेडिकल अंतरप्रन्योरशिप, सीक्रेटस ऑफ सक्सेसफुल डॉक्टर्स नामक पुस्तक लिखने के लिए बधाई दी। कोटा में नेत्र चिकित्सक के रूप में कार्य करते हुए 'शिक्षा की काशी' कहे जाने वाले इस शहर के हजारों कोचिंग विद्यार्थियों से मिलने एवं प्रेरणा देने का सौभाग्य, सुअवसर भी मुझे मिल सका। कोचिंग विद्यार्थियों के साथ-साथ मेरे पास परामर्श अथवा ऑपरेशन हेतु आए रोगियों से बातचीत करने, उनसे सीखने, सामाजिक कार्य करने, नेत्रहीन लोगों के जीवन में बदलाव लाने, प्रेरित करने और दृष्टिहीन रोगियों के प्रति दया और करुणा के मार्ग का अनुसरण करने के लिए बताने एवं अपने अनुभवों को साझा करने का बहुमूल्य अवसर मिला।

मुझे अपने अगले जीवन में भी एक नेत्र चिकित्सक बनकर दृष्टिबाधित रोगियों के जीवन में रंगों का उजाला भरकर खुशी होगी।

सबक:

- परोपकारी और सामाजिक योगदान हमेशा लेखक के अभ्यास के केंद्र में रहे हैं। वे लगातार कुछ ऐसे व्यक्तित्वों द्वारा पीछे छोड़ी गई विरासतों से प्रेरित रहे हैं, जिनसे उन्हें सीखने का सौभाग्य मिला है।

- लेखक ने सत्रह वर्षों के दौरान पन्द्रह लाख से अधिक रोगियों को परामर्श दिया है एवं एक लाख से ज्यादा मरीजों की नेत्र सर्जरी की है। लेखक एवं उनकी टीम ने अब तक 3,000 से अधिक रोगियों को तंबाकू और शराब छोड़ने में मदद की है।

- लेखक एवं सुवि नेत्र चिकित्सालय, कोटा की टीम ने पिछले सोलह वर्षों के दौरान आर्थिक रूप से बहुत कमजोर जरूरतमंद लोगों के लिए 2,000 से अधिक नेत्र शल्य चिकित्सा निःशुल्क की है।

- समाज में सद्प्रवृति संवर्धन एवं बेघर-बेसहारा व्यक्तियों की सेवा शुश्रूषा करने हेतु ग्रुप कैप्टन (सेवानिवृत्त) के.एम. शर्मा की पावन स्मृति में कोटा स्थित 'अपना घर आश्रम' में एक कमरा बनाने के लिए 5 लाख रुपये का अनुदान एवं आर्य समाज, नोएडा द्वारा संचालित 'आर्ष कन्या गुरुकुल वेद धाम' के लिए भी अनुदान श्रीमती सुधा शर्मा एवं डॉ. विदुषी शर्मा द्वारा दिया गया।

अध्याय 22
उपसंहारः मोहना से मंज़िल तक

दुनिया में श्रेष्ठ और सबसे अधिक खूबसूरत चीजें न तो देखी जा सकती हैं न ही छुई जा सकती हैं, सिर्फ दिल से महसूस की जाती हैं। - हेलेन केलर

सम्माननीय पाठकगण,

सर्वप्रथम आप सभी मेरी जीवन यात्रा के इस संस्मरण को पढ़ने के लिए हृदय से धन्यवाद स्वीकार करें। मैंने तीन महाद्वीपों- भारत (एशिया), अमेरिका, ऑस्ट्रेलिया में किये गये संघर्ष, सफलताओं और मेरी असफलताओं की कहानी साझा करने का विनम्र प्रयास किया है। मुझे आशा है कि आपको लालटेन से लाईट हाउस बनने, अंधेरे से संघर्ष करते हुए लाखों रोगियों के जीवन में रंगों का उजियारा भरते हुए एक भारतीय गाँव से लेकर नेत्र विज्ञान के शानदार विश्व मंच तक 'मोहना से मंज़िल तक' के मेरे जीवन के सफर को पढ़कर अच्छा लगा होगा।

लेकिन इस संस्मरण को लिखने का उद्देश्य क्या था? मेरा टेक-होम संदेश क्या है?

सबसे पहले अपने जुनून को जानें और तय करें कि सफलता का स्वाद चखने के लिए आप वास्तव में अपने 'कम्फर्ट जोन' से बाहर आना चाहते हैं या नहीं। सफलता कोई मुफ्त दोपहर का भोजन नहीं है। जीवन में हर चीज की एक कीमत होती है, जिसमें सफलता भी शामिल है। आपको इसकी कीमत चुकाने के लिए तैयार रहना चाहिए। अपने आराम क्षेत्र से बाहर निकलना, रातों की नींद खोना, ईर्ष्या, द्वेष, तनाव से निपटते हुए स्मार्ट और कड़ी मेहनत करना, असफल होने पर बार-बार प्रयास करना, आदि ये अंतहीन सूची उन लोगों के लिए है जो सफलता का स्वाद लेना चाहते हैं। इस दुनिया में अधिकांश लोग अपने आराम क्षेत्र (कम्फर्ट जोन) में खुश हैं। वे तय करते हैं कि एक आरामदेह जीवन वही

है जो उन्हें सबसे अच्छा लगता है और वे इसके साथ ही ठीक हैं। दूसरे शब्दों में, वे अपने आराम क्षेत्र में जो कुछ भी हासिल करने में सक्षम हैं, उससे वे खुश हैं।

हालाँकि, कुछ ही हैं - लगभग एक प्रतिशत से भी कम - जो कम्फर्ट जोन से बाहर आने का जोखिम लेना पसंद करते हैं, सीमाओं को धक्का देते हैं, अपने लिए उच्च और उच्च लक्ष्य निर्धारित करते हैं और एक ऐसी विरासत स्थापित करने की इच्छा रखते हैं जो इस धरती पर उनके समय की तरह अस्थायी न हो। मैंने अपना संस्मरण बाद वाले समूह को ध्यान में रखते हुए यह सोचकर लिखा है कि मैं मोहना से मंजिल तक पहुंचने की अपनी कहानी के साथ ऐसे लोगों की यात्रा को कैसे समृद्ध कर सकता हूँ? आपने इस पुस्तक में रुचि लेने और पढ़ने की कोशिश की, यह दर्शाता है कि आप व्यक्तियों के इस समूह से संबंधित हैं।

अंतत: मेरा मानना है कि सफलता कई कारकों, कर्मों और नियति के कारण होती है। सूची में सबसे ऊपर पारिवारिक वातावरण और सामाजिक परिस्थितियाँ हैं जिनका आपने अपने जीवन में सामना किया है। यह सकारात्मक विचारों की असीम शक्ति थी जिसने मोहना गाँव के इस लड़के को मंजिल तक पहुँचने हेतु अनवरत प्रेरित किया। बचपन में कदम-कदम पर आयीं अनेकों चुनौतियां जैसे: नकारात्मकता को सकारात्मकता से वश में करना, प्रतिकूल परिस्थितियों का मुकाबला करते हुए हार नहीं मानना, स्कूल जाने हेतु नंगे पाँव चलना, दिन में एक समय भोजन करना, लालटेन के मंद प्रकाश में पढ़ना, आदि का डटकर मुकाबला करने का संबल मिला। ये सभी समस्याएँ मुझे मेरे लक्ष्य तक पँहुचने एवं नेत्र चिकित्सक बनकर दृष्टि का उपहार बाँटने के मार्ग पर रोकने हेतु बौनी साबित हुईं। पग-पग पर प्रतिकूलताओं से घिरे जीवन में सफलता, एक अंधेरी सुरंग के अंत में प्रकाश को देखने और उन स्वर्णिम अवसरों का उपयोग करते हुए अपने आप को हमेशा प्रेरित करने की कला है।

एक नेत्र शल्य चिकित्सक के रूप में कार्य करते हुए मैंने यह भी सीखा कि चिकित्सक की भूमिका अनेकों प्रकार की जिम्मेदारियों से परिपूर्ण होती है। इन जिम्मेदारियों में से मुख्य हैं: परेशान रोगी की पूरी बात सुनकर उसकी तकलीफ दूर करने वाला हीलर, परामर्शदाता, शोधकर्ता, शिक्षक, प्रशासक, परोपकारी, फिटनेस फ्रीक, सर्वशक्तिमान ईश्वरीय सत्ता में विश्वास करने वाला आध्यात्मिक साधक और प्रेरक वक्ता आदि। सबसे महत्वपूर्ण बात यह है कि चिकित्सक इन सभी भूमिकाओं को सर्वश्रेष्ठ तरीके से सम्पन्न करते हुए अपने पास आये

प्रत्येक रोगी एवं उनके परिजनों को पूरी तरह से संतुष्ट करने का सार्थक प्रयास करता है। इस पुस्तक में, मैंने उन बुनियादी गुणों को साझा करने की कोशिश की है जो किसी के सफल होने के लिए आवश्यक है। ये बुनियादी गुण हैं: दृढ़ता, जुनून, ध्यान, लचीलापन, कड़ी मेहनत, विश्वास, बड़ा सपना देखने का साहस और कभी हार न मानने की आदत। अगर सफलता का नुस्खा लिखना है तो ये सभी आवश्यक तत्व हैं।

इस पुस्तक के साथ मोहना गाँव में जन्मे उस लड़के के नेत्र चिकित्सक बनने के सपने भी पूरे होते हैं जो डॉक्टरों की सफलता की कहानी पढ़ता है और उनमें से एक जैसा बनना चाहता है। मुझे आशा है कि आपको इस पुस्तक में लिखे विभिन्न संस्मरणों को पढ़ने में उतना ही आनंद आया होगा जितना मुझे बाधाओं पर काबू पाने में और उससे भी अधिक, उनके बारे में लिखने में। अंत में, मुझे यह भी विश्वास है कि मेरी यात्रा आपको भी अपनी सफलता की कहानी लिखने के लिए प्रेरित करेगी।

मैं इस पुस्तक के अगले संस्करण को बेहतर बनाने के लिए आपके बहुमूल्य सुझावों, आपके अनुभवों और रचनात्मक आलोचना का स्वागत करता हूँ।

–डॉ. सुरेश पाण्डेय
नेत्र सर्जन, लेखक, मोटिवेशनल स्पीकर, साइक्लिस्ट
पूर्व मानद सचिव, इण्डियन मेडिकल एसोसिएशन, कोटा
पूर्व अध्यक्ष, कोटा डिविजन नेत्र सोसायटी, कोटा
कॉर्डिनेटर, आई बैंक सोसायटी राजस्थान कोटा चेप्टर
निदेशक, सुवि नेत्र चिकित्सालय एण्ड लेसिक लेज़र सेंटर, कोटा
लेखक: सीक्रेट्स ऑफ सक्सेसफुल डॉक्टर्स,
ए हिप्पोक्रेटिक ओडिसी: लेसन्स फ्रॉम ए डॉक्टर कपल ऑन लाइफ इन मेडिसिन चेलेंजेज एण्ड डॉक्टरप्रेन्योरशिप
आंतरप्रेन्योरशिप फॉर डाक्टर्स: हाउ टू बिल्ड यूअर ऑवन सक्सेसफुल मेडिकल प्रेक्टिस।
फोन: 9351412449, ईमेल: suresh.pandey@gmail.com

अध्याय 23

उपयोगी जानकारी: आँखों की देखभाल कैसे करें?

'सर्वेन्द्रियम नयनम प्रधानम्' नामक सूत्र के अनुसार नेत्र हमारे जीवन का सबसे महत्वपूर्ण अंग है। स्वस्थ आँखों के लिए हमें नियमित दिनचर्या, हरी सब्जी युक्त भोजन एवं आँखो की नियमित जाँच आवश्यक रूप से करवानी चाहिए।

स्वस्थ आँखों के लिए उपाय:

- आँखों को स्वस्थ रखने के लिए जिन विटामिनों और एंटीऑक्सीडेंट्स की ज़रूरत होती है, उनमें ये प्रमुख हैं : विटामिन ए, विटामिन सी, विटामिन ई, ल्यूटीन, ओमेगा-3 फैटी एसिड्स, ज़िंक। शाकाहारियों के लिए दूध, दही, गाजर, संतरा, पालक, टमाटर, ब्रोकॉली, बादाम व अखरोट आदि लाभकारी होते हैं।

- धूम्रपान न करें, क्योंकि इससे मोतियाबिंद या आँखों की दूसरी समस्याएँ होने की आशंका बढ़ जाती है।

- आँखों को न मसलें। लंबे समय तक लगातार आँखें मसलने से किरेटोकोनस नामक नेत्र रोग होने की आशंका बढ़ जाती है।

- आँखों को चोट से बचाएँ। चोट लगने पर तुरंत नेत्र विशेषज्ञ से परामर्श लें।

- धूप में यूवी फिल्टर वाले चशमे का इस्तेमाल करें।

आँख संबंधी मुख्य रोग

दृष्टिहीनता या अंधत्व के 5 प्रमुख कारण हैं: मोतियाबिंद, दृष्टिदोष, ग्लूकोमा, रेटिना यानी परदे की बीमारियाँ और कॉर्निया यानी पारदर्शी पुतली की बीमारियाँ। डिजिटल विज़न सिन्ड्रोम मुख्यत: 21वीं सदी का नेत्र रोग है।

डिजिटल विज़न सिन्ड्रोम

डिजिटल विज़न सिन्ड्रोम कंप्यूटर, स्मार्टफोन व लैपटॉप का उपयोग अधिक करने के कारण होता है, जिस वजह से आँखों में थकावट, सूखापन, चुभन, लाली, दर्द और सिर दर्द की समस्याएँ हो जाती हैं।

- कंप्यूटर स्क्रीन को कम से कम 20 इंच की दूरी पर रखें।
- यदि आप दो घंटे से ज़्यादा समय तक स्मार्टफोन या कंप्यूटर/लैपटॉप का उपयोग करते हैं, तो 20:20:20 नियम का पालन करें। बीस मिनट के बाद बीस सेकंड का ब्रेक लें, बीस फीट दूर देखें, बीस कदम चलें। एक मिनट में 20 बार आँखें झपकाएँ।
- आँखों को स्वस्थ रखने के लिए एंटीऑक्सीडेंट्स, हरी सब्ज़ियां और फलों का सेवन करें।
- दिन भर में 8 से 10 गिलास पानी पिएँ।
- नेत्र चिकित्सक के मार्गदर्शन में लुब्रिकेटिंग आई ड्रॉप का नियमित उपयोग करें।
- रात को अँधेरे में लाइट बंद करके स्मार्टफोन का उपयोग न करें। स्मार्टफोन/कंप्यूटर/लैपटॉप स्क्रीन की ब्राइटनेस कम रखें।

मोतियाबिंद

भारत में हर वर्ष लगभग 38 लाख लोगों को मोतियाबिंद होता है। उम्र बढ़ने के साथ शरीर में एंटीऑक्सीडेंट्स की कमी हो जाती है, जिससे ऑक्सिडेटिव स्ट्रेस बढ़ जाता है और आँखों के लेंस की पारदर्शिता कम होने लगती है, जिससे सब कुछ धुँधला दिखने लगता है।

- स्टीरॉइड आई ड्रॉप्स का उपयोग डॉक्टर की सलाह के बिना न करें।
- मोतियाबिंद सर्जरी के लिए मोतियाबिंद के पकने का इंतज़ार न करें।
- विटामिन ए, विटामिन सी और विटामिन ई आदि एंटीऑक्सीडेंट्स के स्तर को सामान्य बनाए रखने के लिए फलों और हरी सब्ज़ियों से युक्त पौष्टिक आहार का सेवन करें, जैसे संतरा, टमाटर, ब्रोकोली, स्ट्रॉबेरी आदि।
- ग्रीन टी और ब्लैक टी भी एंटीऑक्सीडेंट तत्वों के कारण सीमित मात्रा में लाभकारी होती हैं।

मोतियाबिन्द: भ्रांतियाँ एवं तथ्य:

- मोतियाबिन्द का एकमात्र इलाज ऑपरेशन द्वारा ही संभव है। मोतियाबिन्द ऑपरेशन विश्वभर में सबसे अधिक किया जाने वाला सफलतम ऑपरेशन है।

- मोतियाबिन्द का ऑपरेशन करवाने हेतु मोतियाबिन्द का पकना जरूरी नहीं है। दृष्टि में बाधा होने पर किसी भी स्टेज में अथवा किसी भी मौसम (सर्दी, गर्मी एवं वर्षा) में मोतियाबिन्द ऑपरेशन कराया जा सकता है।

- मोतियाबिन्द ऑपरेशन से पूर्व आँख की विस्तार से सम्पूर्ण जाँच की जाती है। इसके साथ ही ओ.सी.टी. नामक पर्दे की जाँच, आई.ओ.एल. मास्टर/ अल्ट्रासोनिक ए-स्कैन बायोमेट्री एवं स्पेकुलर माइक्रोस्कोप नामक जाँचें की जाती हैं। मरीज की आँख की स्थिति एवं उनकी आवश्यकता अनुसार उचित फोल्डेबल लेंस का चुनाव किया जाता है।

- ट्राईफोकल एवं टोरिक ट्राईफोकल नामक अत्याधुनिक लेंसों के सफल प्रत्यारोपण के बाद पास व दूर के चश्मे की निर्भरता बहुत कम (अथवा समाप्त) हो जाती है।

- सफल मोतियाबिन्द ऑपरेशन के बाद आने वाली रोशनी आँख के पर्दे की स्थिति, दृष्टि तंत्रिका एवं कॉर्निया की स्थिति पर भी निर्भर करती है।

- टॉपिकल फेको नामक पद्धति द्वारा मोतियाबिन्द ऑपरेशन एवं फोल्डेबल लेंस प्रत्यारोपण के बाद रोगी अपना नित्यकर्म एवं सभी कार्य कुछ दिनों बाद सुचारु रूप से कर सकता है।

ग्लूकोमा (काला पानी या काला मोतिया)

विश्वभर में 6 करोड़ व्यक्ति और भारत में 1.2 करोड़ रोगी ग्लूकोमा से पीड़ित हैं। ग्लूकोमा से खोई हुई रोशनी को लौटाना संभव नहीं है। एंटी-ग्लूकोमा दवाएँ सिर्फ आँखों के बढ़े हुए दबाव को नियंत्रित कर सकती हैं। लगभग 50 प्रतिशत से ज़्यादा रोगियों में इसकी चेतावनी देने वाले पूर्व लक्षण दिखाई नहीं देते हैं इसलिए ग्लूकोमा को 'साइलेंट थीफ ऑफ साईट (दृष्टि का गुपचुप चोर)' कहा जाता है। हर साल आँखों की जाँच एवं आँखो के दबाव की जाँच करवाना महत्वपूर्ण है, ताकि समय रहते इसका निदान किया जा सके।

- स्टेरॉइड आई ड्रॉप्स का उपयोग किसी डॉक्टर की सलाह के बिना न करें। चिकित्सक की सलाह के बिना एंटी-ग्लूकोमा दवाएँ बंद न करें।

- मायोपिया (लघुदृष्टि), डायबिटीज व ब्लड प्रेशर के रोगियों को ग्लूकोमा रोग होने की आशंका ज़्यादा रहती है।

रेटिना (आँख के पर्दे) संबंधी रोग

- रेटिना को अपने कार्यकलाप में विटामिन ए की काफी ज़रूरत होती है, इसलिए पर्याप्त विटामिन ए का सेवन करें।

- ल्यूटीन और जैक्सैंथिन एकमात्र आहार संबंधी कैरोटेनॉइड्स हैं, जो रेटिना में एकत्रित होते हैं, ख़ास तौर पर मैक्यूला क्षेत्र में, जो आपकी आँख के पर्दे के सेंटर में स्थित होता है। गाजर, हरी सब्ज़ियों, मक्का, कीवी, अंगूर, पालक, ब्रोकॉली, क़द्दू, संतरे, पिस्ता आदि में इन दोनों की मात्रा ज़्यादा होती है।

- डायबिटीज़ और हाई ब्लड प्रेशर की वजह से परदे या रेटिना में दुष्प्रभाव होने की आशंका बढ़ जाती है। अत: इन बीमारियों वाले रोगियों को हर साल अपनी आँखों में पुतली फैलाकर आँखों के पर्दे की विस्तृत जाँच करवाना चाहिए।

- धूप में यू.वी. फिल्टर ग्लास के चश्मे का इस्तेमाल करें।

- हरी सब्ज़ियों से युक्त पौष्टिक आहार का सेवन करें।

दृष्टि दोष

- हर साल चश्मे के नंबर की जाँच कराएँ। सही नंबर का चश्मा लगाएँ।

- एंटीऑक्सीडेंट युक्त फलों और सब्ज़ियों का सेवन करें।

- चश्मे का नंबर हटाने के लिए कॉन्टैक्ट लेंस, लेसिक लेज़र सर्जरी अथवा फैकिक लेंस प्रत्यारोपण नामक तकनीकों का इस्तेमाल किया जा सकता है।

अध्याय 24

नेत्रदान महादानः
नेत्रदान का संकल्प लें ताकि किसी का अँधेरा जीवन उजाले से भर जाएँ

समूचे देशभर में 25 अगस्त से 8 सितम्बर तक नेत्रदान पखवाड़ा (आई डोनेशन फोर्ट नाईट) मनाया जाता है। इसका प्रमुख उद्देश्य नेत्रदान की भ्रांतियों को दूर करना है एवं कॉर्निया ट्रांसप्लान्टेशन के बारे में जनमानस के बीच नेत्रदान के प्रति जागरूकता बढ़ाना है। कॉर्निया प्रत्यारोपण (लेमेलर किरेटोप्लास्टी जैसे – डीसेक, डीमेक, प्रीडेसमेट किरोटोप्लास्टी, स्टेमसेल ट्रांसप्लान्टेशन) के क्षेत्र में हुई क्रांतिकारी शोध कार्यों से एक कॉर्निया से तीन व्यक्तियों की आँखें रोशन हो सकती हैं। विश्वभर में सबसे अधिक नेत्रदान (कॉर्निया डोनशन) श्रीलंका में किए जाते हैं। समाज में नेत्रदान के प्रति जागरूकता बढ़ाकर भारत नेत्रदान के क्षेत्र में एक सम्मानजनक मुकाम पर पहुँच सकता है। यदि सभी मृत व्यक्तियों द्वारा नेत्रदान किया जाये तो, देश में कोई भी कॉर्निया में खराबी होने के कारण हुई अंधता से ग्रसित नहीं होगा। नेत्रदान के क्षेत्र में सबसे प्रमुख अवरोध समाज में जागरूकता की कमी एवं अगले जन्म में अंधा पैदा होने सम्बन्धी धार्मिक रूढ़ियाँ है। आँखों का दान करना धर्म के विरुद्ध नहीं है। ऋषि दाधीचि द्वारा अपनी अस्थियों का दान करने की कथा सर्वविदित है। अगर धृतराष्ट्र के पास नेत्र होते तो संभवत: महाभारत नहीं होती।

आँखों का महत्त्व क्या है? आँखे हमारे जीवन में कितनी अहम भूमिका निभाती हैं एवं आंखों के अभाव में जीवन कितना मुश्किल हो सकता है इसकी कल्पना कुछ मिनट हम अपनी आँखें बंद करके कर सकते हैं। हमारी आँखें न केवल जीवनभर हमें रोशनी देती हैं वरन् हमारे मरने के बाद वह किसी और की जिंदगी से भी अंधेरा हटा सकती हैं, लेकिन जब बात नेत्रदान की होती है तो काफी लोग इस अंधविश्वास में पीछे हट जाते हैं कि कहीं अगले जन्म में वह नेत्रहीन ना

पैदा हो जाएँ। समाज में प्रचलित इस अंधविश्वास की वजह से कॉर्नियल अंधता से पीड़ित दुनियां के लाखों लोगों को जिंदगी भर अंधेरे में ही रहना पड़ता है।

भारत में लगभग 1 करोड़ 80 लाख व्यक्ति अंधता के अभिशाप से ग्रसित हैं। देश में अंधता/दृष्टि बाधिता के पाँच प्रमुख कारण मोतियाबिन्द, काला पानी, दृष्टि दोष, रेटिना (पर्दे) की बीमारियाँ एवं आँख की पारदर्शी पुतली (कॉर्निया) में होने वाले रोग आदि हैं। भारत में कुल अंधता का लगभग एक प्रतिशत कॉर्नियल ब्लाइंडनेस के कारण है। देश के एक लाख बीस हजार लोगों की दोनों आँखों का कॉर्निया अंधता की स्थिति तक खराब है और लगभग दस लाख लोगों की दोनों आँखों का कॉर्निया प्रभावित है, जिसके कारण उन्हें कम दिखता है। लगभग 68 लाख लोगों का एक कॉर्निया प्रभावित है। हर साल लगभग 25-30 हजार लोग कॉर्निया खराब होने के कारण अंधता से ग्रसित हो रहे हैं। इन सब में से लगभग 50 प्रतिशत लोग कॉर्नियल ट्रांसप्लांट (पारदर्शी पुतली के प्रत्यारोपण) द्वारा रोशनी वापस प्राप्त कर सकते हैं। हर वर्ष कम से कम एक लाख पचास हजार कॉर्निया की आवश्यकता है, परन्तु प्रतिवर्ष 40-45 हजार के लगभग ही नेत्रदान हो पाते हैं।

अंधता के कारण देश को होने वाला आर्थिक नुकसान

इण्डिन जर्नल ऑफ्थेल्मोलोजी के जून 2022 में प्रकाशित शोध के अनुसार भारत में एक अंधे व्यक्ति के रख-रखाव के लिए करीब 1000 रु. प्रति माह खर्च किया जाता है। इसके अलावा एक व्यक्ति के अंधे होने के कारण प्रतिदिन करीब 150 रुपये का उत्पादन कम होता है और कुल मिलाकर राष्ट्र में करीब 800 करोड़ रुपये के उत्पादन पर विपरीत असर पड़ता है।

नेत्रदान पखवाड़ा (आई डोनेशन फोर्टनाईट) क्या है?

आई डोनेशन फोर्ट नाईट – समूचे देशभर में 25 अगस्त से 8 सितम्बर तक मनाया जाता है। इसका प्रमुख उद्देश्य नेत्रदान की भ्रांतियों को दूर कर नेत्रदान एवं कॉर्निया ट्रांसप्लान्टेशन के प्रति जनमानस के बीच जागरूकता बढ़ाना है।

कॉर्निया (पारदर्शी पुतली) प्रत्यारोपण क्या है?

कॉर्निया (पारदर्शी पुतली) प्रत्यारोपण जिसे कि मेडिकल भाषा में किरेटोप्लास्टी कहते हैं, वास्तव में कॉर्निया (पारदर्शी पुतली) का प्रत्यारोपण है। यह एक विशेष प्रकार की शल्य क्रिया है, जिसमें कि दान की हुई आँख से पारदर्शक कॉर्निया निकालकर मरीज के अपारदर्शी कॉर्निया को बदला जाता

है। यह दुर्लभ शल्य क्रिया सूक्ष्म शल्यक्रिया यंत्र (सर्जिकल माइक्रोस्कोप) की सहायता से नेत्र सर्जन द्वारा की जाती है। कॉर्निया प्रत्यारोपण करने के लिए स्वस्थ पारदर्शी पुतली चाहिये और उसको प्राप्त करने का एकमात्र साधन है दान की हुई आँख। भारतवर्ष में कॉर्निया की खराबी के कारण होती जा रही अंधता (कॉर्नियल ब्लाइंडनेस) की गहन समस्या को देखते हुए यह आवश्यक है कि ज्यादा से ज्यादा व्यक्ति अपनी आँखों का दान कर देश में अंधता को दूर करने में सहयोग दें। नेत्र चिकित्सक अब 3 अंधे मरीजों को दृष्टि देने के लिए एक कॉर्निया का उपयोग कर सकते हैं।

आँख कब और कैसे दान की जाती है?

मृत्यु के तुरन्त बाद (6 घंटे तक) मरने की सूचना टेलीफोन द्वारा नजदीकी नेत्र कोष (आई बैंक) पहुँचा दी जाए तो नेत्र विभाग का कोई डॉक्टर अथवा प्रशिक्षित आई बैंक टैक्नीशियन आपके घर आकर मरने वाले की आँख का कॉर्निया निकालकर ले जाएगा और निकाली हुई खाली जगह में आर्टिफिशियल कॉन्टेक्ट लेंस (शेल) लगा देगा ताकि नेत्रदान करने वाले का चेहरा विकृत न दिखे। मरने के बाद जितनी जल्दी कॉर्निया निकाला जाए उतना ही वह प्रत्यारोपण के लिए उत्तम रहता है। कॉर्निया निकालने का काम पूर्ण निःशुल्क किया जाता है।

कौनसी आँखें दान की जा सकती हैं?

किसी भी उम्र के व्यक्ति की रोग रहित आँखें (कॉर्निया) प्रत्यारोपण के काम आ सकती हैं। दान की गई पारदर्शी पुतली का उपयोग कॉर्निया प्रत्यारोपण के अलावा शोध कार्यों अथवा नेत्र चिकित्सकों की ट्रेनिंग हेतु भी किया जाता है। आकस्मिक दुर्घटना, हार्ट अटैक या पक्षाघात से मरने वाले के कॉर्निया श्रेष्ठ हैं। ब्लड प्रेशर, डायबिटीज, अस्थमा, हृदय सम्बन्धी बीमारी से मरे हुए व्यक्तियों की आँखें भी उत्तम हैं। सेप्टीसीमिया, वायरल संक्रमण, जहर खाकर, पानी में डूबकर, फाँसी से, जलकर या लंबे बुखार, सिफलिस, टी.बी., एड्स इत्यादि मरे हुए व्यक्ति की आँखों के कॉर्निया को कॉर्नियल ट्रांसप्लान्टेशन के प्रयोग में नहीं लाया जाता है।

नेत्र-कोष (आई बैंक) क्या है?

भारतवर्ष में नेत्रदान के बारे में आम जनता की जागरूकता अति आवश्यक है, क्योंकि इस देश में नेत्रदान के बारे में जागरूकता बढ़ाकर नेत्रदान की परम्परा को आगे बढ़ाया जा सकता है। भारतवर्ष में कॉर्निया के दान के क्षेत्र में गुजरात,

आंध्रप्रदेश व महाराष्ट्र अग्रणी हैं। राजस्थान में आई बैंक सोसायटी जयपुर द्वारा दान से प्राप्त कॉर्निया को राज्य के विभिन्न भागों में नेत्र विशेषज्ञों को कॉर्निया प्रत्यारोपण हेतु भेजा जाता है। स्वस्थ कॉर्निया का उपयोग किरेटोप्लास्टी हेतु किया जाता है। इसके अतिरिक्त कॉर्निया का उपयोग थेराप्यूटिक किरेटोप्लास्टी अथवा शोध कार्य हेतु भी किया जा सकता है।

जानिए कॉर्निया प्रत्यारोपण-महत्वपूर्ण बातें

भारतवर्ष में करीब 22 लाख लोग कॉर्नियल ऑपेसिटी (कॉर्निया नामक पारदर्शी पुतली पर सफेदी होने से) अंधे हैं व हर वर्ष करीब 2 लाख व्यक्ति और ग्रसित होते जाते हैं। इन अंधों में से करीब 75 प्रतिशत लोगों को पुतली प्रत्यारोपण की शल्यक्रिया से लाभान्वित किया जा सकता है। भारतवर्ष में साल भर में करीब 1 करोड़ व्यक्तियों की मृत्यु होती है, परन्तु सिर्फ 45,000 आँखें दान होती हैं। कॉर्निया प्रत्यारोपण (लेमीलर किरेटोप्लास्टी जैसे - डीसेक, डीमेक, प्रीडेसमेट किरेटोप्लास्टी, स्टेमसेल ट्रांसप्लान्टेशन) के क्षेत्र में हुए क्रांतिकारी शोध कार्यों से एक कॉर्निया से 3 व्यक्तियों की आँख रोशन हो सकती हैं।

कॉर्निया प्रत्यारोपण-भ्रम (मिथ्या धारणाएँ)

आँखों का दान करना धर्म के विरुद्ध है। आँखें जीवित मनुष्य की निकाली जाती हैं। आँखों को निकालने के बाद चेहरा भद्दा दिखता है। पूरी आँख का प्रत्यारोपण किया जाता है। मधुमेह, ब्लड-प्रेशर व दृष्टि-दोष वाले मनुष्य दान नहीं कर सकते। पुरुष के पुरुष की ही आँख लगाई जाती है। वृद्धों की आँख को काम में नहीं लाया जा सकता है।

कॉर्निया प्रत्यारोपण-सत्य

केवल आँखों के कॉर्निया नामक अग्रिम पारदर्शी हिस्से को मरने के तुरन्त बाद ही निकाला जाता है। पूरी आँख का प्रत्यारोपण विश्व में कहीं भी संभव नहीं है। केवल कॉर्निया का उपयोग प्रत्यारोपण के लिए किया जाता है। वही व्यक्ति उपयुक्त दान प्राप्तकर्त्ता है, जिसका कॉर्निया अपनी पारदर्शिता खो चुका हो व जिस आँख में रोशनी को देखने की शक्ति हो। कॉर्निया निकालने की प्रक्रिया में सिर्फ 10 मिनट लगते हैं व कुरूपता बचाने के लिये कॉन्टेक्स लेंस या शैल लगा दी जाती है। मोतियाबिन्द की शल्य क्रिया के पश्चात् भी अगर आँख का कॉर्निया स्वस्थ हो तो दान किया जा सकता है।

अध्याय 25

प्रमुख स्वास्थ्य एवं अन्य महत्वपूर्ण दिवस

1. विश्व स्वास्थ्य दिवस

प्रत्येक वर्ष 7 अप्रैल को 'विश्व स्वास्थ्य दिवस' मनाया जाता है। वर्ष 2022 में मनाए जाने वाले विश्व स्वास्थ्य दिवस की थीम थीं 'अवर प्लेनेट अवर हेल्थ'। वर्ष 2023 में मनाये जाने वाले विश्व स्वास्थ्य दिवस की थीम 'हेल्थ फॉर ऑल' है। विश्व स्वास्थ्य संगठन द्वारा विश्व स्वास्थ्य दिवस मनाएँ जाने की शुरूआत 1950 से हुई थी। हर देश के लिए उसके नागरिकों का स्वास्थ्य एक बहुत अहम कड़ी एवं उपलब्धि है। स्वास्थ्य का सीधा संबंध वातावरण से है। स्वच्छ हवा, स्वच्छ जल एवं स्वच्छ भोज्य पदार्थों को अपनाकर उत्तम स्वास्थ्य पाया जा सकता है। पिछले 20 वर्षों में वातावरण प्रदूषण, जल प्रदूषण आदि बढ़ने से अनेकों प्रकार की स्वास्थ्य समस्याएँ हुई हैं। विश्व स्वास्थ्य संगठन के अनुसार प्रतिवर्ष 1 करोड़ 30 लाख व्यक्तियों की मृत्यु दूषित वातावरण के द्वारा उत्पन्न स्वास्थ्य समस्याओं से होती है। भारत में दूषित वायु के कारण 20 लाख व्यक्तियों की मृत्यु हर वर्ष हो जाती है। वर्ल्ड एयर क्वालिटी रिपोर्ट के अनुसार भारत के भिवाड़ी, गाजियाबाद एवं दिल्ली जैसे शहर विश्व के सर्वाधिक 5 प्रदूषित शहरों में से हैं।

क्लाईमेट क्राईसिस विश्वभर में आज की परिस्थिति में सबसे बड़ा स्वास्थ्य खतरा बनकर सामने आ पड़ी है। विश्व स्वास्थ्य संगठन द्वारा क्लाईमेट क्राईसिस एवं उसके दुष्परिणाम से उत्पन्न रोगों (कुपोषण, मलेरिया, डेंगू, डायरिया, हीट स्ट्रोक, आदि) से हर वर्ष 2.5 लाख मृत्यु होने का आँकलन किया गया है। वर्ल्ड हेल्थ आर्गेनाईजेशन द्वारा वर्ष 2030 तक क्लाईमेट क्राईसिस के कारण उत्पन्न स्वास्थ्य समस्याओं का खर्च 2 से 4 अमेरिकी बिलियन डॉलर आँका गया है। आज विश्वभर में निवास कर रहे 7.9 अरब मानवों के स्वास्थ्य संवर्धन

के लिए हमें प्लेनेट को स्वस्थ रखना एवं बढ़ते प्रदूषण को नियंत्रित करना अति आवश्यक है। क्लाईमेट क्राईसिस को यदि समय रहते हुए नहीं रोका गया तो आने वाले समय में यह पब्लिक हैल्थ क्राईसिस बनकर विश्वभर के मानव जगत के लिए गंभीर खतरा बन सकती है। बढ़ते तापमान, बढ़ते कार्बन डाईऑक्साईड के खतरों से जहाँ समुद्रों का जल स्तर बढ़ रहा है वहीं दूसरी ओर मौसम चक्र में तेजी से परिवर्तन हो रहा है। जिसके कारण बाढ़, अतिवृष्टि, अनावृष्टि के कारण फसलों का नष्ट होना आदि घटनाएँ विश्वभर में गंभीर स्वास्थ्य समस्याएँ पैदा कर रही हैं। इसके कारण विश्वभर में साँस संबंधित समस्याएँ, हृदय रोग, कुपोषण, डायरिया, मलेरिया, एलर्जी, आदि बीमारियाँ बहुत तेजी से बढ़ती जा रही हैं।

कोविड-19 वैश्विक महामारी ने विश्वभर में स्वास्थ्य को प्राथमिकता देने की आवश्यकता पर बल दिया है। महामारी के दौरान प्रथम लॉकडाउन के समय वातावरण प्रदूषण बहुत कम होने के कारण जालंधर से बर्फ से आच्छादित हिमालय की चोटियाँ, दृष्टि गोचर हुई थीं। कोविड-19 वैश्विक महामारी ने मानव को प्रतिरोधक क्षमता बढ़ाते हुए स्वस्थ जीवन जीने का सशक्त संदेश दिया। महामारी के दौरान विश्वभर के नागरिकों में पर्यावरण संरक्षण से स्वास्थ्य संवर्धन, शरीर की रोग प्रतिरोधक क्षमता बढ़ाने हेतु योग, प्राणायाम एवं प्रकृति द्वारा प्रदत्त औषधियों के सेवन का प्रचलन बढ़ा। इसके साथ-साथ साइक्लिंग के बढ़ते प्रचलन से वातावरण के बढ़ते प्रदूषण को कम करने का रास्ता खुला है। नीदरलैण्ड, नॉर्वे, स्वीडन जैसे छोटे देशों से सीखकर यदि भारत की 10 प्रतिशत जनता भी साइक्लिंग को अपना ले तो इसके अनेकों फायदें पर्यावरण, सुरक्षा एवं स्वास्थ्य-सवर्धन के क्षेत्र में हमें मिल सकते हैं।

जल प्रदूषण को रोकने के लिए हमें नदियों एवं अन्य जल स्रोतों को प्रदूषण रहित रखने की स्वस्थ परंपरा डालनी होगी। उदाहरण के लिए नवरात्रि, गणेश चतुर्थी जैसे त्योहारों के उपलक्ष्य में प्लास्टर ऑफ पेरिस एवं अन्य केमिकल से बनी हुई मूर्तियाँ बनाई जाती हैं। जिनका विसर्जन देशभर की जनता द्वारा तालाबों, नदियों में प्रतिवर्ष किया जाता है। हर वर्ष होने वाली इस परंपरा के कारण जहाँ नदियों एवं तालाबों के जल स्तर में कमी आ रही है। वहीं दूसरी ओर इन मूर्तियों से निकले केमिकल के कारण मछलियों एवं अन्य जलीय जन्तुओं की हानि भी विषैले केमिकल के कारण हो रही है। उद्योगों द्वारा भी प्रदूषित

रासायनिक पदार्थ जलस्रोतों (नदियों आदि) में डाल दिए जाते हैं। दैनिक भास्कर समाचार पत्र ने 'मिट्टी के गणेश जी' नामक परंपरा का शुभारंभ कर इस प्रथा को देशभर में बदलने हेतु सशक्त विकल्प सुझाया एवं जल प्रदूषण रोकने की दिशा में एक अति सराहनीय कदम उठाया। राजस्थान पत्रिका ने 'अमृतम जलम्' अभियान चलाकर कुओं एवं बावड़ियों की सफाई करते हुए जल संरक्षण करने हेतु सामाजिक आंदोलन चलाया था। इको-फ्रैंडली दीवाली मनाकर हम हर वर्ष देशभर में पटाखों के कारण होने वाले ध्वनि एवं वायु प्रदूषण को कम करने में अपना महत्वपूर्ण योगदान दे सकते हैं।

देश के हर नागरिक के स्वास्थ्य संरक्षण हेतु सरकारों को नए अस्पताल खोलने एवं चिकित्सकों की संख्या बढ़ाने के साथ-साथ पर्यावरण संरक्षण कर स्वच्छ जल, स्वच्छ वायु एवं स्वच्छ भोज्य पदार्थों को देशभर के नागरिकों हेतु उपलब्ध कराना होगा। नेशनल मेडिकल कमीशन के अनुसार भारत में 140 करोड़ जनसंख्या पर 12,55,786 एलोपैथिक चिकित्सक एवं 7.7 लाख आयुष चिकित्सक कार्य कर रहे हैं। डॉक्टर पॉपुलेशन अनुपात की बात करें तो भारत में प्रति 1000 व्यक्तियों पर एक चिकित्सक है। विश्व स्वास्थ्य संगठन के अनुसार भारत इस मुकाम पर वर्ष 2018 में पहुँच चुका है। देशभर में हृदय रोग, श्वास के रोग, सड़क दुर्घटनाएँ, कैंसर एवं लाइफ-स्टाइल डिज़ीज़ (जैसे डायबिटीज, हाईपरटेंशन, ऑबेसिटी आदि) आकस्मिक मृत्यु के पाँच प्रमुख कारण हैं। आधुनिक चिकित्सा प्रगति ने जहाँ वैक्सीन, एन्टीबायोटिक एवं अत्याधुनिक डायग्नोस्टिक एवं सर्जरी के माध्यम से व्यक्तियो की औसत आयु 70 वर्ष तक पहुँचा दी है। लेकिन अत्याधुनिक चिकित्सा प्रगति के पास पर्यावरण संरक्षण एवं सभी रोगों को जड़ से ठीक करने की संजीवनी नहीं है। उत्तम स्वास्थ्य की संजीवनी प्राप्त करने के लिए हमें यथासंभव प्राकृतिक जीवन-शैली को अपनाते हुए पौष्टिक खानपान, हेल्दी जीवनचर्या, नियमित व्यायाम, पर्याप्त नींद, तनावरहित जीवन जीने के स्वर्णिम सूत्रों को अपनाना होगा। स्वस्थ रेशे युक्त भोजन, खानपान में चीनी एवं नमक का सीमित प्रयोग, तम्बाकू, सिगरेट, शराब, गुटखा, आदि की लत से दूर रहना होगा। विश्व स्वास्थ्य दिवस पर आईए हम मिलकर संकल्प लें कि हमारे वातावरण को स्वच्छ रहने में अपनी-अपनी महत्वपूर्ण भूमिका निभाएंगे एवं स्वच्छ वातावरण से उत्तम स्वास्थ्य का संदेश जन-जन तक पहुँचाते चलेंगे।

*****

2. विश्व मधुमेह दिवस (वर्ल्ड डायबिटीज डे)

विश्व स्वास्थ्य संगठन (वर्ल्ड हेल्थ आर्गेनाईजेशन) द्वारा दिनांक 14 नवम्बर को विश्व मधुमेह दिवस (वर्ल्ड डायबिटीज डे) मनाया जाता है। विश्व मधुमेह दिवस 2022 की थीम थी 'एजुकेशन टू प्रोटेक्ट टूमारो'। मधुमेह इक्कीसवीं सदीं की सबसे बड़ी महामारी बन रही है। विश्वभर में हृदय रोग एवं कैंसर के बाद मधुमेह तीसरा प्रमुख साईलेंट किलर है। बदलती जीवन शैली से भारत में मधुमेह रोगी विश्वभर में चीन के बाद सबसे अधिक हैं। भारत 'डायबिटिक कैपिटल ऑफ द वर्ल्ड' बनता जा रहा है। विशेषज्ञों ने डायबिटीज को ग्लोबल पेंडेमिक माना है जो कोविड-19 जैसी वैश्विक महामारी से 3 गुना अधिक खतरनाक है। मधुमेह रोगियों में अंधता का खतरा 25 गुना अधिक होता है।

विश्व मधुमेह दिवस हर वर्ष 14 नवम्बर को सर फ्रेडरिक बेंटिंग के जन्म दिवस के रूप में मनाया जाता है जिन्होंने 1922 में चार्ल्स बेस्ट के साथ इंसुलिन की खोज की थी। इस महत्वपूर्ण खोज के लिए 1923 में इन दोनों वैज्ञानिकों को नोबल पुरस्कार से नवाजा गया था। विश्वभर में 415 मिलियन (41.5 करोड़) रोगी डायबिटीज से पीड़ित हैं, जिनकी संख्या सन् 2045 में बढ़कर 630 मिलियन (63 करोड़) हो जायेगी। इंटरनेशनल डायबिटीक फेडरेशन के अनुसार भारत में वर्तमान में लगभग 77 मिलियन (7.7 करोड़) व्यक्ति डायबिटीज से पीड़ित हैं। यह संख्या सन् 2040 तक बढ़कर 123 मिलियन (12.3 करोड़) हो जायेगी। लगभग 10 लाख भारतीय रोगियों की प्रतिवर्ष डायबिटीज के कारण मृत्यु हो जाती है। डायबिटीज से पीड़ित रोगियों के कुल इलाज का बोझ लगभग 11 लाख करोड़ रुपये है। विश्व का हर छठा डायबिटीक व्यक्ति भारतीय है एवं भारत में डायबिटीज पश्चिमी देशों की तुलना में 10 वर्ष पहले हो जाती है। इण्डियन काउन्सिलिंग ऑफ मेडिकल रिसर्च के अनुसार भारत में डायबिटीज से पीड़ित तीन शीर्ष राज्य केरल, तमिलनाडु एवं पंजाब हैं। दो में से एक भारतीय को डायबिटीज से पीड़ित होने का पता ही नहीं है। डायबिटीज के निदान के लिए वर्ष में दो बार ब्लड शुगर टेस्ट करवाना अति आवश्यक है। भारत में 8.6 लाख रोगी इंसुलिन डिपेंडेन्ट डायबिटीज अथवा टाइप-1 डायबिटीज से पीड़ित हैं जो प्रमुखत: बच्चों में देखी जाती है। दस में से छः टाइप-1 डायबिटीज से पीड़ित रोगियों की डायग्नोसिस हुए बिना ही मृत्यु हो जाती है। मोटापे से पीड़ित महिलाओं में गर्भावस्था में भी डायबिटीज होने का खतरा अनेकों गुना बढ़ जाता है, जिसे जेस्टेशनल डायबिटीज कहते हैं। विश्व स्वास्थ्य संगठन के अनुसार

भारत में 50 लाख महिलाएँ जेस्टेशनल डायबिटीज से पीड़ित हैं। जेस्टेशनल डायबिटीज से पीड़ित महिलाओं में अनेकों जटिलताएँ हो सकती है। गर्भावस्था के दौरान महिलाओं में प्री-एक्लेम्पसिया (रक्तचाप का बढ़ना), शिशु का वजन बढ़ना आदि जटिलताएँ हो सकती हैं जिसके कारण ऐसे शिशुओं के जन्म हेतु सीजेरियन सैक्शन ऑपरेशन करने की संभावना बढ़ जाती है। जेस्टेशनल डायबिटीज से पीड़ित महिलाओं में गर्भावस्था के बाद भी डायबिटीज, हृदय रोग, ब्रेस्ट कैंसर होने की संभावना बढ़ जाती है।

मधुमेह रोग का उल्लेख सुश्रुत एवं चरक जैसे प्राचीन ग्रंथों में भी मिलता है। भारत में दो से तीन दशक पहले मृत्यु का प्रमुख कारण टायफाइड, हैजा, मलेरिया, टी.बी. आदि हुआ करते थे। पिछले 20 से 30 वर्षों में बदलती जीवन शैली के कारण डायबिटीज, हायपरटेंशन, हृदय रोग, स्ट्रोक एवं कैंसर मृत्यु के प्रमुख कारण बन चुके हैं। इण्डियन काउन्सिल ऑफ मेडिकल रिसर्च डायबिटीज (एवं डायबिटीज द्वारा उत्पन्न व्याधियाँ) भारत में मृत्यु का पाँचवाँ प्रमुख कारण है। डायबिटीज रोगियों की संख्या भारत में तेजी से बढ़ रही है। समस्या की जड़ तक पहुँचकर समाधान ढूँढने के लिए इसके कारणों पर गहराई से विचार करते हुए रिस्क फैक्टर कम करने हेतु पूरी गंभीरता से जागरूकता अभियान चलाना होगा, जिससे आने वाले दशक में भारत में मधुमेह को नियंत्रित करने हेतु सार्थक प्रयास किये जा सकें। भारत में मधुमेह रोगियों की संख्या तेजी से बढ़ने के प्रमुख कारण हैं:- मोटापा (ऑबेसिटी) बढ़ाने वाले हाई कैलोरी, हाई शुगर युक्त, अनहेल्दी भोज्य पदार्थों का सेवन, नियमित एक्सरसाइज (फिजिकल एक्टीविटी) का अभाव, वातावरण में बढ़ता प्रदूषण एवं बढ़ता तनाव। देश के लाखों युवाओं एवं युवतियों में बढ़ता मोटापा (ऑबेसिटी), आई.टी. सैक्टर, कॉल सेन्टर में काम करने वालों में स्लीप पेटर्न का बदलाव, वातावरण में बढ़ता प्रदूषण, भोज्य पदार्थों में पेस्टीसाईड एवं कैमिकल्स का बढ़ता उपयोग, प्लास्टिक में पाये जाने वाले बिसफेनोल नामक विषैले पदार्थ आदि कारणों से देश में डायबिटीज की संख्या बहुत तेजी से बढ़ रही है। बदलती जीवन शैली एवं कोविड-19 वैश्विक महामारी के कारण देश की अधिकांश पेशेवर व्यक्ति वर्क फ्रॉम होम के तहत घर से अपना-अपना कार्य कर रहे हैं। स्मार्टफोन एवं सोशल मीडिया के बढ़ते हुए उपयोग के कारण उत्पन्न सेडेण्टरी लाईफ-स्टाइल, नियमित रूप से फिजिकल एक्टीविटी एवं एक्सरसाईज का अभाव एवं असंतुलित भोज्यपदार्थों (जंक फूड) के सेवन के कारण देश की युवा पीढ़ी में मोटापा एवं अन्य लाइफ

-स्टाइल बीमारियाँ बहुत तेजी से बढ़ रही हैं। एण्डोक्राइन जर्नल अप्रैल 2018 में प्रकाशित रिसर्च के अनुसार लेट नाईट भोजन करने एवं प्रातः का नाश्ता नहीं करने से भी डायबिटीज का खतरा तेजी से बढ़ रहा है। प्रकाशित शोध के अनुसार बेड टाईम डिनर के समय शरीर में इन्सुलिन कम स्त्रावित होता है एवं मेलाटोनिन नामक हार्मोन का स्तर अधिक होता है जिससे लेट नाइट डिनर करने वाले व्यक्तियों में डायबिटीज का खतरा बहुत बढ़ जाता है।

शरीर में इंसुलिन ठीक प्रकार से न बनने अथवा इंसुलिन का उपयोग उचित प्रकार से नहीं होने के कारण रोगी का ब्लड शुगर (ग्लूकोज) लेवल अधिक हो सकता है। अनियंत्रित डायबिटीज (मधुमेह) का आँखों, हृदय, किडनी, पैरों पर दुष्प्रभाव हो सकता है। डायबिटीज द्वारा शरीर के प्रमुख अंगों में होने वाले दुष्प्रभाव, जटिलताओं एवं व्याधियों के कारण यह रोग अंधता, किडनी फैल्योर, हार्ट अटैक, स्ट्रोक एवं पैरों के कटने (लॉवर लिम्ब एम्पुटेशन) का एक प्रमुख कारण है। इन दुष्प्रभावों को रोकने के लिए जनसाधारण के बीच में मधुमेह के प्रति जागरूकता बढ़ाते हुए डायबिटीज को रोकने के प्रयासों को युद्ध स्तर पर करना अति आवश्यक है, जिससे डायबिटीज के द्वारा हो रही असमय मृत्यु एवं इस बीमारी के द्वारा शरीर के अंगों पर होने वाले दुष्प्रभाव को कम किया जा सके।

डायबिटीज (मधुमेह) आँखों की समस्याओं का खतरा बढ़ा सकती है। डायबिटीज रोगियों में अंधता का खतरा 25 गुना अधिक होता है। बहुत ज्यादा ब्लड शुगर बढ़ने से आँखों में पर्दे (रेटिना) की सूक्ष्म रक्त वाहिकाओं (ब्लड वैसेल्स) को नुकसान पहुँचता है। आँख के पर्दे में सूजन होने से दिखाई देना कम हो सकता है अथवा आँखों के जेली-नुमा विट्रियस नामक पदार्थ में रक्तस्राव होने से रोगी को दिखाई देना बन्द हो सकता है। अतः मधुमेह से पीड़ित व्यक्ति को नियमित रूप से वर्ष में दो बार दवा डालकर अपनी आँखों एवं पर्दे (रेटिना) की विस्तृत जाँच करवाना जरूरी है।

डायबिटीज (मधुमेह) से आंखों में नुकसान के लक्षण

डायबिटीज (मधुमेह) से पीड़ित रोगी को कैटेरेक्ट (मोतियाबिन्द), कालापानी (ग्लूकोमा) एवं पर्दे की समस्याऐं (डायबिटिक रेटिनोपैथी) आदि हो सकते हैं, जिन्हें 'डायबिटिक आई डिजीज' कहा जाता है। डायबिटीज विभिन्न प्रकार से रोगी की आंखों का नुकसान पहुँचा सकती है। रोगी की ब्लड शुगर अधिक होने पर धुंधलापन दिखाई दे सकता है अथवा दृष्टि संबंधी अन्य समस्याऐं पैदा हो

सकती है। लेकिन, यदि रोगी को किसी प्रकार का कोई लक्षण दिखाई न दे, तो भी आंखों को नुकसान पहुँच सकता है। इसलिए, मधुमेह रोगी लक्षणों पर दिखाई देने का इंतजार न करें, आंखों एवं पर्दे की विस्तृत जांच नियमित रूप से करायें।

ग्लूकोमा तथा डायबिटीज

हालाँकि, 40 वर्ष से अधिक आयु के प्रत्येक व्यक्ति को ग्लूकोमा का खतरा अधिक रहता है, लेकिन मधुमेह से पीड़ित व्यक्ति को इसकी 40 प्रतिशत अधिक संभावना रहती है। ग्लूकोमा की स्थिति में रोशनी के आस-पास चमकीला घेरा अथवा रंगीन चक्र बनता है, लेकिन आमतौर पर इसके लक्षण दिखाई नहीं देते हैं इसीलिए ग्लूकोमा को 'साइलेंट थीफ ऑफ साईट' अथवा 'दृष्टि का गुपचुप चोर' कहते हैं। इसका उपचार न कराने से आँख में प्रेशर बढ़ जाता है, जिससे आंखों की दृष्टि तंत्रिका (आप्टिक नर्व) क्षतिग्रस्त होने लगती है। लम्बे समय तक अनियंत्रित ग्लूकोमा होने के परिणाम स्वरूप आँखों की रोशनी समाप्त होने से दृष्टिहीनता की स्थिति उत्पन्न हो सकती है। ग्लूकोमा के उपचार में आई ड्रोप डालकर आँख के प्रेशर को कम किया जाता है अथवा लेजर या फिर परम्परागत ग्लूकोमा सर्जरी की जाती है।

मोतियाबिंद तथा डायबिटीज

मधुमेह से पीड़ित रोगियों को मोतियाबिन्द होने की 60 प्रतिशत अधिक संभावना है। स्वस्थ व्यक्ति की तुलना में मधुमेह से पीड़ित व्यक्ति को युवा अवस्था में मोतियाबिन्द होने का खतरा चार गुना अधिक होता है। ब्लड शुगर को ठीक प्रकार से नियंत्रित न रखने पर मोतियाबिन्द की स्थिति बढ़ सकती है। यह रोशनी में बाधा डालती है और दृष्टि में धुँधलापन पैदा करती है। मोतियाबिन्द सर्जरी में आँख के कुदरती लेंस को हटाकर कृत्रिम लेंस लगाया जाता है, जिससे दृष्टि में सुधार होता है। कई बार मोतियाबिन्द सर्जरी के बाद डायबिटिक रैटिनोपैथी की स्थिति खराब हो सकती है जिसका समय-समय पर जाँच एवं उपचार आवश्यक है।

डायबिटिक रैटिनोपैथी

डायबिटीज से पीड़ित व्यक्ति की आँखों के पर्दे में सूजन होना, खून की वाहिकाओं के बढ़ने से खून उतरना आदि लक्षण हो सकते हैं। इस स्थिति को डायबिटिक रैटिनोपैथी कहते हैं। हो सकता है कि पहले रोगी को किसी प्रकार

के लक्षण नहीं दिखाई दें, लेकिन समय गुजरने के साथ आँख के पर्दे के ब्लड वैसेल्स कमजोर होकर ब्लड वैसेल्स की दीवारों को नुकसान पहुँचा सकते हैं। इससे फ्लूड लीक हो सकता है जिसे मेकुलर ईडीमा कहते हैं। मधुमेह बढ़ने की स्थिति में क्षतिग्रस्त ब्लड वैसेल्स समूचे रेटिना को प्रभावित कर सकते हैं। इससे गंभीर रूप से दृष्टि कम हो सकती है अथवा उपचार के अभाव में दृष्टिहीनता की स्थिति भी पैदा हो सकती है।

डायबिटिक रैटिनोपैथी का उपचार

आंखों के पर्दे की विस्तृत जाँच जैसे फण्ड्स एग्जामिनेशन एवं आप्टिकल कोहरेन्स टोमोग्राफी (ओ.सी.टी.) से पर्दे पर होने वाली सूजन का पता लगाया जा सकता है। आँख के पर्दे की ब्लड वैसेल्स में लीकेज का पता लगाने के लिए एक विशेष प्रकार के एंजियोग्राम में डाई का उपयोग किया जा सकता है। डायबिटिक रैटिनोपैथी की प्रारम्भिक अवस्था का उपचार आमतौर पर एन्टी-वेजएफ इंजेक्शन अथवा फोटोकोगुलेशन नामक लेजर पद्धति से किया जाता है। लेजर ब्लड वैसेल्स को सील करके लीकेज अथवा इसके बढ़ने की रोकथाम करता है। यह प्रोसिजर खोई दृष्टि को वापस नहीं ला पाता तथापि, लेजर, एन्टी-वेजएफ इंजेक्शन, परदे की सर्जरी आदि उपचार के द्वारा डायबिटीज के रेटिना पर होने वाले दुष्प्रभाव को कम किया जा सकता है।

डायबिटिक रेटिनोपैथी की अग्रिम अवस्था में यदि रेटिना अपने स्थान से हट जाता है अथवा अधिक मात्रा में रक्त आँख में जमा हो जाता है तो विट्रेक्टोमी नामक ऑपरेशन की आवश्यकता पड़ सकती है। इस सर्जिकल उपचार में आँख के भीतर से स्कैर टिश्यु, ब्लड तथा धुँधले फ्लूड को साफ किया जाता है। विट्रेक्टोमी नामक सर्जरी रोगी आँख की दृष्टि सुधार सकती है। लेकिन दृष्टि बनाए रखने के लिए मधुमेह को नियंत्रित रखना अति आवश्यक है।

डायबिटिक रैटिनोपैथी की रोकथाम

मधुमेह रोगी ब्लड शुगर, ब्लड प्रेशर तथा कॉलेस्ट्रॉल को नियंत्रित कर नेत्र संबंधी समस्याओं की रोकथाम कर सकते हैं। व्यापक अध्ययन से पता चला है कि मधुमेह अर्थात् डायबिटीज से पीड़ित व्यक्ति जो अपने रोग नियंत्रित रखने का प्रयास करते हैं उनमें डायबिटिक रैटिनोपैथी की दर एक चौथाई रहती है। रेटिनोपैथी के लक्षणों का शीघ्र पता लगाने के लिए हर वर्ष में दो बार पुतली फैलाने की दवा डालकर विस्तृत नेत्र परीक्षण (रेटिना की जाँच)

करना भी महत्त्वपूर्ण होता है। याद रखें डायबिटीज से खोई रोशनी लौटाना मुश्किल होता है अत: समय-समय पर जाँच एवं उपचार के माध्यम से इसे रोका जा सकता है।

डायबिटीज को रोकने एवं नियंत्रित करने हेतु नियमित रूप से नियमित एक्सरसाईज करें, मोटापे (ऑबेसिटी) को नियंत्रित रखें, खूब पानी पिएँ, लो कार्ब, हाई फाइबर, चने, जौ, गेहूँ युक्त मिक्स डाईट का सेवन करें, विटामिन डी युक्त पदार्थों का सेवन करें, स्मोकिंग, अल्कोहल से परहेज करें। चालीस वर्ष के बाद हर साल में दो बार ब्लड शुगर की जाँच नियमित रूप से करवाएँ। विश्व मधुमेह दिवस के अवसर पर 2022 की थीम 'एजुकेशन टू प्रोटेक्ट टूमारो' को सार्थक करते हुए देश के चिकित्सकों, चिकित्सा संस्थाओं सरकारी एवं गैर सरकारी संस्थाओं आदि सभी के सामूहिक प्रयासों से देश के जनमानस के बीच डायबिटीज के प्रति युद्ध स्तर पर जागरूकता बढ़ाते हुए भारत को मधुमेह की राजधानी बनने से रोकना होगा।

*****

3. विश्व दृष्टि दिवस (वर्ल्ड साइट डे)

प्रत्येक वर्ष अक्टूबर माह के दूसरे गुरुवार को विश्व दृष्टि दिवस का आयोजन किया जाता है। 14 अक्टूबर 2022 को मनाए जाने वाले वर्ल्ड साइट डे की थीम थी 'लव योर आईज़'। सस्ते स्मार्टफोन की उपलब्धता, 4-जी इंटरनेट कनेक्शन, सस्ते डेटा प्लान के चलते आज देशभर में 75 करोड़ से अधिक व्यक्ति प्रतिदिन स्मार्टफोन का उपयोग कर रहे हैं। प्रतिवर्ष देशभर में 3 करोड़ से अधिक स्मार्टफोनों की ब्रिक्री हो रही है। भारत में विश्वभर में चीन के बाद सबसे अधिक स्मार्टफोन यूजर्स हैं। कोविड-19 वैश्विक महामारी के दौरान, उसके बाद ऑनलाईन क्लासेज़ एवं वर्क फ्रॉम होम के चलते हर परिवार में स्क्रीन टाइम औसतन 3 से 5 घंटे तक बढ़ गया है। विदेशों में किए गए अध्ययनों के अनुसार स्मार्टफोन के उपयोग करने वाले व्यक्ति दिनभर में 80 बार से अधिक अपना फोन चेक करते हैं ऐसे व्यक्ति 2617 बार फोन को स्वाईप/ टेप करते हैं। पाँच वर्ष से छोटे बच्चें भी स्मार्टफोन का उपयोग खिलौनों के रूप में कर रहे है। व्यस्त माता-पिता, न्यूक्लियर परिवार, एक संतान के चलते बच्चों को एकाकीपन दूर करने के लिए मोबाइल फोन को खिलौनों के रूप में अपने छोटे बच्चों को पकड़ा देते हैं एवं जाने-अन्जाने में धीरे-धीरे बच्चों को

स्मार्टफोन की लत लगा देते हैं। छोटे बच्चों में स्मार्टफोन के नियमित 2 घंटे से अधिक उपयोग के कारण अनेकों मानसिक, वैचारिक एवं शारीरिक परिवर्तन हो रहे हैं। धीरे-धीरे यह बच्चे स्मार्टफोन से वीडियोगेम्स, पब्जी, टिकटॉक आदि वीडियोगेम्स, एप एवं सोशल मीडिया साइट्स फेसबुक, इंस्ट्राग्राम आदि का उपयोग माता-पिता की अनुपस्थिति में कर रहे हैं।

क्या है स्मार्टफोन एडिक्शन?

'स्मार्टफोन की लत' से पीड़ित बच्चे, 'नोमोफोबिया' नामक मनोरोग से पीड़ित हो जाते हैं जिसमें इन बच्चों को स्मार्टफोन की बैट्री कम होने, इंटरनेट का डेटा खत्म होने अथवा इंटरनेट कनेक्शन नहीं आने पर बेचैनी, चिड़चिड़ापन, गुस्सा, आँखों मे दर्द, सिर दर्द, नींद नहीं आना, आदि अनेकानेक लक्षण होने लगते हैं। स्मार्टफोन एडिक्शन बढ़ने पर यह बच्चे स्मार्टफोन के 'वर्चुअल वर्ल्ड' में कैद हो जाते हैं। माता-पिता से मिलना जुलना, बातचीत करना, खेलना कूदना, अध्ययन करना आदि रूटीन काम भी मुश्किल प्रतीत होते हैं। ऐसे बच्चों में स्मार्टफोन एडिक्शन के कारण मस्तिष्क के न्यूरो ट्रांसमीटर हार्मोन्स का असुन्तलन होने लगता है जिसके कारण उनकी सही निर्णय लेने की क्षमता कम होने लगती है। ऐसे बच्चे 'साइबर बुलिंग' अथवा 'ऑनलाईन फ्रॉड' का शिकार भी हो सकते हैं। साईबर बुलिंग में शामिल हैं - किसी की जासूसी करना, पहचान चुराना, गलत पोस्ट डाल कर टैग करना, धमकी देना, अश्लील बातों के लिए उकसाना या ब्लैकमेल करना।

नोमोफोबिया (स्मार्टफोन एडिक्शन) से बढ़ रही हैं नेत्र समस्याएँ

स्मार्टफोन एडिक्शन बच्चों व वयस्कों में समानरूप से बढ़ता जा रहा है। अधिकांश व्यक्तियों को आँखों में चकाचौंध लगना, धुँधलापन होना, जलन होना, थकान होना, सिरदर्द, नेत्रदर्द होना, चश्मे का माइनस नम्बर (मायोपिया) बढ़ना आदि अनेकों नेत्र समस्याएँ बढ़ती जा रही हैं। कोरोना कालखण्ड के दौरान बच्चों में मायोपिया नामक दृष्टिदोष बहुत तेजी से बढ़ा है। स्मार्टफोन की स्क्रीन से निकलने वाली ब्लू लाईट, आंखों पर दुष्प्रभाव डालती है एवं रात्रि में सोने से पहले स्मार्टफोन उपयोग करने पर नींद डिस्टरबेंस हो सकती है। ऐसी स्थिति में देर रात तक जागकर स्मार्टफोन, सोशल मीडिया साईट अथवा वीडियोगेम पर समय व्यतीत करना एवं पूरे दिन सोना जैसी घटनाएँ आमतौर पर देखी जा सकती है। घर पर माता-पिता बच्चों की बातों में ध्यान नहीं देकर, यदि अपने

स्मार्टफोन पर व्यस्त रहते हैं, तो ऐसे बच्चे मानसिक रूप से अकेलेपन, अवसाद से भी पीड़ित हो सकते हैं।

नोमोफोबिया के लक्षण क्या हैं?

स्मार्टफोन के उपयोगकर्त्ता नोमोफोबिया नामक नई बीमारी का शिकार होते जा रहे हैं, जिसका अर्थ है स्मार्टफोन के बिना डर लगना अथवा बार-बार स्मार्टफोन फोन चैक करना, स्मार्टफोन के साथ सोना, स्मार्टफोन नहीं मिलने पर घबराहट होना, पसीना छूटना, बाथरूम में मोबाइल ले जाना, लो-बेट्री होने पर गुस्सा आना अथवा डिप्रेशन में चले जाना। विश्व स्वास्थ्य संगठन के अनुसार 66 प्रतिशत स्मार्टफोन उपयोगकर्त्ताओं को नोमोफोबिया है, जिसमें 15 वर्ष के बच्चे भी है। स्मार्टफोन के माध्यम से सोशल मीडिया पर बच्चे आजकल अनेकों घंटे वर्चुअल वर्ल्ड में व्यतीत कर रहे हैं, जिसके कारण सामाजिक एवं मानसिक विकास प्रभावित हो रहा है। इन बच्चें को पढ़ाई में एकाग्रता की कमी महसूस हो रही है एवं उनमें अनेकों नेत्र समस्याएँ भी जन्म ले रही हैं।

'डिजिटल डिटोक्स' का पालन करें

स्मार्टफोन को 10 वर्ष तक के छोटे बच्चें उपयोग नहीं करें अथवा सीमित उपयोग करें। स्मार्टफोन की स्क्रीन की ब्राइटनेस कम रखें एवं माता-पिता बच्चों को स्मार्टफोन के सीमित उपयोग आदि के लिए निर्देशित करें, एवं स्वयं भी स्मार्टफोन का उपयोग बच्चों के सामने सीमित समय के लिए करें। सोने के एक घंटे पहले एवं रात को अंधेरे में लाइट बंद करके स्मार्टफोन का उपयोग नहीं करें। स्मार्टफोन की स्क्रीन की ब्राइटनेस कम रखें। स्मार्टफोन के लम्बे उपयोग से सिरदर्द, आँखों में चुभन, धुँधलापन होने पर नेत्र विशेषज्ञ से तुरंत सम्पर्क करें। सोते समय अपने स्मार्टफोन को कमरे से बाहर रख कर सोयें। बच्चों को 'डिजिटल डिटोक्स' के बारे में समझाएँ एवं नियमित रूप से आउटडोर एक्टिविटी, स्पोर्ट्स, आदि के लिए प्रोत्साहित करें।

डिजिटल विजन सिन्ड्रोम से बचने के लिए 20-20-20 नियम

कम्प्यूटर/स्मार्टफोन एवं अन्य डिजिटल डिवाइसेज़ का उपयोग करने वाले व्यक्ति कम्प्यूटर स्क्रीन को 20 इंच की दूरी पर रखें तथा कम्प्यूटर पर कार्य करने के उपरान्त 20 मिनट बाद 20 फीट दूरी पर रखी वस्तुओं को 20 सैकण्ड तक देखें। प्रत्येक मिनट में आँखों को 18 से 20 बार झपकाएँ।

आँख की दोनों पलकों को झपकाते समय 'कम्पलीट ब्लिंक' करें यानि की पलकें पूरी तरह से बन्द हों इसका प्रयास करें। इस व्यायाम से आँखों की मांसपेशियों को शिथिल रखने में सहायता मिलती है एवं साथ ही साथ कम्प्यूटर के लम्बे उपयोग के कारण आंखों में तनाव, सिरदर्द आदि लक्षण नहीं होते हैं। आँखों को स्वस्थ रखने के लिए हरी सब्जी, फल, ओमेगा तीन फैटीऐसिड युक्त फलों का प्रचुर मात्रा में प्रयोग करें। दिनभर में 8-10 गिलास पानी पीयें। नेत्र चिकित्सक के मार्गदर्शन में लुब्रिकेटिंग आईड्रोप का नियमित उपयोग करें।

*****

4. इंटरनेशनल लेफ्ट हैंडर्स डे

दुनिया में लगभग दस प्रतिशत व्यक्ति ऐसे हैं, जो अपने रोजमर्रा के कामकाज में लेफ्ट हैंड यानी बाँए हाथ का इस्तेमाल करते हैं। अमेरिका के पाँच भूतपूर्व राष्ट्रपतियों सहित विश्व भर में अनेकों प्रतिभाएँ लेफ्ट हैंडेड हैं। दुनिया की मशहूर लेफ्टी व्यक्तित्वों में राष्ट्रपिता महात्मा गांधी, चार्ली चैपलिन, अल्बर्ट आइंस्टाइन, बराक ओबामा, रतन टाटा, बिल गेट्स, लक्ष्मी मित्तल, मदर टेरेसा, मार्क जुकरबर्ग, स्टीव जॉब्स, रजनीकांत, अमिताभ बच्चन, सचिन तेंदुलकर आदि का नाम प्रमुखता से लिया जाता है।

विश्वभर में 13 अगस्त 1992 को लेफ्ट हैंडर्स क्लब द्वारा पहली बार इंटरनेशनल लेफ्ट हैंडेड डे सेलिब्रेट किया गया था, जिसका उद्देश्य था लेफ्ट हैंडर्स के अंदर की इस अनोखी विशेषता को जन मानस के सामने लाकर इसके फायदे और नुकसान के बारे में भी जागरूक करना। पहली बार इंटरनेशनल लेफ्ट हैंडेड डे को 1976 में डीन आर. कैम्पवेल ने मनाया था। जिसके बाद से इस दिन को दुनियाभर में हर वर्ष 13 अगस्त को मनाया जाने लगा, जिससे समाज लेफ्ट हैंडेड व्यक्तियों की विशेषताओं को समझ सके, उनकी स्वीकार्यता बढ़े एवं उनके प्रति पक्षपात कम हो सके।

लेफ्ट हैंडर्स यानी वे लोग जो अपना हर काम बाएं हाथ से करते हैं। आमतौर पर ऐसे लोगों को कुछ असामान्य माना जाता है, लेकिन बाएं हाथों का अधिक उपयोग करने के पीछे वैज्ञानिक कारण होता है। प्रकाशित रिपोर्ट के मुताबिक दुनियाभर में लगभग 10 प्रतिशत लोग लेफ्टी हैं, कई लोग इसे भाग्यशाली तो कुछ लोग इसे एक परेशानी बताते हैं।

मनुष्यों के साथ-साथ जानवरों में कंगारू एवं पक्षियों में तोता लैफ्टी होते हैं। वैज्ञानिक अध्ययनों में यह बात साबित हुई है कि किसी का राइट हैंडर होना या लेफ्ट हैंडर होना माँ के गर्भ में ही निर्धारित हो जाता है। उसे अपने पैरेंट्स से एक खास तरह का जीन विरासत में मिला होता है। इसे लेफ्ट हैंडर जीन कह सकते हैं। हालाँकि इस जीन के पीछे क्या कारण हैं, इस पर अभी भी वैज्ञानिक शोध किया जा रहा है। लेफ्ट हैंडर्स व्यक्ति अपने दोनों हाथों का उपयोग अच्छी तरह से कर लेते हैं एवं वे 'एंबी-डेक्स्टूअस' होते हैं। शोध के अनुसार लेफ्ट हैंडर्स व्यक्तियों में हर क्षेत्र में बेस्ट देने की क्षमता होती है। संगीत और कला के क्षेत्र में अपनी कल्पना शक्ति का अधिक उपयोग करते हैं। अक्सर लेफ्टी रचनात्मक विचार वाले होते हैं। स्पोर्ट्स में भी लेफ्ट हैंडेड व्यक्तियों की बहुत रुचि होती है। ऐसे व्यक्ति किसी भी कार्य को परफेक्शन के साथ करने में विश्वास रखते हैं।

चिकित्सा जगत में प्रकाशित शोध के अनुसार लेफ्ट हैंडेड व्यक्तियों में कुछ रोगों का खतरा अधिक होता है। वर्ष 2007 में ब्रिटिश जर्नल ऑफ कैंसर में प्रकाशित रिसर्च के अनुसार लेफ्ट हैंडेड महिलाओं में मेनोपॉज के बाद ब्रेस्ट कैंसर होने की संभावना अधिक होती है। अमेरिका की येल यूनिवर्सिटी में की गई खोज के अनुसार लेफ्ट हैंडेड व्यक्तियों में शिजोफ्रेनिया जैसे मानसिक रोग होने की संभावना अधिक होती है। लेफ्ट हैंडेड व्यक्तियों को अनिद्रा होने की संभावना भी अधिक होती है।

लेफ्ट हैंडेड बच्चों को बचपन में अपने अनोखेपन के कारण लेफ्ट हैंड से काम करने पर नई-नई परेशानियों का सामना करना पड़ता है जिससे उन्हें शारीरिक और मानसिक दोनों तरह के दबाव झेलने पड़ते हैं। कुछ देशों में अनेकों वर्ष पहले लेफ्ट हैंडेड बच्चों को जबरन राईट हैंड से लिखने हेतु बाध्य किया जाता था एवं यदि ऐसे बच्चे राईट हैंड से नहीं लिखते थे तो उनके हाथों पर बेंत मारने जैसी सजा भी दी जाती थी। स्कूल में डेस्क ही नहीं वरन् खेल के मैदान में भी लेफ्ट हैंडर्स को समस्या का सामना करना पड़ सकता है। लेफ्ट हैंड के बच्चों के खेलने के सामान कुछ मुश्किल से मिलते हैं, जिस कारण उनको राइट हैंड वाले खेलने के सामान का ही इस्तेमाल करना पड़ता है। इससे उनको परेशानी होती है एवं उनका परफॉर्मेंस भी प्रभावित होता है। समय के साथ अब जागरूकता बढ़ने से यह समस्याएँ कम होती जा रही हैं एवं लेफ्ट हैंडेड एथलीट अपने प्रतिद्वंद्वियों से खेल के मैदान में अच्छी तरह से मोर्चा लेते हुए सफलता के नए आयाम स्थापित कर रहे हैं।

जन साधारण के बीच जागरूकता के अभाव में लेफ्ट हैंड से लिखने वाले बच्चों के लिए सबसे पहले और बड़ी परेशानी उनके घर में सामने आती है क्योंकि जागरूकता के अभाव में ऐसे परिवारों में माता-पिता, दादा-दादी, अन्य रिश्तेदार आदि शुरुआत से ही लेफ्ट हैंड से लिखने या भोजन करने वाले बच्चों पर जबरन दबाव बनाते हैं कि लेफ्ट हैंडेड बच्चे अपनी इस आदत को तुरंत बदलें एवं दाहिने हाथ से लिखना या भोजन करना शुरू करें। माता-पिता बच्चे को इस आदत से छुटकारा दिलाने के लिए टोकना, दण्डित करना एवं अन्य प्रयास करते हैं। टीचर कई बार बच्चों को दाँए से लिखने के लिए कहते हैं और कई बार देखा जाता है कि स्कूल में अन्य बच्चे 'लेफ्टी' या 'खब्बू' या 'सॉउथ-पॉ' कहकर उनका मजाक उड़ाते हैं। हमारे समाज में भी कुछ ऐसे नियम हैं जो दाएँ हाथ को प्रोत्साहित करते हैं जैसे भोजन करने या धार्मिक कार्यों में बाँए हाथ से काम करना अशुभ माना जाता है।

लेफ्ट हैंडेड बच्चे जन्म के बाद अपना बायाँ अँगूठा चूसते हैं। बच्चे की शुरुआती उम्र से ही पता लग जाता है कि बच्चा किस हाथ से अपने काम और लिखने में आसानी महसूस करता है। इसलिए ये बहुत ही जरूरी है कि माता-पिता बच्चे पर दूसरे हाथ का इस्तेमाल करने का अनावश्यक दबाव नहीं डालें बल्कि इस बात को स्वीकार करने की कोशिश करें कि बच्चे का वही तरीका उसका कुदरती व्यवहार है। इसके अलावा लेफ्ट हैंडेड बच्चे को उसके कामों में मदद करें और प्रोत्साहित करें। बच्चे को यह जरूर बताएँ कि हमारे समाज में ज्यादातर लोग दाएँ हाथ से काम करते हैं इसलिए उसे शुरुआत में थोड़ी परेशानी होगी। उसे इस 'अंतर' के लिए मानसिक रुप से तैयार भी करें और प्रबल भी बनाएँ। लेफ्ट हैंडेड बच्चों को बार-बार की रोका-टोकी मानसिक रुप से कमजोर बनाती है। मानसिक और शारीरिक दबावों के कारण बाँए हाथ से काम करने वालों के मन में कई कुंठाएं बन जाती हैं जिसके कारण उनमें आत्मविश्वास की कमी, शर्मीला होना, लोगों से एडजस्ट न कर पाना, निर्णय लेने में जल्दी कंफ्यूज हो जाना और कभी-कभी ज्यादा गुस्सा आ जाने जैसी समस्याएँ उत्पन्न होने लगती हैं। अगर किसी के काम के हाथ के प्राकृतिक चयन पर ही आपत्ति उठाई जाती रहे, तो उसका मनोबल तो कमजोर होगा ही। जो स्वाभाविक है, उसे स्वीकार करें, यह लेफ्टीज की मदद होगी।

मैं भी बचपन से, शुरू से लेफ्टी था एवं मुझे याद है कि बचपन में बाएँ हाथ से खाने पर मेरे परिजन या अन्य रिश्तेदार मुझे बार बार टोकते थे। लगातार

टोकने के कारण मेरे मन में हीनभावना घर करने लगी थी एवं मैं अंतर्मुखी (इंट्रोवर्ट) होने लगा था। मुझे अच्छी तरह से याद है कि बचपन में मंदिरों में, धार्मिक कार्यक्रमों में मुझे अपने लेफ्ट हैंड को प्रसाद के लिए आगे बढ़ाते समय टोक दिया जाता था। सामाजिक कार्यक्रमों में कुछ लोग तो मेरे हाथ का परोसा खाना भी लेने से इंकार कर देते थे। नेत्र चिकित्सक के रूप में कार्य करते समय मुझे नेत्र ऑपरेशन सीखने में कठिनाई हुई लेकिन सौभाग्य से मुझे सिडनी, ऑस्ट्रेलिया के डॉ. ई. जॉन मिलवर्टन नामक सुप्रसिद्ध नेत्र सर्जन से नेत्र सर्जरी सीखने का अवसर मिला। डॉ. मिलवर्टन ने मुझे अपने अनुभव साझा करते हुए बताया कि वे लेफ्ट हैंडेड थे लेकिन ऑस्ट्रेलिया में टीचर्स ने उनके हाथों पर बेंत मारकर राईट हैंडेड व्यक्ति में बदलने की असफल कोशिश की थी।

इंटरनेशनल लेफ्ट हैंडेड डे के अवसर पर आइए हम सभी समाज में लेफ्टीज़ के प्रति पक्षपात कम करते हुए समाज में जागरूकता बढ़ाते चलें। लेफ्ट हैंडेड बच्चों को उनका बायाँ हाथ उपयोग करने से नहीं रोकें एवं जाने-अनजाने में उनको हतोत्साहित बिलकुल नहीं करें।

*****

5. विश्व साइकिल दिवसः

साइकिल चलाएँ, सेहत सँजोएँ एवं पर्यावरण बचाएँ

दिनांक 3 जून 2022 को विश्व साइकिल दिवस (वर्ल्ड बाइसिकल डे) मनाया गया। विश्व साइकिल दिवस की शुरूआत पोलैंड नेशनल ओलंपिक साइक्लिंग टीम के सदस्य डॉ. लेस्जेक सिब्लस्की के अथक प्रयासों से सम्भव हुई थी। यूनाइटेड नेशन्स ने पहला आधिकारिक विश्व साइकिल दिवस 3 जून 2018 को मनाया था। इस आयोजन के पीछे यातायात के लिए एक आसान, सस्ते, भरोसेमंद, उत्तम स्वास्थ्य को सँजोने और लंबे समय तक पर्यावरण को सुरक्षित रखने में मदद करने वाले साधन के तौर पर साइक्लिंग को बढ़ावा देना है। विश्वभर के पर्यावरण विशेषज्ञ एवं हेल्थ एक्सपर्ट्स साइक्लिंग को दीर्घ कालीन पर्यावरण संरक्षण एवं उत्तम शारीरिक एवं मानसिक स्वास्थ्य के लिए एक सशक्त साधन मानते हैं। साइक्लिंग के उपयोग को बढ़ावा देने के कारण विश्वभर में स्वास्थ्य संवर्द्धन एवं पर्यावरण संरक्षण के क्षेत्र में क्रांतिकारी बदलाव संभव हैं।

साइक्लिंग का प्रयोग कोविड-19 वैश्विक महामारी के दौरान तेजी से बढ़ा है। कोरोना कालखण्ड में अपने आपको स्वस्थ रखने के लिए विश्वभर में लॉकडाउन के दौरान लोगों ने धूल खा रही साइकिलों को बाहर निकाला। इस दौरान विश्वभर में साइकिल की बिक्री अनेकों गुना तेजी से हुई। कोविड-19 वैश्विक महामारी लॉकडाउन के दौरान लोगों ने अपने स्वास्थ्य को गंभीरता से लिया और साइक्लिंग की आदत को शरीर की प्रतिरोधक क्षमता बढ़ाने, फेफड़ों को स्वस्थ रखने एवं ऑबेसिटी को नियंत्रित करने हेतु अपनाया।

डेनमार्क की राजधानी कोपेनहेगन को विश्व की सबसे अधिक साइकिल फ्रैंडली सिटी के रूप में सिटी ऑफ साइक्लिस्ट के नाम से पहचान मिली है। यहाँ की 52 प्रतिशत जनसंख्या रोजाना आने-जाने के लिए साइकिल का उपयोग करती है। यूरोप के एम्सटर्डम नामक शहर की बात करें तो वहाँ पर व्यक्तियों से ज्यादा साइकिल की संख्या है। एम्सटर्डम में 8 लाख 11 हजार व्यक्ति निवास करते हैं जिनके पास 8 लाख 80 हजार साइकिलें हैं। एम्सटर्डम के व्यक्ति अपने कार्य पर जाने के लिए साइकिल का उपयोग करते हैं और वे साइकिल से जाने में गौरवान्वित महसूस करते हैं। साइकिल की सवारी वायु प्रदूषण को रोकने लिए एक अति सशक्त कदम है। जर्मनी एवं नीदरलैंड में साइकिल सवारों के लिए अलग से रोड बनाए गए हैं जिससे साइक्लिस्ट दुर्घटनाग्रस्त नहीं हों। कनाडा जैसे विकसित देशों में डॉक्टर्स फॉर सेफ साइक्लिंग जैसे ग्रुप बनाए गए हैं। जो साइकिल से होने वाले स्वास्थ्य लाभों को जन-जन तक पहुँचाने एवं साइक्लिस्ट की दुर्घटना रोकने के लिए साइकिल मार्ग बनाने हेतु प्रयासरत हैं। भारत में इण्डियन मेडिकल एसोसिएशन एवं अनेकों सामाजिक संगठनों द्वारा हर वर्ष विश्व साइकिल दिवस के अवसर पर साइक्लिंग द्वारा स्वास्थ्य लाभ की दिशा में जागरूकता कार्यक्रम सम्पन्न किए जाते रहे हैं।

यूनिवर्सिटी ऑफ साउथ केलिफोर्निया में किए गए सर्वे के अनुसार ट्रेफिक जाम के चलते कार द्वारा यात्रा करने वाले वाले व्यक्तियों को वातावरण के हानिकारक तत्व स्वास्थ्य को हानि पहुँचाते हैं। लगातार ट्रेफिक जाम होने से कार में सवार व्यक्ति अधिक तनावग्रस्त रहते हैं जिससे उनकी कार्यक्षमता में कमी होने लगती है। जनरल ऑफ ट्रांसपोर्ट एण्ड हेल्थ में प्रकाशित शोध के अनुसार साइकिल से ऑफिस तक यात्रा करने वाले व्यक्ति अधिक प्रसन्न एवं तनाव रहित रहते हैं जिससे उनकी कार्य क्षमता अनेकों गुना बढ़ती है।

विश्व स्वास्थ्य संगठन के अनुसार 60 से 85 प्रतिशत व्यक्ति सेडेंटरी लाइफ स्टाइल के चलते अनेकों रोगों से पीड़ित हो रहे है। सेडेंटरी लाइफ-स्टाइल के कारण विश्वभर में हायपरटेंशन, डायबिटीज, ऑबेसिटी (मोटापा), कैंसर, डिप्रेशन, ओस्टियोपोरोसिस जैसी अनेकों बीमारियाँ विश्वभर में बहुत तेजी से बढ़ रही हैं। अगर समय रहते हुए सेडेंटरी जीवन शैली में सुधार करते हुए सक्रिय जीवन-शैली अपनाने के प्रयास नहीं किए गए तो आने वाले समय में करोड़ों व्यक्ति इन गंभीर बीमारियों की चपेट में आ सकते हैं। नियमित रूप से साइक्लिंग करने वाले व्यक्तियों को डायबिटीज, हायपरटेंशन, ऑबेसिटी आदि बीमारियों का खतरा बहुत कम हो जाता है। साइक्लिंग को अपनी जीवन शैली में अपनाकर हम कुछ ही दिनों में अपने बढ़े हुए वजन को कम कर सकते हैं। शरीर में मौजूद अतिरिक्त चर्बी को घटाने में साइक्लिंग सबसे कारगार व्यायामों में एक है। इंपेरियल कॉलेज ऑफ लंदन से प्रकाशित शोध के अनुसार नियमित रूप से साइकिल चलाने वालों का बॉडी मास इंडेक्स (बी.एम.आई.), पैदल चलने वालों, पब्लिक ट्रांसपोर्ट अथवा कार का उपयोग करने वालों की तुलना में सबसे कम होता है। यदि हम रोजाना आधा घंटा साइकिल चलाते हैं तो हमारे शरीर पर अतिरिक्त वसा संग्रहीत नहीं होगा। पेट और कमर के आसपास फैट (वसा) जितनी तेजी से बढ़ जाता है उसे घटाना उतना ही मुश्किल होता है। साइकिल चलाने से मेटाबॉलिक रेट बढ़ता है, मांसपेशियाँ मजबूत बनती हैं और बॉडी फैट कम होता है जिससे साइक्लिस्ट को मोटापा नहीं हो पाता।

कैनेडियन फैमिली फिजिशियन नामक साइंटिफिक जर्नल के अक्टूबर 2018 के अंक में प्रकाशित रिसर्च के अनुसार डेनमार्क में साइकिल से काम पर जाने वाले व्यक्तियों में रिस्क ऑफ डाईंग (आकस्मिक मृत्यु की संभावना) में 25 प्रतिशत की कमी देखी गई है। इंग्लैंड के दो लाख पचास हजार साइकिल सवारों में 41 प्रतिशत मृत्यु दर में कमी देखी गई है, 46 प्रतिशत साइकिल सवारों में हृदय रोगों में कमी देखी गई, 45 प्रतिशत कम कैंसर होने का खतरा देखा गया। नियमित रूप से साइक्लिंग करने से कैंसर का खतरा भी कम हो जाता है। ब्रिटिश मेडिकल जर्नल में प्रकाशित रिसर्च के अनुसार रेगुलर साइकिल चलाने वालों में कैंसर की संभावना 46 प्रतिशत तक कम हो जाती है। इस रिसर्च में 2 लाख 64 हजार लोगों को शामिल किया गया। शोधकर्ताओं का मानना है कि अगर कोई व्यक्ति नियमित रूप से साइकिल चलाता है, तो कैंसर का आधा खतरा बहुत कम हो जाता है।

आयरिश टाइम्स में प्रकाशित रिपोर्ट के अनुसार ब्रिटेन के कुछ चिकित्सक हाई ब्लड-प्रेशर एवं ऑबेसिटी जैसे रोगों की आरंभिक अवस्था को नियंत्रित करने हेतु पिल्स (टेबलेट्स) के स्थान पर साइक्लिंग प्रेस्क्राइब कर रहे हैं। इन चिकित्सकों के अनुसार इन रोगियों में एक्सरसाइज के सकारात्मक परिवर्तन देखने को मिले एवं धीरे-धीरे नियमित साइक्लिंग एवं एक्सरसाइज करने से उनकी आरंभिक बीमारी नियंत्रण में आ गई। द गार्जियन में प्रकाशित रिपोर्ट के अनुसार इंग्लैंड के पूर्व प्रधानमंत्री श्री बॉरिस जॉनसन ने इंग्लैंड में ऑबेसिटी क्राइसिस को रोकने एवं कोविड-19 वैश्विक महामारी के दौरान साइक्लिंग को बढ़ावा देने हेतु व्यापक अभियान चलाया। लंदन में मेयर के पद पर कार्य करते हुऐ श्री बॉरिस जॉनसन साइकिल से ही ऑफिस आते थे। इन पंक्तियों के लेखक ने भी पिछले पाँच वर्षों पूर्व कोटा के डॉ. अशोक मूंदड़ा, डॉ. भरत सिंह शेखावत एवं डॉ. दिनेश मित्तल की प्रेरणा से साइक्लिंग शुरू की। साइक्लिंग के साथ सकारात्मक संदेश नामक मुहिम को सोशल मीडिया के माध्यम से चलाया। आज इस मुहिम से देश के हजारों लोग जुड़ते जा रहे हैं एवं साइकिल चलाने से पर्यावरण संरक्षण एवं स्वास्थ्य संवर्धन हेतु अन्यों को भी प्रेरित कर रहे हैं।

नियमित रूप से साइक्लिंग करने से शरीर में रोग-प्रतिरोधक क्षमता (इम्यूनिटी पावर) बढ़ती है। अमेरिका की यूनिवर्सिटी ऑफ नॉर्थ कैरोलाइना में एक रिसर्च के बाद पाया गया कि जो लोग सप्ताह में कम से कम पाँच दिन आधा घंटा साइकिल चलाते हैं, उनके बीमार पड़ने की संभावना 50 प्रतिशत तक कम हो जाती है। साइकिल चलाते समय हम सामान्य की तुलना में गहरी साँसें लेते हैं और ज्यादा मात्रा में ऑक्सीजन ग्रहण करते हैं। जिसके कारण शरीर में रक्त संचार भी बढ़ जाता है, साथ ही फेफड़ों के अंदर तेजी से हवा अंदर और बाहर होती है। इससे फेफड़ों की क्षमता में भी सुधार होता है और फेफड़ों में मजबूती आती है। इसके चलते हृदयाघात/दिल के दौरे होने की संभावना कम हो जाती है एवं हृदय से जुड़ी दूसरी बीमारियाँ होने का खतरा भी कम हो जाता है।

प्रकृति के सांनिध्य में सुबह के शांत वातावरण मे साइक्लिंग करने से मस्तिष्क में सिरोटानिन, डोपामिन, ऑक्सीटोसिन, एण्डोरफिन जैसे हैप्पीनेस हार्मोन रिलीज होते हैं जिससे तनाव घटता है एवं मन प्रसन्न रहता है। अमेरिका एवं यूरोपियन देशों में हुए शोध कार्यों में पाया गया है कि नियमित रूप से साइकिल चलाने वाले व्यक्तियों में तनाव और अवसाद दूसरों की तुलना में काफी कम होते हैं। नियमित रूप से साइक्लिंग करने वाले महसूस कर सकते हैं

कि उनका शारीरिक एवं मानसिक स्टैमिना बढ़ गया है और शरीर में नई ऊर्जा और ताकत आ गई है। जो लोग नियमित रूप से साइक्लिंग करते हैं, उनकी मांसपेशियाँ काफी मजबूत होती हैं। साइक्लिंग से पैरों की मांसपेशियों (जिसे पेरिफेरल हार्ट कहा जाता है) की अच्छी एक्सरसाइज हो जाती है इसके फलस्वरूप वेरीकोज वेंस या खून की नाड़ियों में थक्का जमने, स्ट्रोक आदि की संभावना बहुत कम हो जाती है।

साइक्लिंग के माध्यम से शरीर के सभी अंगों के बीच अच्छा समन्वय स्थापित हो जाता है। हाथ, पैर, आँखें इन सभी के बीच अच्छा कॉर्डिनेशन होना शरीर के ओवरऑल संतुलन को बेहतर करता है। सवेरे के समय साइकिल चलाते समय सूर्योदय को देखने के साथ-साथ पक्षियों की चहचहाट सुनाई देती है। साइक्लिंग का रूट हर दिन बदला जा सकता है जिससे रोजाना नये-नये दृश्य दृष्टिगोचर होते हैं। नित नये दृश्य दृष्टिगोचर होने के कारण मस्तिष्क की संचार प्रणाली एवं कोशिकाएँ अति सक्रिय रहती हैं। नियमित रूप से साइकिल चलाने वाले व्यक्तियों की याददाश्त अच्छी होती है एवं उन्हें एल्जीमर्स डिज़ीज़, पार्किंसन डिज़ीज़ एवं डेमेन्शिया जैसी मानसिक बीमारियों का खतरा कम से कम होता है। नियमित रूप से साइक्लिंग करने से स्वास्थ्य लाभ तो होते ही हैं, साथ ही इससे पर्यावरण संरक्षण को भी बढ़ावा मिलता है।

आइए विश्व साइकिल दिवस पर हम सभी सप्ताह में कम से कम एक दिन परिवार सहित साइकिल चलाते हुए कुछ घण्टे प्रकृति के साथ गुजारने का संकल्प लें। इस छोटे से कदम से सेडेन्टरी लाईफ-स्टाईल से उत्पन्न स्वास्थ्य समस्याएँ आश्चर्यजनक रूप से कम हो सकती हैं एवं पर्यावरण संरक्षण की दिशा में साइक्लिंग एक सकारात्मक बदलाव ला सकता है।

फोटो-गैलरी

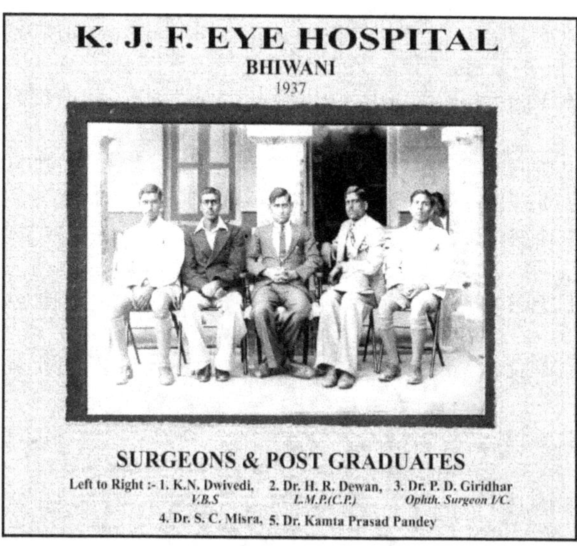

फोटो 1. किशन लाल जालान निःशुल्क नेत्र चिकित्सालय भिवानी की टीम के साथ वर्ष 1937 में ली गई तस्वीर। किशनलाल जालान फ्री (के.जे.एफ.) आई हॉस्पिटल के निदेशक स्वर्गीय डॉ. पी.डी. गिरिधर और अन्य चिकित्सकगण। सबसे दाहिनी ओर बैठे मेरे दादा स्वर्गीय डॉ. कामता प्रसाद पाण्डेय।

फोटो 2. डॉ. विदुषी शर्मा एम्स, नई दिल्ली परिसर में आयोजित दीक्षांत समारोह के दौरान तत्कालीन स्वास्थ्य मंत्री द्वारा अपनी एम.डी. (नेत्र विज्ञान) की डिग्री प्राप्त करते हुए।

फोटो 3. विएना, ऑस्ट्रिया में आयोजित यूरोपियन सोसायटी ऑफ केटेरेक्ट एण्ड रिफ्रेक्टिव सर्जन्स (ई.एस.सी.आर.एस.) के दौरान कॉन्फ्रेंस में डॉ. सुरेश पाण्डेय पुरस्कार प्राप्त करते हुए।

फोटो 4. सैन डिएगो, (यू.एस.ए.) में अमेरिकन सोसायटी ऑफ केटेरेक्ट एण्ड रिफ्रेक्टिव सर्जरी (ए.एस.सी.आर.एस.) कॉन्फ्रेन्स के दौरान पुरस्कार प्राप्त करते डॉ. सुरेश पाण्डेय।

फोटो 5. अमेरिकन सोसायटी ऑफ केटेरेक्ट एण्ड रिफ्रेक्टिव सर्जरी (ए.एस.सी.आर.एस.) कॉन्फ्रेंस के दौरान बोस्टन, यू.एस.ए. में पुरस्कार प्राप्त करते डॉ. सुरेश पाण्डेय।

फोटो 6. 'अमेरिकन सोसायटी ऑफ कैटेरेक्ट एण्ड रिफ्रेक्टिव सर्जरी (ए.एस.सी.आर.एस.)'
कांफ्रेंस सैन फ्रांसिस्को, (यू.एस.ए.) के दौरान वीडियो पुरस्कार प्राप्त करते हुए डॉ. सुरेश पाण्डेय।

फोटो 7. शिकागो, यू.एस.ए. में अमेरिकन एकेडमी ऑफ ऑफ्थेल्मोलॉजी कॉन्फ्रेस के दौरान 'बेस्ट
ऑफ शो वीडियो अवार्ड' प्राप्त करते डॉ. सुरेश पाण्डेय और सह-लेखक।

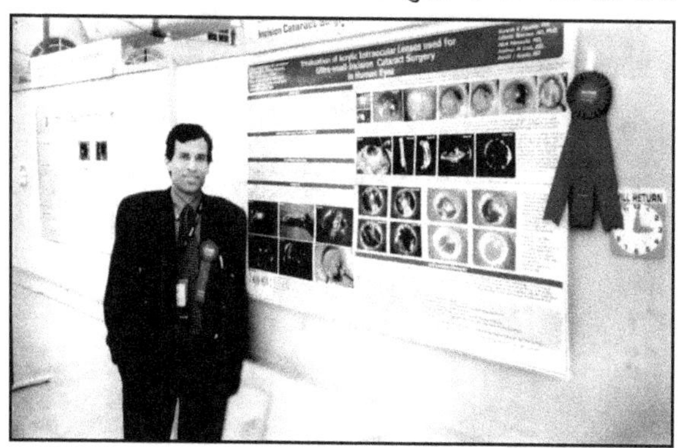

फोटो 8. डॉ. सुरेश पाण्डेय बोस्टन, यू.एस.ए. में 'अमेरिकन सोसायटी ऑफ कैटेरेक्ट एण्ड
रिफ्रेक्टिव सर्जरी (ए.एस.सी.आर.एस.)' कॉन्फ्रेंस के दौरान 'बेस्ट पोस्टर अवार्ड' प्राप्त करते हुए।

फोटो 9. मेडिकल यूनिवर्सिटी ऑफ साउथ केरोलाईना, चाल्स्टन, साउथ केरोलाईना (अमेरिका) में पुरस्कार प्राप्त करने के बाद डॉ. सुरेश पाण्डेय, प्रोफेसर डेविड जे. एप्पल और डॉ. लिलियाना वर्नर।

फोटो 10. शंघाई, चीन में एशिया पेसिफिक एसोसिएशन फॉर कैटेरेक्ट एंड रिफ्रेक्टिव सर्जरी (ए.पी.ए.सी.आर.एस.) कॉन्फ्रेंस के दौरान बेस्ट वीडियो अवार्ड प्राप्त करते हुए डॉ. सुरेश पाण्डेय।

फोटो 11. न्यू ऑरलियन्स, यू.एस.ए. में अमेरिकन एकेडमी ऑफ ऑफ्थेल्मोलॉजी अन्तर्राष्ट्रीय कॉन्फ्रेंस में बेस्ट ऑफ शो वीडियो अवार्ड प्राप्त करते डॉ. सुरेश पाण्डेय और सह-लेखक।

फोटो 12. डॉ. सुरेश पाण्डेय एवं डॉ. विदुषी शर्मा चेन्नई, भारत में आयोजित इन्ट्राऑकुलर इम्प्लांट एंड रिफ्रेक्टिव सोसाइटी, इंडिया (आई.आई.आर.एस.आई.) कॉन्फ्रेंस के दौरान स्वर्ण पदक प्राप्त करते हुए।

फोटो 13. चेन्नई, में इन्ट्राऑकुलर इम्प्लांट एंड रिफ्रेक्टिव सोसाइटी, इंडिया (आई.आई.आर.एस. आई.) कॉन्फ्रेंस के दौरान तमिलनाडु के राज्यपाल और स्वास्थ्य मंत्री से इन्ट्राऑकुलर इम्प्लांट एंड रिफ्रेक्टिव सोसाइटी स्वर्ण पदक प्राप्त करते हुए डॉ. सुरेश पाण्डेय।

फोटो 14. इन्ट्राऑकुलर इम्प्लांट एंड रिफ्रेक्टिव सोसाइटी, इंडिया (आई.आई.आर.एस.आई.) कॉन्फ्रेंस के दौरान चेन्नई में डॉ. विदुषी शर्मा और डॉ. सुरेश पाण्डेय द्वारा लिखित वीडियो एटलस 'स्टेट-ऑफ-आर्ट इन आई सर्जरी' का विमोचन करते हुए भारत के प्रमुख नेत्र चिकित्सकगण।

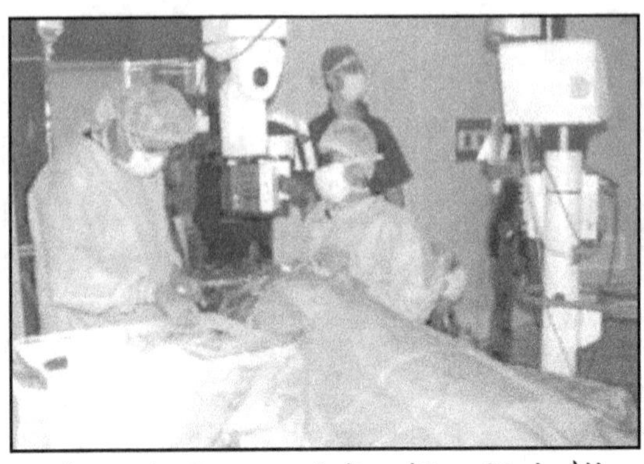

फोटो 15. डॉ. सुरेश पाण्डेय मिलान, इटली में आयोजित वीडियो कैटेरेक्टा इंटरनेशनल ऑप्थेल्मोलॉजी कॉन्फ्रेंस में लाइव मोतियाबिंद सर्जरी करते हुए।

फोटो 16. कराची, पाकिस्तान में आयोजित 'साउथ एशियन एसोसिएसन फॉर रीजनल कोर्पोरेशन' (एस.ए.आर.आर.सी.) कान्फ्रेंस के दौरान पुरस्कार प्राप्त करते हुए डॉ. सुरेश पाण्डेय।

फोटो 17. डॉ. विदुषी शर्मा एवं डॉ. सुरेश पाण्डेय को राजस्थान के गृह मंत्री श्री शान्ति कुमार धारीवाल एवं जिला कलक्टर, कोटा श्री जोगाराम, द्वारा नेत्र चिकित्सा जगत में किये गये उल्लेखनीय कार्य के लिए स्वतंत्रता दिवस के अवसर पर पुरस्कृत किया।

फोटो 18. डॉ. सुरेश पाण्डेय राजस्थान के तत्कालीन स्वास्थ्य मंत्री श्री कालीचरण सर्राफ द्वारा 'हेल्थ ल्यूमिनरीज अवार्ड' प्राप्त करते हुए।

फोटो 19. राजस्थान की मुख्यमंत्री (श्रीमती वसुंधरा राजे सिंधिया) जयपुर में डॉ. विदुषी शर्मा द्वारा लिखित पुस्तक- 'मेरी किताब मेरी दोस्त' का अनावरण करते हुए।

फोटो 20. कोटा में जिला कलक्टर डॉ. रवि कुमार सुरपुर के द्वारा टाइम ऑफ इंडिया हेल्थ केयर अचीवर अवार्ड प्राप्त करते हुए डॉ. सुरेश पाण्डेय।

फोटो 21. जयपुर में राजस्थान मेडिकल काउन्सिल द्वारा आयोजित कार्यक्रम के दौरान तत्कालीन स्वास्थ्य मंत्री श्री कालीचरण सर्राफ द्वारा डॉक्टर्स डे अवार्ड प्राप्त करते डॉ. सुरेश पाण्डेय।

फोटो 22. डॉ. क्लेयर शिमट (यू.एस.ए.) और डॉ. रोमन ग्रेमिगर (स्विट्जरलैंड) ने सुवि नेत्र चिकित्सालय कोटा में डॉ. विदुषी और डॉ. सुरेश पाण्डेय से दो सप्ताह नेत्र प्रशिक्षण लिया। दोनों नेत्र चिकित्सकों ने भारत की हाई वॉल्यूम नेत्र चिकित्सा पद्धति का अनुभव लिया।

फोटो 23. वर्ष 2000 में लिया गया परिवार के सदस्यगणों का चित्र। बायें से दायें: डॉ. दिनेश कुमार पाण्डेय, डॉ. शिवांगी द्विवेदी, श्रीमती उषा पाण्डेय, डॉ. उमंग द्विवेदी, श्री कामेश्वर प्रसाद पाण्डेय, श्रीमती माया पाण्डेय, डॉ. राजेश पाण्डेय।

फोटो 24. मेरे नानाजी स्व. श्री बृजभूषण लाल तिवारी। उनका महाप्रयाण वर्ष 1966 में मेरे जन्म के 2 वर्ष पहले हो गया था। अतः उनसे मिलकर आशीर्वाद लेने का सौभाग्य मुझे नहीं मिल पाया। माँ के द्वारा सुनाए संस्मरणों से उनके बारे में जानने को मिला।

फोटो 25. पी.जी.आई. चण्डीगढ़ में प्रो. जगत राम के फेयरवेल के अवसर पर डॉ. सुरेश पाण्डेय द्वारा लिखित आन्तरप्रेन्योरशिप फॉर डॉक्टर्स नामक पुस्तक का विमोचन किया गया।

फोटो 26. डॉ. सुरेश पाण्डेय कोयम्बटूर में आयोजित ऑल इंडिया ऑफ्थेल्मोलोजिकल सोसायटी (ए.आई. ओ.एस.) कान्फ्रेंस के दौरान ए.आई.ओ.एस. इंटरनेशनल हीरोज ऑफ इंडिया अवार्ड प्राप्त करते हुए।

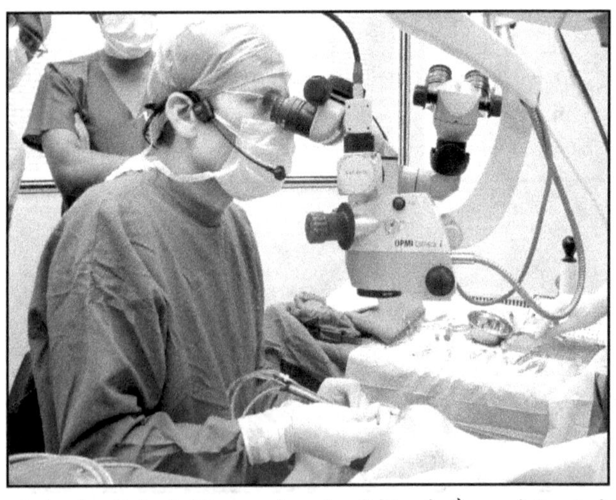

फोटो 27. देहली ऑफ्थेल्मोलोजिकल सोसायटी कॉन्फ्रेंस के दौरान नई दिल्ली में लाइव सर्जरी करते डॉ. सुरेश पाण्डेय।

फोटो 28. कोटा के कोचिंग विद्यार्थियों को प्रेरित करते डॉ. विदुषी शर्मा एवं डॉ. सुरेश पाण्डेय।

फोटो 29. गुड़गाँव (गुरुग्राम) में सम्पन्न ए.आई.ओ.एस. नेत्र कॉन्फ्रेंस के दौरान डॉ. सुरेश पाण्डेय अपने गुरु पद्मश्री प्रोफेसर जगत राम (तत्कालीन निदेशक, पी.जी.आई.एम.ई.आर., चण्डीगढ़) को पुस्तक 'सीक्रेट्स ऑफ सक्सेसफुल डॉक्टर्स' भेंट करते हुए।

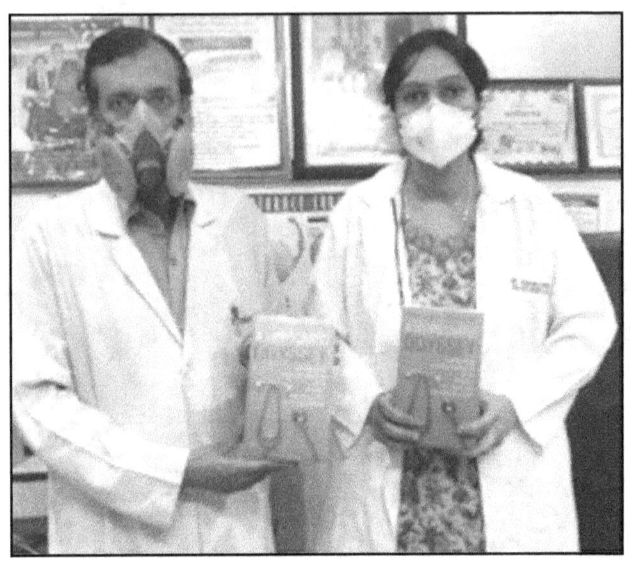

फोटो 30. डॉ. सुरेश पाण्डेय और डॉ. विदुषी शर्मा अपनी नई प्रकाशित पुस्तक 'ए हिप्पोक्रेटिक ओडिसी: लेसन्स फ्रॉम ए डॉक्टर कपल ऑन लाइफ इन मेडिसिन, चैलेंजेज एंड डॉक्टरप्रेन्योरशिप' के साथ।

फोटो 31. एडवांस्ड आई सेंटर, पी.जी.आई.एम.ई.आर., चण्डीगढ़ स्थापना दिवस (18 मार्च, 2013) के दौरान डॉ. सुरेश पाण्डेय को स्मृति चिन्ह भेंट करते हुए पद्मश्री प्रोफेसर आमोद गुप्ता।

फैमिली ट्री

श्री राम लक्ष्मण पाण्डेय

श्री राम उम्मेद पाण्डेय | श्री राम कृपाल पाण्डेय | श्री गणेश दत्त पाण्डेय | श्री महेश पाण्डेय | श्री बिंदेश्वरी पाण्डेय

श्री राधा मोहन पाण्डेय | श्री राधा कृष्ण पाण्डेय | डॉ. कामता प्रसाद पाण्डेय | श्री कमला प्रसाद पाण्डेय

श्री कामेश्वर प्रसाद पाण्डेय | श्रीमती ललिता तिवारी | श्रीमती विमला चौबे | श्री तारकेश्वर पाण्डेय

श्रीमती ऊषा पाण्डेय | डॉ. सुरेश पाण्डेय | डॉ. राजेश पाण्डेय | डॉ. दिनेश पाण्डेय

डॉ. शिवांगी द्विवेदी | इशिता पाण्डेय | डॉ. देवत्व पाण्डेय

डॉ. उमंग द्विवेदी

डॉ. देवर्षि द्विवेदी

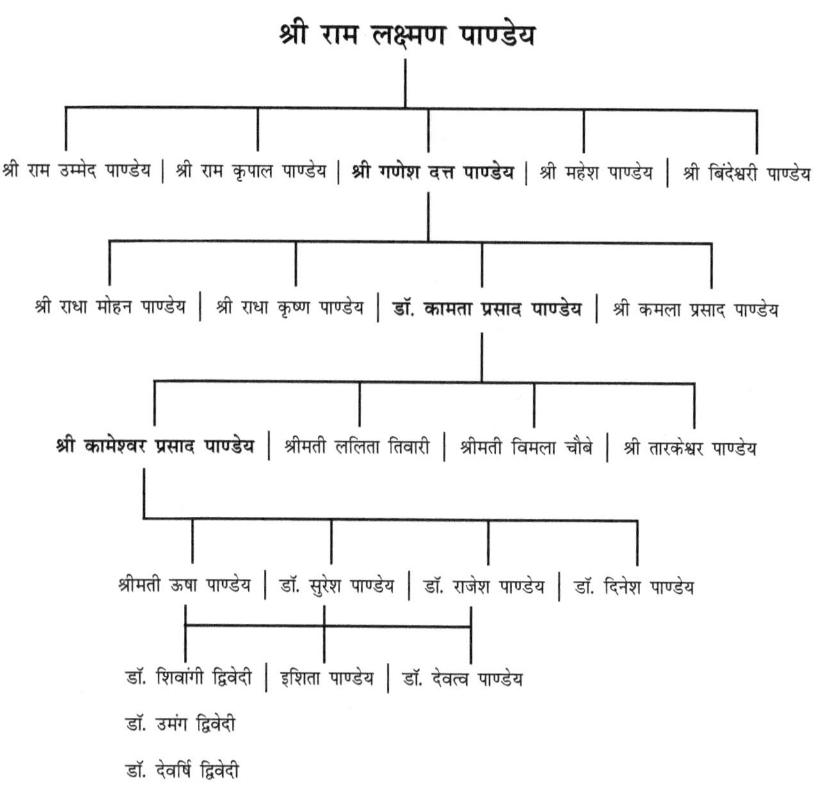

मेडिकल कॉलेज जबलपुर एलुमनाई
वर्ष 1986 बैच के सहपाठी

डॉ. अब्दुल मलिक खान

डॉ. अल्पना शेंडे

डॉ. अमन कुमार हम्ने

डॉ. अम्बिका आरसू

डॉ. अमिता सक्सेना

डॉ. अनिका गुप्ता

डॉ. अनिल चोपड़ा

डॉ. अनिल सुरीन

डॉ. अंजना शाह

डॉ. अनुपमा तिवारी राव

डॉ. अर्चना गुप्ता

डॉ. अरुण कुमार चंदेल

डॉ. अरविंद कुमार वार्ष्णेय

डॉ. आशीष शुक्ला

डॉ. अशोक कुमार कुंडू

डॉ. आशुतोष तिर्की

डॉ. अश्रिता कश्यप

डॉ. आत्रेय चक्रवर्ती

डॉ. अतुल जैन

डॉ. अवध बिहारी पाराशर

डॉ. आयो कसार

डॉ. बबिता सिंह

डॉ. बबली सिंह

डॉ. भूमिता गोधा जैन

डॉ. बोकाई सुमी

डॉ. बृजेश लाल

डॉ. चैन सिंह भवेदी

डॉ. देवेश दत्ता

डॉ. धर्मसाई पेंकरा

डॉ. दिलीप पाण्डेय

डॉ. दिनेश कुमार गौर

डॉ. दिनेश टाकसांडे

डॉ. गौरा कृष्ण सिंह

डॉ. हंसराज सिंह

डॉ. हरकीर्तन कौर ढिल्लों

डॉ. हेमंत कुजूर

डॉ. हेमलता झरबड़े

डॉ. इंद्र कुमार कस्तूरिया

डॉ. इंद्रा रूसिया गुप्ता

डॉ. जयश्री प्रसाद

डॉ. जीवत राम कश्यप

डॉ. जितेन्द्र सिंह

डॉ. जोहन सिंह कंवर

डॉ. कमल सिंह सेंधव

डॉ. कस्तूरी अयंगर

डॉ. कीका मेरान

डॉ. किरण ठाकुर

डॉ. कृष्ण कुमार ध्रुव

डॉ. लाखन सिंह बैस

डॉ. ललित कुमार बवेचा

डॉ. लक्ष्मी मीना

डॉ. लीला धुर्वे

डॉ. लोकेश तेजवानी

डॉ. लोकराम गर्ग

डॉ. माधुरी पंके जोशी

डॉ. महेन्द्र अग्रवाल

डॉ. ममता पटेल

डॉ. मनीषा श्रीवास्तव

डॉ. मंजीत कौर धंजल

डॉ. मंजरी सिंह

डॉ. मिलिंद परांजपे

डॉ. मृदुल गुप्ता

डॉ. मुनीश भगत

डॉ. मुनीश सिंघल

डॉ. एन. रतन सिंह

डॉ. नम्रता जैन

डॉ. नंदकिशोर अहिरवार

डॉ. नंदराम धकरिया

डॉ. नीरज महाजन

डॉ. नीरू गुप्ता

डॉ. नीति संघी गर्ग

डॉ. निरुपमा शर्मा

लेखक के बारे में

डॉ. सुरेश पाण्डेय अंतर्राष्ट्रीय स्तर पर प्रशंसित नेत्र सर्जन हैं, जिन्होंने अमेरिका और ऑस्ट्रेलिया में सात वर्षों तक विशेषज्ञतापूर्ण अनुभव हासिल किये और इसके बाद भारत लौटकर अपने देश की सेवा करने का विकल्प चुना। वे सुवि नेत्र चिकित्सालय एवं लेसिक लेज़र सेंटर, कोटा, राजस्थान के निदेशक हैं और अनेकों प्रतिष्ठित पुरस्कारों से विभूषित हैं। डॉ. पाण्डेय प्रथम भारतीय नेत्र सर्जन हैं जिन्हें 34 वर्ष की आयु में अमेरिकन एकेडमी ऑफ ऑफ्थेल्मोलॉजी द्वारा 'अचीवमेंट अवॉर्ड' से पुरस्कृत किया गया एवं इंट्राऑक्यूलर लेंस के आविष्कारक सर हेरॉल्ड रिडली द्वारा स्थापित प्रतिष्ठित 'इन्ट्राऑकुलर इम्प्लांट क्लब' में सम्मिलित किया गया। डॉ. पाण्डेय सीक्रेट्स ऑफ सक्सेसफुल डॉक्टर्स, ए हिप्पोक्रेटिक ओडिसी: लेसन्स फ्रॉम ए डॉक्टर कपल ऑन लाइफ इन मेडिसिन चेलेंजेज एण्ड डॉक्टरप्रेन्योरशिप एवं आंतरप्रेन्योरशिप फॉर डॉक्टर्स नामक बेस्ट सेलिंग पुस्तकों के लेखक हैं। वे पिछले 28 वर्षों के दौरान एक लाख से ज्यादा सफल नेत्र ऑपरेशन कर चुके हैं, जो एक दुर्लभ उपलब्धि है और उनकी दक्षता को स्वत: प्रमाणित करती है। उनकी विशेषज्ञता इस बात से भी प्रमाणित होती है कि मोतियाबिंद, लेंस प्रत्यारोपण और नेत्र संबंधी जटिल रोगों का इलाज कराने के लिए सिर्फ कोटा के ही नहीं, बल्कि भारत के अन्य राज्यों एवं दूसरे देशों के मरीज़ भी कोटा आते हैं।

डॉ. सुरेश पाण्डेय की हॉबी हैं साइकिल चलाना, पेंटिंग, बागवानी, संगीत और फ़ोटोग्राफी।

संपर्क सूत्र: डॉ. सुरेश पाण्डेय
नेत्र सर्जन, लेखक, मोटिवेशनल स्पीकर, साइक्लिस्ट
निदेशक, सुवि नेत्र चिकित्सालय एवं लेसिक लेजर सेंटर, कोटा
लेखक: सीक्रेट्स ऑफ सक्सेसफुल डॉक्टर्स,
ए हिप्पोक्रेटिक ओडिसी : लेसन्स फ्रॉम ए डॉक्टर कपल ऑन लाइफ इन
मेडिसिन चेलेंजेज एण्ड डॉक्टरप्रेन्योरशिप
आंतरप्रेन्योरशिप फॉर डॉक्टर्स: हाउ टू बिल्ड यूअर ऑवन सक्सेसफुल
मेडिकल प्रेक्टिस
फोन नं. 9351412449
संपर्क Email: suresh.pandey@gmail.com
Twitter: https://twitter.com/SuViEyeKOTARAJ
Facebook: https://www.facebook.com/drsureshpandey
Instagram: https://www.instagram.com/drsureshkpandey/
LinkedIn: https://www.linkedin.com/in/eyedrsureshkpandeykota/
Website: www.drsureshpandey.com, www.suvieyehospital.com

एक आई सर्जन की डायरी

भारत, अमेरिका एवं ऑस्ट्रेलिया में मेरे अनुभव

डॉ. सुरेश पाण्डेय

(एक लाख से अधिक सफल नेत्र ऑपरेशन)

पाठकों के सुझाव

प्रिय पाठकों!

एक आई सर्जन की डायरी नामक पुस्तक आपको कैसी लगी? कृपया अपने बहुमूल्य सुझाव, अनुभव और सृजनात्मक आलोचना suresh.pandey@gmail.com पर भेजें।

–डॉ. सुरेश पाण्डेय

नेत्र सर्जन, लेखक, मोटिवेशनल स्पीकर, साइक्लिस्ट

निदेशक, सुवि नेत्र चिकित्सालय एवं लेसिक लेज़र सेंटर, कोटा।